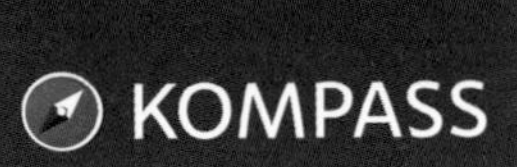

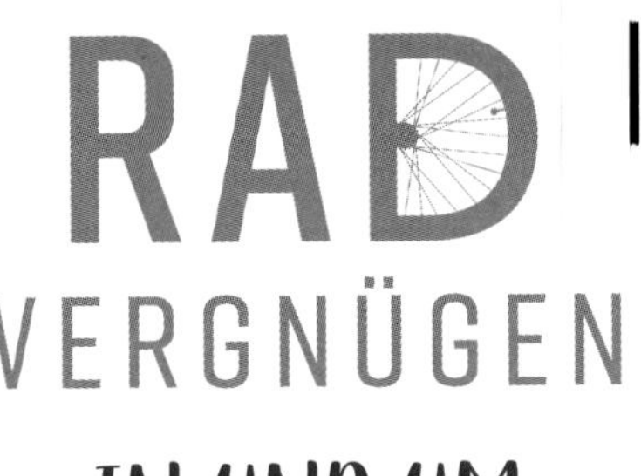

IN UND UM

BREMEN & WESER

21 1/2 TAGESTOUREN
FEIERABEND-RIDES
WOCHENEND-BIKEAWAYS

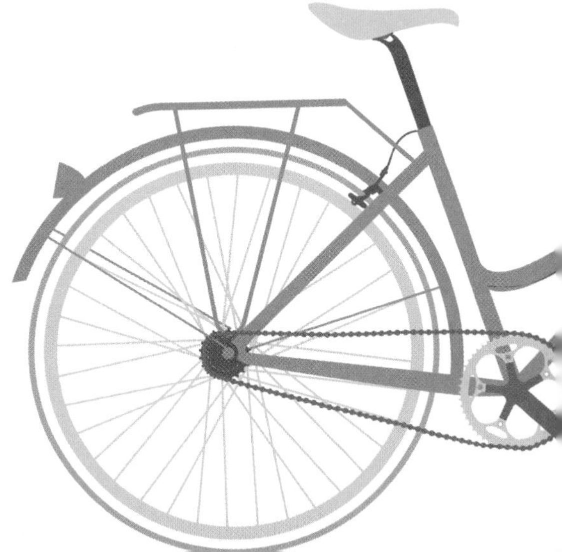

EINFACH RAUS!

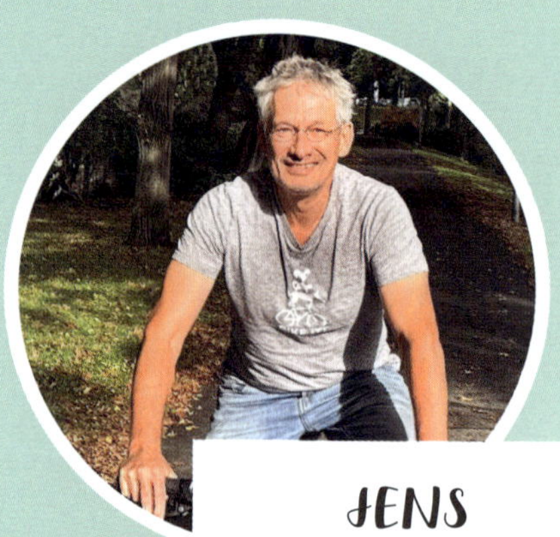

JENS JOOST-KRÜGER

Jens ist ohne seine Fahrräder ebenso wenig vorstellbar wie ohne sein Interesse an Kultur, Ökologie und Geschichte der Region. Er ist gern und ganzjährig auf irgendeinem Rad auch abseits des Asphalts unterwegs. Meist auf der Suche nach noch nicht gefahrenen Wegen und neuen Geschichten. Seit Jahren bietet Jens Radreisen an, die thematisch und kulinarisch weite Bögen schlagen.

LIEBE LESERIN, LIEBER LESER,

Bremen ist Radkulturstadt. Nicht erst seit heute oder gestern. Vielleicht wegen der Nähe zu Holland und weil es flach ist bei uns, vielleicht, weil Bremen Stadtstaat ist und hier selbst Bürgermeister Rad fahren? Egal, es gibt kein Verkehrsmittel, das vergleichbar gut für Bremen und die Region geeignet wäre wie das Rad.

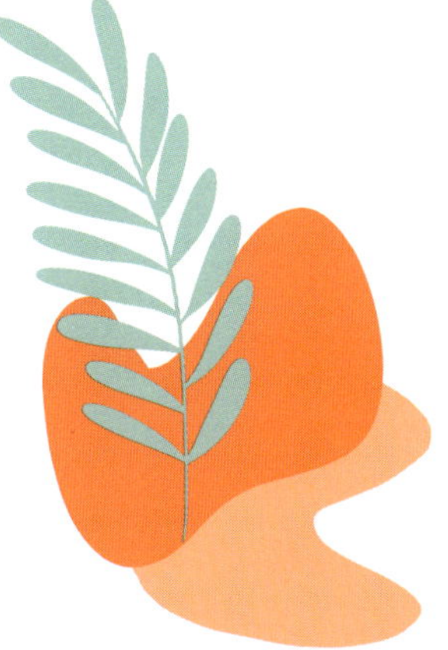

Die kürzeren Touren des Radvergnügens bleiben in der Stadt Bremen. Eine Runde drehen wir in Bremerhaven. Zwei Städte – ein Land: Die Freie Hansestadt Bremen ist Bundesland mit zwei Städten. Die längeren Touren finden teils oder ganz „umzu" statt. Umzu sagen wir hier, wenn wir drumrum meinen und das ist dann immer Niedersachsen. Die Wochenend-Bikeaways sind Kurzurlaube, die bis an die Küste oder nach Hamburg gehen. Eine Reise startet in Leer und endet in Bremen. Meist haben wir ja Westwind! Alle Touren sind gut zu fahrende kleine Expeditionen, die lieber den Pfad als die Hauptstraße zum Picknickplatz oder Gasthof nehmen. Aber keine Sorge: Alle Wege lassen sich mit dem Stadtrad, dem Touren- oder E-Bike gut fahren und sind nie lang(weilig). Angelegt sind die Touren als Rund- oder Streckentouren, die mit öffentlichem Verkehr gut zu erreichen sind.

Viel Spaß beim Entdecken wünscht

Jens

Jens

INHALT

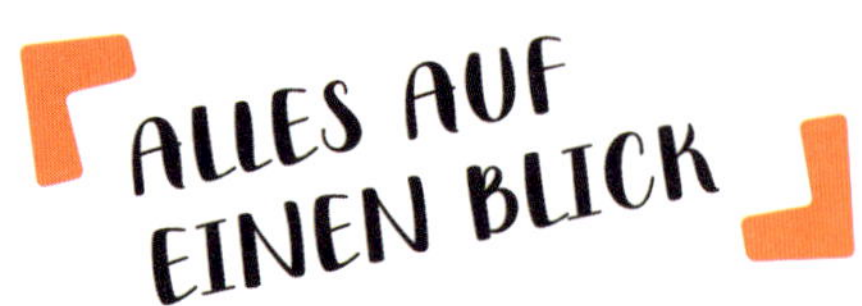

TOUREN

DESTINATION- UND RADBASICS

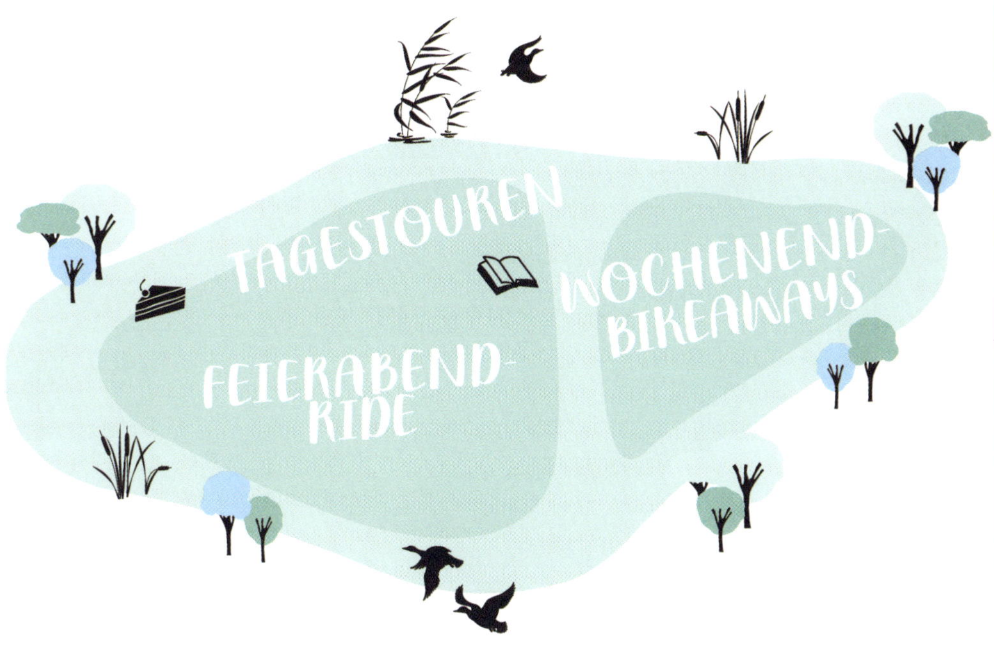

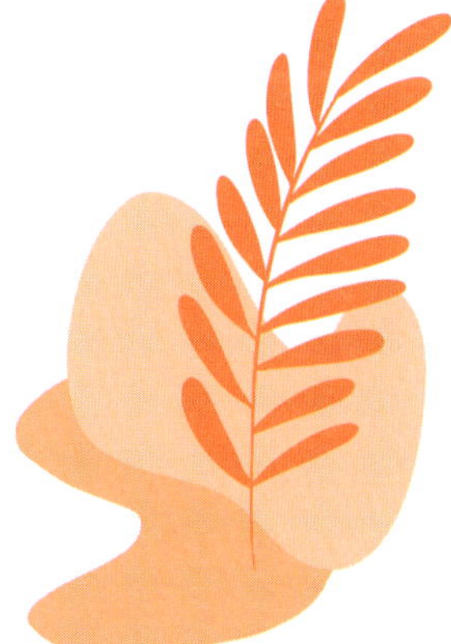

DEINE ORIENTIERUNG

APP & GPX-DOWNLOAD

Alle Touren in der KOMPASS App! Wir erklären dir, wie es geht: Einfach QR-Code scannen, oder Seite über den Link aufrufen, der Anleitung folgen und los geht's!

https://link.kompass.de/ukby7

GPX-Tracks zum Download:

Für das Navigationsgerät deiner Wahl haben wir alle Touren auch als GPX-Track auf unserer Homepage.

https://link.kompass.de/1ypmg

FEIERABEND-RIDES

RAUF AUFS RAD ZUM RUNTERKOMMEN

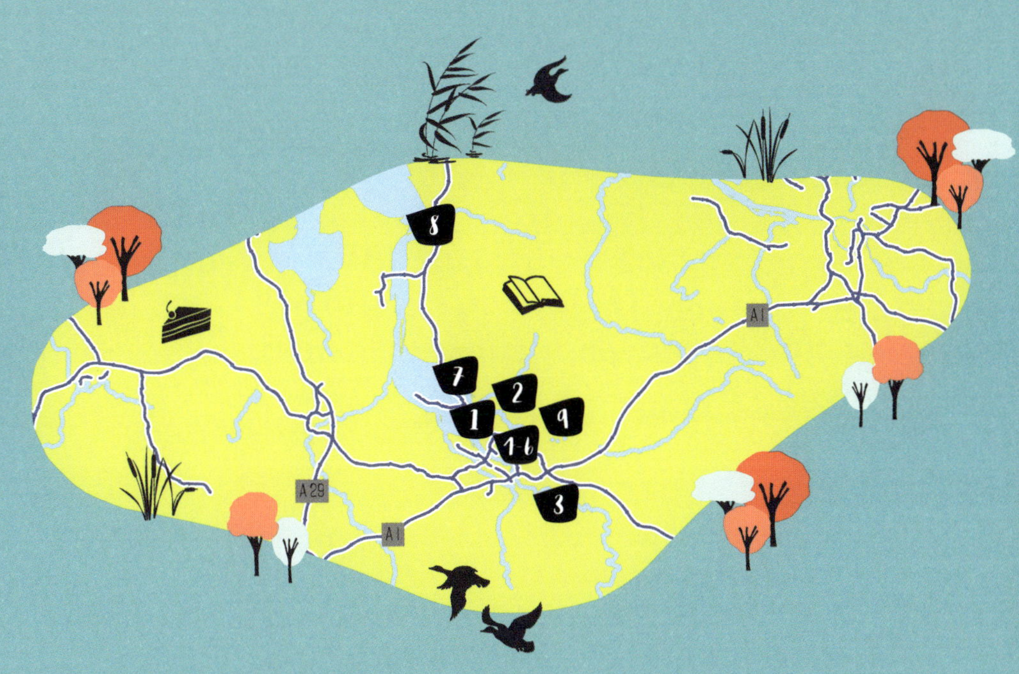

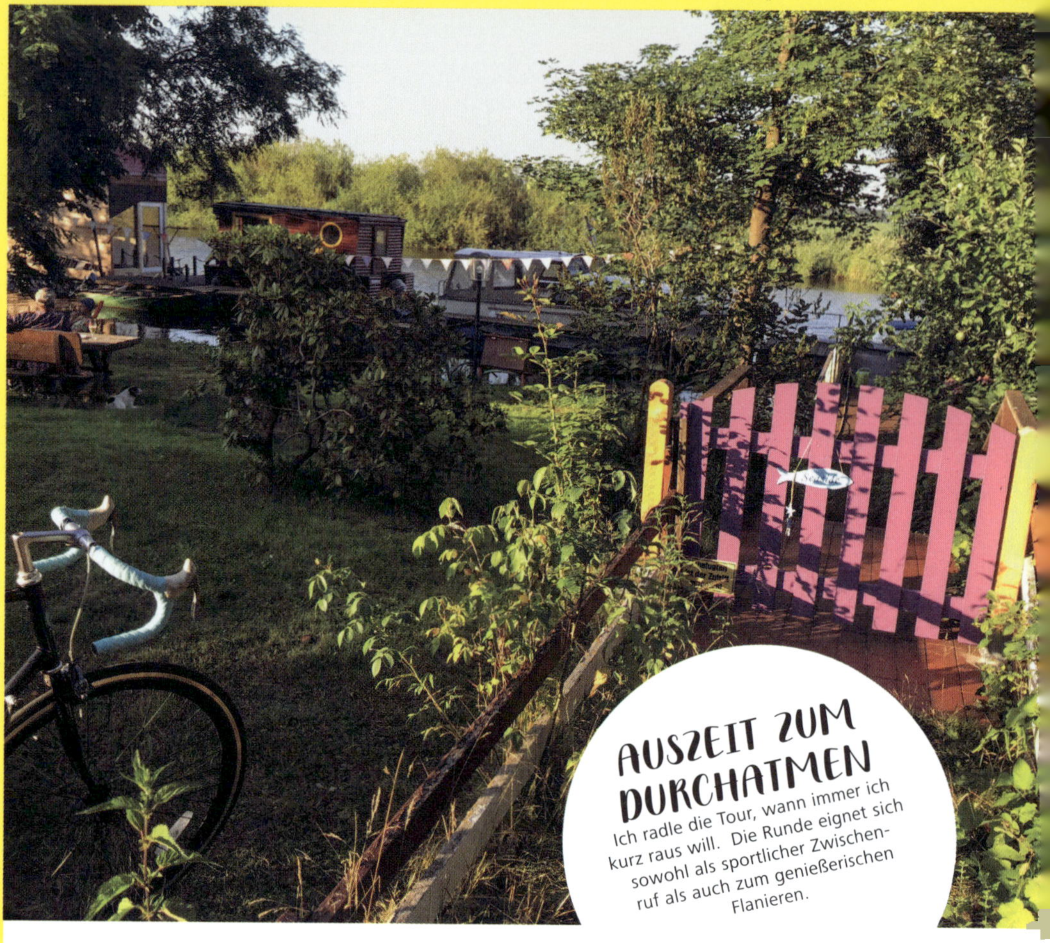

AUSZEIT ZUM DURCHATMEN

Ich radle die Tour, wann immer ich kurz raus will. Die Runde eignet sich sowohl als sportlicher Zwischenruf als auch zum genießerischen Flanieren.

› **1 /** Die Tour startet vor dem Hauptbahnhof Nordausgang

› **2 /** Vögel auf dem Kuhgrabensee beobachten

› **3 /** In Kuhsiel Freizeitkapitänen beim Schleusen zusehen

› **4 /** In der Pusta Stube einkehren und vielleicht Live-Musik hören

› **5 /** Bei Gartelmann den Schwalben zuschauen und Bratkartoffeln essen

› **6 /** Mit dem Eis in der Hand über den Biohof Kaemena schlendern

› **7 /** Am Gasthaus Dammsiel sitzt man unter Apfelbäumen an der Wümme

› **8 /** Hof Bavendamm liegt auf einer Warft und bietet hausgemachten Kuchen

› **9 /** Oben auf dem Müllberg ragt Metalhenge in den Himmel

› **10 /** Der Stadtwaldsee lädt zum Baden ein

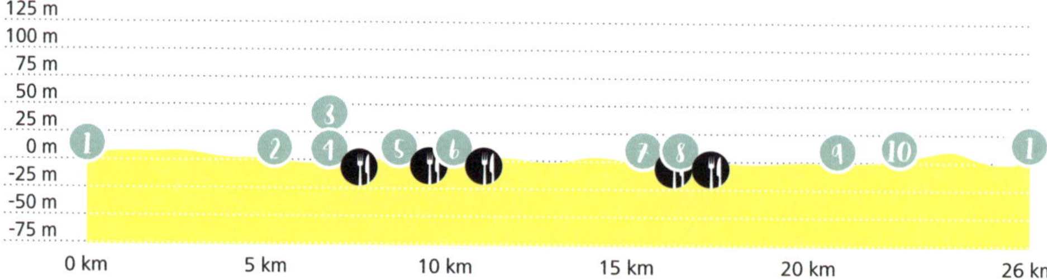

KUH, KNIPP & KULT

Die Blockland-Runde. Ein Klassiker

Durch den Bürgerpark und vorbei am Unigelände geht es autofrei hinaus in die grünen Weiten des Blocklandes auf den kurvenreichen Wümmedeich. Vorbei an pittoresken Fachwerkhäusern führt das Sträßchen an der Kleinen Wümme und alten Kanälen zurück in die Stadt. Die Tour ist ausgeschildert.

26 Kilometer
85 Höhenmeter
2:00 Stunden
Rundtour

Bürgerpark

Kurz nach dem Start am 1 / Hauptbahnhof Nordausgang nehmen wir am „Stern", einem legendären Kreisverkehr, die Einfahrt in die Parkallee und biegen kurz darauf ab in den Bürgerpark. In der zweiten Hälfte des 19. Jahrhunderts entstand auf der ehemaligen Viehweide vor den Toren der Stadt ein Garten- und Landschaftspark nach englischem Vorbild. Wasserläufe, Wiesen und Baumgruppen geben wie zufällig immer wieder neue Sichtachsen frei. Die 200 ha große, weitläufige,

CHARAKTER

Sportlich ●●○○○
Abkühlung ●●●○○
Schlemmen ●●●●●
Panorama ●●●●●

TOURENINFO / Überwiegender Anteil auf asphaltierten, autofreien Teerstraßen. Kleiner Anteil auf separat geführten Radwegen, kurze Abschnitte auf sehr gut befahrbaren Schotterwegen (Parkwege). Durchgängig flach. Die Tour ist komplett beschildert. Sehr gut geeignet für Familien. Badesachen nicht vergessen.

< links / Sommergarten an der Wümme

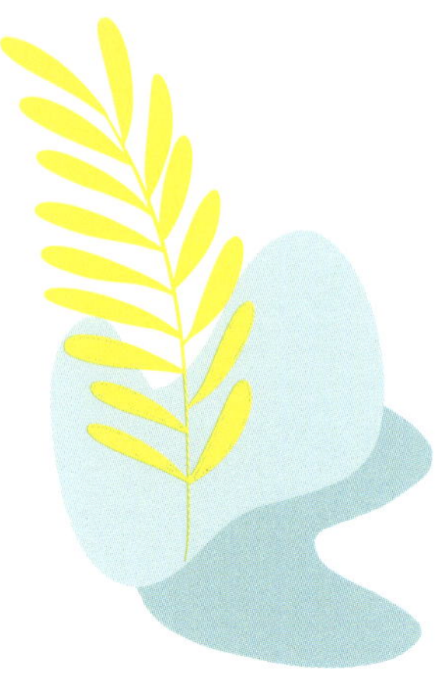

von einem Bürgerverein unterhaltene Anlage kann gartenhistorisch europaweite Bedeutung beanspruchen. Im Norden folgt der etwas wildere Stadtwald, bevor die Strecke am Kuhgraben das Unigelände erreicht.

Ikonen der Moderne

Rund um die Reformuni der 70er Jahre haben sich Institute angesiedelt, die international vernetzte Spitzenforschung betreiben. Die an einen silbernen Wal erinnernde Hülle des Universums, einem der ersten Science Center Deutschlands und der Fallturm des ZARM (Zentrum für angewandte Raumfahrt und Mikrogravitation) stehen als architektonische Ikonen für das moderne Bremen.

Die Stadt bleibt zurück

KULT

Bei 5 / Gartelmanns Gasthof, neben der alten Schleusenanlage, durch die einst Torfschiffe in die „Semkenfahrt" fuhren, gibt es beste Bratkartoffel.

Nach der Autobahnbrücke liegt die Stadt hinter uns, und wir folgen dem Kuhgraben, einem schiffbaren Entwässerungsgraben, über den bis in das frühe 20. Jahrhundert abertausende Kähne Torf als Brennstoff in die Stadt brachten. Bei der Abfahrt von der Autobahnbrücke lohnt ein Stopp am 2 / Kuhgrabensee. Die Schutzhütte bietet einen schönen Ausblick auf das Vogelparadies. In 3 / Kuhsiel erreichen Weg und Kanal die Wümme. 80 Kilometer von der Nordsee entfernt ist der Wesernebenfluss hier immer noch tidenabhängig, der Wasserstandsunterschied zwischen Ebbe und Flut beträgt bis zu zwei Meter.

Der Kampf mit dem Wasser

Wir halten uns links und rollen auf dem Deich, dessen Krone sich Weg und Bauernhöfe teilen, flussabwärts. Nach Norden geht der Blick in die Aue zwischen den Deichen, in der sich der Fluss kurvenreich durch Schilf- und Röhrichtflächen schlängelt. Höfe und Ausflugslokale mit Sommergärten wie die 4 / Pusta - Stube stehen auf dem Deich. Links liegen Weiden begrenzt von Entwässe-

---

➤ **rechts oben /Snuten Lekker- Eis und anderes vom Biohof: immer begehrt**

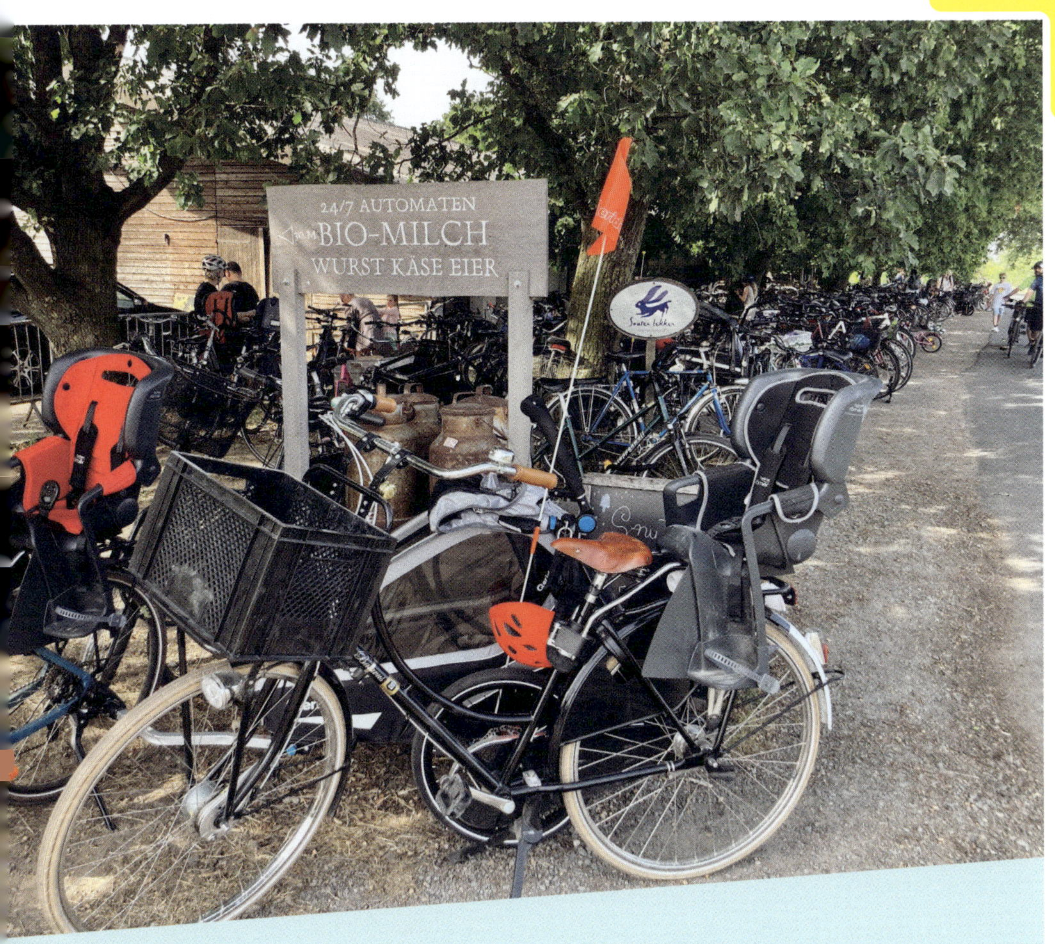

146 M

146 Meter ragt der Fallturm des „Zentrums für angewandte Raumfahrttechnik und Mikrogravitation" (ZARM) auf. In dem Turm finden in einer Röhre Experimente in Schwerelosigkeit statt. Eine Kapsel wird dafür hochgeschossen und fällt anschließend wieder zurück. 9,3 Sekunden herrscht in der Kapsel Schwerelosigkeit.

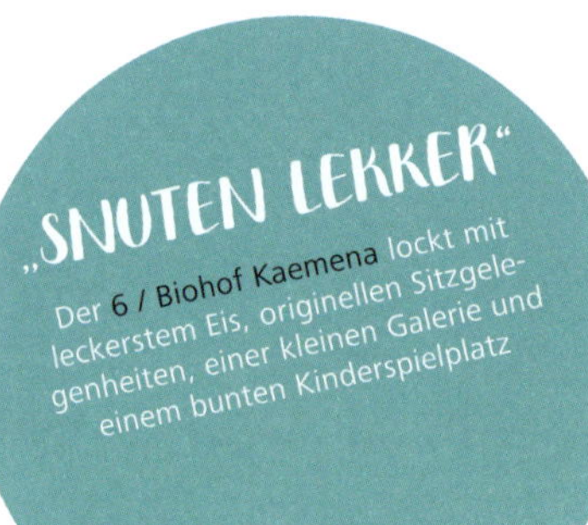

rungsgräben. Holländische Siedler begannen im 13. Jahrhundert, das Blockland und das Hollerland urbar zu machen, indem sie den bis dahin undurchdringbaren Sumpf systematisch entwässerten. Manchmal erstrecken sich am Deichfuß baumgesäumte Seen. Die Idylle hat ihren Anfang in Katastrophen: die Seen entstanden, wenn bei Hochwasserereignissen der Deich brach, und das Wasser in das flache Land schoss und tiefe Mulden in das Niedermoor grub. Die Überschwemmungen reichten manchmal bis in Bremens Vorstädte, letztmalig im Winter 1880/1881.

Knipp & Kult

Die hübschen Ausflugslokale liegen miteinander im freundlichen Wettstreit um die besten Bratkartoffeln, den leckersten Kuchen und den schönsten Blick. Ganz vorn mit dabei: 5 / Gartelmann's Gasthof an der alten Semkenfahrt-Schleuse. Traditionell steht auch Knipp auf den Speisekarten: Die bremisch-norddeutsche Spezialität besteht aus Schweine- und Rindfleisch, Hafergrütze, Brühe und Gewürzen und kommt kross gebraten auf den Teller. Im Winter gibt

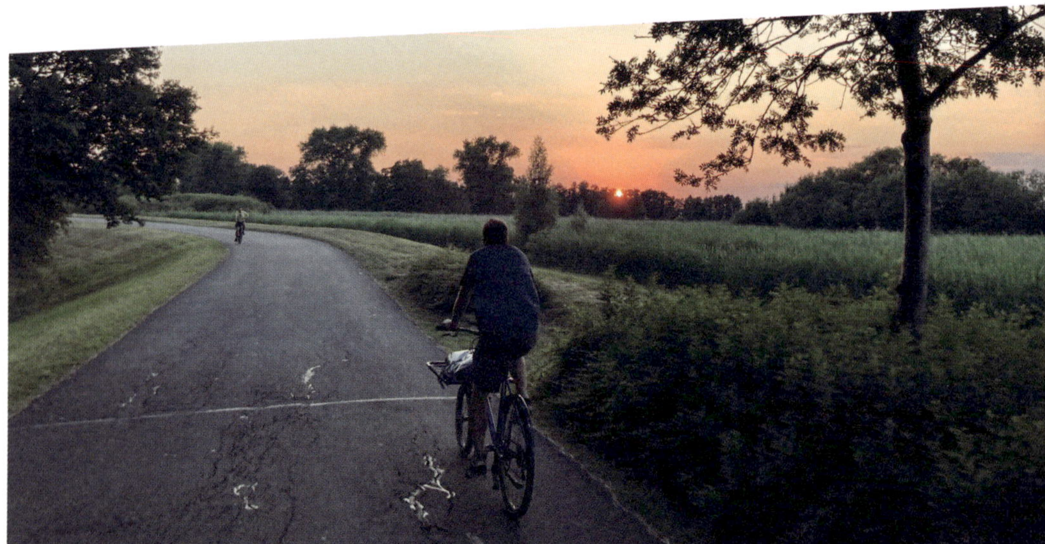

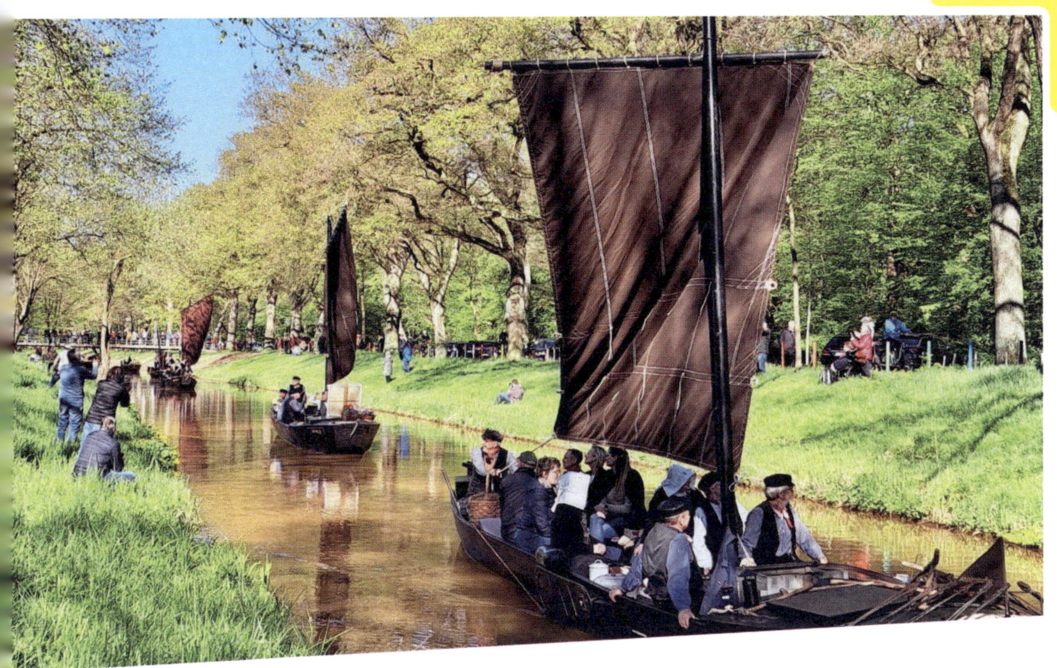

es eine ähnliche Mischung als Pinkel-Wurst zum Grünkohl. Lecker. Wer es leichter will, ist im Sommer zu Spargel klassisch mit Kartoffeln, Schinken und Buttersauce unterwegs. Oder belässt es gleich bei einem Stopp auf dem 6 / Biohof Kaemena und probiert feinstes hausgemachtes Eis , hergestellt aus der Milch der Kaemena - Kühe, die gleich mit zu besichtigen sind.

KM 11

Der Niederblocklandsee ist eine große Brake. Ein 8 Meter tiefer See, der im Winter 1880/1881 entstand, als bei einem Hochwasser genau hier der Deich brach, und das Wasser einen See auskolkte und bis weit in die Stadt Bremen lief.

Kleine Wümme

Nach derlei diverser Stärkung ist bald Dammsiel erreicht. Dort liegt auch das Ausflugslokal 7 / Gasthaus Dammsiel mit Sommergarten unter Apfelbäumen direkt am Wümmeufer. Eine Schleuse verhindert hier den Einfluss der Gezeiten auf die Kleine Wümme und ermöglicht Booten die Ein- und Ausfahrt. Von der Schleuse an geht es deichlos weiter zurück in Richtung Stadt. Die Höfe der ersten Siedler lagen in der flachen, zweimal am Tag überschwemmten sumpfigen Niederung entlang der Kleinen Wümme auf Wohnhügeln, sogenannten Warften. Ein Hof, der bereits 1376 erstmals urkundlich erwähnt wird, ist 8 / Hof Bavendamm, der unter alten Bäumen bald an der kurvenreichen Strecke auftaucht. Der Hof ist in städtischem Besitz und seit 1990 an den BUND verpachtet, der ihn mit der Auflage, ökologische Landwirtschaft zu betreiben, unterverpachtete. In

---

< links / Egal wann: immer schön entspannt… ^ oben / Alle drei Jahre: Torfkahnarmada vom Teufelsmoor nach Findorff

WARFT

8 /Hof Bavendamm liegt auf einem Wohnhügel, einer von 7 Warften, auf denen Siedler im 13. Jahrhundert lebten. Es gibt leckeren Kuchen und Getränke.

der Diele des reetgedeckten niedersächsischen Hallenhauses gibt es selbstgebackenen Kuchen, Kaffee und Limonaden.

Metalhenge

Ein paar Kilometer weiter geht es über eine Brücke auf die andere Seite des langsam dahinfließenden Flusses und ein grüner Hügel samt Windenergieanlagen kommt in Sicht: die stadtbremische Mülldeponie, auf deren nicht mehr aktivem Teil 9 / Metalhenge, eine Kunstinstallation mit astronomischer Ausrichtung in Anlehnung an das britische Stonehenge steht. Von dort oben gleitet der Blick weit über die Wiesen und das Kanalsystem, das auf die ersten holländischen Siedler zurückgeht. Wer dort hoch will, muss einen kleinen Umweg in Kauf nehmen.

KM 22

Der Stadtwaldsee lädt zum Baden ein. Entstanden ist das Gewässer, das sich aus Quellen speist, beim Bau der nahen Autobahn A 27. Direkt neben dem See liegt die Uniwildnis, eine unbebaute Fläche , die als Unierweiterung eingeplant war und Hundegassiparadies ist.

Torfkanal

Auf der Höhe der 10 / Badestelle Stadtwaldsee nehmen wir eine Brückenabzweigung und fortan geht der Weg eine Allee am Torfkanal entlang. Diese Wasserstraße am westlichen Rand von Stadtwald und Bürgerpark war ab Mitte des 19. Jahrhunderts Hauptzufahrt der Torfkähne zum Torfhafen in Findorff und mächtig frequentiert. Die Torfschiffer, die alle „Jan Torf" gerufen wurden, kamen mit ihren Halbhunt-Kähnen (etwa 6 Kubikmeter oder „halbes" hundert Körbe) über Kanäle, Hamme und Wümme aus dem Teufelsmoor, einem Nieder- und Hochmoorgebiet im Norden Bremens. Dort, im damaligen Königreich Hannover hatte die Kolonisierung, die systematische Urbarmachung und Besiedlung der lebensfeindlichen Sümpfe, Mitte des 18. Jahrhunderts begonnen. Für die erste und zweite Generation der Siedler in den unfruchtbaren Mooren war der Verkauf des Torfs in die Stadt die einzige Existenzgrundlage. In der Stadt war der Torf bis zum Beginn der Kohle- und Petroleumzeit lebenswichtiger Brennstoff in den privaten und gewerblichen Öfen. Am Bürgerpark entlang kehren wir zurück zum 1 / Hauptbahnhof Nordausgang.

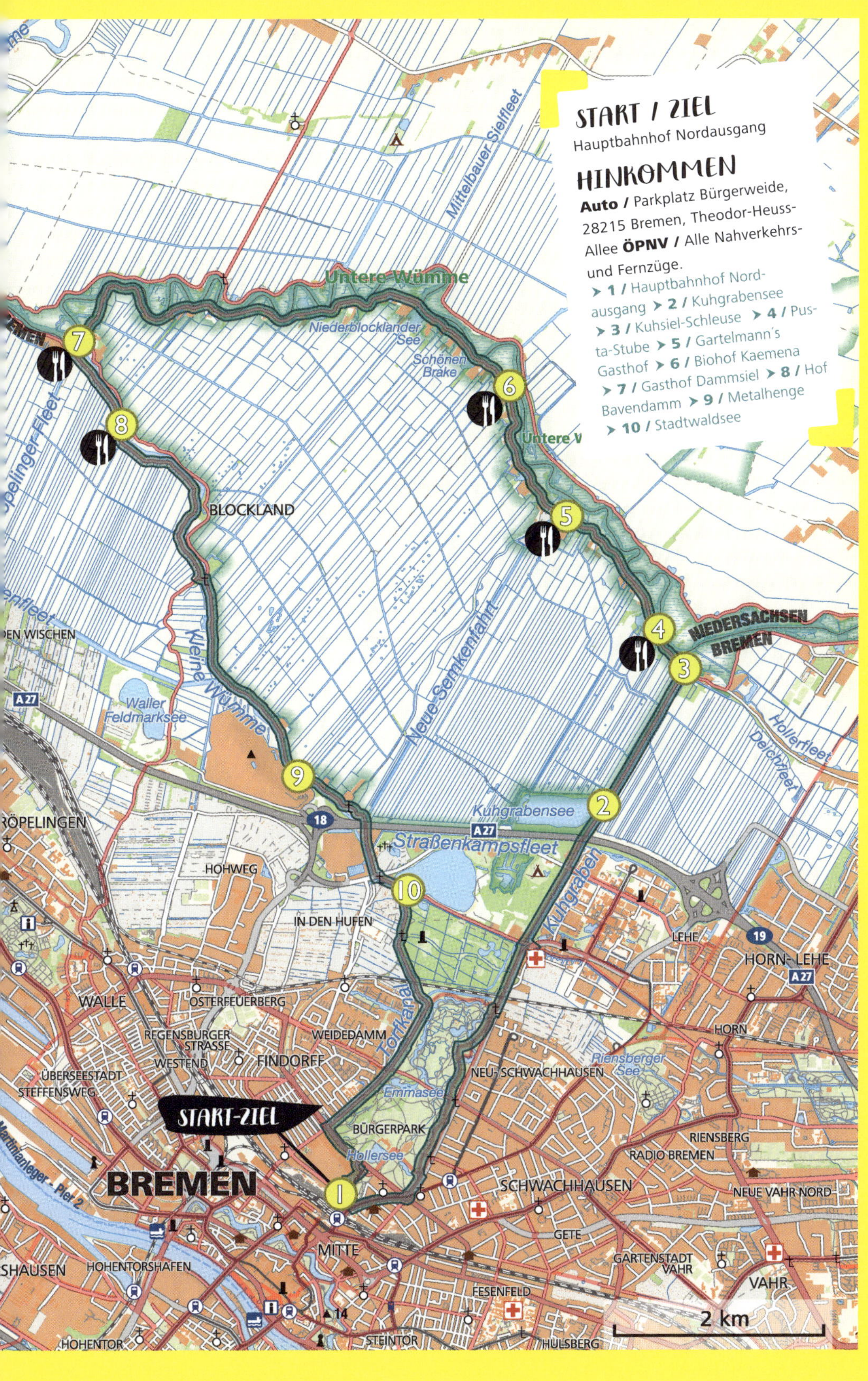

START / ZIEL
Hauptbahnhof Nordausgang
HINKOMMEN
Auto / Parkplatz Bürgerweide, 28215 Bremen, Theodor-Heuss-Allee **ÖPNV** / Alle Nahverkehrs- und Fernzüge.
➤ 1 / Hauptbahnhof Nordausgang ➤ 2 / Kuhgrabensee ➤ 3 / Kuhsiel-Schleuse ➤ 4 / Pusta-Stube ➤ 5 / Gartelmann's Gasthof ➤ 6 / Biohof Kaemena ➤ 7 / Gasthof Dammsiel ➤ 8 / Hof Bavendamm ➤ 9 / Metalhenge ➤ 10 / Stadtwaldsee
START-ZIEL
Untere Wümme
Mittelbauer-Sielfleet
Niederblocklander See
Schönen Brake
BLOCKLAND
Neue Semkenfahrt
Kleine Wümme
Waller Feldmarksee
NIEDERSACHSEN
BREMEN
Hollerfleet
Deichfleet
Kuhgrabensee
Straßenkampsfleet
Kuhgraben
Torfkanal
Emmasee
BÜRGERPARK
Hollersee
IN DEN HUFEN
HOHWEG
GRÖPELINGEN
WALLE
OSTERFEUERBERG
REGENSBURGER STRASSE
WESTEND
FINDORFF
WEIDEDAMM
ÜBERSEESTADT
STEFFENSWEG
NEU-SCHWACHHAUSEN
Riensberger See
HORN-LEHE
LEHE
HORN
RIENSBERG
RADIO BREMEN
SCHWACHHAUSEN
NEUE VAHR NORD
GETE
GARTENSTADT VAHR
VAHR
BREMEN
MITTE
HOHENTORSHAFEN
HOHENTOR
STEINTOR
FESENFELD
HULSBERG
2 km

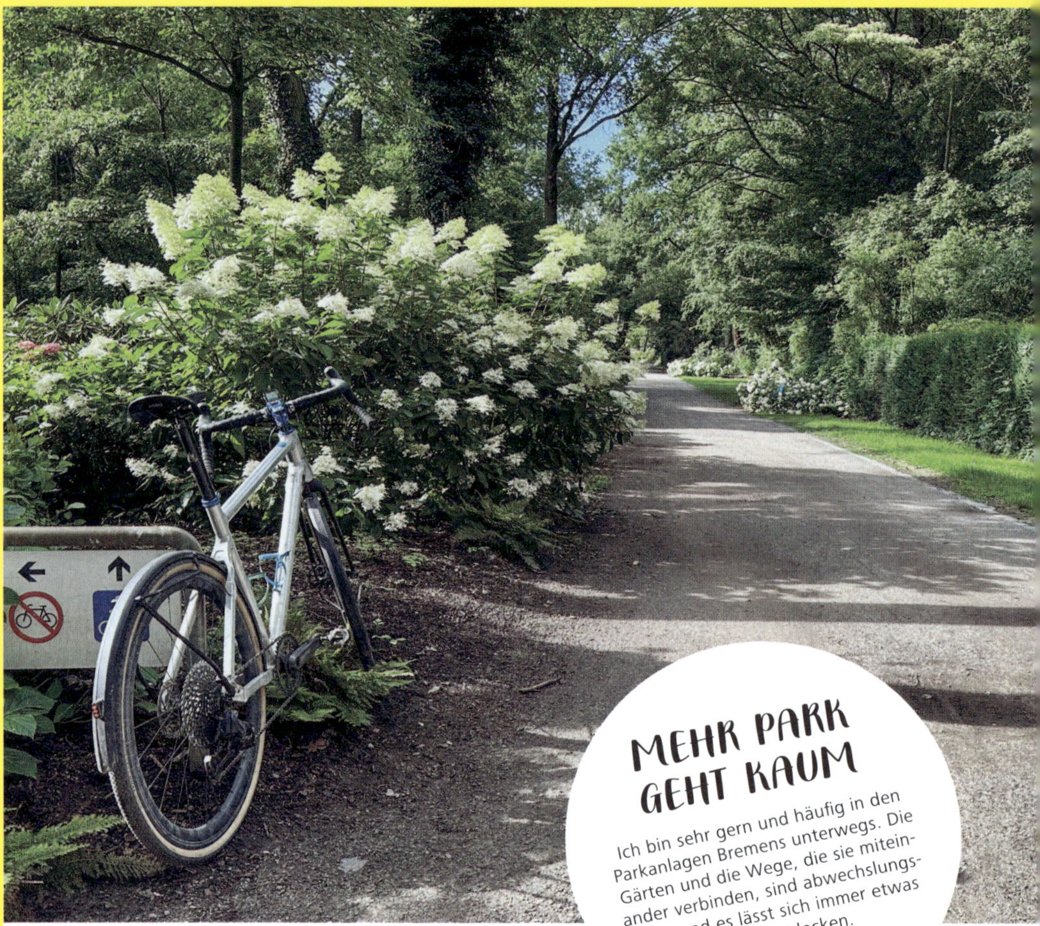

MEHR PARK GEHT KAUM

Ich bin sehr gern und häufig in den Parkanlagen Bremens unterwegs. Die Gärten und die Wege, die sie miteinander verbinden, sind abwechslungsreich und es lässt sich immer etwas Neues entdecken.

➤ **1 /** Am Hauptbahnhof Nordausgang fahren wir los

➤ **2 /** Einen Stopp bei „Galop de Porc", der Ex-Galopprennbahn einlegen

➤ **3 /** Zur Erfrischung in den Achterdieksee springen

➤ **4 /** „Vom Korn zum Brot" in der Oberneulander Mühle

➤ **5 /** Etwas essen und trinken beim „Golden Grill"

➤ **6 /** Vom Beobachtungsturm am Hollerdeich in die Wümmewiesen spähen

➤ **7 /** Das Heckentheater in Heinekens Park bewundern

➤ **8 /** Eine Exkursion in den Rhododendronpark machen

➤ **9 /** Um den Riensberger See spazieren

➤ **10 /** Bei einem Getränk mit oder ohne Essen in der Wachmannstraße sitzen

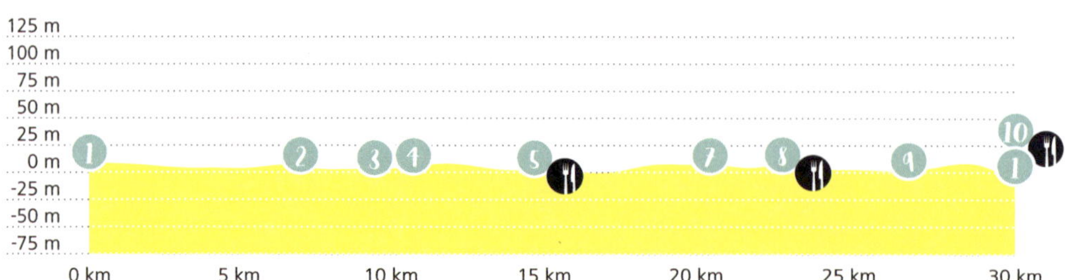

TOUR DER PARKS

Bremen und die Landschaftsparks. Ein grünes Kapitel

Die Tour führt von der Bahnhofsvorstadt durch Schrebergärten und vorbei an Seen zu den Parkanlagen Bremer Kaufleute in Oberneuland und Borgfeld. Die Reise durch den reichen Schatz an Gartenanlagen ist grün und abwechslungsreich.

30 Kilometer
60 Höhenmeter
2:00 Stunden
Rundtour

Bremer Häuser

Wir starten am 1 / Hauptbahnhof Nordausgang durch die Bahnhofsvorstadt mit ihren Kaufmannsreihenhausvillen, Bautyp Bremer Haus in L und XL. In Schwachhausen setzt sich die prominente Vorstadtbebauung aus der Zeit nach Ende der Torsperre Mitte des 19. Jahrhunderts munter fort. Man sieht den gepflegten Häusern an, dass sie nach wie vor beliebt sind. Auch wenn im Souterrain längst nicht mehr die Mahlzeiten für die Herrschaften zubereitet und per Fahrstuhl in die gute Stube im Hochparterre befördert werden.

CHARAKTER
Sportlich ●●○○○
Abkühlung ●●●○○
Schlemmen ●●●●○
Panorama ●●●●○

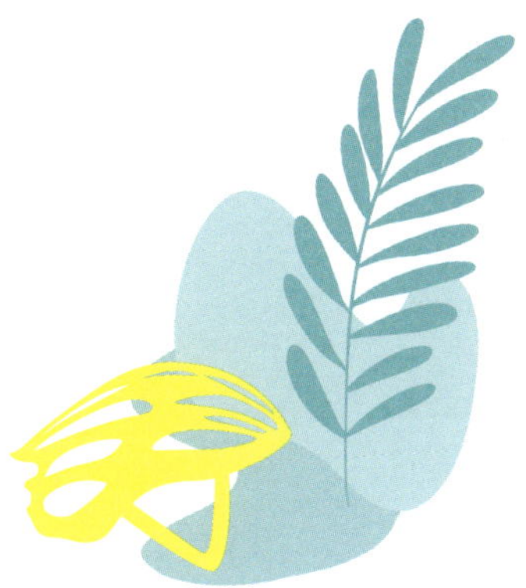

Gete-Quartier

Über die Georg-Gröning-Straße und die Metzer Straße erreichen wir das Gete-Quartier, auch durchweg

---

TOURENINFO / Fast ausschließlich auf Radwegen oder durch Parks, auf Deichen und in Grünzügen. Knapp die Hälfte der Strecke geht über nicht asphaltierte, aber sehr gut fahrbare Wege. Badesachen nicht vergessen!

‹ links / Radweg durch den Rhododendronpark

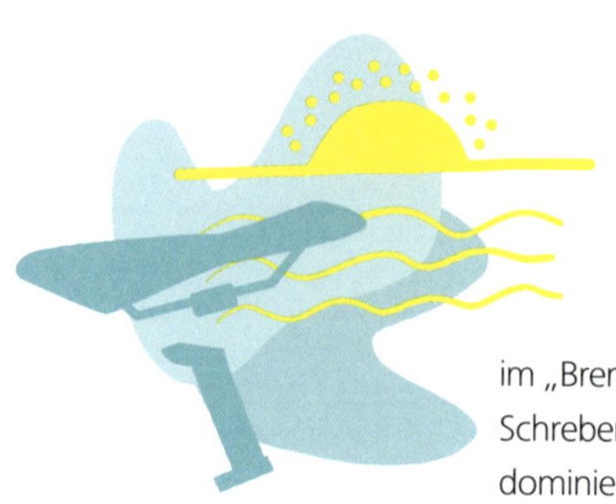

im „Bremer Haus"-Stil bebaut, aber jünger. Dann durchqueren wir einen Schrebergartengrünzug, der uns in die in den 60er Jahren gebaute, grün-dominierte Gartenstadt Vahr und weiter zur Galopprennbahn bringt.

Galopp de Porc

Entlang der Westseite der ab 1907 als Galopprennbahn genutzten Fläche führt ein komfortabler Radweg. In den 90er Jahren geriet der Galopprennsport in die Krise. Staatliche Subventionen wurden gestrichen, und die Stadt plante, das 30 ha große Gelände, das wie ein Block zwischen der Vahr mit ca. 40.000 Einwohnenden im Westen und Hemelingen im Osten lag, zu bebauen. Dagegen initiierten Rennsportfreunde ein erfolgreiches Volksbegehren. Zulässig ist seitdem nur noch eine lose Randbebauung, der wesentliche Teil der Fläche soll in einen Park verwandelt werden. Bis die Planungen stehen, ist die Fläche als 2 / „Galop de Porc" für Zwischennutzungen öffentlich zugänglich. Eine neue Rad- und Fußverbindung geht quer durch das Gelände. Wer mag und mit dem richtigen Bike unterwegs ist, kann auf einer Cyclocross-Strecke seine Runden drehen.

ZWISCHENSTOPP-IDYLLE

Idyllisches Pausenplätzchen 5 / „Golden Grill", der golden heißt, aber grün ist und direkt an einem Sommerdeich liegt.

Achterdieksee

Nachdem wir die A27 überquert haben, erreichen wir den 3 / Achterdieksee, der beim Ausbau der Autobahnen rund um Bremen entstand. Die Wasserqualität ist gemeinhin gut, die DLRG (Deutsche Lebens-Rettungs-Gesellschaft) passt in der Saison auf.

Golfklub und Arboretum

Über den Ikensdamm fahren wir weiter in Richtung Oberneuland. Zu beiden Seiten erstreckt sich ein Golfplatz, dann und wann wechseln Menschen mit Trolleys die Seiten. So weit, so schön. Aber die 48 ha große Grünfläche ist nicht nur Golfplatz, sondern auch Arboretum. Mehr als 2.000 Pflanzenarten gedeihen hier, 850 wurden neu gepflanzt. Das Zusammenspiel von Landschaftspark und Golfplatz geht auf den 2006 verstorbenen Kaufmann Justin Iken zurück. Iken hatte wie viele Bremer Kaufleute den Traum von einem besonderen Park mit vielen exotischen Bäumen. Als der Golfclub von einer 9-Loch Anlage

---

➤ **rechts oben / Galop de Porc**

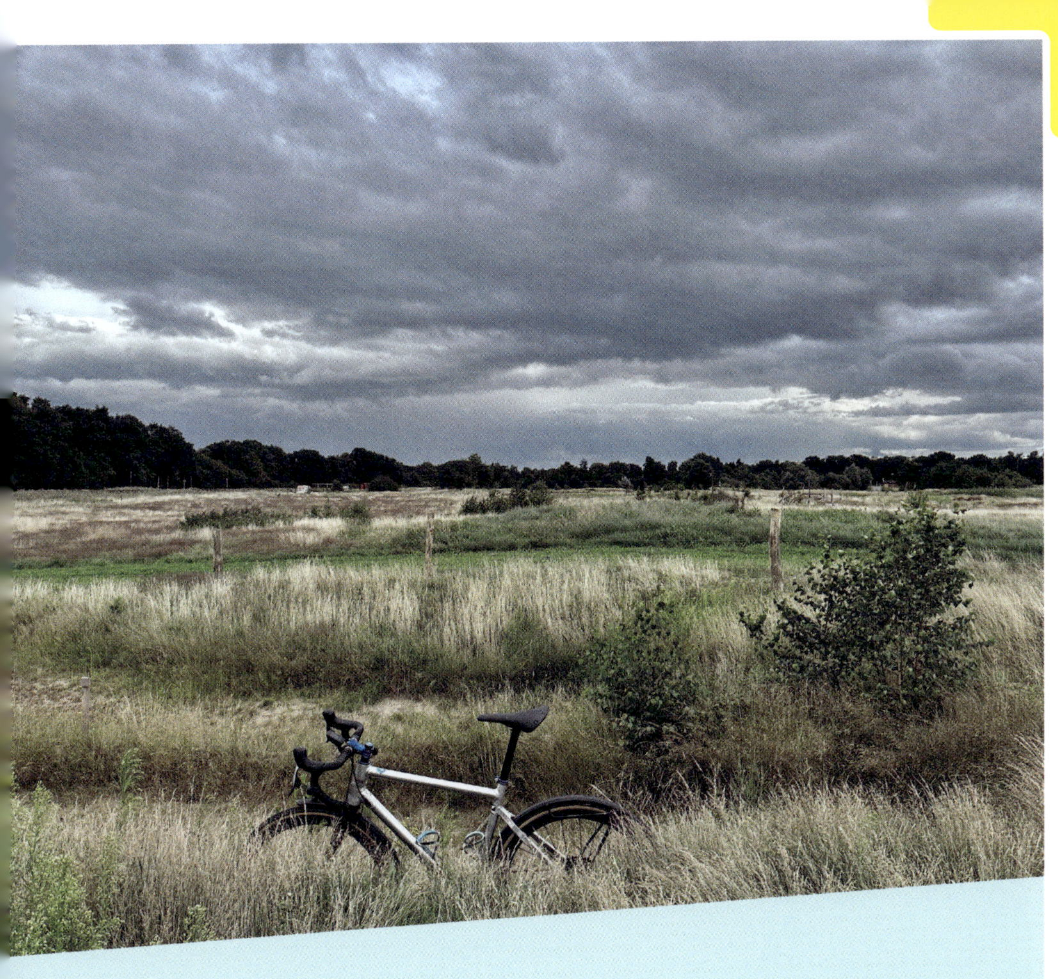

KM 6

Die ehemalige Galopprennbahn ist für die nächsten Jahre als 2 / „Galop de Porc" in einer Zwischennutzung. Wer mit einem Gravel-Bike oder einem Crossrad unterwegs ist, kann auf einem schön angelegten Trail, auf dem bereits Norddeutsche Cross-Meisterschaften stattfanden, eine Cyclocrossrunde drehen.

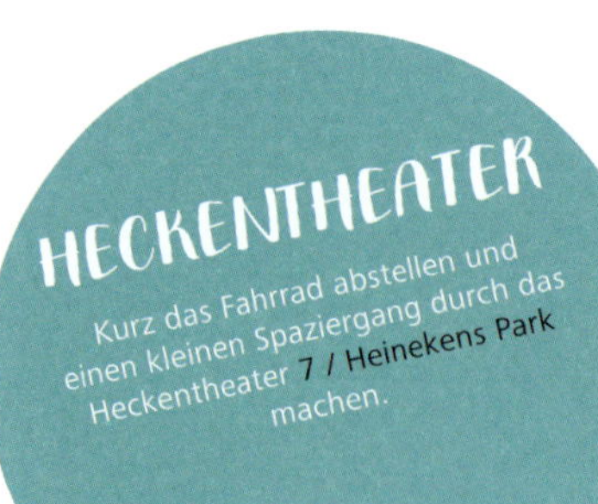

auf 18 Loch erweitern wollte, stimmte Iken zu. Unter der Bedingung, dass der Golfklub ein Arboretum anlegt und Gartenfachpersonal einstellt. Gesagt, getan.

Oberneuland

Über eine Wiese fahren wir nach Oberneuland und auf das Wahrzeichen des Stadtteils zu: Eine funktionstüchtige 4 / Oberneulander Mühle, die vom Focke Museum betreut wird. Das Zentrum Oberneulands erreichen wir, nachdem wir die Bahnstrecke Bremen-Hamburg unterquert haben. Gegründet wurde „Overnigelant", wie der Ort auf Plattdeutsch heißt, im 12. Jahrhundert von holländischen Siedlern, die die Sümpfe entlang der Wümme im Rahmen der Hollerkolonisierung urbar machten. Die Bremer konnten zwar schon Deiche bauen, kannten sich aber mit der Entwässerung nicht aus. Die holländischen Siedler waren freie Siedler, was damals komplett unüblich war. Ab Mitte des 19. Jahrhunderts trieb es vermögende Kaufleute raus aus der engen Altstadt. Viele alte Kaufmannsvillen, Landgüter und großzügige Parks mit seltenen und exotischen Bäumen, zeigen noch heute, dass in Oberneuland gern öffentlich gemacht wurde, was man ist und hat. Daran hat sich

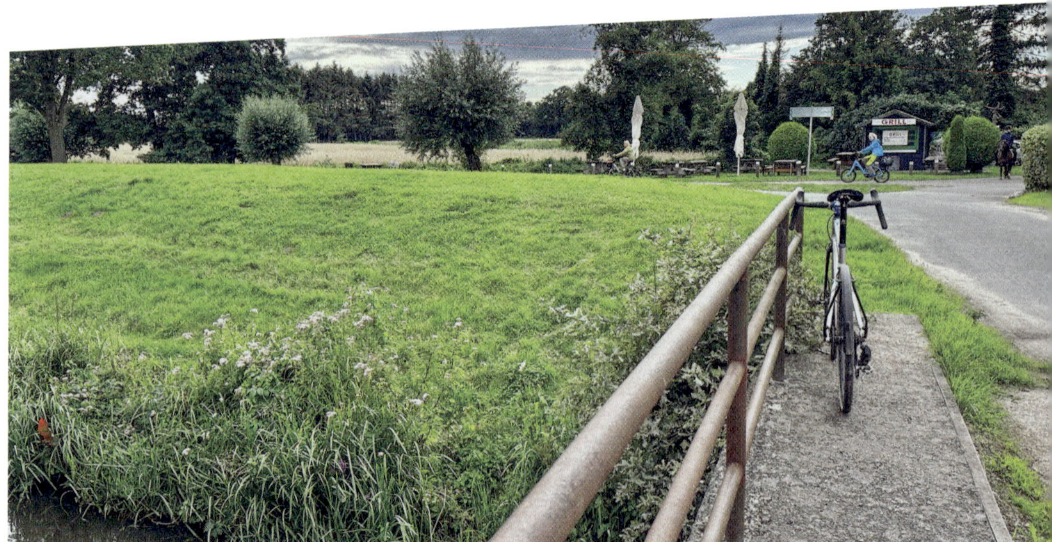

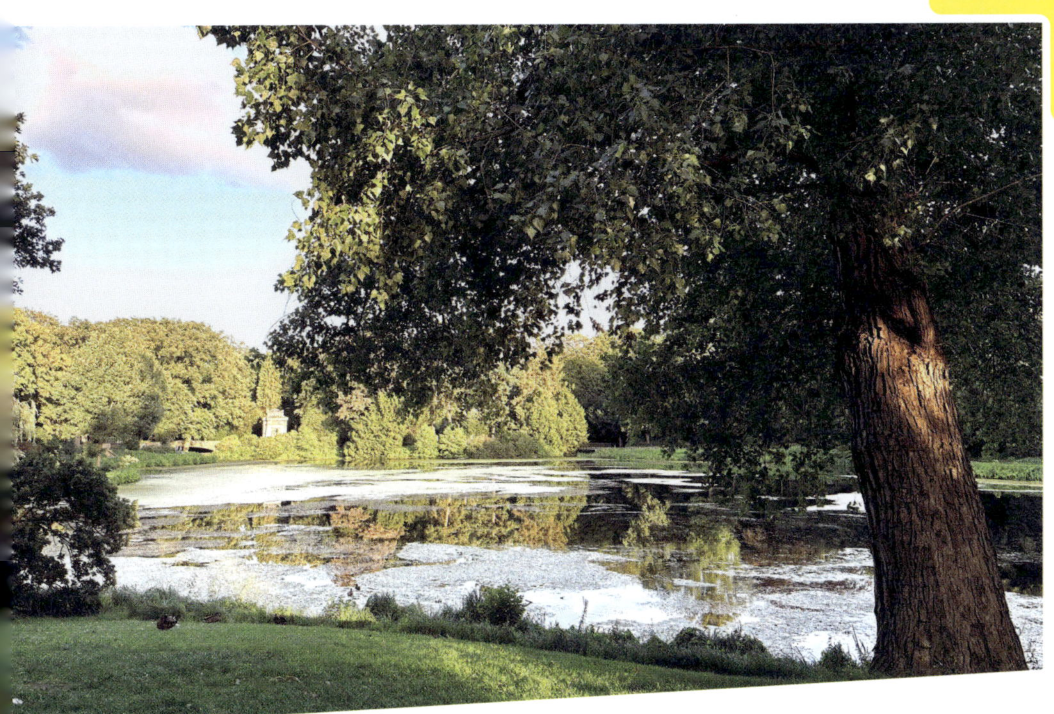

auch später kaum etwas geändert: die Einfamilienhäuser sind groß, die Grundstücke noch größer. Oberneuland gehört zu den reichsten Stadtteilen Bremens.

Muhles Park/Höpkens Park/Heckentheater

Wir rollen durch Muhles und Höpkens Park, zwei beeindruckende Beispiele für private Parkanlagen, zum Wümmedeich. Dort nehmen wir den Hollerdeich eigentlich flussabwärts. Doch nicht ohne einen kurzen Schlenker nach rechts zum 5 / Golden Grill, Kultstopp für Essen und Trinken am Deich. Danach drehen wir um und fahren zum 6 / Beobachtungsturm am Hollerdeich. Kurz darauf zweigt der Aumundsdamm ab. Der gut zu fahrende unbefestigte Weg bringt uns durch die Wiesen nach Oberneuland.

Heckentheater

Direkt an der Einmündung zur Oberneulander Heerstraße liegt 7 / Heinekens Park. Prunkstück des Ende des 18. Jahrhunderts zunächst als Barockgarten im Auftrag des Bürgermeisters Christian Abraham Heineken angelegten Parks, ist das Heckentheater. Die bis zu 6 Meter hohen

KM 22

Der 8 / Rhododendronpark mit Botanischem Garten, Garten der Menschenrechte, „botanika" und „Blooms Cafè und Restaurant" ist eine spannende Zwischenexkursion in die Welt der Pflanzen. Am besten bleibt das Rad für einen Gang kurz stehen.

< links / Golden Grill ^ oben / Riensberger See

GRÄBER AM SEE

Der Friedhof am 9 / Riensberger See gehört zu den bedeutensten Parks der Hansestadt. Ein Rundgang um den See, vorbei an den Grabanlagen, ist ein Steifzug durch die Geschichte.

Hainbuchenhecken haben bogenförmige Durchlässe und umschließen eine ovale Rasenfläche. Die später im romantisierenden Landschaftsstil mit seltenen Bäumen umgestaltete Anlage ist ein herausragendes Stück bremischer Gartenkultur.

Rhododendronpark

Zurück in die Stadt geht es durch ruhige Siedlungsstraßen und erreichen nach der Querung der A27 die Einfahrt in den 8 / Rhododendronpark. Auf 46 ha versammelt der Garten rund 600 der insgesamt etwa 1.000 wildwachsenden Rhododendren und weitere 3.500 gezüchtete Sorten. Weltweit zählt nur die Sammlung des britischen Königshauses im Windsors Great Park nahe London mehr Arten. Mitten im Park befindet sich der Botanische Garten und seit 2003 ist der „Garten der Menschenrechte" integriert. Die 30 Artikel der UN-Menschenrechtskonvention sind als in Bronze gegossene Texte in die Parkwege verlegt, ein Projekt der französischen Künstlerin Francoise Schein. Es lohnt sich, das Rad abzustellen und die vielfältigen Teile des Parks und die Gewächshäuser der „botanika", ein grünes Erlebniszentrum, zu durchstreifen. Oder einfach ein Päuschen in "Blooms Café" mit Blick in den Park einzulegen.

10 / Wachmannstraße

Die Straße mit Straßenbahn und einer bunten Mischung an Geschäften ist kulinarisch eine Fundgrube. Vom Eis auf die Hand, über Backwaren für den Frühstücks- und Kaffeetisch zu ausgesuchten Weinen bis zu allerlei Bistro-Leckereien, ist alles zu haben.

Riensberger See

An der Horner Kirche, einer alten Siedlerkirche, vorbei, parallel zur Kleinen Wümme erreichen wir die letzte Parkanlage unserer Tour: den Riensberger Friedhof. Die Anlage wurde von Wilhelm Benque, dem Gartenarchitekten des Bürgerparks, gestaltet. Sie besticht durch ihre Wasserläufe und einen wunderbaren alten Baumbestand. Eine kleine Runde um den 9 / Riensberger See und die Grabmale ist wie ein Streifzug durch das „who is who" der Stadtgeschichte. Es folgen die letzten Kilometer zurück zum 1 / Hauptbahnhof. In der 10 / Wachmannstraße lohnt ein Stopp, je nach Tageszeit und Lust für Kaffee, Kuchen und Eis, oder zum Essen.

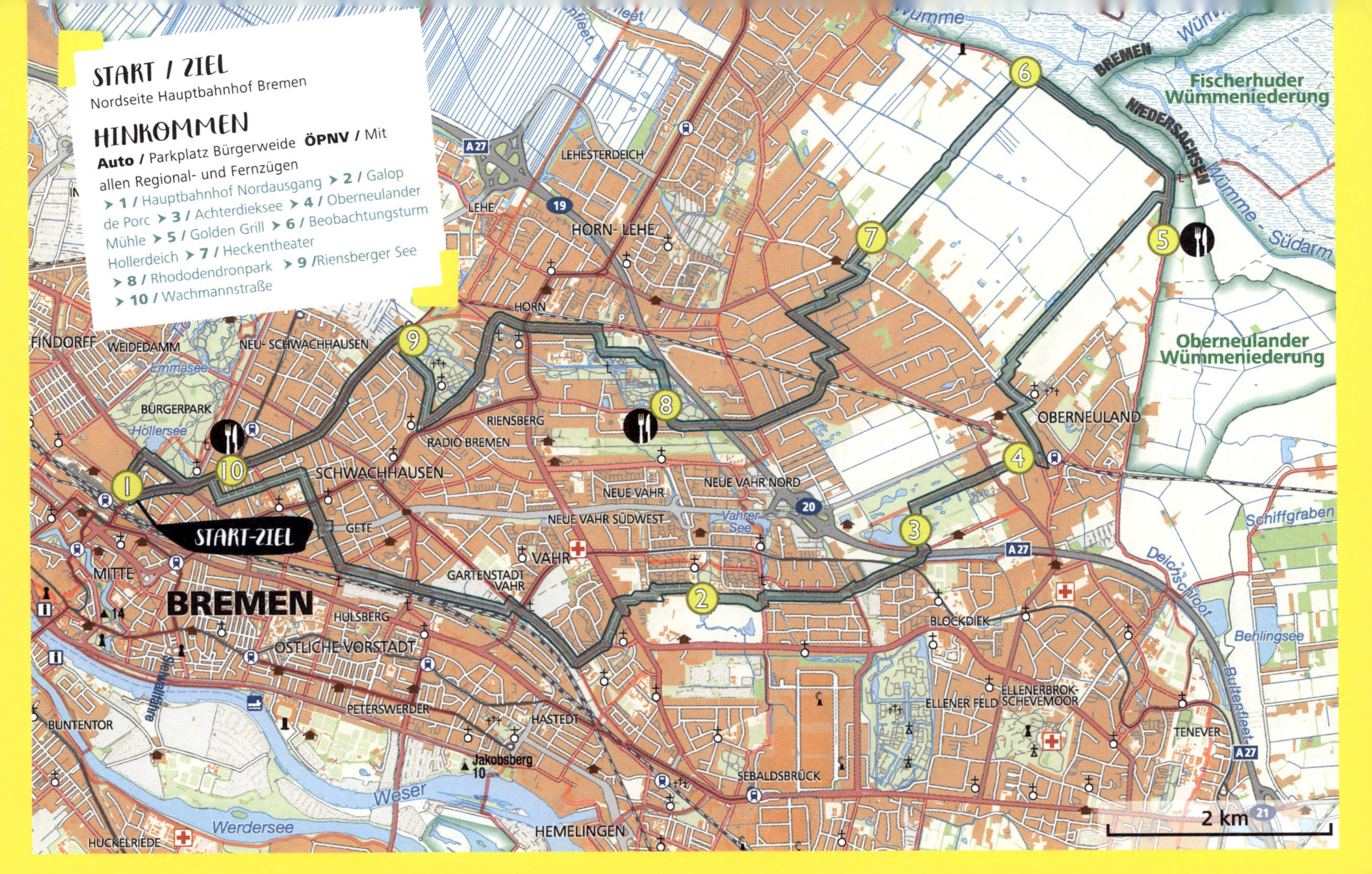

START / ZIEL

Nordseite Hauptbahnhof Bremen

HINKOMMEN

Auto / Parkplatz Bürgerweide **ÖPNV** / Mit allen Regional- und Fernzügen

➤ **1** / Hauptbahnhof Nordausgang ➤ **2** / Galop de Porc ➤ **3** / Achterdieksee ➤ **4** / Oberneulander Mühle ➤ **5** / Golden Grill ➤ **6** / Beobachtungsturm Hollerdeich ➤ **7** / Heckentheater ➤ **8** / Rhododendronpark ➤ **9** /Riensberger See ➤ **10** / Wachmannstraße

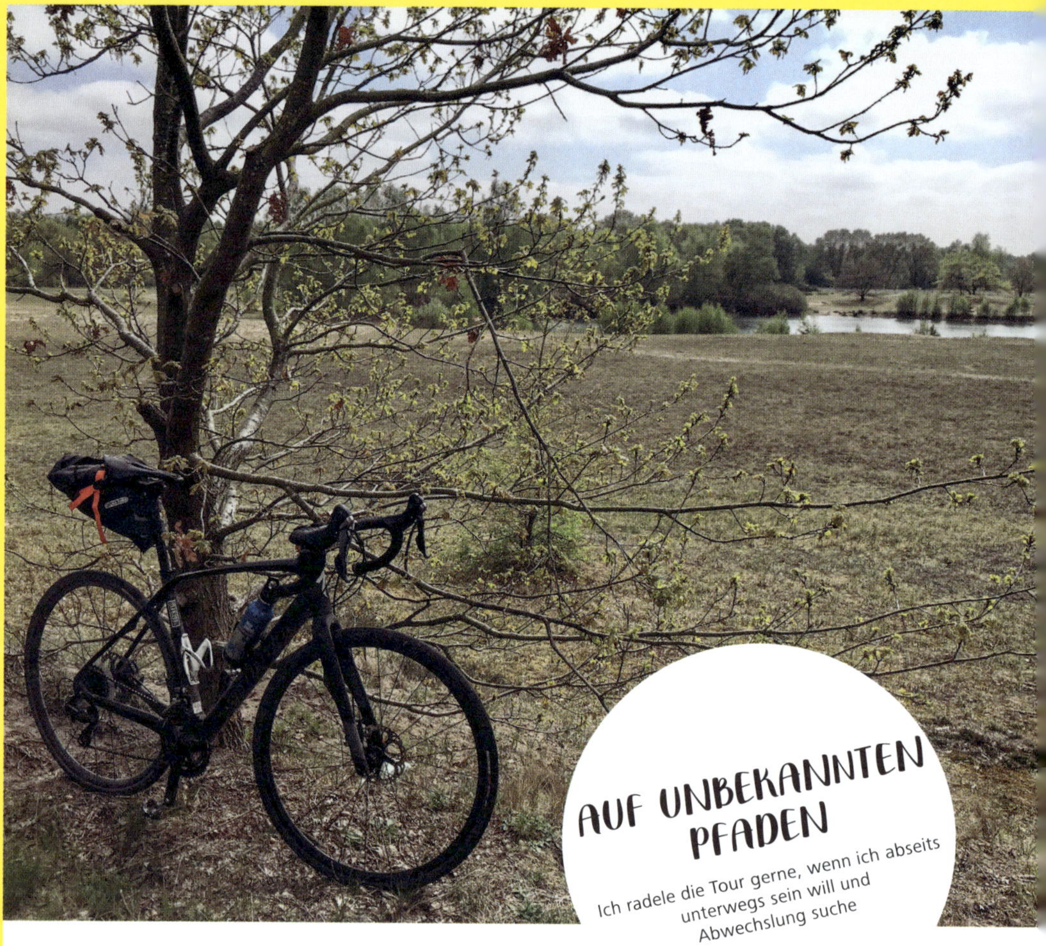

AUF UNBEKANNTEN PFADEN

Ich radele die Tour gerne, wenn ich abseits unterwegs sein will und Abwechslung suche

➤ **1 /** Vor dem Goliath - Haus legen wir los

➤ **2 /** Gräser, Sträucher, Bäume und Esel gucken im NABU-Hauptquartier

➤ **3 /** Es geht in das Stadtleben Ellener Hof mit Hindu Tempel

➤ **4 /** Ein Getränk vom Kiosk und ein Bad im Mahndorfer See

➤ **5 /** Zum Spaziergang durch das Naturschutzgebiet am hübschen Ellisee

➤ **6 /** An der alten Fähre im Bollener Dorfkrug Pause machen

➤ **7 /** Ein orientalischen Essen im Restaurant Hamdans genießen

➤ **8 /** Am Hemelinger Naturstrand Die Komplette Palette chillen

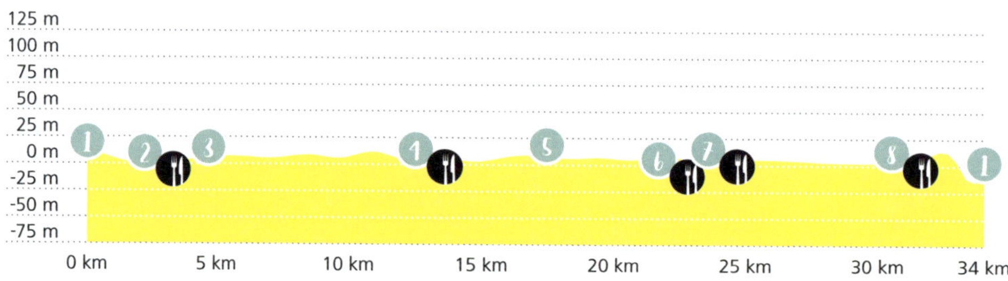

3

DÜNEN UND DEICHE

Durch den Bremer Osten mit Tempel, Friedhof, Dünen und Paletten

Die Tour führt durch Schrebergärten und an Wasserläufen entlang durch den Bremer Osten bis an die Ausläufer des niedersächsischen Achim und kehrt weserabwärts über die Hemelinger Binnenhäfen nach Bremen zurück. Auch für viele geübte Bremerinnen und Bremer überraschendes Rad-Neuland.

34 Kilometer
60 Höhenmeter
2:15 Stunden
Rundtour

Automobilgeschichte zum Start

Wir starten unsere Tour am Ende des Hastedter Osterdeichs in Sichtweite des 1 / „Goliath-Hauses". Goliath war eine Autofirma, die mit zum Borgward – Konzern gehörte und hier in Wirtschaftswunderzeiten PKW und dreirädige Kleintransporter produzierte. Borgward ging 1961 konkurs. Der Ortsteil Hastedt ist seit 1902 bremisch und gehörte zuvor zum Königreich Hannover. 1939 kamen im Rahmen der nationalsozialistischen Gebietsreform auch Hemelingen, Arbergen und Mahndorf zur Stadt Bremen. Hastedt und Hemelingen wie auch Sebaldsbrück wurden bereits vor der

CHARAKTER

Sportlich ●●●○○
Abkühlung ●●●○○
Schlemmen ●●●●○
Panorama ●●●●○

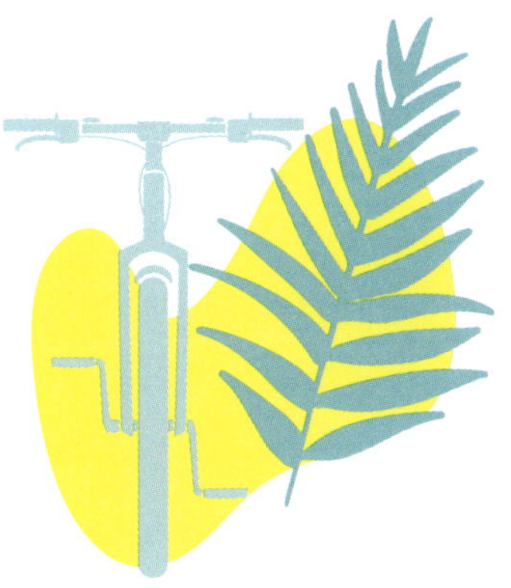

TOURENINFO / Weitestgehend auf Radwegen und autofreien Wirtschaftswegen. Kurze Passagen auf nicht befestigten, aber gur fahrbaren Pfaden und Wegen. Badesachen nicht vergessen! Die Tour ist auch für Kinderanhänger geeignet.

◂ links / Sandtrockenrasen am Ellisee

Reichsgründung 1871, der Bremen zollrechtlich 1888 beitrat, mit Bremer Kapital industrialisiert. Das lag daran, dass die ganze Stadt Freihafen, also Zollausland war. Das war gut für den Warenhandel, nicht aber für die Warenproduktion, da die Waren bei der Ausfuhr verzollt werden mussten und damit nicht konkurrenzfähig waren. Deshalb investierten Bremer Kaufleute ihr Geld in den Nachbarorten Bremens.

Vorzeigegarten und Mercedes Werk

Über die Föhrenstraße verlassen wir Hastedt und fahren in die Vahr. Durch Grünzüge erreichen wir die Vahrer Straße, der wir ein Winzstück nach rechts folgen und dann nach links in ein Parzellengebiet mit einem prominenten Großgarten einbiegen. Auf dem Gelände einer ehemaligen Gärtnerei befindet sich das 2 / Hauptquartier des NABU. Dort findet Umweltbildung statt, genauso wie ein Herbstmarkt. Auch Kindergeburtstage lassen sich hier feiern. Heimische Sträucher und eingelegtes Gemüse werden verkauft, und Picknickplätze gibt es zuhauf. Wir verlassen das Schrebergebiet, queren die Straße Holter Feld und rollen am Heufeld Fleet, einem Wasserzug, entlang. Erst bei der nächsten Straßenquerung ist zu sehen, dass das Grün entlang des Fleets das weltweit zweitgrößte Mercedes Werk versteckt. 12.500 Menschen arbeiten dort. Kurz nach dem Borgward Zusammenbruch hatte zunächst Hanomag mit 3.000 der 20.000 Borgward-Leuten Lastwagen und Transporter gebaut. 1969 stieg Mercedes ein und Ende der 70er Jahre entstand auf dem Holter Feld eine ultramoderne Fabrikanlage, heute das größte private Unternehmen des Landes.

KLARES WASSER AM BAGGERSEE

Am 4 / Mahndorfer See lohnt sich ein Sprung ins Wasser, ein entspanntes Weilchen am Strand und eine Stärkung aus dem Kiosk.

Ellener Hof

Wir setzen unsere Runde mit einem Abstecher in das nahe 3 / „Stadtleben Ellener Hof" Projekt fort. Dort realisieren verschiedene Träger ein sozial-ökologisches Quartier, in dem Menschen unter-

---

➤ **rechts oben / Hindu-Tempel Ellener Hof**

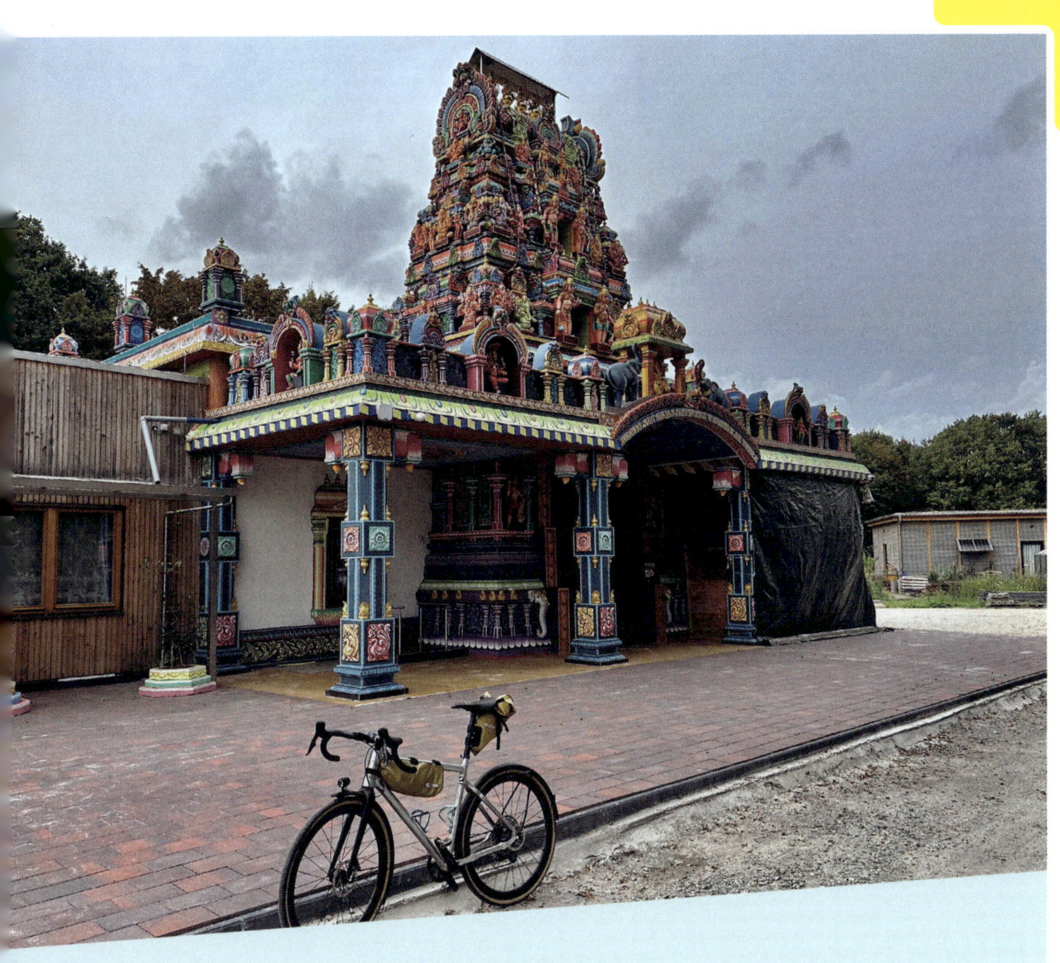

NORDDEUTSCHLANDS GRÖSSTER HINDU-TEMPEL

Norddeutschlands gößter Hindu-Tempel steht in bester Umgebung im sozial-ökologischen Quartier 3 / Ellener Hof. Bunt ist der Tempel und sein Name schwer auszusprechen: Sri Varasiththi-vinayakar.

5 / ELLISEE

Von weitäufigen Binnendünen ist nur ein Rest mit See und Trockenrasen geblieben. Der aber ist selten, prächtig, steht unter Schutz und lässt sich durchstreifen.

schiedlichen Alters, diverser Herkunft und Glaubensrichtung, mit und ohne Einschränkungen inklusiv, gefördert oder auch nicht, in neuer Architektur zusammenleben. Auch der Neubau eines Hindu-Tempels fand dort Platz.

Osterholzer Friedhof

Danach fahren wir durch den weitläufigen Osterholzer Friedhof bis zur Osterholzer Heerstraße. Mit knapp 80 ha ist der Friedhof der größte Bremens und eines von neun eingetragenen Gartendenkmalen. Anlage und Gestaltung des Friedhofs begannen Anfang des 20. Jahrhunderts. Für die Erreichbarkeit wurde eine Straßenbahn bis vor das Haupttor geführt. Die Anlage ist auch zentraler Ort für die Opfer von Krieg und Verfolgung.

Mahndorfer See

Wir durchqueren ruhige Siedlungsstraßen und erreichen über Arbergen den Rodensee und fahren am Rodenfleet weiter nach Mahndorf. Mahndorf liegt auf einem bis zu 21 Meter hohen Dü-

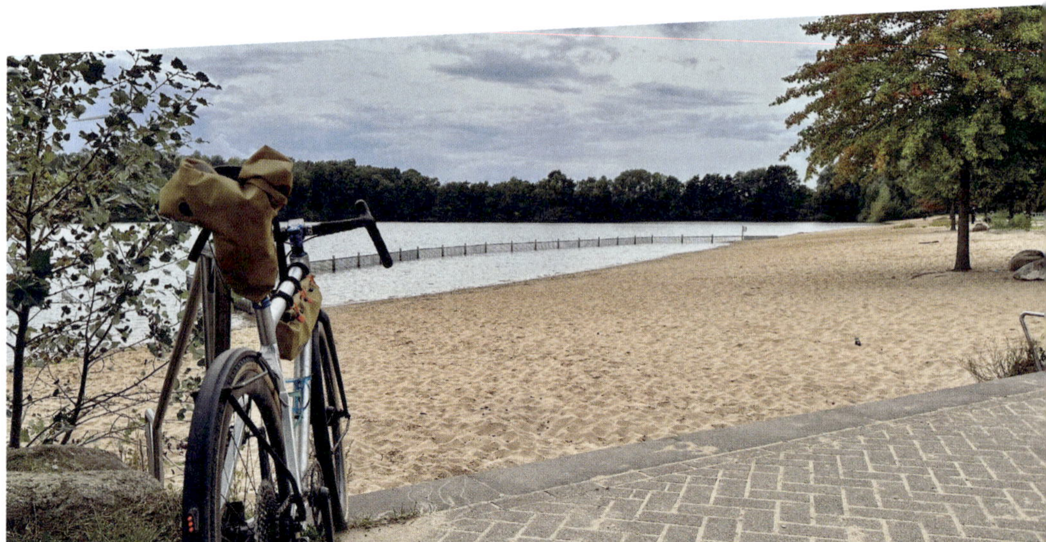

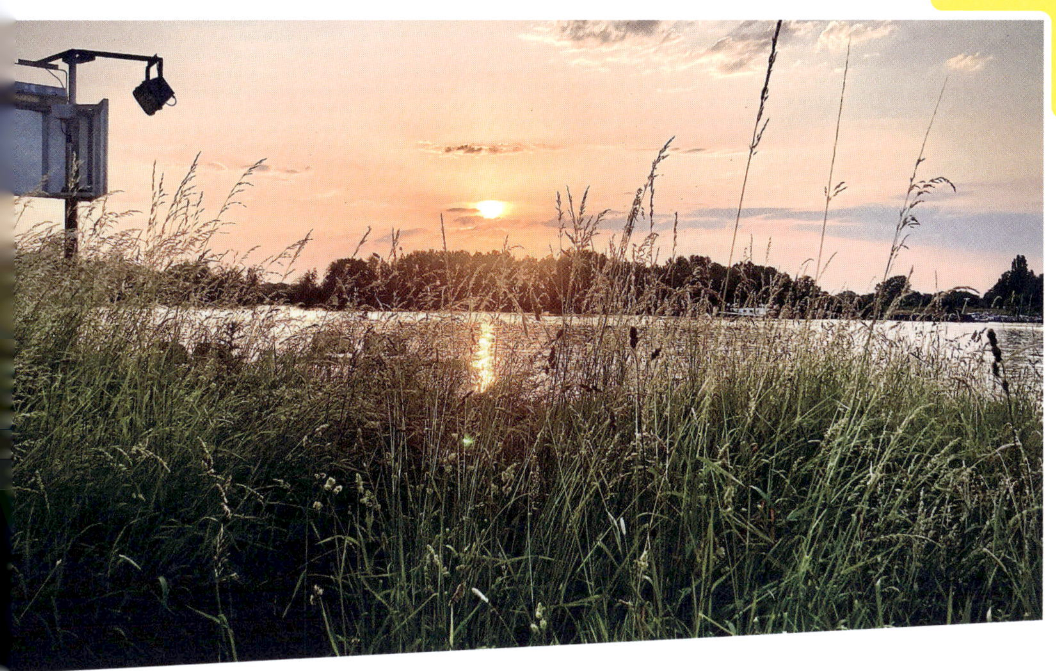

nenzug. Bald darauf erreichen wir den 4 / Mahndorfer See, der an zwei Stränden zum Schwimmen einlädt. Dem 15 Meter tiefen See, der beim Ausbau der A1 in den 60er Jahren und beim Bau des Mercedes Werkes zur Sandentnahme entstand, wird eine sehr gute Wasserqualität bescheinigt. Einen Kiosk für Getränke und Kleinigkeiten gibt es ebenso wie die saisonale Badeaufsicht durch die DLRG. Die beiden Inseln im See bleiben als Vogelschutzinseln den Vögeln vorbehalten.

Binnendünen

Nach der Abkühlung zieht es uns weiter nach Niedersachsen, genauer nach Uphusen, wo es dörflich zugeht. In Achim-Bierden ist der Wendepunkt dieser Tour erreicht: das Naturschutzgebiet Sandtrockenrasen Achim mit dem mittendrin liegenden 5 / Ellisee. Das trockene und nährstoffarme Gebiet ist eine der wenigen verbliebenen Flächen, auf der Silbergrasfluren, Sandtrockenrasen und Besenheide wachsen. Die Fläche mit dem Baggersee in ihrer Mitte blieb als kläglicher Rest eines veritablen Dünenzuges, der sich von Arbergen bis nach Achim-Bierden zog und ein äußerst beliebtes Ausflugsziel war. Die hohen Dünen begann man bereits vor 1914 abzubauen und den Sand in Bahndämme sowie Sandstein- und Mörtelfabriken

< links / Mahndorfer See ^ oben / Sonnenuntergang im Paletten-Paradies

BADEN IN DER MITTEL-WESER

Die Mittelweser hat viele Strände und Altarme. Baden lässt sich vor oder nach dem Kaffee zum Beispiel beim 7 / Hamdans. Orientalisch essen kann man dort auch. Mit Blick auf die Weser, auf der dann und wann Binnenschiffe vorbeiziehen.

ALTARME

Ab und an geht der Weg auf dem Deich vorbei an Weser-Altarmen. Die Gewässer sind wichtige Biotope und Kinderstuben für Fische und Vögel.

zu stecken. Im II. Weltkrieg testete Borgward hier Militärfahrzeuge und die restlichen Dünen verschwanden im Autobahnausbau der 50er bis 70er Jahre. Wegen des aktuellen Naturschutzes, der offenbar deutlich zu spät kommt, darf man leider im Ellisee nicht baden.

Wesermarsch

Unsere Rückreise führt am Weserdeich entlang zunächst nach Bollen. In dem kleinen Dorf bietet sich im 6 / Bollener Dorfkrug oder im 7 / Hamdans ein Stück weiter eine Pause bei Kaffee und Kuchen oder Speisen an. Das „Hamdans" bietet orientalische Küche mit Blick auf die Weser.

KM 26

Zwischen Hafenbecken und Umschlagsfirmen liegt der Hemelinger Naturstrand am Weserufer. Im Sommer öffnet hier die 8 /„Die Komplette Palette" ihre Zaunpforte, hinter der ein jährlich neues, holzgebautes Sommerparadies zum Chillen, Musikhören und Baden einlädt.

Die Komplette Palette

Wir kehren aufs Rad zurück und folgen dem Deich, der uns an Weseraltarmen vorbei teils auf, teils am Deich in den Weserhafen Hemelingen bringt. 1906 wurden die drei Hafenbecken Fulda-, Aller- und Werrahafen angelegt. Sie werden für den Umschlag von Massen- und Schüttgütern genutzt und können von Binnenschiffen angelaufen werden. Direkt neben dem Sportboothafen des Wassersportvereins Hemelingen e.V. öffnet temporär zur warmen Jahreszeit am Naturstrand Hemelingen 8 / „Die Komplette Palette", ein kultiges Sommerparadies sehr phantasievoll möbliert, mit Konzerten und Kulturangeboten in trashiger Umgebung.Am Werrahafenkopf vorbei erklimmen wir den Hemelinger Hafendamm und rollen am Kraftwerk Hastedt zum Ausgangpunkt 1 / Goliath-Haus unserer Exkursion in den Osten. Das Kraftwerk ist Bremens ältestes. 1906 gebaut, deckte es zeitweise ein Viertel des Bremer Energiebedarfs. Das Werk wird mit Steinkohle betrieben und liefert seit 1987 auch Fernwärme. Neu ist das Blockheizkraftwerk, das mit Erdgas arbeitet und jährlich 550.000 Tonnen CO2 einsparen soll.

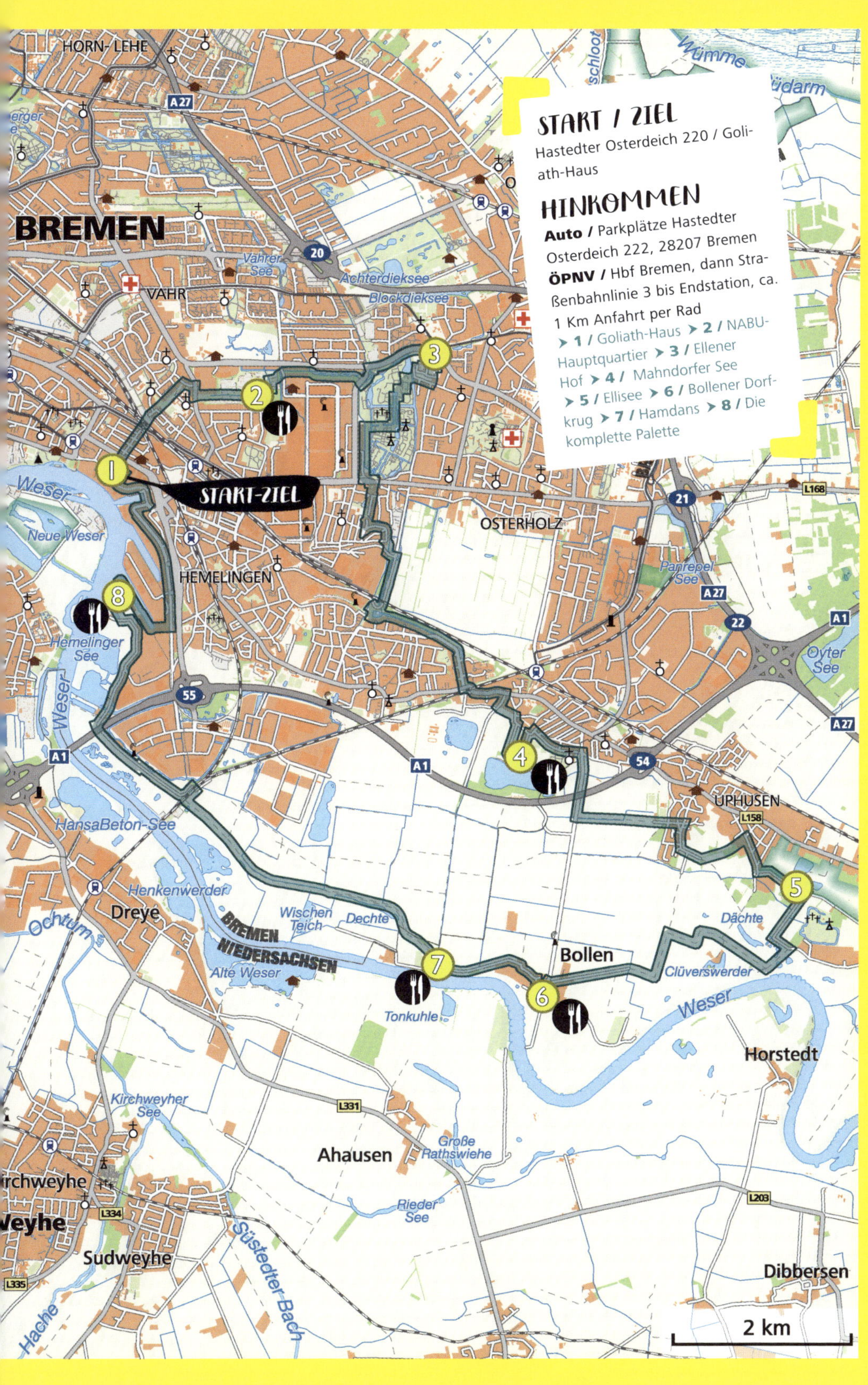
START / ZIEL
Hastedter Osterdeich 220 / Goliath-Haus
HINKOMMEN
Auto / Parkplätze Hastedter Osterdeich 222, 28207 Bremen
ÖPNV / Hbf Bremen, dann Straßenbahnlinie 3 bis Endstation, ca. 1 Km Anfahrt per Rad
➤ 1 / Goliath-Haus ➤ 2 / NABU-Hauptquartier ➤ 3 / Ellener Hof ➤ 4 / Mahndorfer See ➤ 5 / Ellisee ➤ 6 / Bollener Dorfkrug ➤ 7 / Hamdans ➤ 8 / Die komplette Palette
START-ZIEL
BREMEN
HORN-LEHE
VAHR
HEMELINGEN
OSTERHOLZ
UPHUSEN
Bollen
Dreye
Ahausen
Horstedt
Sudweyhe
Dibbersen
Weser
Neue Weser
Hemelinger See
HansaBeton-See
Henkenwerder
Ochtum
BREMEN
NIEDERSACHSEN
Alte Weser
Wischen Teich
Dechte
Tonkuhle
Dächte
Clüverswerder
Vahrer See
Achterdieksee
Blockdieksee
Wümme
Panrepel See
Oyter See
Kirchweyher See
Große Rathswiehe
Rieder See
Süstedter Bach
Hache
2 km

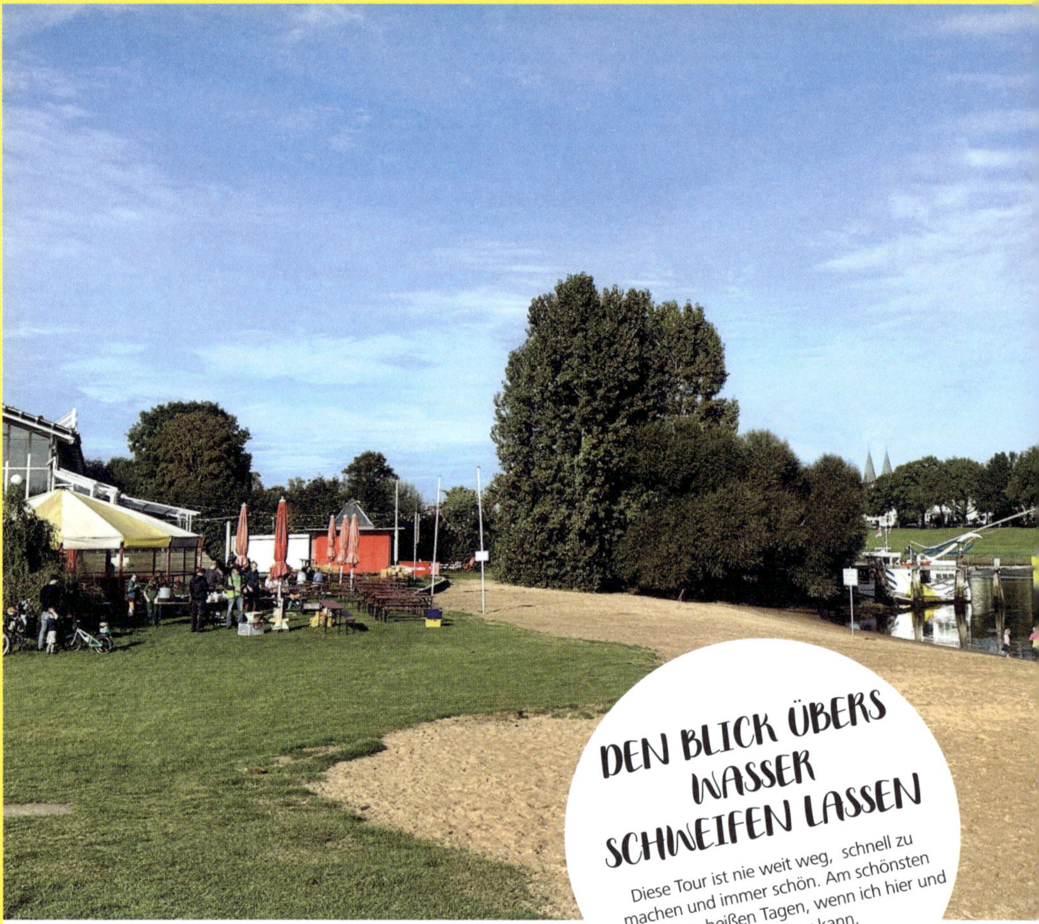

DEN BLICK ÜBERS WASSER SCHWEIFEN LASSEN

Diese Tour ist nie weit weg, schnell zu machen und immer schön. Am schönsten vielleicht an heißen Tagen, wenn ich hier und da ins Wasser kann.

➤ **1 /** Auf dem Teerhof beginnt die Tour

➤ **2 /** Beim Cafè Sand auf die Weser und das Strandleben schauen

➤ **3 /** Am Weserwehr Binnenschiffe beim Schleusen beobachten

➤ **4 /** Im Werdersee baden, ein SUP ausleihen und ein Eis essen

➤ **5 /** Zeitgenössische Kunst in der Städtischen Galerie besuchen

➤ **6 /** „The Triangles" vor dem Museum Weserburg bestaunen

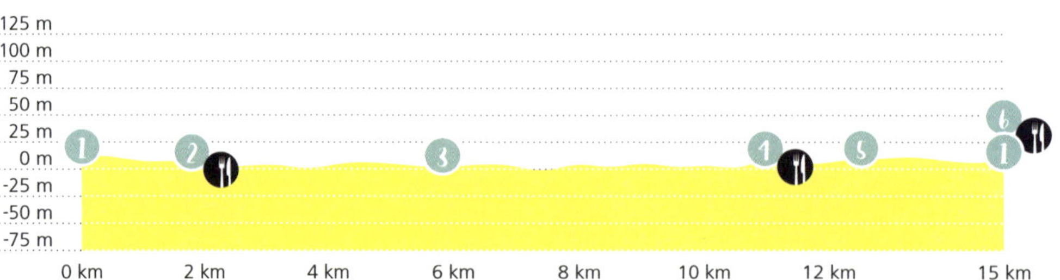

UMS WASSER

Rund um den Werdersee

Der Werdersee liegt in Sichtweite der Domtürme. Und scheint doch weit draußen im Grünen. Ein Wasser-, Bade-, und Freizeitparadies mitten in der Stadt mit einem schönen Weg umzu – wie es in Bremen heißt, wenn es drumherum geht.

15 Kilometer
30 Höhenmeter
1:00 Stunde
Rundtour

Start zur Inseltour

Der Ausflug ins Grüne und ans Wasser beginnt gegenüber der Altstadt auf dem 1 / Teerhof. Auf der von der Weser und der Kleinen Weser umflossenen Weserinsel wurden im Mittelalter Koggen gebaut. Da die Schiffbauer mit Holz, Teer und Feuer hantierten, wollte man sie nicht in der engen, befestigten Stadt haben und quartierte sie der Feuergefahr wegen auf die Flussinsel vor dem mittelalterlichen Hafen aus.

CHARAKTER
Sportlich ●●○○○
Abkühlung ●●●●●
Schlemmen ●●●●○
Panorama ●●●●○

Hilfe in Seenot

Wir starten in Wesernähe flussaufwärts, unterqueren die Wilhelm-Kaisen-

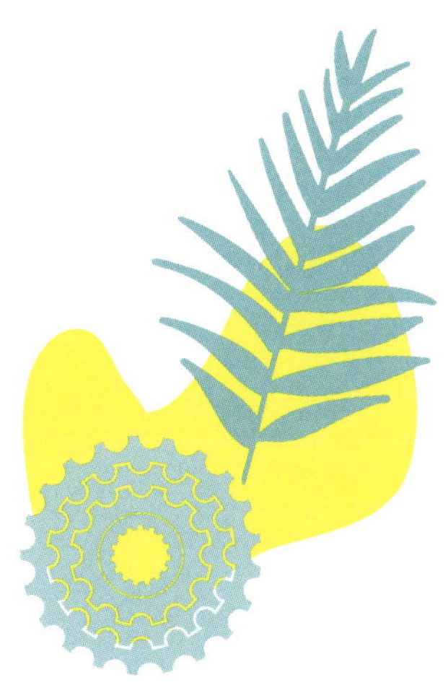

TOURENINFO / Weitestgehend autofreie Tour auf durchgängig asphaltierten Wegen, die in weiten Teilen auch von Zufußgehenden und Badegästen genutzt werden. Deshalb ist die Tour für sportliches Fahren nur bei schlechtem Wetter geeignet. Bestens geeignet auch für Kinder. Badesachen auf keinen Fall vergessen.

< links / Der Stadtstrand mit Stadtpanorama

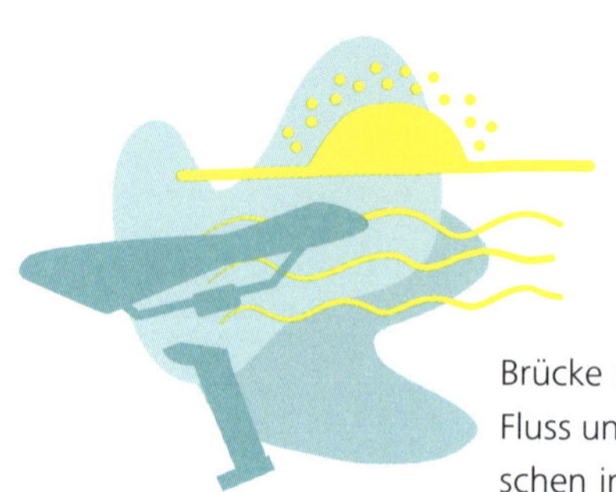

Brücke und kommen zu einem unscheinbaren Gebäude zwischen Fluss und Straße. Viel Platz ist da nicht. In dem Gebäude wird Menschen in Seenot geholfen: bei der Deutschen Gesellschaft zur Rettung Schiffbrüchiger (DGzRS) gehen Notrufe aus der Nordsee und Ostsee ein. Von hier koordinieren die Retter ihre Einsätze. Auf der Weserseite liegen manchmal Rettungsschiffe auf dem Helgen eines kleinen Werfthafens und werden gewartet. Schräg gegenüber befindet sich die Hochschule für Nautik. Seeleute und Kapitäne werden hier ausbildet und müssen hoffentlich nie Hilfe der DGzRS in Anspruch nehmen. Nicht weit davon steht nicht übersehbar die „Umgedrehte Kommode", Bremens erster Wasserturm. Unverhüllte Technik in Stadtnähe war Ende des 19. Jahrhunderts nicht angesagt. Deshalb bekam das Ständerbauwerk mit Wasserbehälter eine burgturmähnliche Fassade mit vier Ecktürmchen und Scheiben wie Schießscharten. Die Wasserbecken, in denen Weserwasser aufbereitet wurde, sind vor ein paar Jahren Wohnhäusern gewichen.

STADTSTRAND

Bei der Sielwallfähre am 2 / Café Sand gibt es Strandleben mit allem, was dazugehört: Sandburgen, Beachvolleyball, Eis und Pommes und Wasser zum Baden.

Große Rudertradition

Auf der Höhe der Tennisplätze biegen wir links ab und am Weserufer nach rechts. Dort reihen sich die Bootsschuppen traditionsreicher Rudervereine. Dann führt der Weg durch eine Baumgruppe und an einem Bretterzaun entlang, durch den ein Kassenhäuschen bei Veranstaltungen Eintritt gewährt. Das „Licht und Luftbad Priegnitz e.V." war einst die vor Blicken geschützte Wiese für FKK-Freunde und ist heute Kulturspielstätte, die sich den Charme alter Zeiten erhalten hat.

Cafè Sand

Auf der Höhe von 2 / Cafè Sand erreicht die letzte noch aktive stadtbremische Weserfähre den Stadtwerder und bringt Strandbesucher und Pendler über den Fluss. „Ostertor" heißt das kompakte Schiffchen, dessen Kapitäne bei Lust und Laune ein paar extra Pirouetten auf dem Weg ans andere Ufer drehen. Rund um das Cafè ist Strandleben angesagt mit Eimerchen und Schippe, Beachvolleyball und Bad in der Weser.

➤ rechts oben / Weserwehr und Schleuseneinfahrt

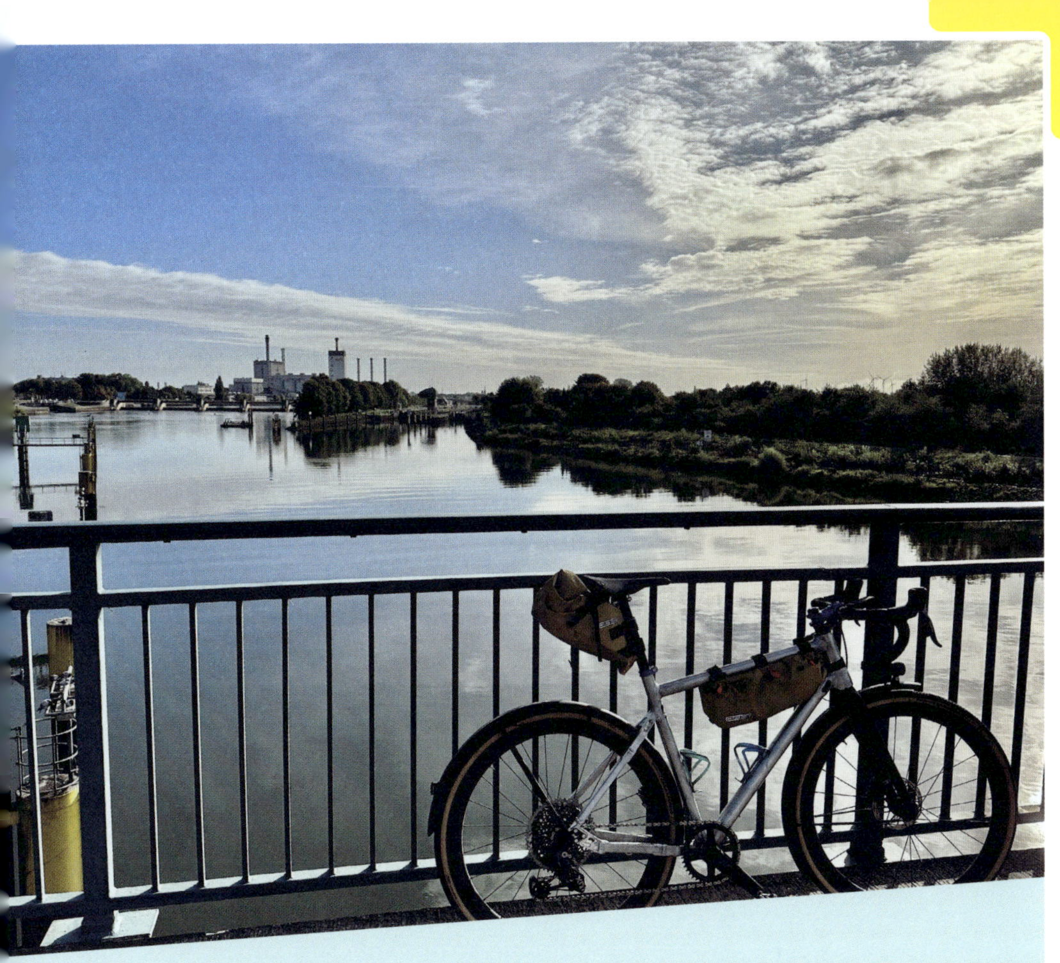

KM 2

Die „Umgedrehte Kommode" ist Bremens erster Wasserturm. Ende des 19. Jh. versorgte der Turm erste Altstadthäuser mit Wasser. Damit wollte die Stadt auch aus handelspolitischen Gründen Seuchengefahren mindern. Wurde doch das Wasser lange direkt aus der Weser entnommen, wo auch das Abwasser entsorgt wurde.

FLUTWELLE UND FISCHTREPPE

Am 3 / Weserwehr endet die Flutwelle, die aus der deutschen Bucht in die Weser aufläuft. Das Wehr regelt den Abfluss des Wassers aus der Mittelweser in die Unterweser.

Das Wasser ist badetauglich. Aber Vorsicht! Die Weser hat hier ordentlich Tidenhub von bis zu 4,50 Meter und bei abfließendem Wasser einen mächtigen Sog. Und Binnenschiffe sind auch unterwegs.

Wo die Weser einen Bogen macht

Das Sträßchen führt ufernah weiter weseraufwärts an ausgedehnten Parzellengebieten entlang und bietet einen prächtigen Blick über die Weser auf den Osterdeich, einem mächtigen Deichbauwerk aus der zweiten Hälfte des 19. Jahrhunderts, der die Östliche Vorstadt vor Hochwasser schützt. Auf den Wiesen vor dem Deich findet im Sommer die legendäre „Breminale statt, ein "Umsonst&Draußen„-Festival in Zirkuszelten und auf Open Air Bühnen mit mehr als 200.000 Besuchenden. Dort, wo die Weser einen Bogen macht, stellt sich das Weserstadion in den Blick. Ein Ort, der in den Fangesängen kräftig gefeiert wird und Kult ist. Die Spielstätte von Werder Bremen ist das einzige Bundesligastadion, das noch mitten in der Stadt liegt. Der SV Werder hat seinen Namen vom Ort des Stadions: Werder ist überall an der Weser die Bezeichnung für Außendeichflächen. Wir fahren auf

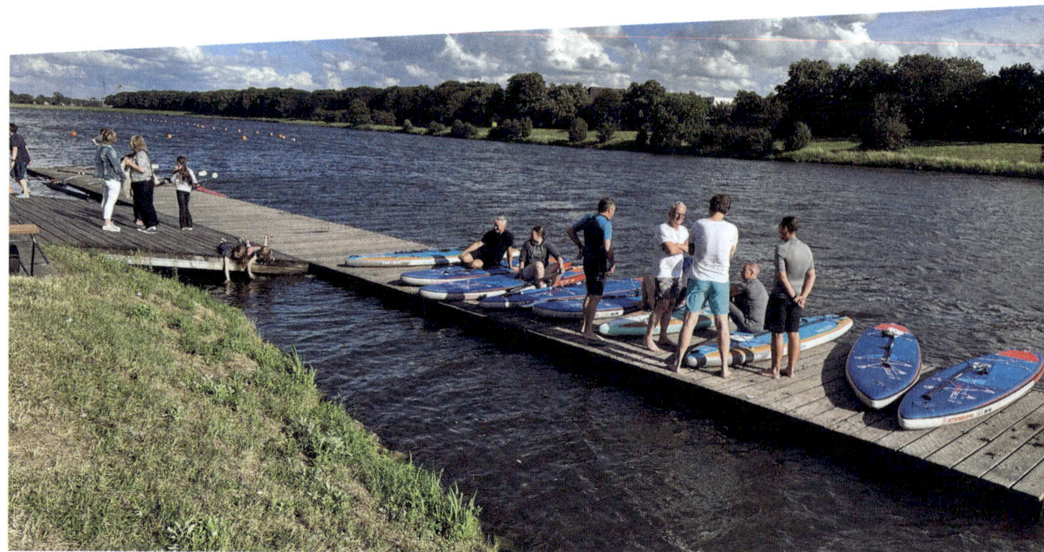

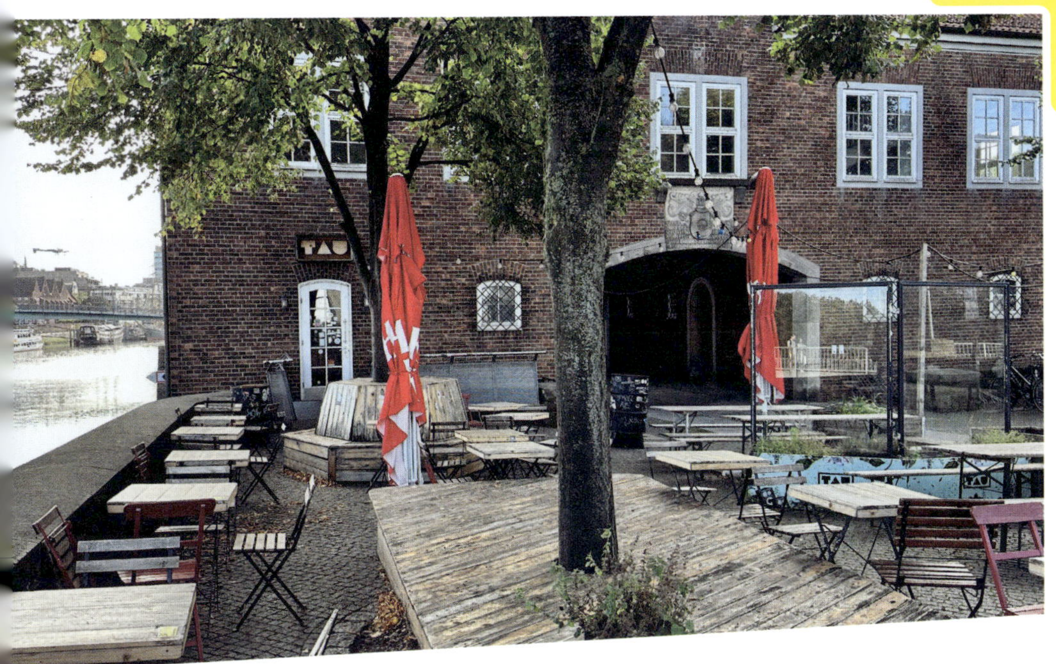

dem Stadtwerder weiter und wechseln an der Carl-Carstens-Brücke die Weserseite. Die Brücke wird auch "Erdbeerbrücke" genannt wird, weil sie in Habenhausen durch große Erdbeerplantagen führte. Die Auffahrt zur Brücke windet sich einem Schneckengang gleich hoch zur Fahrbahn. Auf der anderen Weserseite geht es schräg rechts die Rampe herunter und unten mit einem Turnaround zur Weser zurück, der wir bis zum Weserwehr folgen.

Ebbe und Flut

Am 3 / Weserwehr endet die von der Nordsee kommende Flutwelle, das Wehr ist die Grenze zwischen Unterweser und Mittelweser und sorgt für einen kontrollierten Wasserstand in der Mittelweser. Über das Wehr und die anschließende Schleusenanlage für die Binnenschifffahrt - samt Fischtreppe - kehren wir auf den Stadtwerder zurück und fahren in einem Bogen an das Siel, das am östlichen Ende des Werdersees den Einlass von Weserwasser in den Werdersee regelt. Der Werdersee wurde als Flutrinne in Verlängerung der Kleinen Weser angelegt. Im strengen Winter 1981 verstopfte ein Eisstau am Weserwehr den Abfluss des Wassers aus der Mittelweser in die Unterweser. Als der Wasserstand über den Sommerdeich stieg, erwies sich die Flutrinne als unzureichend, und das Wasser

KM 8

Nach einem Weserdurchbruch im Winter 1981 wurde die Flutrinne zum Werdersee neu angelegt und erhielt einen neuen Zufluss, an dem das Wasser munter vor sich hin gurgelt und die Füße ins Wasser wollen. Nicht nur die Kinderfüße.

< links / Vom Rad aufs SUP oder einfach so ins Wasser ^ oben / Das TAU und die Weserburg

FREIZEITJUWEL

Der bewachte 4 / Werderseestrand und die umgebenden Liegewiesen mit ihren Feuerstellen gehören zu den beliebtesten Sommerfluchtorten mitten in der Stadt.

bahnte sich ein eigenes neues Bett quer durch die Schrebergärten oberhalb der Erdbeerbrücke. Eine Katastrophe. Danach erhielt der Werdersee seine heutige Gestaltung, die Flutrinne wurde optimiert, der Wassereinlass erst kürzlich naturnah umgestaltet, die Sommerdeichhöhe gesenkt.

Badeleben

Mit Blick auf die Domtürme fahren wir jetzt auf dem Deich am Ufer des Werdersees entlang. Im Sommer herrscht hier reger Badebetrieb, Ruderer, SUP-Paddler, Gummiboote und Luftmatratzen tummeln sich auf dem Wasser. Richtung Stadt weitet sich das flache Ufer. Es gibt große Liegewiesen mit Feuerstellen und einen bewachten 4 / Werdersee Badestrand. Hier kann man an der SUP-Station Boards ausleihen, „Vish & Chips" essen oder eine Limo trinken. An der nächsten Brücke queren wir das Gewässer und fahren auf dem Deich der Neustädter Seite weiter. Bald darauf erreichen wir die 5 / Städtische Galerie und die Schwankhalle. Das städtische Kulturzentrum mit Ausstellungen zeitgenössischer Kunst und zwei Theater- und Konzertsälen war einst eine Brauerei. An der Pipe, einem ehemaligen Winterhafen für Boote, biegen wir nach links ab, queren die Friedrich-Ebert-Straße und fahren in die Neustadts Contrescarpe. Die Parkanlage entstand, als die städtischen Verteidigungsanlagen geschliffen wurden. Am Neuen Markt entlang und über die Brautstraße erreichen wir eine Brücke, die uns über die Kleine Weser zurück auf den 1 / Teerhof bringt. Bevor die Tour endet: 6 / Die Weserburg Museum für moderne Kunst ist ein unbedingtes Muss jedes Ausflugs. Auch draußen gibt es Kunst: Sol LeWitts „Three Traingles" auf der Weserbrücke und Monica Bonvicinis Lichtkunst „Power Joy Humor Resistance" gehören mit zum „Kunst im öffentlichen Raum"- Programm der Stadt.

KM 16

Die 6 / Weserburg Musem für moderne Kunst zeigt in den weitläufigen Räumen einer ehemaligen Kaffeerösterei internationale Kunst der Gegenwart. Die „Kunst im öffentlichen Raum"-Installation von Sol LeWitt „Three Triangles" gehört dazu. Zur Stadt sowieso.

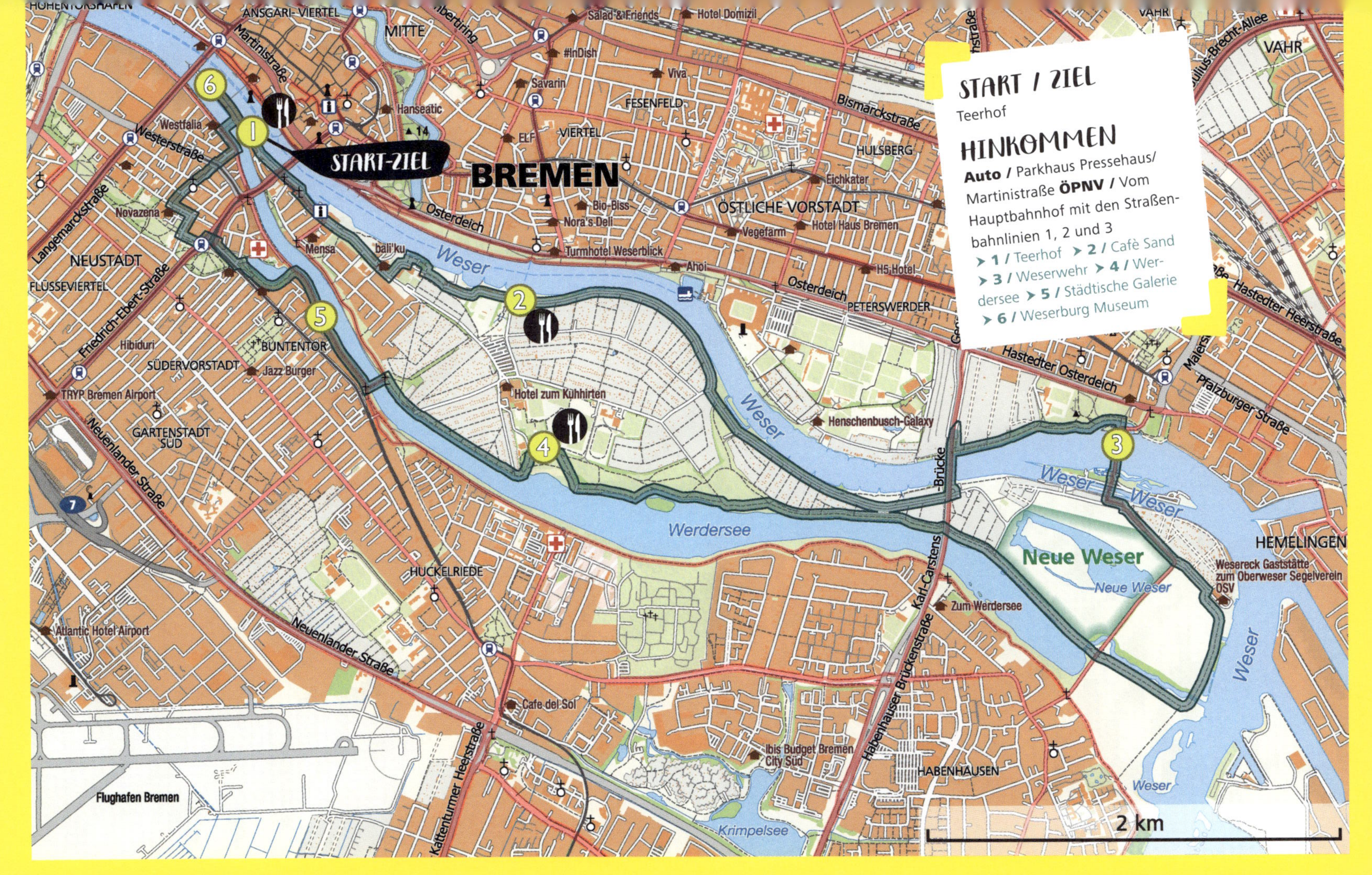

START / ZIEL
Teerhof
HINKOMMEN
Auto / Parkhaus Pressehaus/ Martinistraße ÖPNV / Vom Hauptbahnhof mit den Straßenbahnlinien 1, 2 und 3
› 1 / Teerhof › 2 / Café Sand › 3 / Weserwehr › 4 / Werdersee › 5 / Städtische Galerie › 6 / Weserburg Museum
START-ZIEL
BREMEN
MITTE
ANSGARI-VIERTEL
Martinistraße
Westerstraße
Westfalia
Hanseatic
Salad & Friends
Hotel Domizil
#InDish
Viva
Savarin
FESENFELD
VIERTEL
ELF
Bismarckstraße
HULSBERG
Eichkater
Bio-Biss
Nora's Deli
Turmhotel Weserblick
ÖSTLICHE VORSTADT
Vegefarm
Hotel Haus Bremen
Ahoi
H5 Hotel
Osterdeich
PETERSWERDER
Hastedter Osterdeich
Hastedter Heerstraße
Pfalzburger Straße
Julius-Brecht-Allee
VAHR
Langemarckstraße
NEUSTADT
FLÜSSEVIERTEL
Novazena
Friedrich-Ebert-Straße
Mensa
bali'ku
Weser
Hibiduri
BUNTENTOR
SÜDERVORSTADT
Jazz Burger
TRYP Bremen Airport
GARTENSTADT SÜD
Neuenlander Straße
Hotel zum Kuhhirten
Henschenbusch-Galaxy
Brücke
Werdersee
Neue Weser
HEMELINGEN
Wesereck Gaststätte zum Oberweser Segelverein OSV
HUCKELRIEDE
Karl-Carstens
Habenhauser Brückenstraße
Zum Werdersee
Atlantic Hotel Airport
Cafe del Sol
Kattenturmer Heerstraße
Ibis Budget Bremen City Süd
HABENHAUSEN
Krimpelsee
Flughafen Bremen
2 km

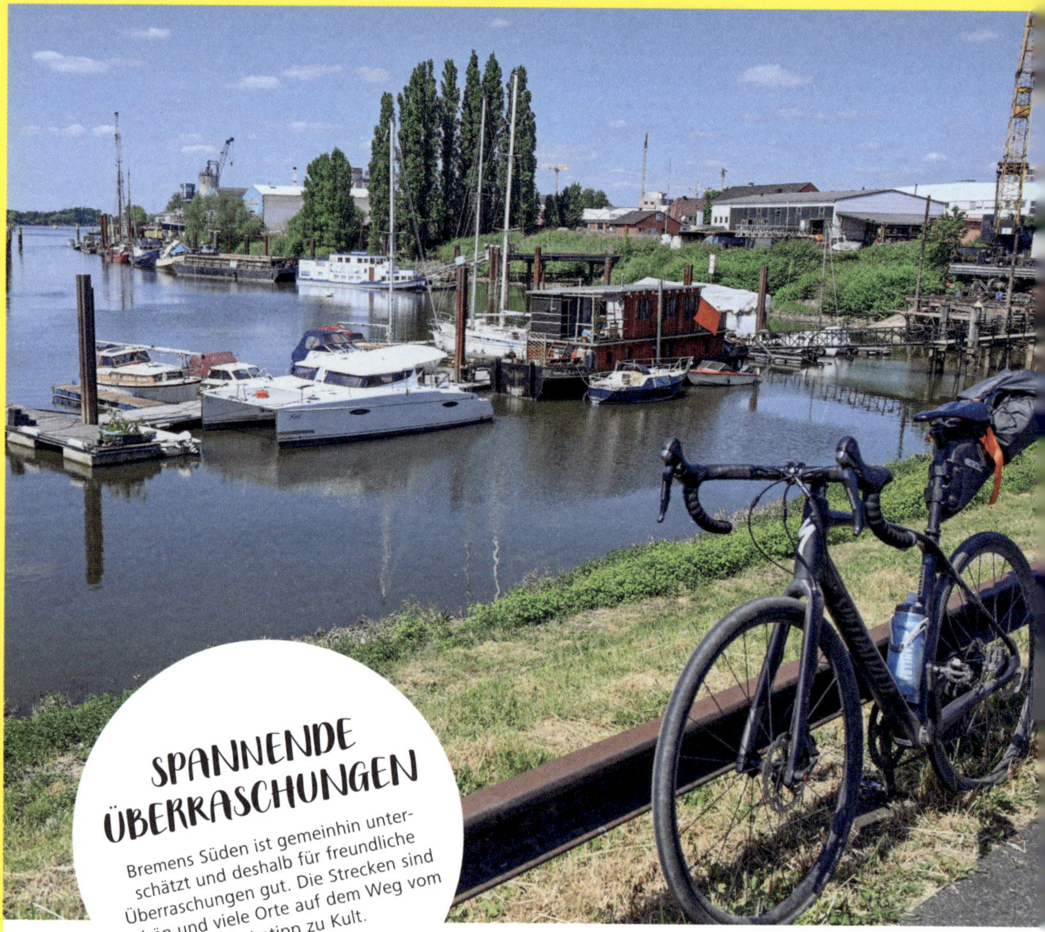

SPANNENDE ÜBERRASCHUNGEN

Bremens Süden ist gemeinhin unterschätzt und deshalb für freundliche Überraschungen gut. Die Strecken sind schön und viele Orte auf dem Weg vom Geheimtipp zu Kult.

- **1 /** Parkplatz Schulstraße vor der bremer shakespeare company
- **2 /** Hohentorshafen aus simpleburger Hafenkante-Sicht
- **3 /** Am Rablinghauser Strand liegen und in der Weser baden
- **4 /** Im Lankenauer Höft in die Strandbar
- **5 /** Im Tabakquartier Lastenräder schauen und Kultur genießen
- **6 /** Im Park Links der Weser Vögel beobachten
- **7 /** Eine Erfrischung in der Falstaff Theaterkneipe

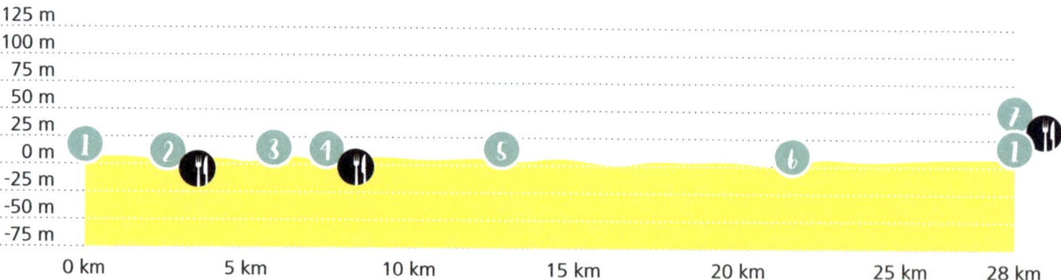

IN DEN SÜDEN

Lankenau, Tabakquartier, Park Links der Weser und Flughafen

Unsere Tour startet und endet in der Neustadt, dem ersten deutschen Fahrradmodellquartier. Dazwischen entfaltet sich ein bunter Mix aus Häfen, Stränden, Parks, Schrebergärten und Flusspassagen. Und ein Flughafen.

28 Kilometer
50 Höhenmeter
2:00 Stunden
Rundtour

Urbane Dichte

Die Tour beginnt vor der Spielstätte der 1 / bremer shakespeare company, eines renommierten freien Theaters. Auf dem Neustadtswall rollen wir gen Westen über vorbildlich ausgebaute Fahrradstraßen und mitten durch die Hochschule Bremen. Die Fahrradstraße als verkehrsrechtliche Spezifizierung wurde übrigens in den 80er Jahren von einem pfiffigen Bremer Planer durch die Hintertür in die STVO geschmuggelt. Die wie in der Altstadt zu einem Park umgebauten Wallanlagen entstanden kurz vor dem 30-jährigen Krieg, als Bremen feindliche Truppen fürchtete, die vom Südufer über die Weser hinweg in die Stadt

CHARAKTER

Sportlich ●●○○○
Abkühlung ●●●○○
Schlemmen ●●●●○
Panorama ●●●○○

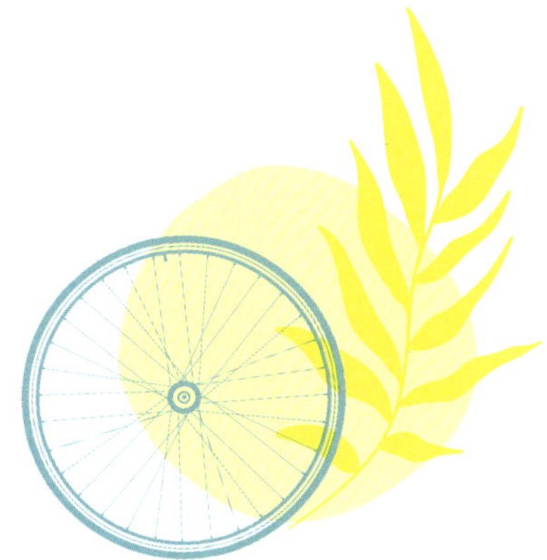

TOURENINFO / Weitgehend auf Radwegen oder autofreien Deichwegen. Kurze Passagen Kopfsteinpflaster oder unbefestigte Oberflächen. Auch für Kinder und Kinderanhänger geeignet. Badesachen nicht vergessen.

‹ links / Hohentorshafen, ein Hafen für die Zukunft

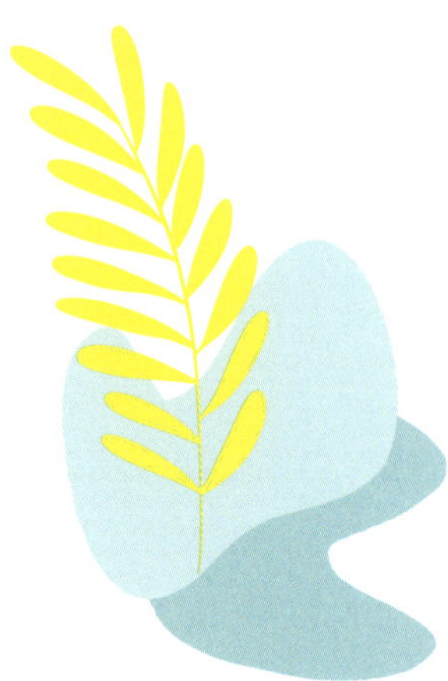

schießen könnten. Eingefasst von der neuen Wallanlage bekam Bremen einen neuen Stadtteil: die Neustadt. Am „Neusis", einem Fahrradcafé vorbei, folgen wir dem Verlauf der Wallanlagen, die nach der Unterquerung der B75 gen Weser abzweigen. Dort geht es links mit Blick auf drei stationäre Schiffe weserabwärts. „Klabauterbett" heißt die Schiffsherberge auf dem Plattbodenschiff „Ronja", „Johann" das Motorschiff und „Kaja" der Kajütsegler. Der Dreimaster „De Liefde" macht das Päckchen komplett.

Hohentorshafen

Kurz ist der Weg zum Hohentorshafen. Gebaut als Sicherheitshafen checkten in dem Hafenbecken Mitte des 19. Jahrhunderts tausende Auswandernde auf Weserkähne ein. Die Plattbodenfrachtschiffe brachten die Passagiere nach Bremerhaven. Mit seegehenden Schiffen ging es von dort weiter in die neue Welt. Heute bietet der Hafen eine bunte Mischung aus tradierter Holz- und Hafenwirtschaft, Veranstaltungsorten, Bio-Lebensmittelbetrieben und Ateliers. In den Pusdorf-Studios produzieren junge Leute preisgekrönte Reportagen für öffentlich-rechtliche Sendeanstalten. Vor der Tür hat sich der 2 / Simpleburger Hafenkante etabliert. Wir fahren an der Hafenkaje Richtung Pusdorf.

DISC GOLF IM PARK

Bringt eure Frisbees mit und spielt auf 18 Bahnen eine Runde Disc Golf im Park. Die Anlage ist für alle zugänglich.

Weseruferpark

Der Weseruferpark, den wir bis zum Lankenauer Höft durchfahren, ist Resultat eines Verlustes. In den 1960er Jahren entschloss sich der Senat, die überforderten stadtbremischen Stückguthäfen auf der rechten Weserseite durch einen Hafenneubau auf der südlichen Seite zu entlasten. Der Bau der Neustädter Häfen und die damit einhergehende Verbreiterung der Weserfahrrinne, 1963 abgeschlossen, ließ das Dorf Lankenau und die Pusdorfer Strände verschwinden. 20 ha groß und 5-7 Meter hoch geriet die Spülfläche des Hafenaushubs, auf die abschließend Mutterboden aufgebracht und eine Parkgestaltung umgesetzt wurde. Der Weseruferpark entstand als Ausgleich für Strände und ein Dorf. Maritime Exponate sollen die Verbindung zu der hafenwirtschaftlichen Entstehungsgeschichte knüpfen. Der 3 / Rablinghauser Strand ist seit einigen Jahren wieder freigegeben und eine Disc-Golf-Anlage gibt es auch. Bei der Ausbaggerei kam 1962 das Wrack einer mittelalterlichen Kogge zum Vorschein. Die einzige Original-Kogge, die jemals gefunden wurde, ist heute in Bremerhaven zu bestaunen.

➤ **rechts oben / Weserkaje Woltmershausen, Stadt und Fluss im Wandel**

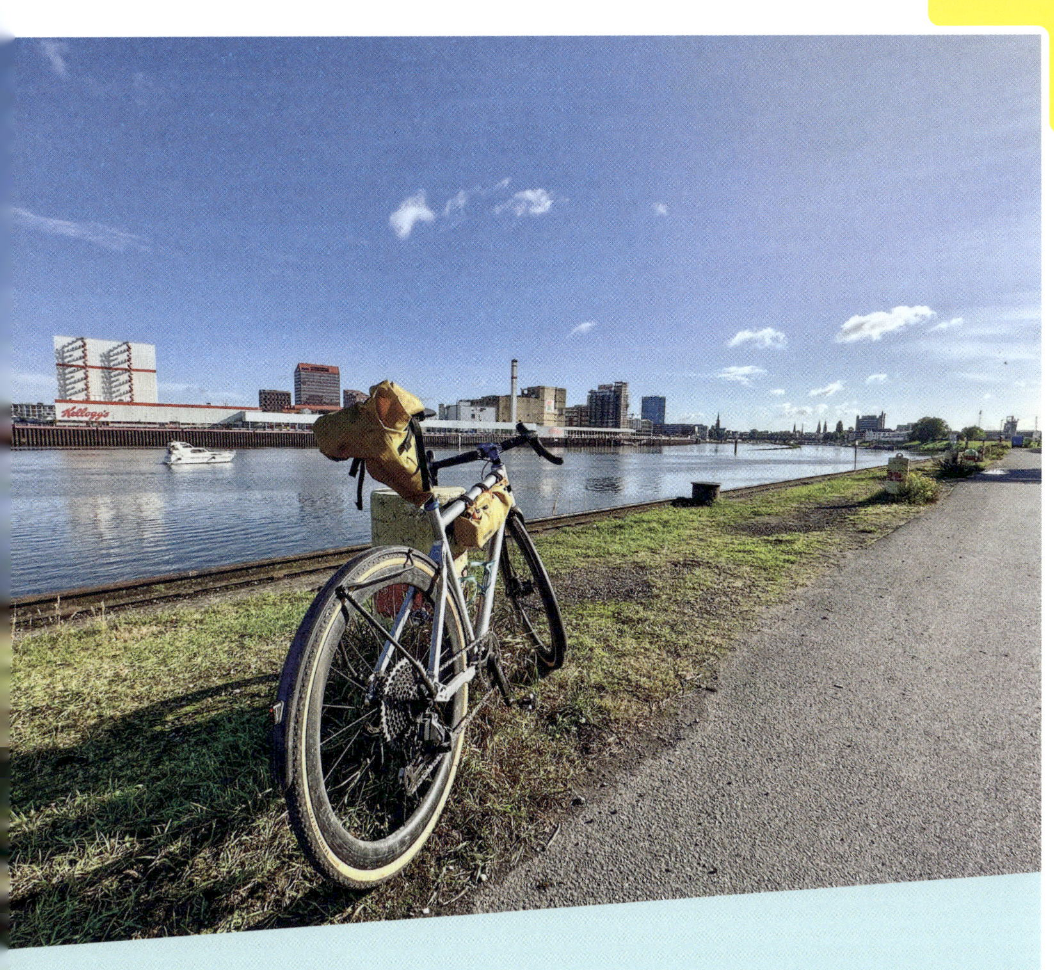

KM 2

Vom Hafenkopf des Hohentorshafens aus liegen rechts die Querhelgen der Maleika Werft. Hier kann man Boote mieten oder Segeln lernen. Links liegen die Pusdorf Studios, davor der Imbiss 2 / Simpleburger Hafenkante. Ein Ort mit Vergangenheit und Zukunft.

RABLINGHAUSER STRAND

Am 3 / Rablinghauser Strand ist die Uferbesfestigung aus Stein weg und ein Strand, wie es ihn hier kilometerlang gab, lädt zum Sonnenbaden und Schwimmen.

Lankenauer Höft

4 / Lankenauer Höft liegt am Ende von Pusdorf. Der Radar- und Kontrollturm dort ist nicht mehr in Funktion. Stattdessen ist das Höft jetzt ein Sommerstrand, der auch im Winter Programm bietet. Der Neustädter Hafen wurde Ende der 60er, Anfang der 70er Jahre mit Containerbrücken ausgestattet. Aufgrund des ungebrochenen Größenwachstums der Schiffe laufen aktuelle Containerriesen den Hafen schon lange nicht mehr an. Aber sogenannte Feederschiffe für die Revierfahrt machen hier fest, weil der Hafen zum Güterverteilzentrum Bremen (GVZ), dem zweitgrößten seiner Art in Europa, gehört. Vorbei am Hafenzaun und über den Woltmershauser Schutzdeich mit Blick auf Schreber- und andere Gärten fahren wir nach Osten.

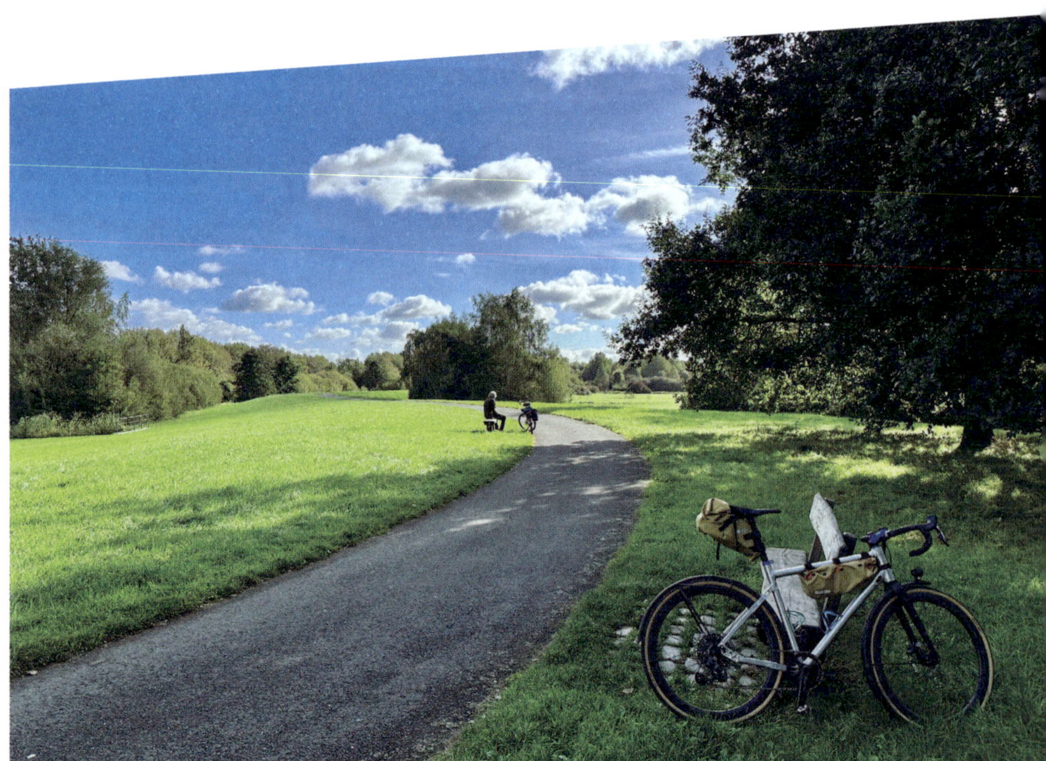

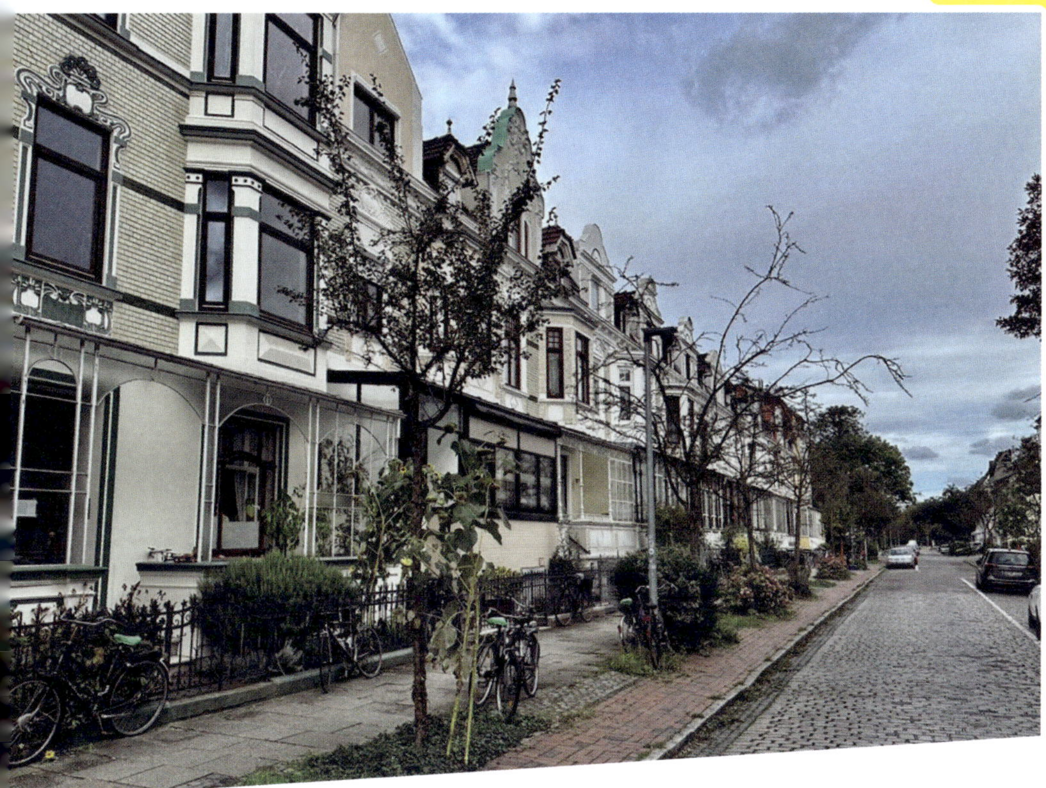

Tabakquartier
Das Areal ist eines der größten Stadtentwicklungsprojekte Bremens. Seinen Namen trägt das Quartier, weil hier die Brinkmann AG seit 1910 Zigaretten in der zeitweilig europaweit größten Tabakfabrik produzierte. Der wirtschaftliche Erfolg hing wesentlich auch daran, dass der Firmengründer Hermann Ritter erst nationalsozialistischer Wirtschaftssenator und langjähriger Wirtschaftsstadtrat in Bremen war. Noch einträglicher war sein Engagement in einer Organisation, die er unter anderem mit dem Hamburger Zigarettenproduzenten Philipp E. Reemtsma zur Ausbeutung der von der Wehrmacht besetzten Ostgebiete gründete. Ritter wie Reemtsma wurden für ihre Kollaborationen nie zur Rechenschaft gezogen. Das 5 / Tabakquartier heute entwickelt sich schnell mit Loft-Wohnungen, Gewerbe, Läden, einem Hotel, Gastronomie und Kunst und Kultur zu einem ambitionierten lebendigen neuen Stadtraum. Einen inspirierenden Blick wert: United Cargo Bikes.

KM 7

Am 4 / Lankenauer Höft ist Zeit für ein Getränk aus dem Strandcontainer mit Blick auf den Neustädter Hafen. Und Sonnenuntergänge. Es gibt einen Abenteuerspielplatz und ein Veranstaltungsprogramm. Übernachten kann man in Hausbooten.

< links / Ein Park mit Weite: Park Links der Weser ^ oben / Bremer Häuser in der Delmestraße

Tabakquartier

Das 5 / Tabakquartier bietet: Theater, Kunst, Kletterhalle, Restaurants, Cafés und spannende Läden, wie der Shop von United Cargo Bikes

Ochtum Park

Wir verlassen das Quartier in Richtung Ochtum, einem Wesernebenfluss. Dabei passieren wir die imposante Backsteinhalle des ehemaligen Gaswerkes der Stadt. Aus Steinkohle gewannen die Stadtwerke dort Stadtgas, das 65 Jahre lang die Stadt mit Licht, Wärme und Energie versorgte. Über die Warturmer Heerstraße fahren wir zum 6 / Park Links der Weser. Die Grünanlage ist recht jung und entstand als Ausgleich für die Verlängerung der Start- und Landebahn am Bremer Flughafen. Naturnah gestaltete flache Uferzonen, die mit Röhricht, Seggen und Gräsern bewachsen sind, zeichnen den Park aus.

Fahrrad-Quartier Alte Neustadt

Die Stadtteilinfrastruktur ist fahrradfreundlich umgebaut. Institutionen und Kultur und Freizeitangebote wie die Hochschule, die 1 / bremer shakespeare company oder das SummerSounds Festival in den Wallanlagen freuen sich. Die Bewohner auch.

Flughafen Bremen

Auf Deich- und Uferwegen erreichen wir den Flughafen Bremen, einen beschaulichen, stadtnahen Flughafen. Hier begann vor mehr als einhundert Jahren die Entwicklung der Bremer Flugzeugindustrie. Parallel zur Kattenturmer Heerstraße durchfahren wir anschließend ein Parzellengebiet und kommen nach Huckelriede. Über Grünzüge und durch Schrebergärten sind wir bald bei der Bezirksportanlage Süd. Dort hat die Jokes Zirkusschule mit Outdoor-Angeboten und prächtigem Zirkuszelt ihren Sitz.

Flüsseviertel

Unsere Fahrt geht in die Gartenstadt Süd, gebaut in der für die späten 50er Jahre typischen luftig-grünen Sachlichkeit. Nach der Querung der Friedrich-Ebert-Straße kommen wir in das Flüsse-Viertel, das zur Alten Neustadt gehört. Das Bremer Haus prägt den Stadtteil. Dieser in Reihe gebaute Haustyp ist bestimmend für die frühen Stadterweiterungen und ist bis heute sehr beliebt. Durch die Wallanlagen erreichen wir wieder die 1 / bremer shakespeare company, den Ausgangspunkt unserer Tour, die in der 7 / Falstaff Theaterkneipe ihren Abschluss finden kann.

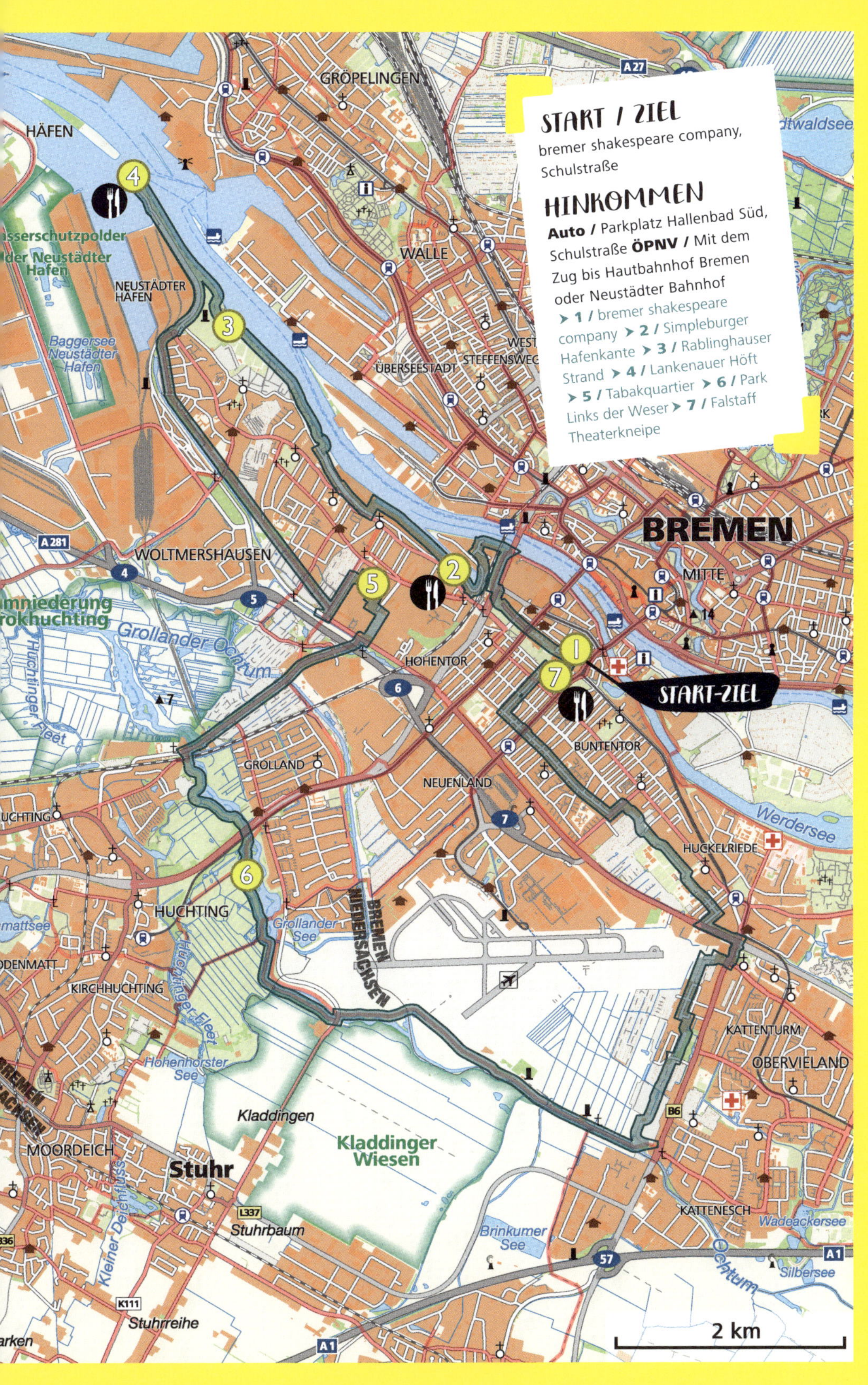
START / ZIEL
bremer shakespeare company, Schulstraße
HINKOMMEN
Auto / Parkplatz Hallenbad Süd, Schulstraße ÖPNV / Mit dem Zug bis Hautbahnhof Bremen oder Neustädter Bahnhof
➤ 1 / bremer shakespeare company ➤ 2 / Simpleburger Hafenkante ➤ 3 / Rablinghauser Strand ➤ 4 / Lankenauer Höft ➤ 5 / Tabakquartier ➤ 6 / Park Links der Weser ➤ 7 / Falstaff Theaterkneipe
START-ZIEL
BREMEN
MITTE
GRÖPELINGEN
HÄFEN
WALLE
NEUSTÄDTER HAFEN
Baggersee Neustädter Hafen
ÜBERSEESTADT
STEFFENSWEG
WOLTMERSHAUSEN
HOHENTOR
GROLLAND
NEUENLAND
BUNTENTOR
HUCKELRIEDE
Werdersee
HUCHTING
KIRCHHUCHTING
Grollander Ochtum
Grollander See
Huchtinger Fleet
Hohenhorster See
BREMEN NIEDERSACHSEN
KATTENTURM
OBERVIELAND
Kladdingen
Kladdinger Wiesen
MOORDEICH
Stuhr
Stuhrbaum
Stuhrreihe
Kleiner Deichfluss
Brinkumer See
KATTENESCH
Wadeackersee
Silbersee
Ochtum
A 27
A 281
A1
B6
L337
K111
2 km

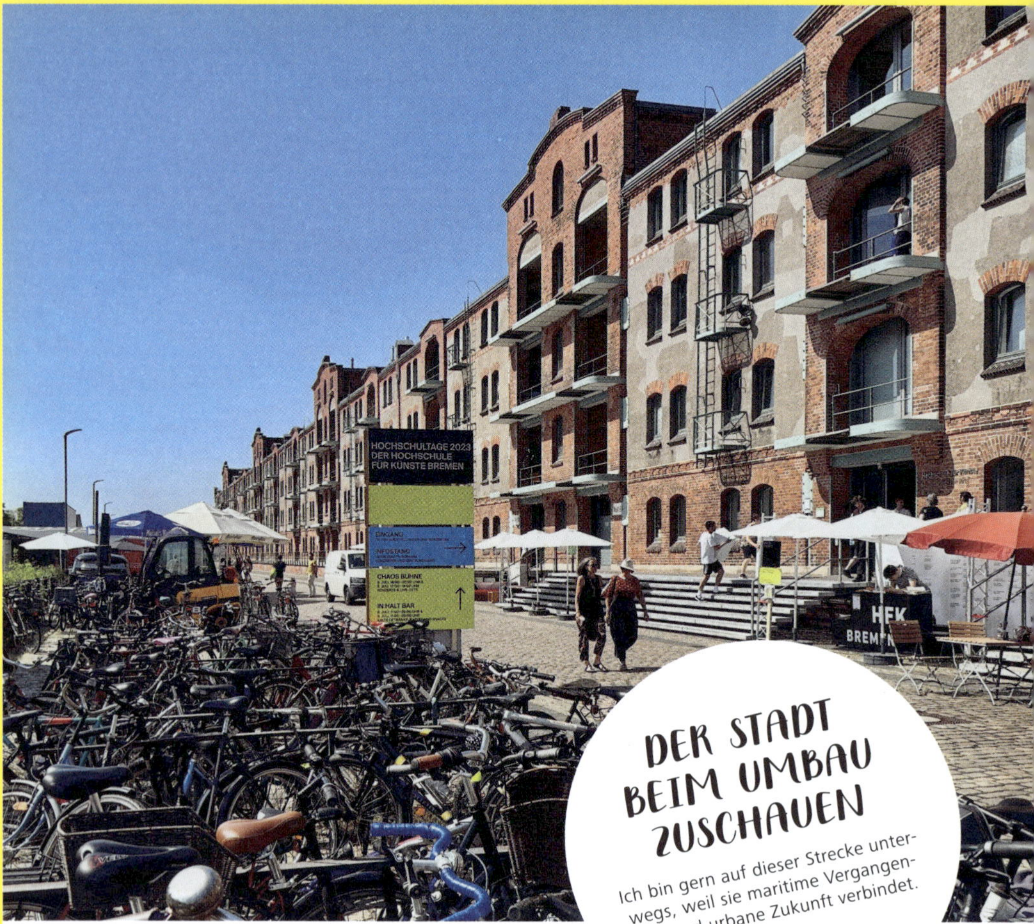

DER STADT BEIM UMBAU ZUSCHAUEN

Ich bin gern auf dieser Strecke unterwegs, weil sie maritime Vergangenheit und urbane Zukunft verbindet.

➤ **1 /** Vor dem Schütting geht es los

➤ **2 /** Ein Päuschen auf der Gemüsewerft

➤ **3 /** Neapolitanische Pizza in der Ex-Kellogs-Umkleide bei Zio Manu di Napoli

➤ **4 /** Den Showroom von VeloLab, Bremens Lastenradmanufaktur besuchen

➤ **5 /** Ausschau halten am Molenturm

➤ **6 /** Den Kids beim Skaten im Sportgarten Überseepark zusehen

➤ **7 /** Einen Rundgang durch die Hafenvergangenheit im Hafenmuseum machen

➤ **8 /** Vor der Feuerwache den Sonnenuntergang verfolgen

➤ **9 /** Im Lloyd Caffee bei Kaffee und Kuchen dem Hafenumschlag ganz nah

➤ **10 /** Vom Classico aus dem Geschehen in Bremens guter Stube zusehen

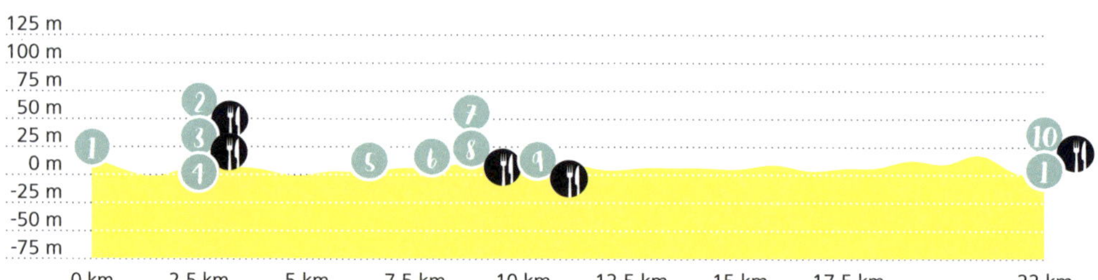

GESTERN WIRD ÜBERMORGEN

Vom Überseehafen zur Überseestadt

Die Tour folgt der bremischen Hafengeschichte und den Herausforderungen des Stadtumbaus. Sie führt aus der Altstadt in die Überseestadt, geht über Grünzüge durch die Stadteile im Westen und wieder zurück auf den Markt.

22 Kilometer
60 Höhenmeter
1:45 Stunden
Rundtour

Weltkulturerbe

Wir starten auf Bremens Markt. Das prächtige Rathaus mit seiner Weserrenaissance-Fassade und der Roland-Statue, die für Bremens bürgerliche Selbständigkeit steht, gehören zum Welterbe. Wir verlassen den Platz rechts neben dem 1 / Schütting, dem Haus der Kaufmannschaft, und fahren hinab zur Schlachte. Jawohl hinab! Denn Rathaus, Roland und Bürgerschaft liegen auf einer Düne, die am Dom 12 Meter hoch ist. Das war wichtig, wegen der Hochwasser im flachen Weserdelta. Auf dem Weg überqueren wir die Balge, einst Bremens erster Hafen unmittelbar am Fuße der Düne und seit langem überbaut. Wellenförmige Symbole im Pflaster erinnern an den Verlauf.

CHARAKTER
Sportlich ●●○○○
Abkühlung ●○○○○
Schlemmen ●●●●○
Panorama ●●●○○

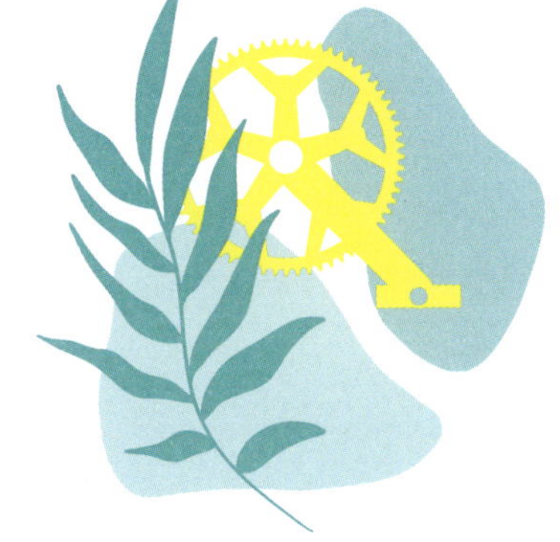

TOURENINFO / Die Tour geht über Radwege, Premiumrouten und separat geführte Grünzüge, kurz auch an einer Kaje entlang. Im Hafen gibt es kurze Kopfsteinpflasterpassagen. Vorsicht bei der Querung der Eisenbahnschienen. Die Strecke ist auch für Radanhänger geeignet.

< links / Kreative Offensive am historischen Ort: Die Hochschule für Künste im Speicher XI

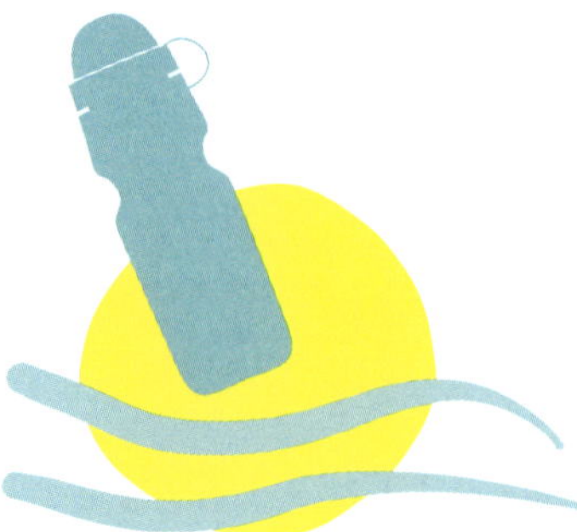

Schlachte

Die Schlachte-Promenade erreichen wir, indem wir eine Rampe hinabfahren und in einem Rechts-Turn weserabwärts schwenken. Hier befand sich vom 13. bis ins ausgehende 19. Jahrhundert der stadtbremische Hafen. Die Kajenmauer ist noch zu sehen. Oben an der Schlachte standen die Speicher der Kaufleute. Heute flaniert man dort durch Bremens größten Sommergarten.

Überseeinsel

Mit der Unterquerung der Eisenbahnbrücke verlassen wir die alte Stadt und fahren in das Gebiet, in dem Ende des 19. Jahrhunderts moderne Häfen entstanden. Zunächst aber passieren wir das Gelände der Überseeinsel. Das 8 ha große Areal war bis 2016 Standort von Kelloggs Europa. Seitdem wird es zu einem Quartier umgebaut, das Wohnen, Arbeiten, Tourismus und Freizeit verbindet. Eine Schule ist eingezogen, auf der 2 / „Gemüsewerft", einem urban gardening Projekt, wächst der Hopfen für eine Craftbeer-Brauerei nebenan. In der Ehemaligen Umkleidekabine von Kellogs wird bei Pizzeria 3 / Zio Manu di Napoli Pizza serviert. Um die Ecke baut die Radmanufaktur 4 / VeloLab Lastenfahrräder auf einem ehemaligen Werftgelände.

KM 6

Der 5 / Molenturm war einst Arbeitsplatz des Leuchtturmwärters, der den Schiffen den Liegeplatz zuwies. Heute ein gradezu magischer Ort mit besten Aussichten.

Überseehafen wird Überseestadt

Wir fahren über die Schienenstränge, die Teil des Hafenbahnnetzes waren, zum Europahafen. Eine Rampe führt uns zum Hafenkopf hinunter. Um uns herum türmt sich nun die bereits halbwegs hoch- und ausgewachsene Überseestadt, eines der größten Stadtentwicklungsgebiete Europas. Der Europahafen vor uns wurde 1888 fertiggestellt. Mit der feierlichen Eröffnung

---

➤ rechts oben / Die Überseeinsel wird ein Qartier mit nachhaltiger Energieversorgung

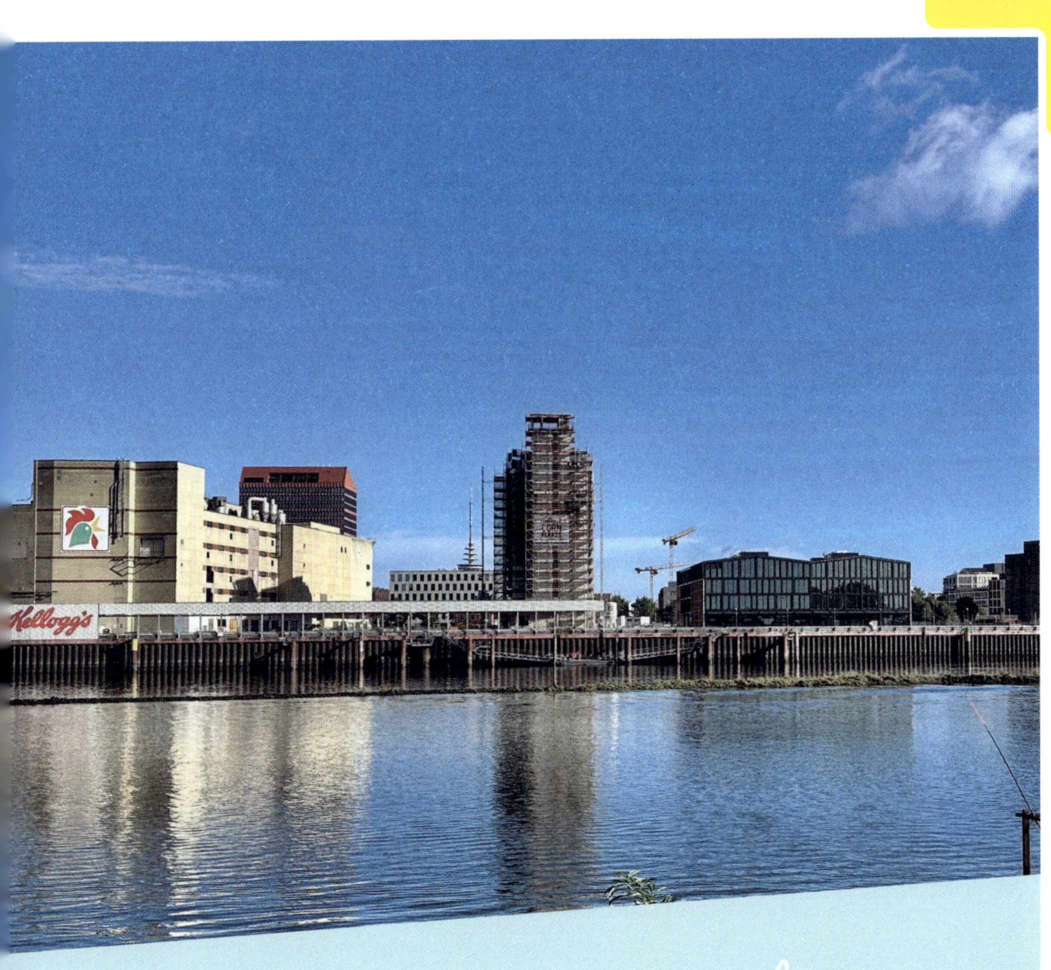

KM 2

Bei der 2 / Gemüsewerft sitzt ihr in erster Reihe an der Weser, die hier schon Seeschifffahrtsstraße ist. Es gibt Getränke und Aussichten auf das Baugeschehen der Überseeinsel oder auf den Hopfen und andere Pflanzen, die in Pflanzkästen wachsen.

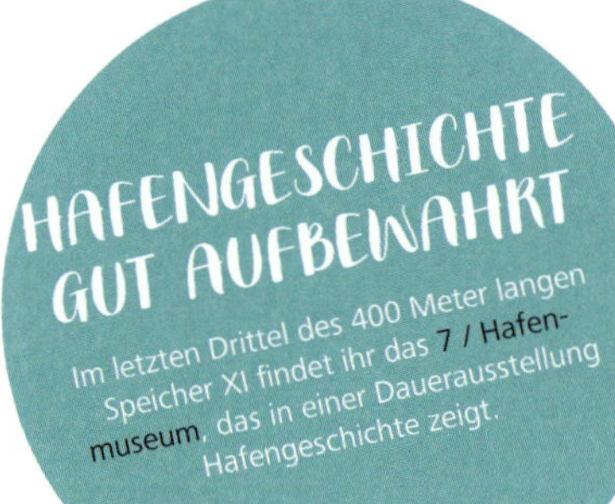

war die erste Weserkorrektion abgeschlossen. Die Vertiefung der Unterweser bis nach Bremerhaven rettete den Seehafenstatus der Stadt. 1906 komplettierte der Überseehafen die neuen stadtbremischen Freihäfen. Im 2. Weltkrieg wurden sie zerstört und erlebten nach Wiederaufbau eine neue Blüte, die mit der Containerisierung der Schifffahrt endete. Wir folgen der Kaje, vorbei an einer mittlerweile fast kompletten Neubebauung und Umnutzung von alten Schuppen. Am 5 / Molenturm endet der Weg. Das Leuchtfeuer an der Einfahrt in das Wendebecken des Überseehafens wird von Einheimischen Mäuseturm genannt. Der Blick im Uhrzeigersinn fällt auf der anderen Weserseite auf den Neustädter Hafen, weserabwärts auf die Waterfront, eine Mall, ursprünglich mit Space Park, auf dem Gelände der ehemaligen Großwerft AG Weser. Es folgt die imposante Getreideverkehrsanlage. Rechts zweigt der Holz- und Fabrikenhafen ab. Der Waller Sand schließt den Rundblick ab, exakt dort, wo sich die Einfahrt zum Überseehafen befand, bis das Hafenbecken 1998 zugeschüttet wurde.

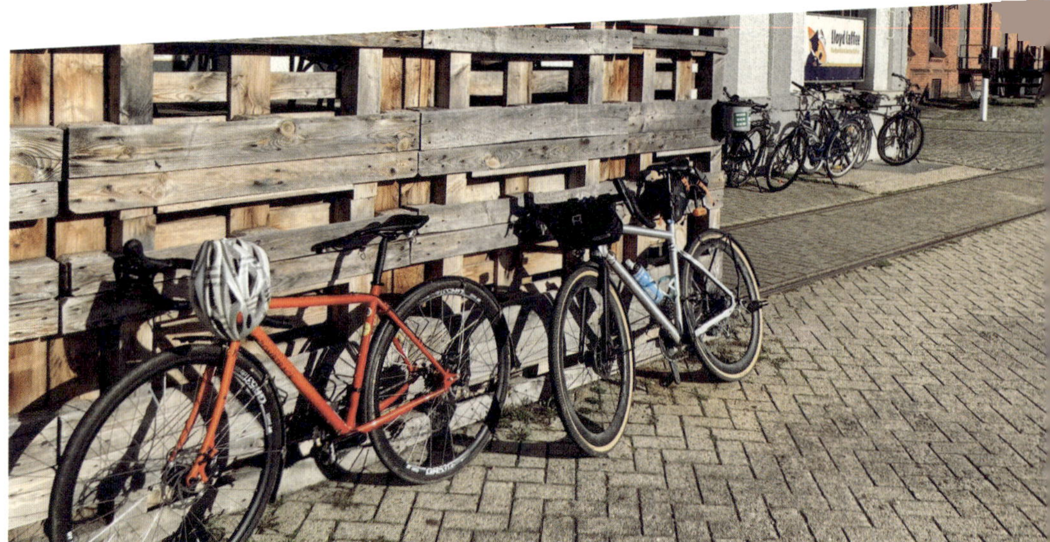

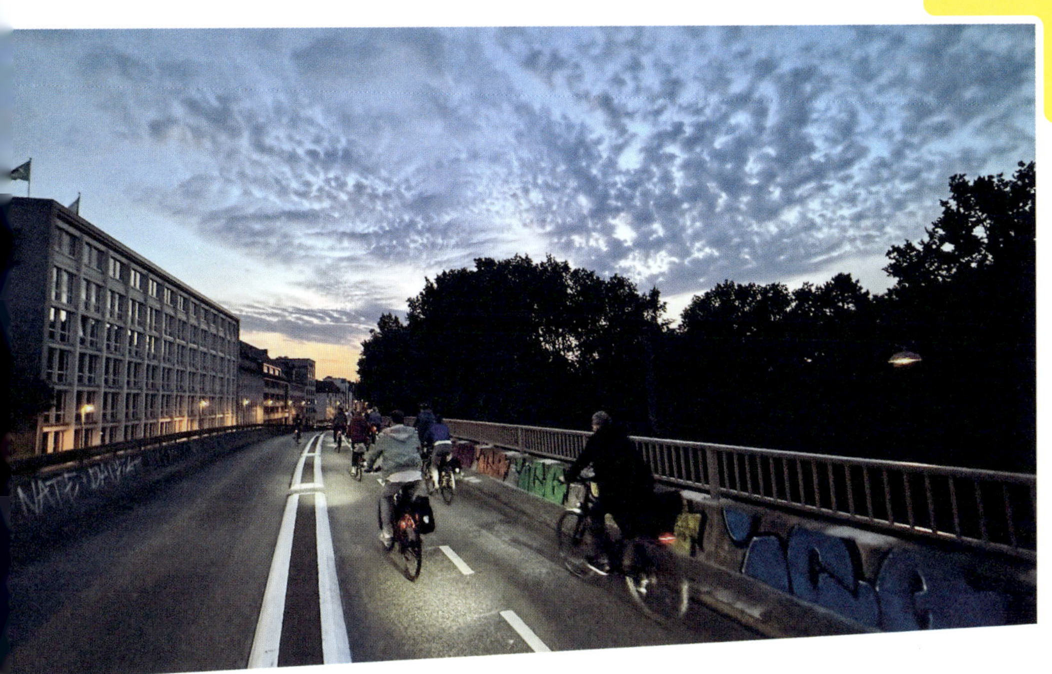

Urban Sports

Wir fahren am Waller Sand vorbei bis zum Überseepark. Der 6 / Sportgarten Überseestadt bietet großartige Urban Sports Angebote. Der Skate Park mit seinen Tubes und Pipes ist das Herzstück der sehr geliebten Anlage.

Kunst und Kultur

Wir halten uns zweimal rechts und holpern die Kopfsteinstraße vor einem 400 Meter langen Backsteingebäude entlang. Der Speicher XI ist das älteste Gebäude im Hafen. 2012 wurde es einhundert Jahre alt. Seit 2004 ist die Hochschule für Künste dort glücklich zu Hause. Und teilt sich das Gebäude unter anderem mit dem 7 / Hafenmuseum. Wir fahren weiter, rüber zur 8 / Feuerwache. Wo einst die Hafenfeuerwehr auf der Lauer lag, lässt sich heute gut sitzen und essen.

Kaffee HAG

Wir halten uns links und fahren zwischen Eisenbahnschienen zum 9 / Lloyd Caffee wo es Hafenfeeling bei bestem, im Haus gerösteten Kaffee gibt. Das Café gehört mit zum HAG-Gelände, das aktuell saniert wird. Es war Teil des Handelsimperiums, das der Kaufmann

KM 10

Das Hafencasino ist eine Hafenkneipe ohne Matrosen und verdankt seine Weiterexistenz der Widerständigkeit der Wirtin. Ein Muss für einen Stopp. Wer doch lieber Sonnenuntergang über dem Hafenbecken will, geht ein paar Meter weiter zur 8 / Feuerwache.

‹ links / Leckerer Kaffee in maritimer Atmosphäre: Caffee Lloyd ˄ oben / Zum Abheben gut ist die Premiumradroute Am Wall

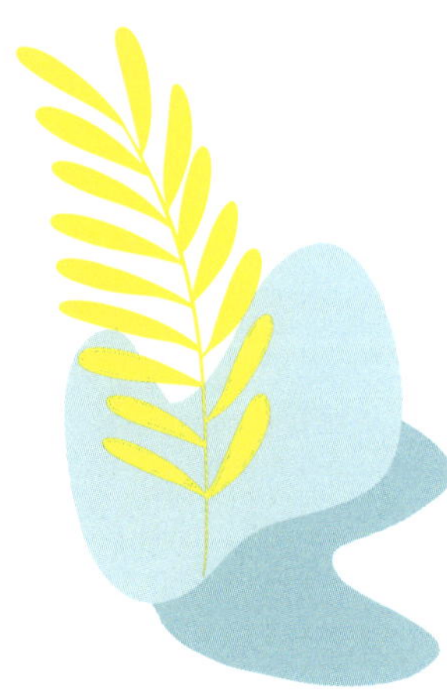

Ludwig Roselius in den 1920er Jahren aufbaute. Roselius erfand den entkoffeinierten Kaffee, war Kunstmäzen und hing einer verschwurbelten, deutschnationalen, dann nationalsozialistischen Weltanschauung an. Eine schillernde und verzwackte Geschichte, die an vielen Orten in Bremen Spuren hinterlassen hat.

Lindenhofquartier

Vom Café fahren wir ein Stück an der Kaje, halten uns rechts und erreichen durch einen Tunnel und einen Grünzug das Lindenhofquartier. An der Lindenhofstraße stellt sich der „Letzte Werftarbeiter" in den Weg. Die überlebensgroße Skulptur ist von Waldemar Otto und erinnert an das Aus der AG Weser 1983. Der Bremer Westen und besonders Gröpelingen hingen von der Großwerft ab. Use Akschen, wie sie genannt wurde, hatte bis zu 14.000 Beschäftigte, politisch selbstbewusst und gewerkschaftlich bestens organisiert. Das Ende der Werft und der zeitgleiche Niedergang des arbeitsintensiven Stückgutumschlages in den Häfen stürzte die Stadt und besonders Gröpelingen in eine tiefe Krise. In einem jahrzehntelangen, sicher nicht endenden Transformationsprozess wird aus Gröpelingen ein quirliger, multikultureller Stadtteil.

KM 19

Höhepunkt der neuen Premium Radroute am Wall ist die Brückenquerung über die stark befahrene und verzwickte Großkreuzung am AOK-Gebäude. Der Auto-Fly-over musste eine Fahrspur abgeben und wurde zur Fahhradbrücke mit schönen Aussichten auf die Wallanlagen.

Park statt Hafen

Wir queren die Gröpelinger Heerstraße und fahren zum Grünzug West. Die autofreie Grünverbindung verlassen wir nach etwa einem Kilometer und queren die Gröpelinger Heerstraße, rollen durch den Waller Park, passieren die Nordstraße und sind zurück in der Überseestadt. Wir halten uns links und fahren am ehemaligen Hafenhochhaus vorbei, vor dessen Front eine Parkanlage mit Hügelchen und in Eisen gefassten Wasserbecken an den zugeschütteten Überseehafen erinnert. Über die Konsul-Smidt-Straße und durch den Hilde-Adolf-Park fahren wir zurück in die alte Stadt.

Premium Radroute

Nachdem wir die Doventorstraße passiert haben, befinden wir uns auf einer Radpremiumroute, die am Wall, der ehemaligen Befestigungsanlage, entlang die Innenstadt bis zur Weser umfährt. Wir genießen die Fahrt bis zur Weser, nehmen den Kunsthallentunnel und kehren an der Weser und durch die Bredenstraße wieder zurück zum 1 / Schütting. Eis und Kaffee zum Abschluss gibt es im 10 / Classico.

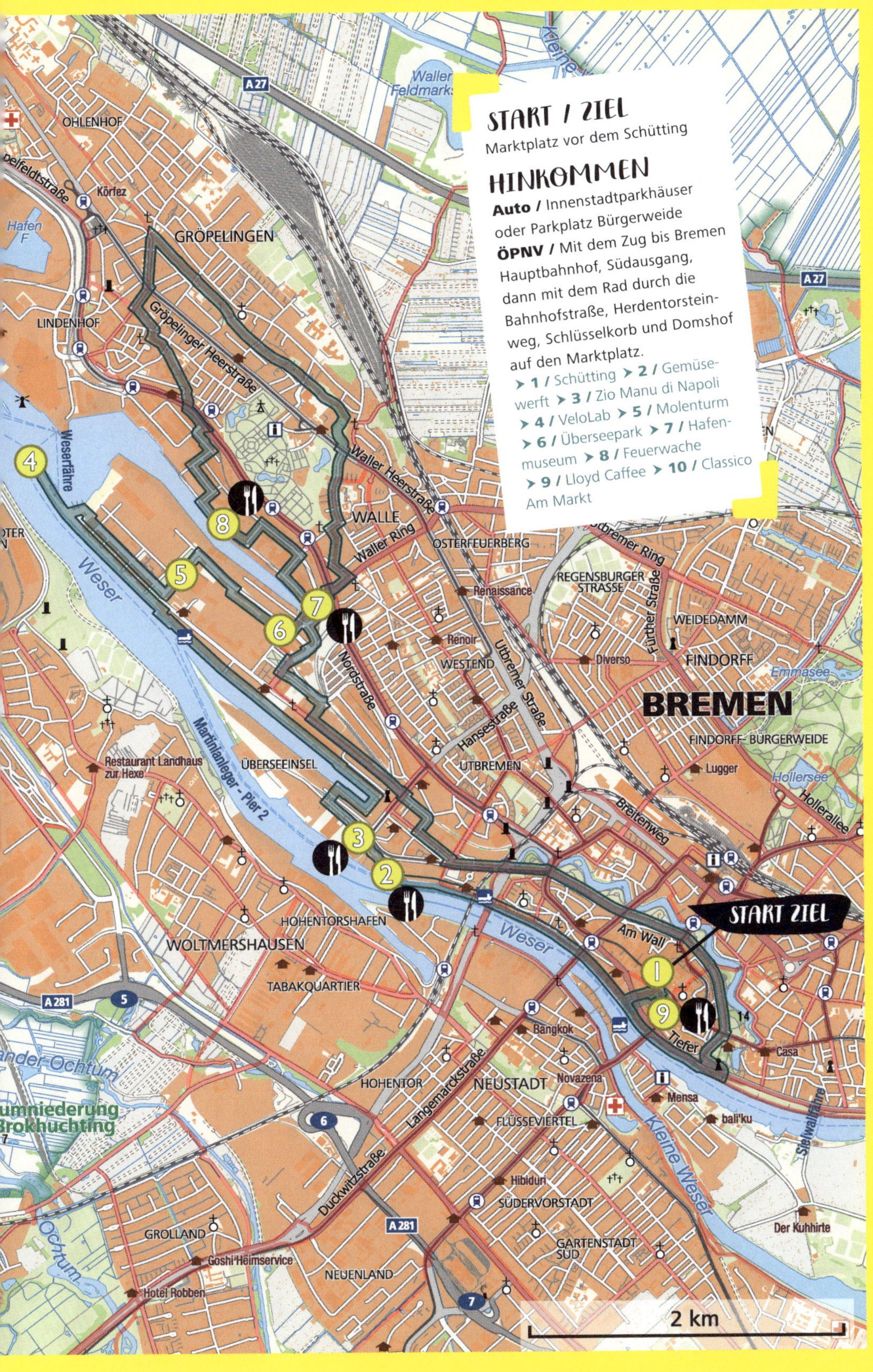

START / ZIEL

Marktplatz vor dem Schütting

HINKOMMEN

Auto / Innenstadtparkhäuser oder Parkplatz Bürgerweide

ÖPNV / Mit dem Zug bis Bremen Hauptbahnhof, Südausgang, dann mit dem Rad durch die Bahnhofstraße, Herdentorsteinweg, Schlüsselkorb und Domshof auf den Marktplatz.

➤ **1 /** Schütting ➤ **2 /** Gemüsewerft ➤ **3 /** Zio Manu di Napoli ➤ **4 /** VeloLab ➤ **5 /** Molenturm ➤ **6 /** Überseepark ➤ **7 /** Hafenmuseum ➤ **8 /** Feuerwache ➤ **9 /** Lloyd Caffee ➤ **10 /** Classico Am Markt

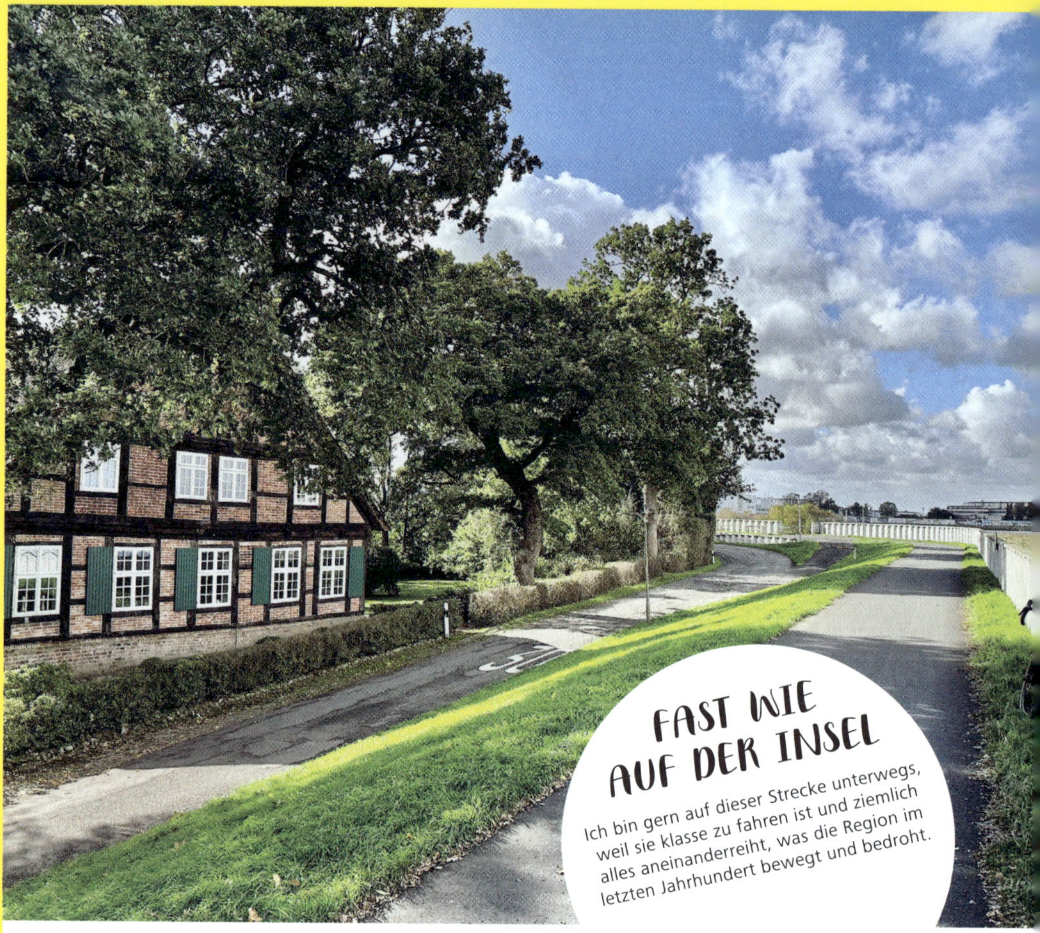

FAST WIE AUF DER INSEL

Ich bin gern auf dieser Strecke unterwegs, weil sie klasse zu fahren ist und ziemlich alles aneinanderreiht, was die Region im letzten Jahrhundert bewegt und bedroht.

➤ **1 /** Am Bahnhof Burg starten wir

➤ **2 /** Admiral Brommy gab es wirklich

➤ **3 /** Dem Wasser und den Schiffen am Lesum-Sperrwerk zusehen

➤ **4 /** Im Garten der Gaststätte zur Moorlosen Kirche eine Pause einlegen

➤ **5 /** Vom Aussichtsturm Ilsenburger Hütte den Blick schweifen lassen und Kontraste erleben

➤ **6 /** In Bremens größtem See, dem Grambker Sportparksee eine Runde schwimmen

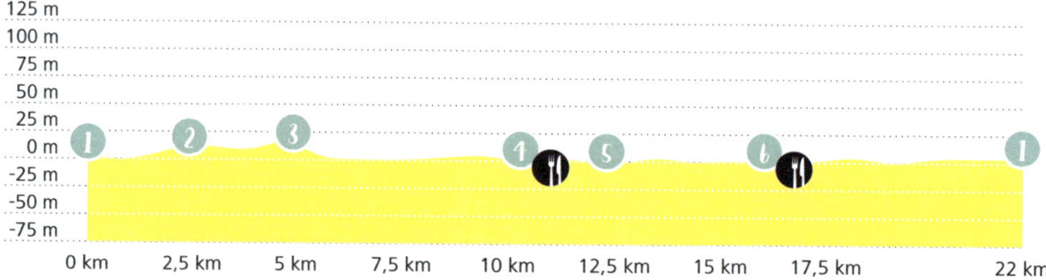

WASSERKRAFT

Sperrwerk und Deiche: Knoops Park und Werderland

Diese Tour bringt uns am Lesum Ufer entlang und durch Knoops Park zum Lesum Sperrwerk. Von dort wechseln wir an den Weserdeich und fahren zur Moorlosen Kirche. Mehr Landschaftskontrast geht nicht: Romantischer Landschaftspark und fast baumlose Flussmarsch, eine Landschaft, die Wellen schlägt und dann eine flach wie ein Teller. Nach einer kurzen urbanen Querung kehren wir über den Nachtweidesee zur Lesum und zum Bahnhof Burg zurück.

22 Kilometer
50 Höhenmeter
1:30 Stunden
Rundtour

Admiral Brommy und die Flotte

Wir starten am 1 / Bahnhof Burg, fahren ein kleines Stück an der Straße Richtung Brücke und biegen in den beschaulichen Deichweg. Dort öffnet sich der Blick über eine Auenlandschaft hinweg auf die Lesumer Kirche. Lesum und das benachbarte St. Magnus haben sich einen fast dörflichen Charakter erhalten und gehören mit

CHARAKTER

Sportlich ●●○○○
Abkühlung ●●○○○
Schlemmen ●●○○○
Panorama ●●●●○

TOURENINFO / Die Tour geht ganz überwiegend auf autofreien oder sehr verkehrsarmen Wegen. Es gibt längere Passagen auf gut fahrbaren, nicht asphaltierten Oberflächen und sehr kurze holprige Abschnitte. Die Tour ist auch für Kinder oder für Kinderradanhänger fahrbar. Badesachen nicht vergessen!

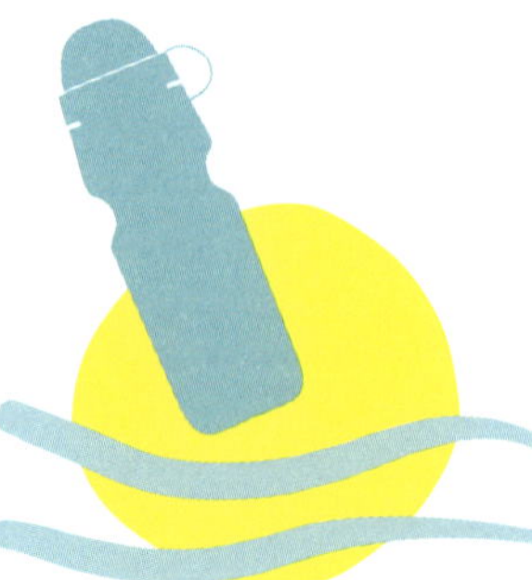

großzügigen Anwesen zu den reichen Stadtteilen Bremens. Am Lesumhafen halten wir uns links und fahren in den Admiral-Brommy-Weg, der uns am Café Knoops Park in den Knoops Park bringt. Nach ein paar hundert Metern tritt uns dann 2 / Admiral Brommy persönlich als stattliche Büste in kompletter Admiralsausstattung entgegen. Der Mann lebte in der ersten Hälfte des 19. Jahrhunderts, kam ursprünglich aus Leipzig, wurde Seemann und Kapitän. Er war Flottenkommandeur in den griechischen Freiheitskriegen und baute im Auftrag der Frankfurter Paulskirche die erste deutsche Flotte auf, die in Brake und Bremerhaven beheimatet war. Der Mann mit der Abenteuerlebensgeschichte lebte schlussendlich mit Frau und Kind im Haus Schwalbenklippe gleich nebenan.

MACHT BEI STURMFLUTEN DICHT

Vom 3 / Lesum-Sperrwerk habt ihr einen schönen Blick auf den Fluss. Bei Schiffen mit Masten oder hohen Aufbauten klappt die Brückenfahrbahn hoch.

Knoops Park

Der Park, durch den wir auf einem hübschen Uferweg weiter flussabwärts fahren, ist ein an englischen Vorbildern orientierter romantisierender Landschaftspark, Grotten und Felsen inklusive. Der Bremer Textilkaufmann Ludwig Knoop, der die vorrevolutionäre russische Textilindustrie aufbaute, dafür von Zar Alexander II zum Baron gemacht wurde und – man möchte nicht wissen wie – reich wurde, gab die Parkgestaltung bei Wilhelm Benque in Auftrag.Benque war auch für die Anlage des Bürgerparks verantwortlich. Einmal im Jahr findet auf den Parkwiesen das Klassikfestival „Sommer in Lesmona" statt, das von dem Ausnahme-Orchester „Die Deutsche Kammerphilharmonie Bremen" ausgerichtet wird. Dann füllt sich der Park mit Klassikfans samt Picknickdecken und -körben. Die Grünanlage wirkt dann noch englischer. Und das, obwohl sie zur Bremer Schweiz gerechnet wird. Nicht weit entfernt im Friedehorster Park liegt der höchste natürliche Punkt des Bundeslandes: 32,5 Meter ragt der Geestrücken, der steil zur Lesum hin abfällt, dort auf.

➤ rechts / Auf Raschens Werft wurden Schiffe für die Weltmeere gebaut.

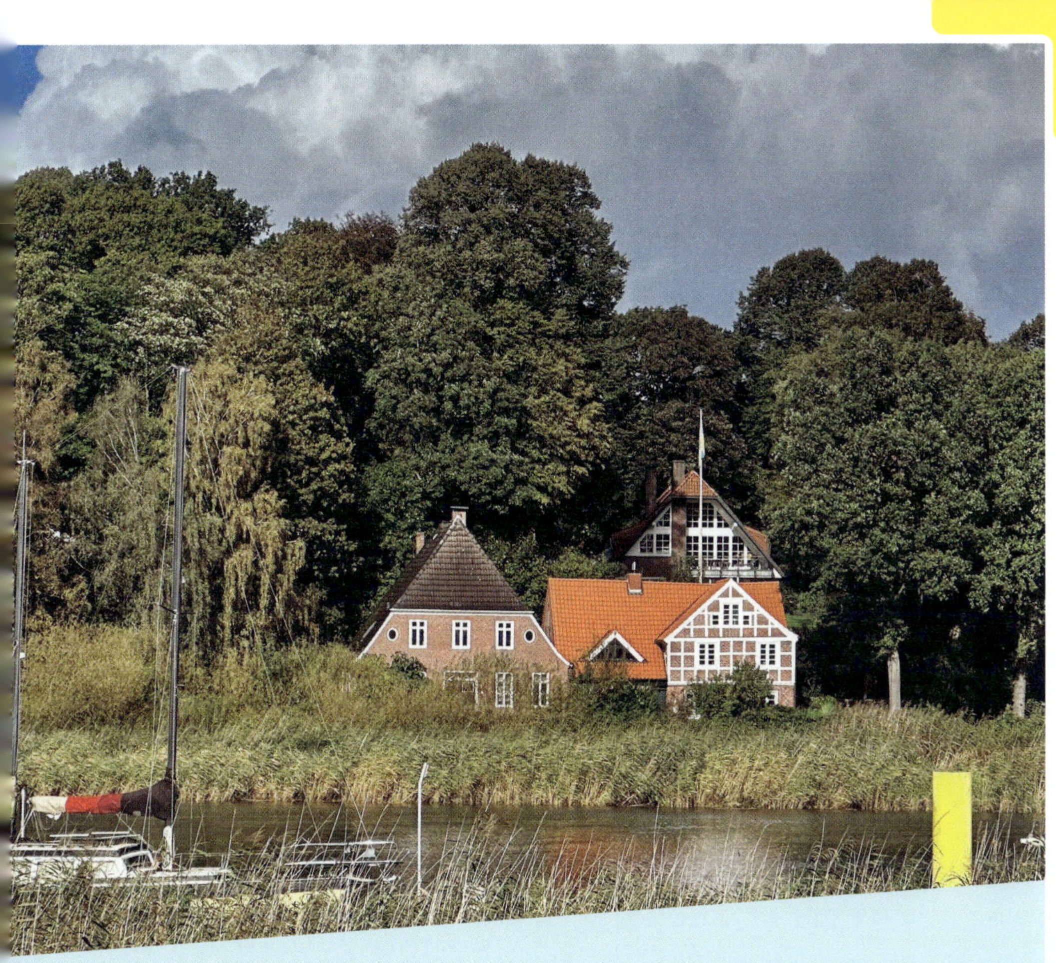

32,5 METER

So hoch ist die höchste natürliche Erhebung des Bundeslandes Bremen. Sie liegt auf dem Geestrücken im Friedehorst Park, ganz in der Nähe. Knoops Park wurde am Lesum-Abhang des Geestrückens angelegt. Bremer Schweiz wird die Gegend wegen der im Nordwesten seltenen Hügel genannt.

DEICHBAU

Die Anpassung der Weser an wachsende Schiffsgrößen und der durch den Klimawandel steigende Meeresspiegel stellt den Deichbau vor Herausforderungen.

Lesum Sperrwerk

Wir folgen dem Weg am Fuße des Hanges und erreichen ein hübsches Fachwerkensemble am Lesumufer. Die Häuser gehörten zu „Raschens Werft", ein Bootsbaubetrieb, dessen große Bedeutung für die bremische Seewirtschaft dem beschaulichen Ort nicht mehr anzusehen ist. Aber nicht weniger als 109 Schiffe für bremische Reeder liefen hier zwischen 1776 und 1841 vom Stapel. Bald darauf biegen wir nach links ab und queren die Lesum über das 3 / Lesum Sperrwerk. Das Flutschutzbauwerk wurde 1974 fertig und 1979 in Betrieb genommen, als auch die niedersächsischen Sperrwerke an den Wesernebenflüssen Ochtum und Hunte betriebsbereit waren. Das Sperrwerk verhindert, dass die Lesum oberhalb des Sperrwerkes einen Pegelstand von 2,70 m überschreitet. Weil aus der Weser höher auflaufende Fluten ausgesperrt bleiben, konnte auf die Anpassung der Deichhöhen an Lesum und Wümme verzichtet werden. Notwendig wurden die Sperrwerke, weil es Ende des 19. Jahrhunderts gelang, die Unterweser zu begradigen und zu vertiefen. Mit der sogenannten ersten Weserkorrektion konnten seegehende

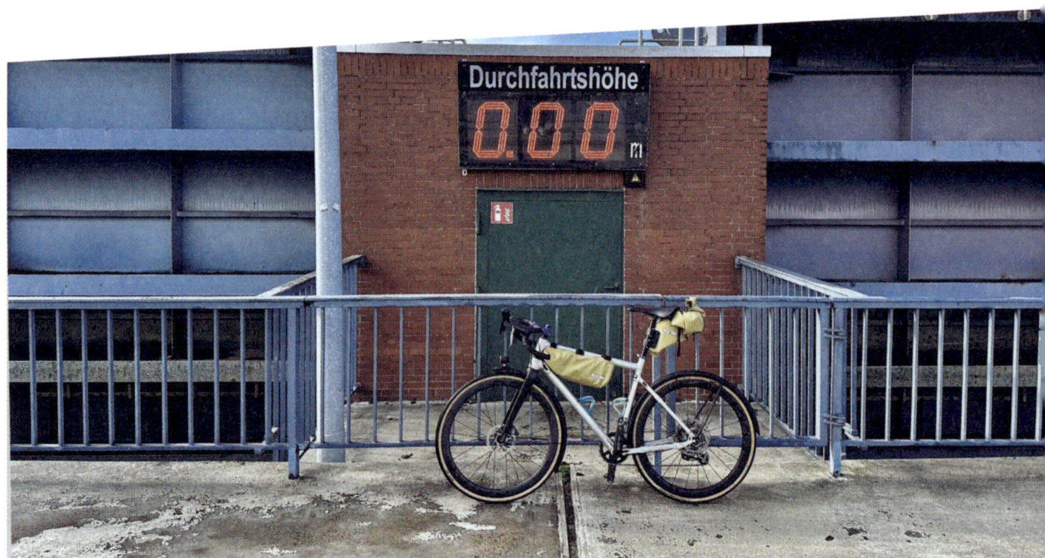

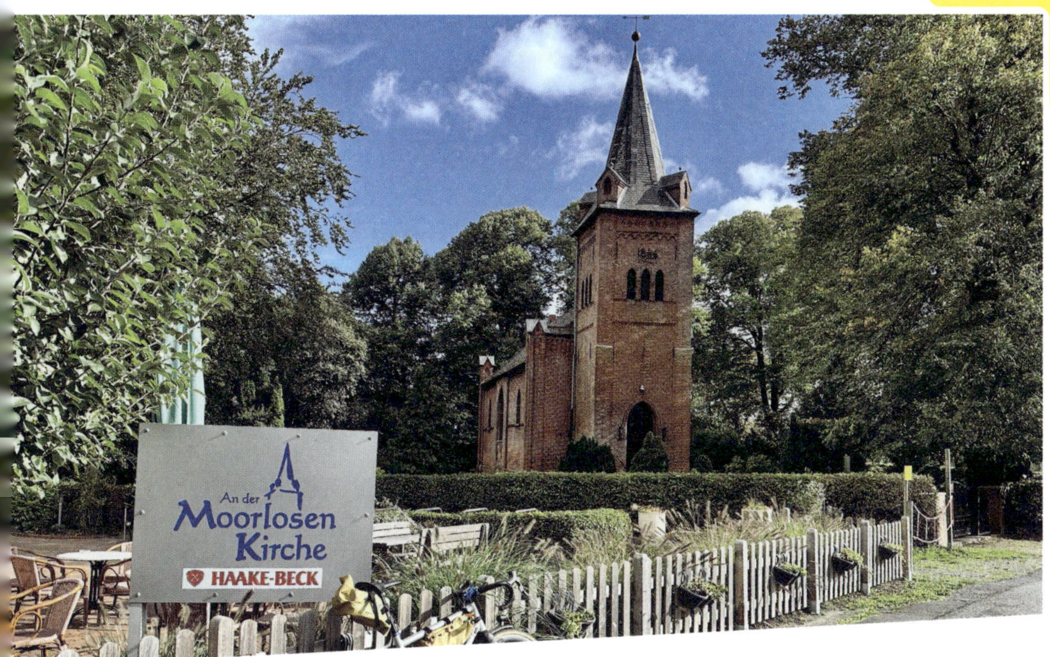

Schiffe wieder Bremen anlaufen. Aber auch die Flutwelle läuft seitdem und erst recht seit weiteren Weservertiefungen viel höher auf. Vor der Korrektion betrug der Tidenhub in der Lesum 0,50 m, heute sind es bis zu 4 m, Tendenz steigend. Weiter geht es an die Weser und in die fast baumlosen Marschen des Werderlandes. Das Land dort liegt kaum über Normalnull.

Deichbau

Wir nehmen den Weg oben auf dem Deich nach Niederbüren. Bis zum Dorf, das nur aus ein paar wenigen Höfen besteht, fahren wir an einer Spundwand entlang, die den Deich auf 7,50 m Höhe vervollständigt. Vor dem Deich gibt es kaum Deichvorland, auf der Binnenseite führt die Straße entlang. Kein Platz also für eine reelle Deicherhöhung, die immer mit der Verbreiterung des Deichfußes und der Krone einhergeht. Die Spundwand und das Fehlen von Vorland macht dem Deichverband Sorgen: der Klimawandel führt zum Anstieg des Meeresspiegels, die Absperrung der Nebenflüsse sorgt ebenfalls für höhere Fluten in der Weser und der Niederbürener Deich liegt so, dass die Wellen bei Sturmflut auf den Deich gedrückt werden. Alles nicht gut. Bräche der Deich hier in Niederbüren, wä-

11 KM

Die 4 / Moorlosen Kirche gehörte mit zum Dorf Mittelbüren, das der Erweiterung des Stahlwerks weichen musste. Außer der Kirche, dem Ausflugslokal und der alten Schule ist nichts von dem Dorf geblieben und die Deichstraße endet hier.

< links / Schotten dicht am Lesum Sperrwerk. ^ oben / Die Moorlosen Kirche stand mal auf der anderen Weserseite. Bis die Weser ihren Lauf änderte

5 / ILSEN-BURGER HÜTTE

Von der Aussichtsplattform hat man einen guten Überblick über das Werderland einerseits und auf das Stahlwerk andererseits. Zwei Welten.

ren etwa 85 % des bremischen Stadtgebietes gefährdet, weil sie nur knapp über Null liegen.

Moorlosen Kirche

Die Moorlosen Kirche, die Gaststätte 4 / An der Moorlosen Kirche und das Schulhaus sind der Rest des Dorfes Mittelsbüren. Alles andere musste der Erweiterung des benachbarten Stahlwerks Platz machen. Die Moorlosen Kirche verdankt ihren seltsamen Namen wahrscheinlich einer Sprachverschiebung. Vermutlich wurde die Kirche als mutterlos, plattdeutsch „moderlos" bezeichnet, nachdem der Hauptarm der Weser seinen Lauf in Winterstürmen änderte, und die Kirche von ihrer Mutterkirche in Elsfleth auf der heute anderen Weserseite getrennt hatte.

16 KM

Der 6 / Grambker Sportparksee ist Bremens größter Badesee. Mit Strand, Liegewiese, Wassersportangeboten und Kiosk, der an Schönwetterwochenenden öffnet. Das Wasser ist sauber und die DLRG passt in der Saison auf.

Werderland

Nachdem wir an der Kirche vorbei sind, biegen wir nach links hinab in das Feuchtwiesengebiet des Werderlandes. Der mehrere hundert Hektar große Grünlandkomplex ist Natur- und Landschaftsschutzgebiet. Betreut wird die von Gräben und Wasserflächen durchzogene Fläche mit einer großen Vielfalt an nasse Standorte angepasster Flora und Fauna vom BUND. Vom 5 / Aussichtsturm „Ilsenburger Hütte", an dem uns der Weg vorbeiführt, hat man einen guten Überblick.

Burg-Grambke

Am Dunger See halten wir uns rechts und fahren zum 6 / Grambker Sportparksee, einem Baggersee mit Strand, Kiosk und Wassersportangeboten. Von dort geht es weiter durch Grambke, das sich gern selbst als „Dorf in der Stadt" beschreibt, zum Nachtweidesee. Das Angelgewässer liegt so versteckt, dass nur wenige Menschen von ihm wissen, auch wenn in der Nähe reichlich Infrastruktur vorbeiführt. Über Grambkermoor erreichen wir die Lesum, nehmen die Brücke und die Straße zurück zum 1 / Bahnhof Burg.

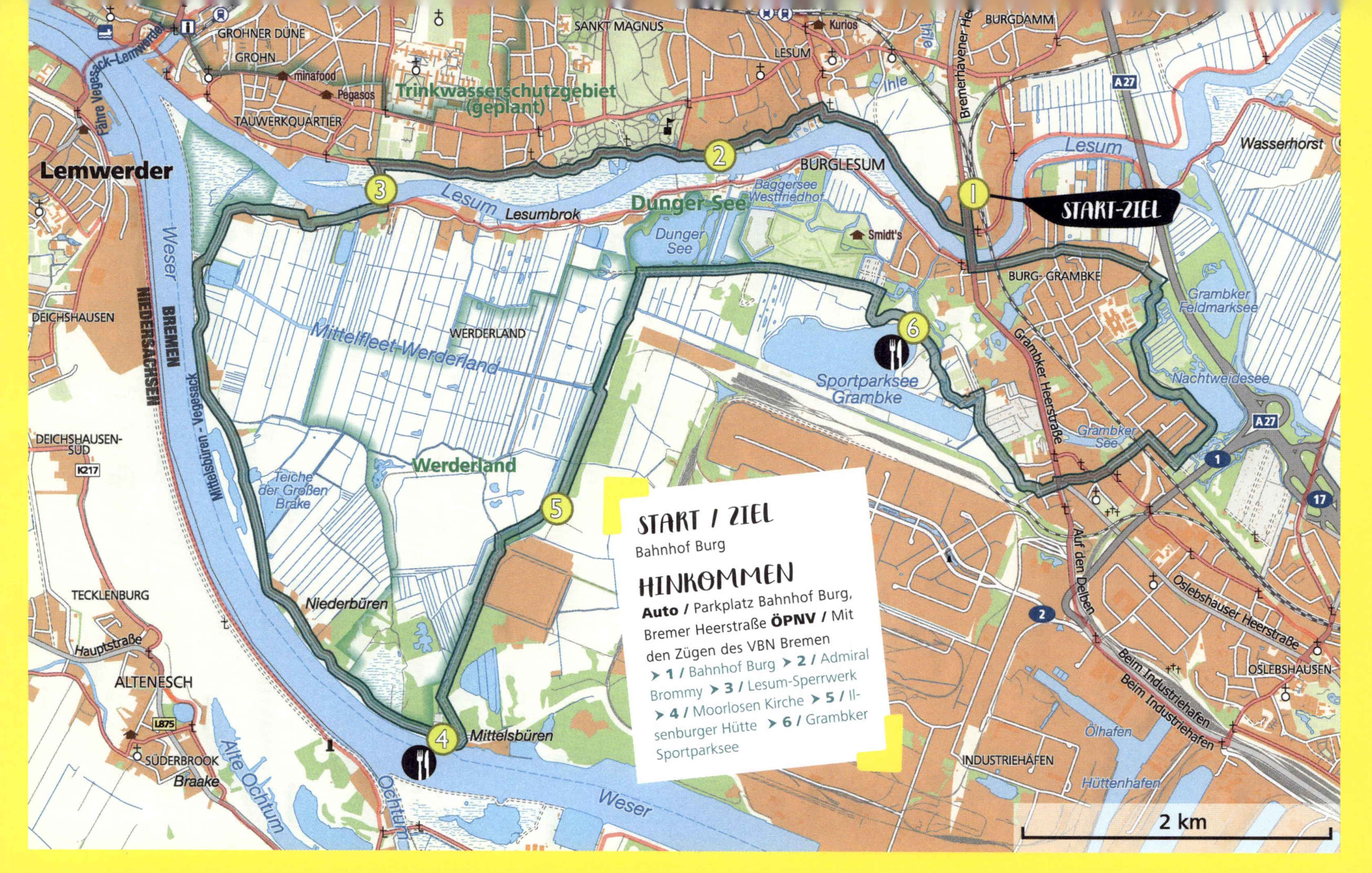

START / ZIEL

Bahnhof Burg

HINKOMMEN

Auto / Parkplatz Bahnhof Burg, Bremer Heerstraße **ÖPNV** / Mit den Zügen des VBN Bremen

➤ 1 / Bahnhof Burg ➤ 2 / Admiral Brommy ➤ 3 / Lesum-Sperrwerk ➤ 4 / Moorlosen Kirche ➤ 5 / Ilsenburger Hütte ➤ 6 / Grambker Sportparksee

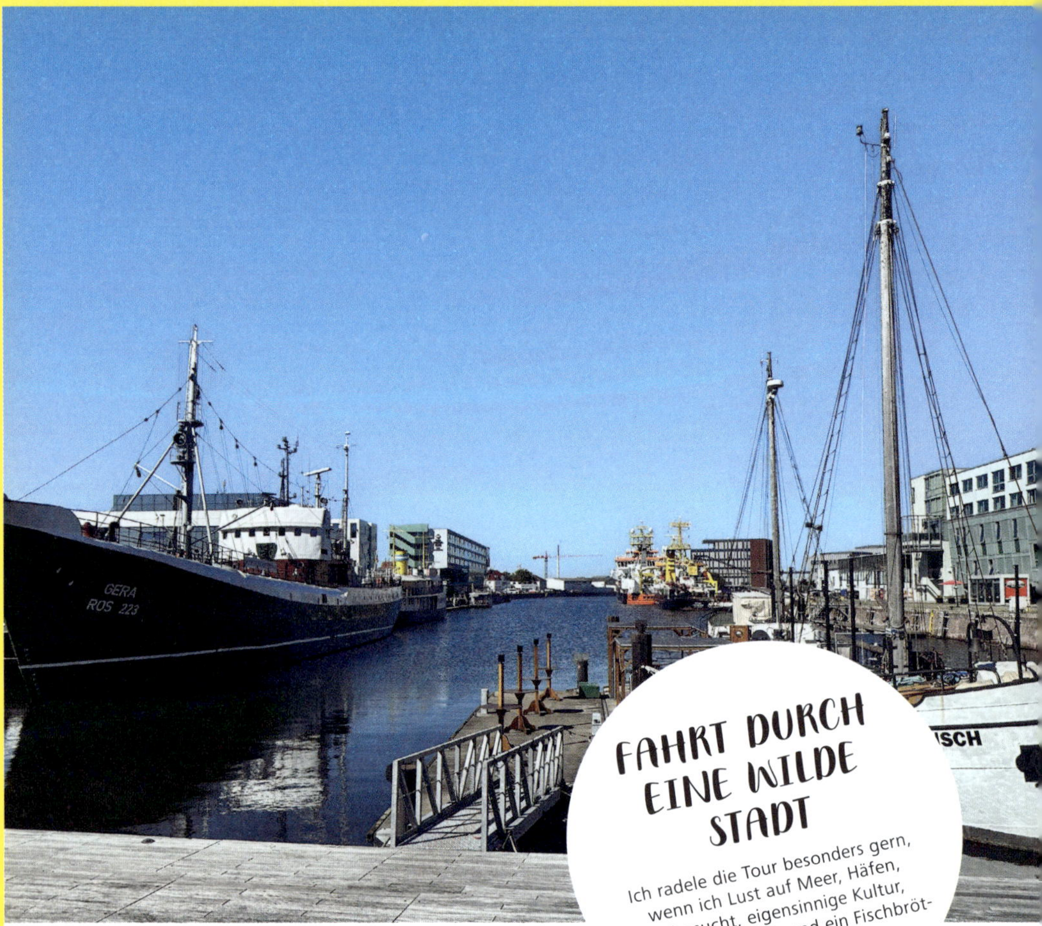

FAHRT DURCH EINE WILDE STADT

Ich radele die Tour besonders gern, wenn ich Lust auf Meer, Häfen, Sehnsucht, eigensinnige Kultur, Abschied, Ankunft und ein Fischbrötchen habe.

➤ **1 /** Wir starten am Hauptbahnhof Bremerhaven

➤ **2 /** Die Geestebrücke verbindet die Geestemünde mit Bremerhaven-Mitte

➤ **3 /** Das Kabinett für aktuelle Kunst wird von der Kunsthalle betrieben

➤ **4 /** Die Havenwelten: voller Aussichten und Besuchsmöglichkeiten

➤ **5 /** Ich empfehle einen Besuch im Dt. Auswandererhaus Bremerhaven

➤ **6 /** Nachschauen, was da grad los ist: Goethe45

➤ **7 /** Zur Stadtgeschichte bitte in das Historische Museum Bremerhaven

➤ **8 /** Endlich Pause im Schaufenster Fischereihafen: Fisch und Schipp

➤ **9 /** Am Geestemünder Hauptkanal: Blick auf RelyonNutec

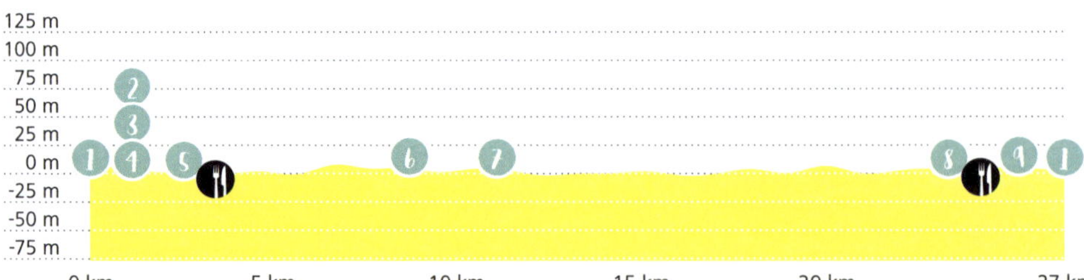

MARITIME SEHNSUCHT

Eine Stadt, die erst erfunden werden musste

Die Tour führt an Hafenanlagen entlang, macht einen Schlenker durch den Stadtwandel und fährt einen Törn durch die Aufs und Abs der Geschichte der Seehafenstadt. Geografisch bleibt es flach.

27 Kilometer
60 Höhenmeter
2:00 Stunden
Rundtour

Bremerhaven ist jung

Wir fahren vom 1 / Hauptbahnhof Bremerhaven zunächst rechts in die Friedrich-Ebert-Straße zur 2 / Geestebrücke, die Geestemünde mit Bremerhaven-Mitte verbindet. Die Drehbrücke war lange auch Zollstelle und ist Symbol für den verzwackten Werdegang des heutigen Bremerhavens. 1827 kaufte Bremen dem Königreich Hannover Wesergelände ab. Ein rettendes Schnäppchen, weil die Weser versandete und seegehende Schiffe Bremen nicht mehr erreichten. 1830 war der heutige Alte Hafen fertiggestellt und Bremerhaven wuchs. Erst langsam, dann rasant. Als das Königreich Hannover merkte, wie gut so ein

CHARAKTER

Sportlich ●●●○○
Abkühlung ●○○○○
Schlemmen ●●●●●
Panorama ●●●●●

TOURENINFO / Die Tour geht auf Radwegen, über Fahrradstraßen, Wohnstraßen und an Kajen entlang. Die Strecken sind auch für Familien mit Anhänger geeignet. Bademöglichkeiten liegen nicht direkt an der Strecke. Obwohl überall Wasser ist.

< links / Fischereihafen und maritime Erlebniswelt

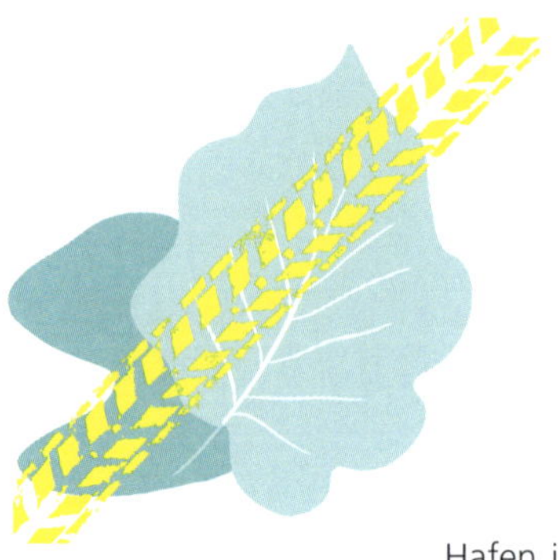

Hafen ist, entstand Geestemünde als konkurrierender Freihafen am Südufer der Geeste. 1939 packten die Nationalsozialisten Bremerhaven und Geestemünde zusammen und nannten das Gebilde Wesermünde. Nur der Überseehafen blieb bei Bremen. Ab 1945 nutzte das US-Militär die Weserhäfen als Exklave in der britischen Besatzungszone. Auftakt dafür, dass aus Wesermünde Bremerhaven werden konnte.

Auswanderer und Kunst

Nach der Überquerung der Brücke linkshaltend begegnen wir der Karlsburg, die so heißt, weil die Schweden an dieser Stelle an einer Burg bauten, die nicht fertig wurde. Ab 1849 entstanden hier Auswandererhallen. Bis zu 3.000 Menschen, die auf ihre Schiffe nach Übersee warteten, bot sie Platz. Danach, als die Fahrzeiten der Schiffe kalkulierbarer wurden, zog eine Brauerei ein. Heute residiert die Hochschule Bremerhaven mit 3.000 Studierenden in den gekonnt erweiterten Bauten. Nebenan betreibt der Kunstverein Bremerhaven die Kunsthalle samt weltberühmtem 3 / Kabinett für aktuelle Kunst.

BREMERHAVEN 8° OST

Das Klimahaus Bremerhaven bietet eine Reise durch die Klimazonen des 8. Längengrads einmal um den Globus auf den Spuren des Klimawandels.

Havenwelten für die Zukunft

Nach der Querung der Straße erreichen wir den Alten Hafen, jenes Hafenbecken, das 1830 fertiggestellt den bremischen Anschluss ans Meer herstellte und bald um den Neuen Hafen erweitert wurde. Als die Hafenkarrieren zu Ende waren, entstanden drumherum Anfang der 2000er Jahre die 4 / Havenwelten als Antwort auf den Verlust von Arbeitsplätzen durch die Werftenkrise, die Containerisierung und den Abzug des US-Militärs. In teils ikonischer Architektur versammeln sich: Das Deutsche Schifffahrtsmuseum, Das Klimahaus, das 5 / Deutsche Auswandererhaus Bremerhaven, der Zoo am Meer, eine Marina und das an Dubai erinnernde Sail City.

➤ rechts oben / Eine Stadt, die sich neu erfindet: "Neuer Hafen"

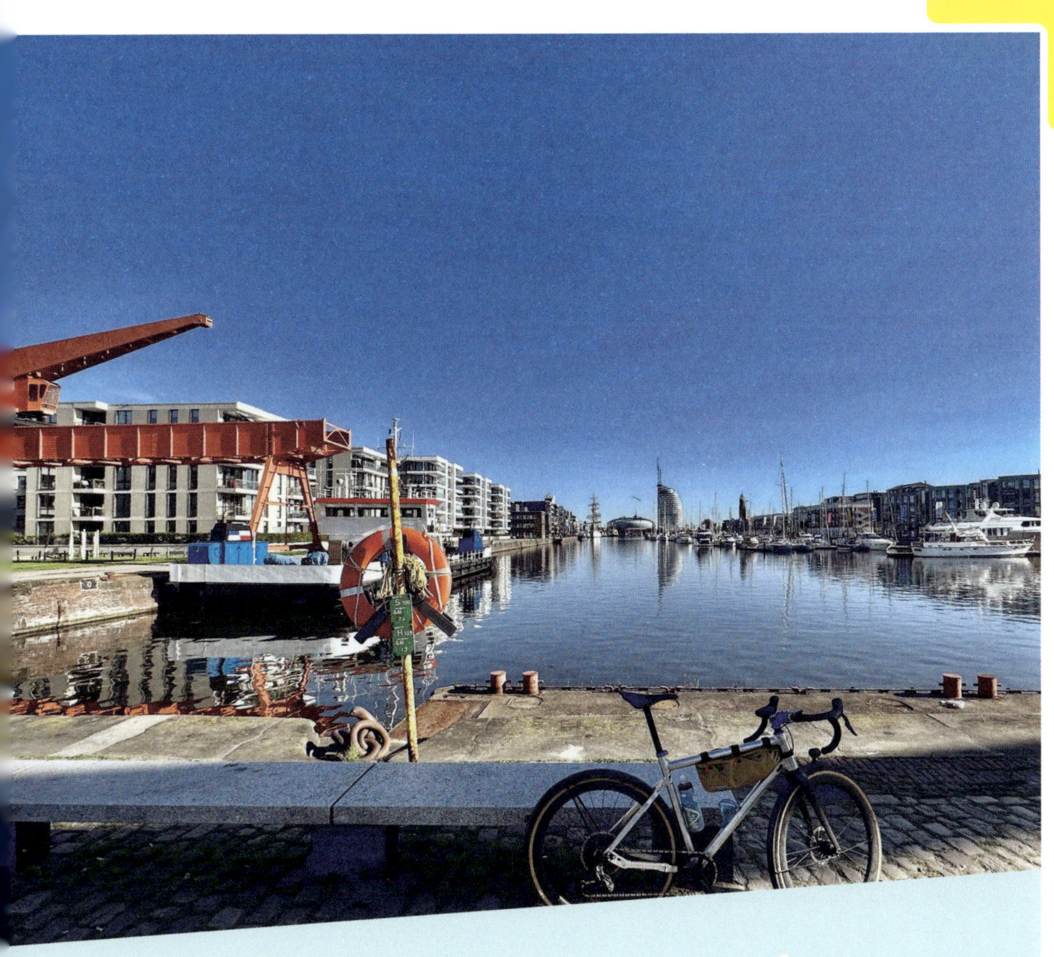

KM 2

Der Kunstverein Bremerhaven betreibt eine 3 /Kunsthalle, ein Kunstmuseum und das 3 / „Kabinett für aktuelle Kunst“. Sammlung, Sonderausstellungen und die international renommierten Schaufensterausstellungen im Kabinett sind großartig. Für die Pause: Caspar David & Co

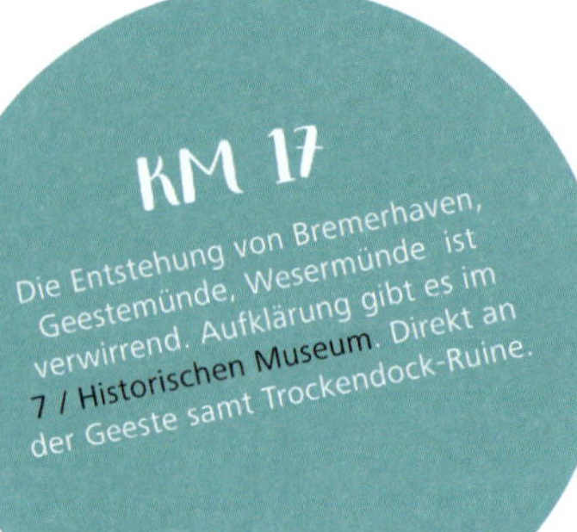

Größter Auswandererhafen

Wir rollen durch das Ensemble, queren die Schleuseneinfahrt mit Simon-Loschen-Leuchtturm und statten nach der Kaiserschleuse der Columbuskaje einen Besuch ab. Von 1850 bis in die 1950er Jahre verließen mehr als 7 Millionen Menschen Europa über Bremerhaven. Der Columbusbahnhof wurde in den zwanziger Jahren gebaut, als die Dampfschiffe des Norddeutschen Lloyds mehr Platz brauchten. Mit der „Amerika Linie" gab es eine Anbindung der Anlegestelle an die Bahn. Der Norddeutsche Lloyd, der den Transatlantikverkehr organisierte, war zeitweise die größte Reederei der Welt. Die für Bremen und Bremerhavens wirtschaftliche Entwicklung extrem bedeutsame Auswanderergeschichte wird exzellent im Deutschen Auswandererhaus präsentiert.

Goethequartier

Wir drehen bei und rollen ein Stück zurück, ehe wir nach Lehe abbiegen. Im Krieg wurde Bremerhaven nahezu vollständig zerstört. Doch die gründerzeitlichen Wohnhäuser in Lehe kamen fast ungeschoren davon. Bis zur Krise in den 80er Jahren war das Viertel

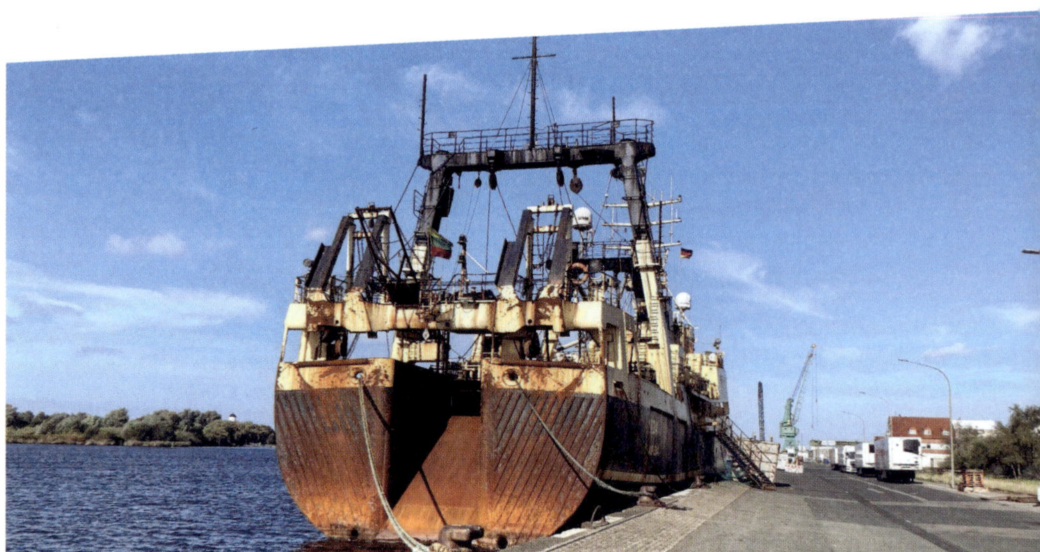

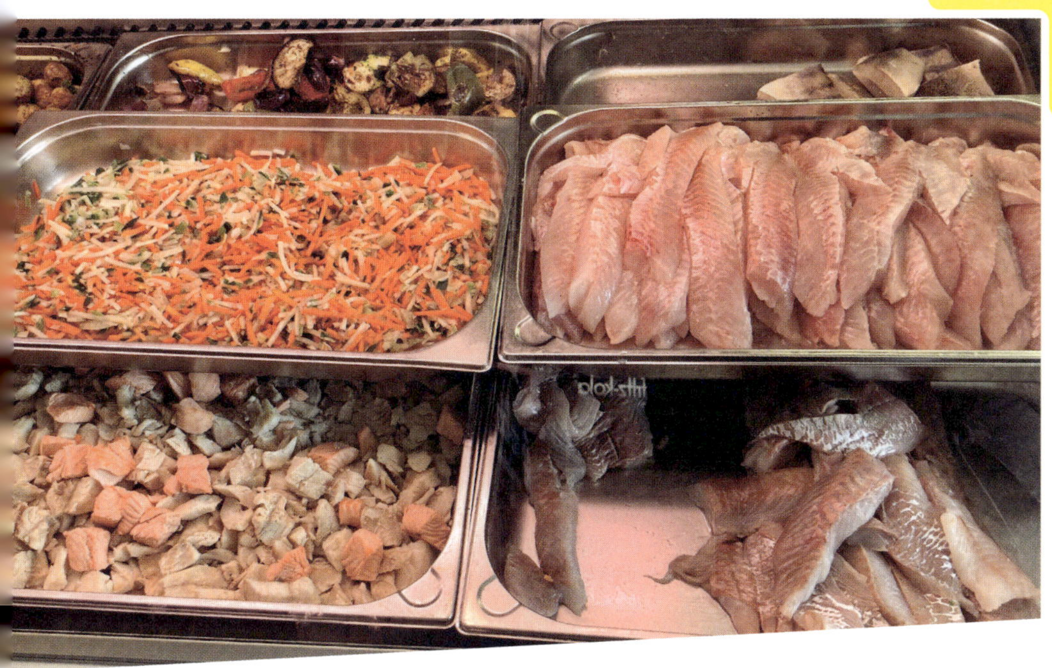

voller Leben. Dann fielen die Häuser Spekulanten in die Hände und verkamen. Seit einigen Jahren sichert sich die Stadt das Vorkaufsrecht an Gebäuden und Investoren begannen zu sanieren. Kulturinitiativen zogen in das Goethequartier, überregionale Medien berichten respektvoll und erstaunt. Zurecht: das Quartier mit seinem Potential von etwa 500 Altbauten wird zum Vorzeigestadtteil. Eines der ersten sanierten Häuser ist 6 / Goethe 45, ein Kultur- und Ausstellungsprojekt.

Polarforschung

Wir fahren zeitweise auf der ersten Fahrradstraße der Stadt am Zentrum mit Stadttheater vorbei nach Geestemünde, queren erneut dir Brücke, begegnen unserem Hinweg, biegen hier jedoch rechts ab. An der Uferstraße residiert das 7 / Historische Museum Bremerhaven mit Blick auf die Reste des Wencke-Docks. Das stadtgeschichtliche Haus gehört zu den besten Museen Norddeutschlands. Unter der Kennedy-Brücke mit ihrem Sperrwerk hindurch öffnet sich der Blick hinüber auf den Tonnenhof und die Lotsenstation. An der Blexen-Fähre vorbei geht es hoch zur Doppelschleuse. Links am Fahrdamm steht eines der Alfred-Wegener-Institute. Das Polar- und Meeresforschungsinstitut wurde

500

Ungefähr 500 Altstadthäuser stehen in Lehe und sind das Potential für eine urbane Neuerfindung, die gut vorankommt. Besonders hoffnungsvoll und mittendrin: Die Goethestraße. Verfallene Häuser werden saniert, und Leben kehrt zurück nach Lehe.

< links / Trawler im Fischereihafen. heute selten, früher in hellen Scharen
^ oben / Fischliebhabern läuft bei diesem Anblick das Wasser im Mund zusammen

FISCH

Das 8 / Schaufenster Fischereihafen zeigt alles mit Fisch. Und Meer. Das beste: Man muss es nicht nur anschauen, sondern kann nach Lust und Laune probieren.

1980 gegründet und ist heute mit mehr als 1.000 Beschäftigten eines der wichtigsten Klimaforschungsinstitute weltweit.

Fischereihafen

Wir nehmen den Weserdeich und werfen einen Blick zurück auf Bremerhaven Mitte, den Containerterminal und die Wesermündung. Es riecht nach Meer und sieht nach großer Sehnsucht aus. Danach fahren wir stromaufwärts bis zur Alten Lune und biegen links an die Kaje des Fischereihafens II ab. Dort steht die Fischauktions- und Packhalle X. Das 524 Meter lange Gebäude entstand Anfang der 80er Jahre als Nachfolgebau der in den zwanziger Jahre gebauten Halle. Bremerhaven war, seitdem hier mit dem ersten Fischdampfer „Sagitta" Ende des 19. Jahrhunderts die Grundlage für die moderne Hochseefischerei gelegt wurde, der wichtigste Seefischhafen des Deutschen Reichs. Bis zu 600 Waggons wöchentlich gingen vom Fischbahnhof ins Land. In den letzten Jahrzehnten hat Bremerhaven seine einst bedeutende Trawlerflotte verloren, blieb aber europaweit führender Fischhandels- und Verarbeitungsstandort. Das Areal des 8 / Alten Fischereihafens wurde nach dem Verlust der Bremerhavener Fischfangflotte in den 1990er Jahren zur maritimen Erlebniswelt umgebaut. In den hierher versetzten ehemaligen Fischbahnhof zog das Fischforum mit Seefischkochstudio, Eventhalle und Theaterbühne. In der alten Fisch- und Packhalle IV reihen sich Räuchereien, Restaurants und Geschäfte Tür an Tür. Im Hafenbecken liegen Museumsschiffe wie das FMS „Gera"und an den Kajen warten Cafés und Restaurants. Mit dem Thünen-Institut kam ein weiteres Forschungsinstitut in die Stadt und forscht zu: Fisch! Auf einem separat geführten Radweg fahren wir zum ehemaligen Holzhafen. Am Geestemünder Hauptkanal gibt es noch einen fotogenen Blick auf die AWI-Gebäude und um die Ecke auf das Schulungszentrum von 9 / „RelyonNutec" , die spektakuläre Sicherheitstrainings für die Off-Shore Windindustrie und die maritime Wirtschaft anbieten. Dann radeln wir zum 1 / Hauptbahnhof zurück.

KM 27

Der Fischereihafen ist nicht nur eine touristische Attraktion. Fast immer liegen Forschungsschiffe an der Kaje, die zum Thünen - Institut für Fischereiökologie gehören. Das Institut ist 2018 in einen Neubau am die Kaje gezogen und forscht zu: Fisch

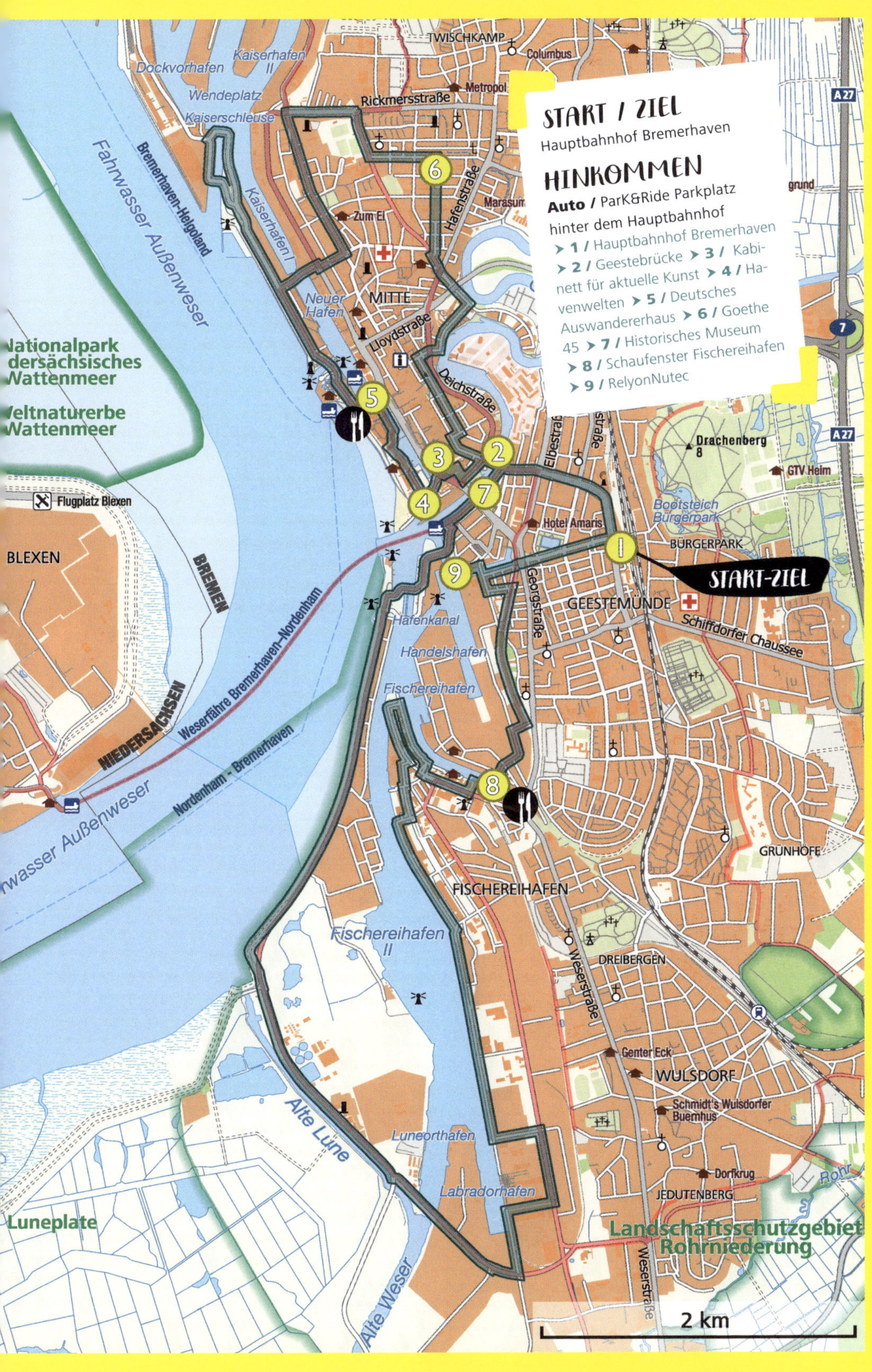

START / ZIEL
Hauptbahnhof Bremerhaven
HINKOMMEN
Auto / Park&Ride Parkplatz hinter dem Hauptbahnhof
➤ 1 / Hauptbahnhof Bremerhaven ➤ 2 / Geestebrücke ➤ 3 / Kabinett für aktuelle Kunst ➤ 4 / Havenwelten ➤ 5 / Deutsches Auswandererhaus ➤ 6 / Goethe 45 ➤ 7 / Historisches Museum ➤ 8 / Schaufenster Fischereihafen ➤ 9 / RelyonNutec
START-ZIEL
TWISCHKAMP
Columbus
Dockvorhafen
Kaiserhafen II
Wendeplatz
Kaiserschleuse
Rickmersstraße
Metropol
Fahrwasser Außenweser
Bremerhaven-Helgoland
Kaiserhafen I
Zum Ei
Hafenstraße
Marasum
Neuer Hafen
MITTE
Lloydstraße
Deichstraße
Nationalpark
Niedersächsisches Wattenmeer
Weltnaturerbe
Wattenmeer
Flugplatz Blexen
BLEXEN
BREMEN
Elbestraße
Drachenberg
8
GTV Heim
Bootsteich
Bürgerpark
BÜRGERPARK
Hotel Amaris
Georgstraße
GEESTEMÜNDE
Schiffdorfer Chaussee
Hafenkanal
Handelshafen
Fischereihafen
Weserfähre Bremerhaven-Nordenham
NIEDERSACHSEN
Nordenham - Bremerhaven
Fahrwasser Außenweser
GRÜNHÖFE
FISCHEREIHAFEN
Fischereihafen II
Weserstraße
DREIBERGEN
Genter Eck
WULSDORF
Schmidt's Wulsdorfer Buernhus
Alte Lune
Luneorthafen
Labradorhafen
Dorfkrug
JEDUTENBERG
Luneplate
Landschaftsschutzgebiet
Rohrniederung
Alte Weser
Rohr
A 27
7
2 km

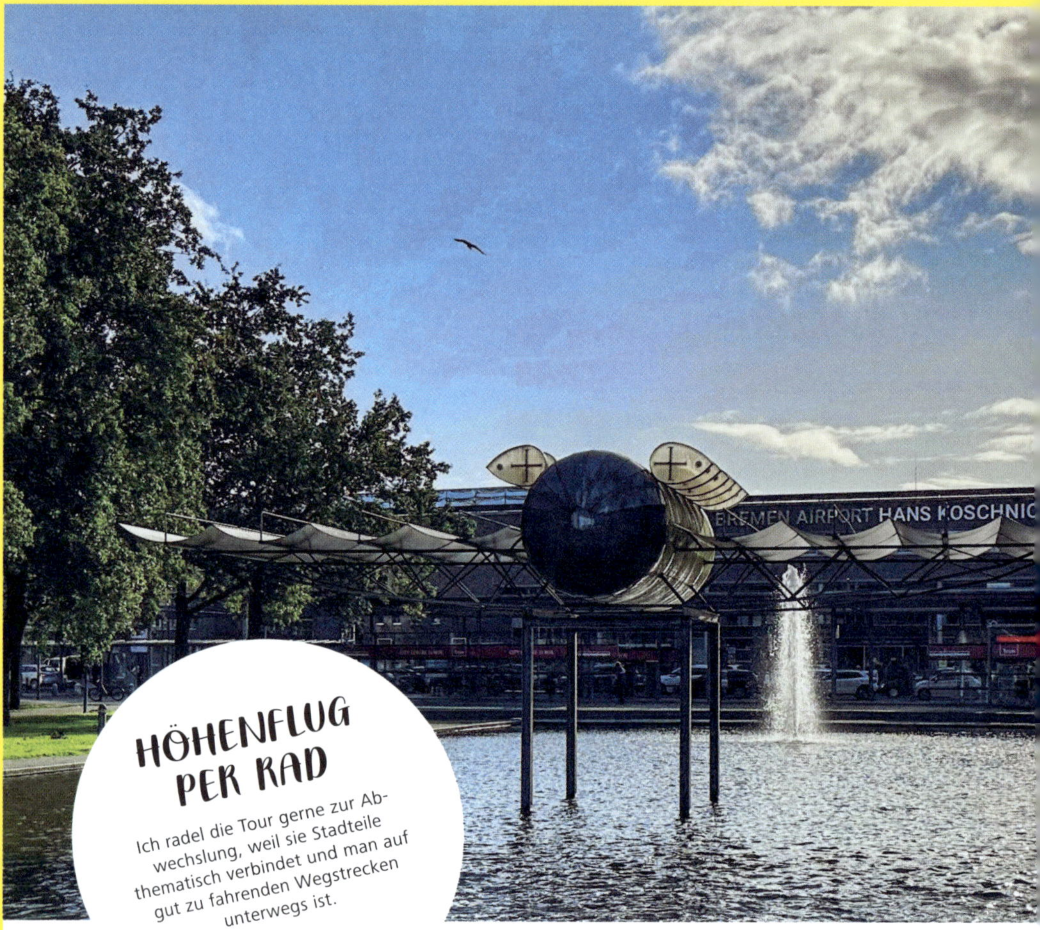

HÖHENFLUG PER RAD

Ich radel die Tour gerne zur Abwechslung, weil sie Stadtteile thematisch verbindet und man auf gut zu fahrenden Wegstrecken unterwegs ist.

> 1 / Los geht es am Nordausgang des Hauptbahnhofs

> 2 / Torfkähne gucken und etwas trinken am Torfhafen

> 3 / Klüger werden im Universum

> 4 / Fallhöhe und Schwerelosigkeit aus der Nähe: Fallturm des ZARM

> 5 / An den Kletterwänden des DAV Kletterzentrums Höhe gewinnen

> 6 / In der Bremen Halle sind Exponate der Luft- und Raumfahrtgeschichte ausgestellt

> 7 / Am Kiosk am Deichschart Pause machen und im Werdersee schwimmen.

> 8 / Im Planetarium in die Sterne schauen

> 9 / In der Kunsthalle Bremen die Installation „Above-Between-Below“ sehen

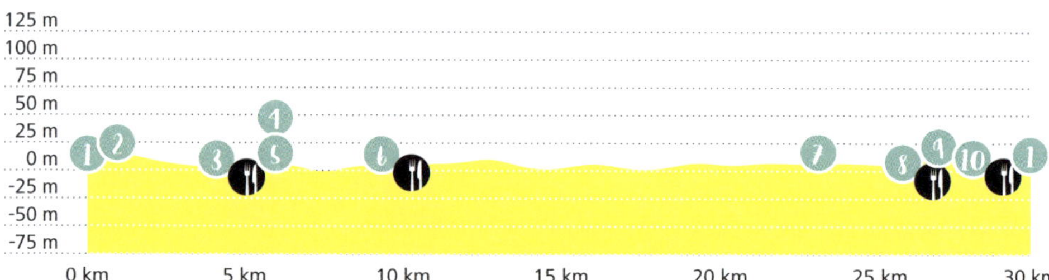

ZU DEN STERNEN

Techno-Rundfahrt zu den Hotspots der Raumfahrtindustrie

Die Tour bleibt am Boden und führt überwiegend über Parkwege, durch Grünzüge und am Wasser entlang zu Forschungs- und Technologiezentren, die Bremen zu einem der wichtigsten Raumfahrtstandorte Europas machen. Kultur-Sidekicks zum Thema gibt es auch.

30 Kilometer
60 Höhenmeter
2:00 Stunden
Rundtour

Torfkähne

Wir starten am 1 / Hauptbahnhof Nordausgang und fahren über die Bürgerweide zum Bürgerpark und zum 2 / Torfhafen. Am Beckenrand lässt sich mit Blick auf den Rest des einst viel größeren Torfhafens etwas trinken. Kanus liegen zur Ausleihe bereit, und vor allem: hier starten Torfkahnfahrten zum "Universum". Wir bleiben auf dem Rad und nehmen die nicht minder schönen Parkwege, die uns zum „Universum" bringen.

CHARAKTER
Sportlich ●●○○○
Abkühlung ●●●●○
Schlemmen ●●●○○
Panorama ●●●○○

Universum

Das 3 / Bremer Universum ist zwar nicht unendlich, taucht dafür aber wie ein silberner Wal aus einem

TOUR, DIE DU SO NIE GEMACHT HÄTTEST

TOURENINFO / Überwiegend auf Parkwegen, autofreien Wegen durch Grünzüge oder entlang von Wasserläufen. Kurze Abschnitte auf Wohnstraßen, Bikelanes und von der Fahrbahn getrennten Radwegen. Für Radanhänger geeignet. Badesachen nicht vergessen.

◀ links / „Raumschiff General Spinaxis"/„Panamarenko" (1978), Kunst im öffentlichen Raum

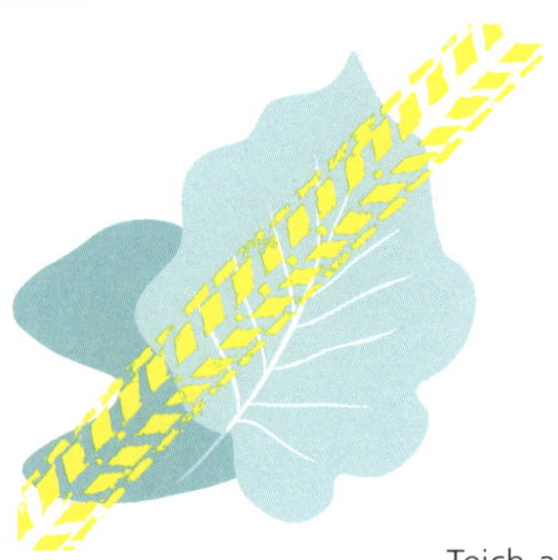

Teich auf. Seit seiner Eröffnung hat das Universum ein Sonderausstellungsgebäude und ein Außengelände mit Turm hinzubekommen. Konzept und Philosophie der Einrichtung blieben gleich und sind beliebt: Menschen gleich welchen Alters neugierig zu machen für die Phänomene des Kosmos, des Planeten und der Menschheit.

Roboter für Tiefsee und Kosmos

In Nachbarschaft zum Universum arbeitet das Deutsche Forschungszentrum für künstliche Intelligenz an Robotersystemen, die autonom zu Wasser, zu Land, in der Luft und im Weltraum eingesetzt werden. Mehr als 100 Mitarbeitende aus aller Welt forschen und entwickeln hier in Kooperation mit der Uni und anderen Forschungsinstituten interdisziplinär. Eng ist auch die Zusammenarbeit mit dem MARUM, Zentrum für Marine Umweltwissenschaften. Dieses Institut gehört zu den weltweit führenden Meeres- und Klimaforschungseinrichtungen. Dabei kommen Roboter zum Einsatz, die ähnlichen Herausforderungen gewachsen sind wie für Erkundungen im Weltall.

WISSENS-WAL

Das 3 / Universum sieht aus wie ein silberner Wal und ist ein Entdecker-Zentrum für Neugierige. Drinnen und draußen gibt es spannende Experimentierstationen.

Schwerelosigkeit

Wie ein überdimensionierter Stift ragt nicht weit entfernt der 4 / Fallturm des ZARM (Zentrum für Angewandte Raumfahrttechnologie und Mikrogravitation) der Uni Bremen 146 Meter in den Himmel. In seiner Hülle steht eine 120 Meter hohe Stahlröhre, in der eine Fallkapsel 4,74 Sekunden braucht, um 110 Meter durch ein Vakuum in die Tiefe zu fallen. Während dieser Zeit sind in der Kapsel Experimente in Schwerelosigkeit möglich. Per Katapult kann die Kapsel in die Höhe geschossen werden, was die nutzbare Zeit auf 9 Sekunden erhöht. Das ZARM bietet Führungen an, die gläserne Spitze des Turms lässt sich für Veranstaltungen mieten. Wer jetzt selbst Lust bekommen hat, Höhe zu gewinnen, kann im 5 / DAV Kletterzentrum loslegen. Um die Ecke am Ende einer Sackgasse

---

➤ **der Fallturm des ZARM sieht aus wie ein überdimensionierter Stift**

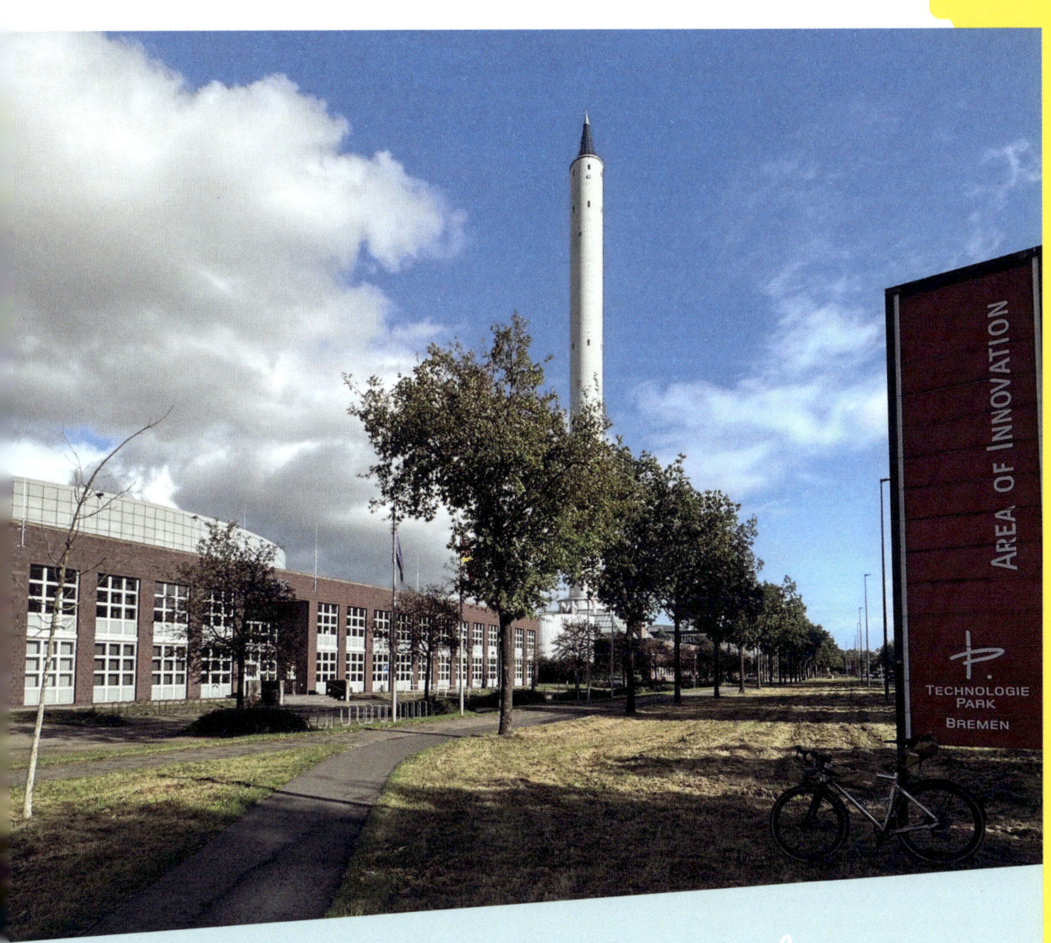

KM 1

Der 2 / Torfhafen war in der zweiten Hälfte des 19. Jahrhunderts wichtigster Landeplatz für Torfkähne, die Torf aus den Mooren im Norden Bremens in die Stadt brachten. Heute kann man von hier aus mit dem Torfkahn ins Universum schippern, oder einfach nur am Hafenbecken etwas trinken.

FALLTURM

Der 4 / Fallturm des ZARM und die Labore des Deutschen Zentrums für Luft- und Raumfahrt können nach Anmeldung und im Rahmen von Führungen besucht werden

steht das neue Betriebsgebäude des Deutschen Zentrums für Luft- und Raumfahrt (DLR). Die Fassade besteht aus Kacheln, die wie die keramischen Hitzeschilder eines Spaceshuttles gestaltet sind.

Galileo – Satelliten für Europa

Wir fahren über das Unigelände nach Süden und erreichen die Kleine Wümme, der wir nach links folgen. Links und rechts des Gewässers stehen die Produktionsgebäude, Labore und Büros von OHB. Bei dem börsennotierten Unternehmen handelt es sich um eines der bedeutendsten Raumfahrtunternehmen Europas. Hervorgegangen ist der Konzern Mitte der 1980er Jahre aus der Otto Hydraulik Bremen GmbH, die Hydrauliksysteme für die Bundeswehr reparierte. Heute arbeiten 3000 Menschen an 15 Standorten weltweit für OHB und realisieren Satellitensysteme für Erdbeobachtung, Navigation, Telekommunikation, Wissenschaft und Aufklärung bis hin zur Entwicklung von Systemen für die astronautische Raumfahrt.

Linie 4

Ein Stück weit folgen wir den Gleisen der Straßenbahnline 4, der Raumfahrt- und Technologie Tram, da sie die Uni mit dem zweiten

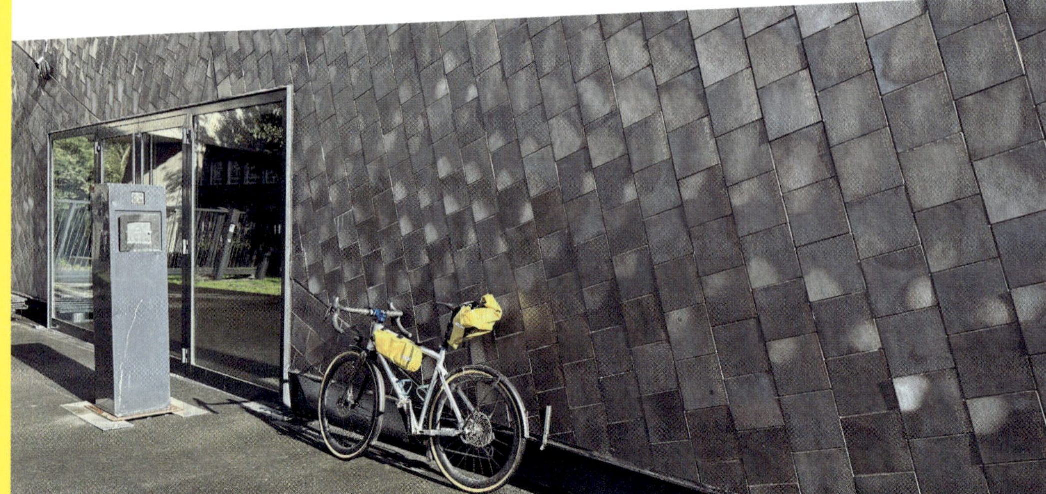

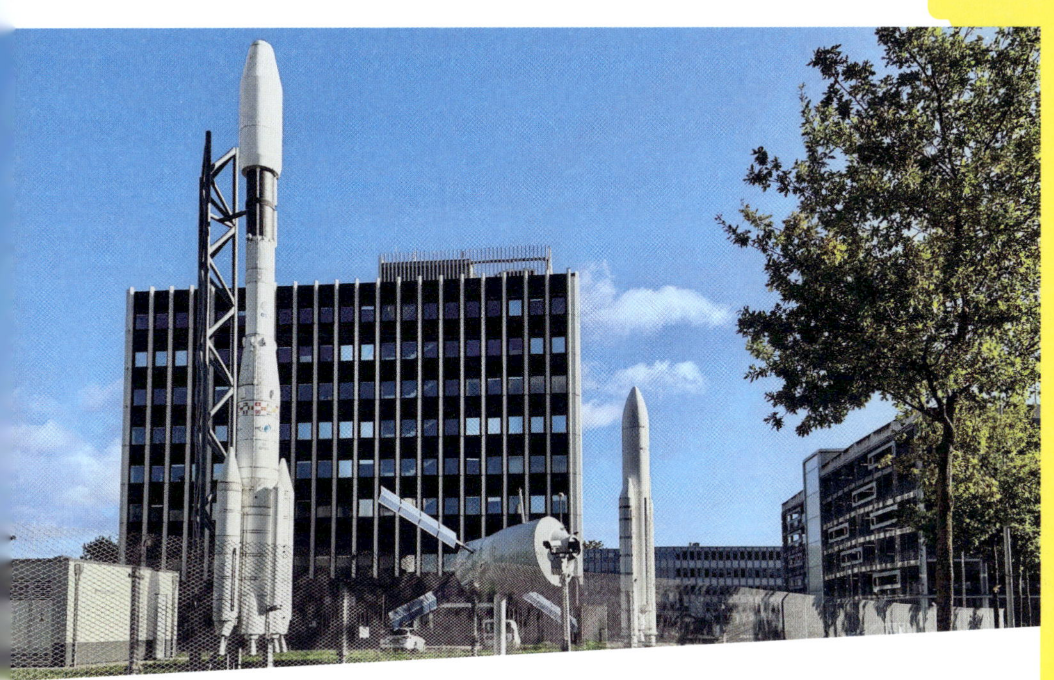

Raumfahrt-Hotspot am Flughafen verbindet. Wir fahren auch dorthin, nehmen aber einen anderen Weg als die Bahn. Zunächst geht es nach Riensberg zum Focke Museum. Bremens stadtgeschichtliches Museum ist nach Johann Focke, Senatssyndikus und Vater von Heinrich Focke, dem Bremer Luftfahrtpionier benannt und lohnenswert für einen Pausenstopp. Von dort geht es durch die Scharnhorststraße, Kirchbach- und Staderstraße hoch auf den Osterdeich und hinab in die Pauliner Marsch, wo wir das Weserufer erreichen. Das Weserwehr und die Schleusenanlage, die wir anschließend überqueren, um auf den Stadtwerder zu gelangen, sind einem kosmischen Mond- und Erdanziehungsphänomen geschuldet: an den Bauwerken läuft zweimal am Tag die Flutwelle aus der Nordsee auf. Viereinhalb Meter beträgt hier der Tidenhub. Der höchste Wert in der Deutschen Bucht überhaupt.

KM 23

Die 6 / Bremen Halle auf dem Dach des Terminal 1 neben der Besucherterrasse zeigt Exponate aus Bremens Luft- und Raumfahrtgeschichte, z.B. die Junkers Maschine, mit der 1928 der erste Flug von Europa nach Amerika gelang.

Neuenlanderfeld

Wir fahren am Kopf des Werdersees auf den Habenhausener Deich und biegen nach der Roland Klinik in den Huckelrieder Friedensweg, der uns in ein Parzellengebiet und an die Neuenlander Straße bringt, die wir überqueren. In Sicht und Hörweite des Flughafens fahren

< links / Hitzekachel-Nachbildungen am Laborgebäude des Deutschen Zentrums für Luft- und Raumfahrt ^ oben / Das Ariane 5 Modell bei Airbus Defence and Space ist gut gesichert

BODENSTÄNDIG

Der 7 / Kiosk am Deichschart bietet Erfrischungen und Snacks. Am See gibt es Sitzgelegenheiten mit Blick auf das Wasser. Wer will, findet Abkühlung im Werdersee

wir an den Produktionshallen und Laboren von Airbus Defence and Space und Astrium Bremen vorbei. Projekte wie die Internationale Raumstation ISS, die Weltraumlabore Spacelab und Columbus, das automatische Versorgungsfahrzeug ATV, die europäische Trägerrakete Ariane und die Explorationsmissionen in Richtung Mond und Mars wurden und werden hier entwickelt und gebaut. In der 6 / Bremen Halle sind Exponate aus der Luft- und Raumfahrtgeschichte Bremens ausgestellt.

Kunst-Kultur-Kosmos

Am Flughafen vorbei kreuzen wir durch die Neustadt zum Werdersee, den wir beim, 7 / Kiosk am Deichschart erreichen. Wir überqueren den See, cruisen über den Parkweg zur Hochschule für Nautik, die auch das 8 / Olbers-Planetarium beherbergt. Über die Wilhelm-Kaisen-Brücke geht es auf die Premiumradroute, die uns zur 9 / Kunsthalle Bremen mit Pausengelegenheit beim Café Sylvette führt. Thematisch passend gehört die sich über drei Etagen erstreckende Lichtinstallation „Above – Between – Below" (2011) von James Turrell zur Dauerausstellung. Auf der Wallwiese gegenüber steht das Denkmal für Heinrich Wilhelm Matthias Olbers (1758-1840), einem Bremer Arzt und bedeutendem Astronom, der internationale Reputation genoss. Um die Jahrhundertwende des 18. und 19. Jahrhunderts waren Bremen und das benachbarte Lilienthal Zentrum für astronomische Entdeckungen. Das lag nicht zuletzt am Lilienthaler Amtmann Johann Hieronymus Schröter, der im Nachbardorf die damals weltweit modernste Sternwarte baute. Wir kehren zum 1 / Hauptbahnhof Nordausgang zurück und wundern uns, dass Flugzeuge von Häfen aus starten, Raketen aber von Weltraumbahnhöfen.

KM 28

James Turrell installierte über drei Geschosse der 9 / Kunsthalle das Licht- und Raumkunstwerk „Above - Between - Below", das den Sternenhimmel vom Tag der Eröffnung der Kunsthalle zeigte. Bei schönem Wetter öffnet sich dazu eine Luke im Dach.

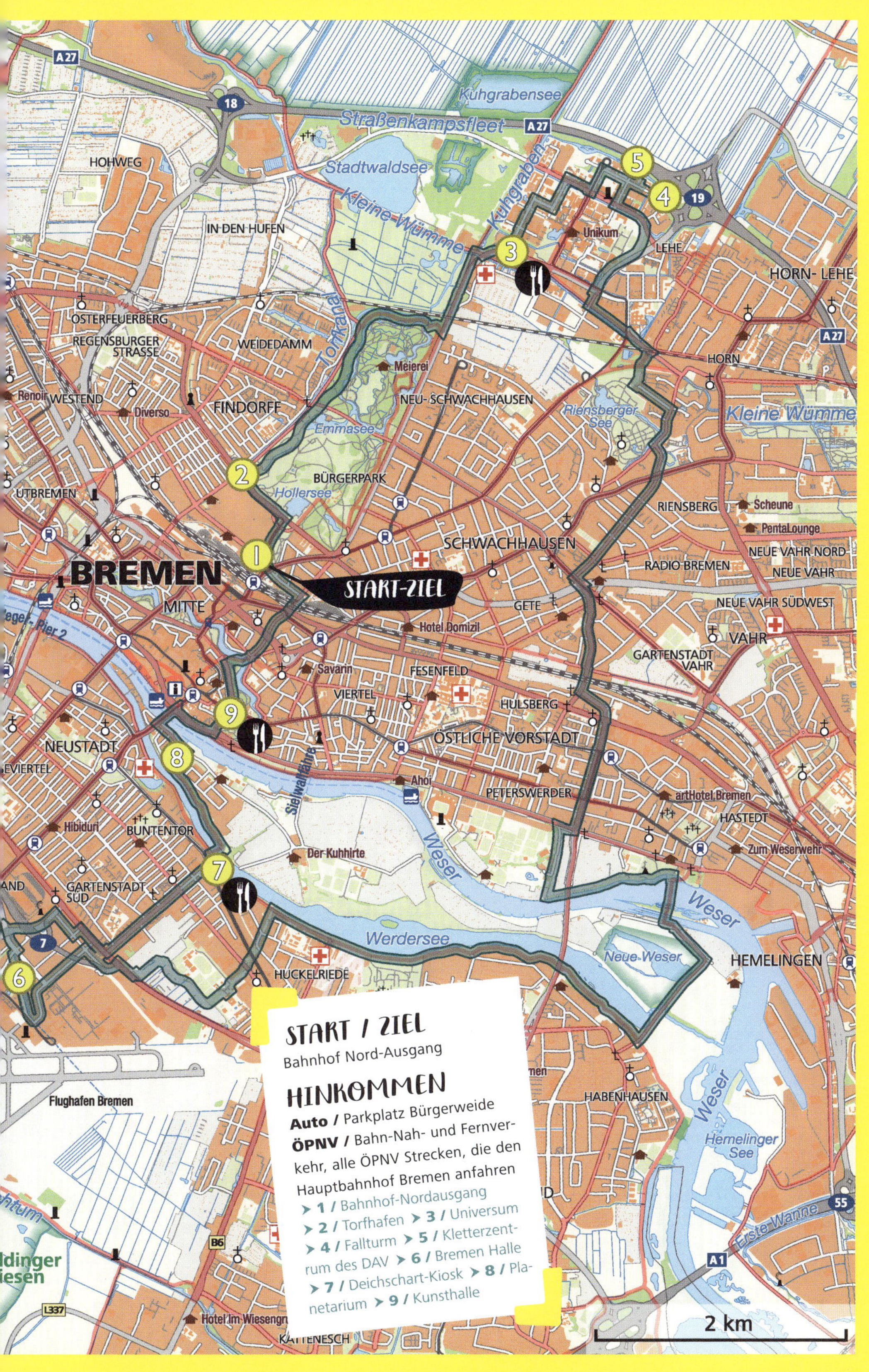
START / ZIEL
Bahnhof Nord-Ausgang
HINKOMMEN
Auto / Parkplatz Bürgerweide
ÖPNV / Bahn-Nah- und Fernverkehr, alle ÖPNV Strecken, die den Hauptbahnhof Bremen anfahren
➤ 1 / Bahnhof-Nordausgang ➤ 2 / Torfhafen ➤ 3 / Universum ➤ 4 / Fallturm ➤ 5 / Kletterzentrum des DAV ➤ 6 / Bremen Halle ➤ 7 / Deichschart-Kiosk ➤ 8 / Planetarium ➤ 9 / Kunsthalle
START-ZIEL
BREMEN
MITTE
FINDORFF
WESTEND
WEIDEDAMM
OSTERFEUERBERG
REGENSBURGER STRASSE
HOHWEG
IN DEN HUFEN
Kuhgrabensee
Straßenkampsfleet
Stadtwaldsee
Kleine Wümme
Kuhgraben
Torfkanal
Unikum
LEHE
HORN- LEHE
HORN
Meierei
NEU-SCHWACHHAUSEN
Riensberger See
Emmasee
BÜRGERPARK
Hollersee
SCHWACHHAUSEN
RIENSBERG
Scheune
PentaLounge
NEUE VAHR NORD
NEUE VAHR
RADIO BREMEN
NEUE VAHR SÜDWEST
VAHR
GARTENSTADT VAHR
GETE
Hotel Domizil
Savarin
FESENFELD
VIERTEL
HULSBERG
ÖSTLICHE VORSTADT
NEUSTADT
Sielwallfähre
Ahoi
PETERSWERDER
artHotel Bremen
HASTEDT
Zum Weserwehr
Hibiduri
BUNTENTOR
Der Kuhhirte
Weser
GARTENSTADT SÜD
Werdersee
Neue Weser
HEMELINGEN
HUCKELRIEDE
Flughafen Bremen
HABENHAUSEN
Hemelinger See
Erste Wanne
Hotel im Wiesengr
KATTENESCH
Renoir
Diverso
2 km

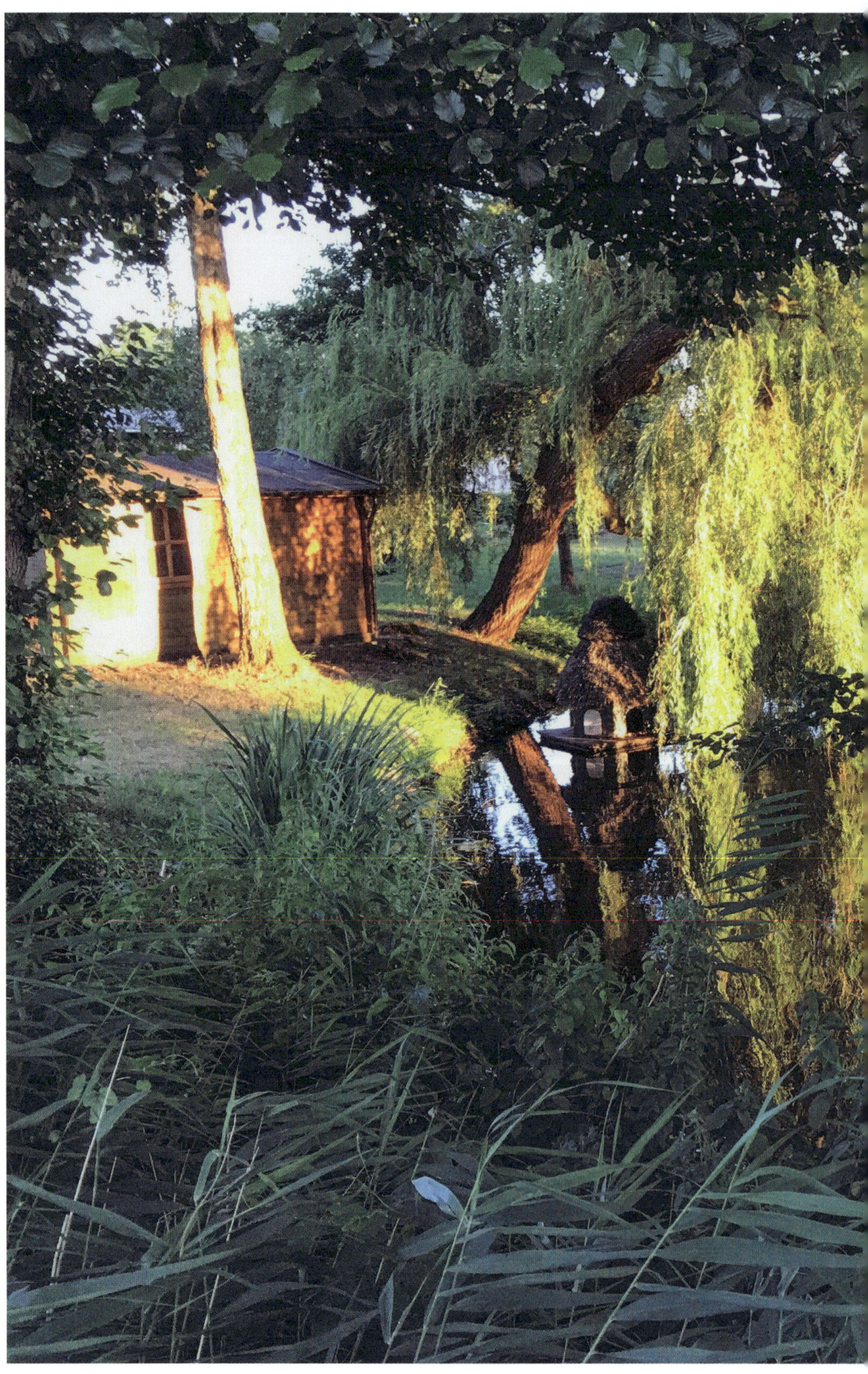

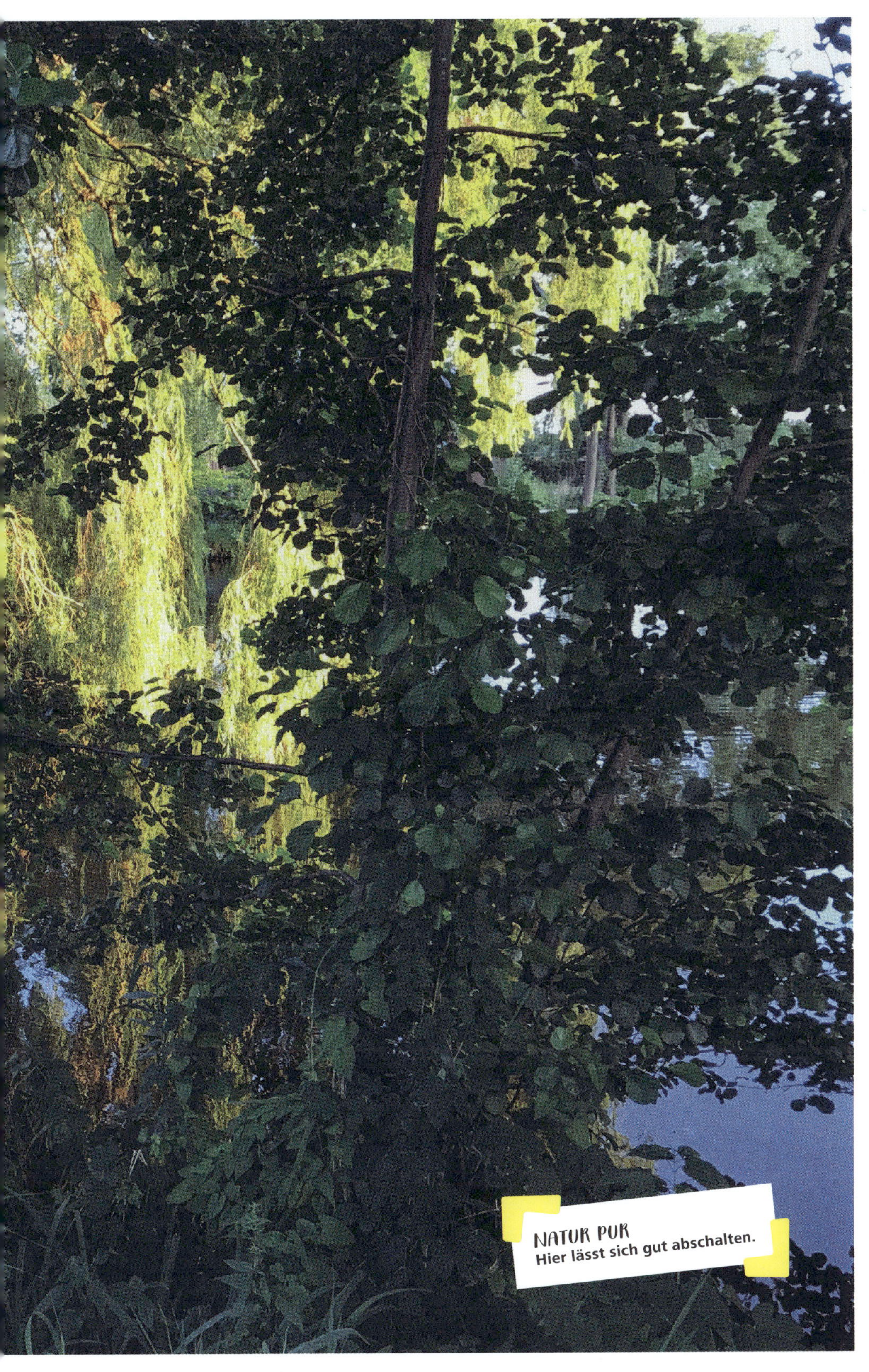
NATUR PUR
Hier lässt sich gut abschalten.

MEHR ERFAHREN

SPANNENDE TAGESTOUREN, DIE JEDER SCHAFFT

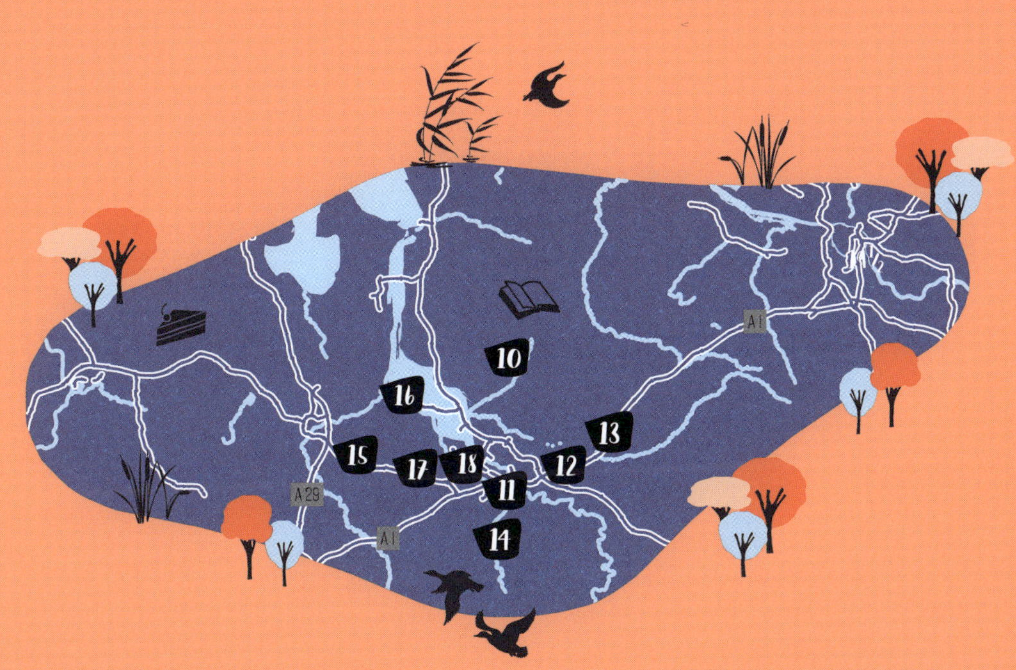

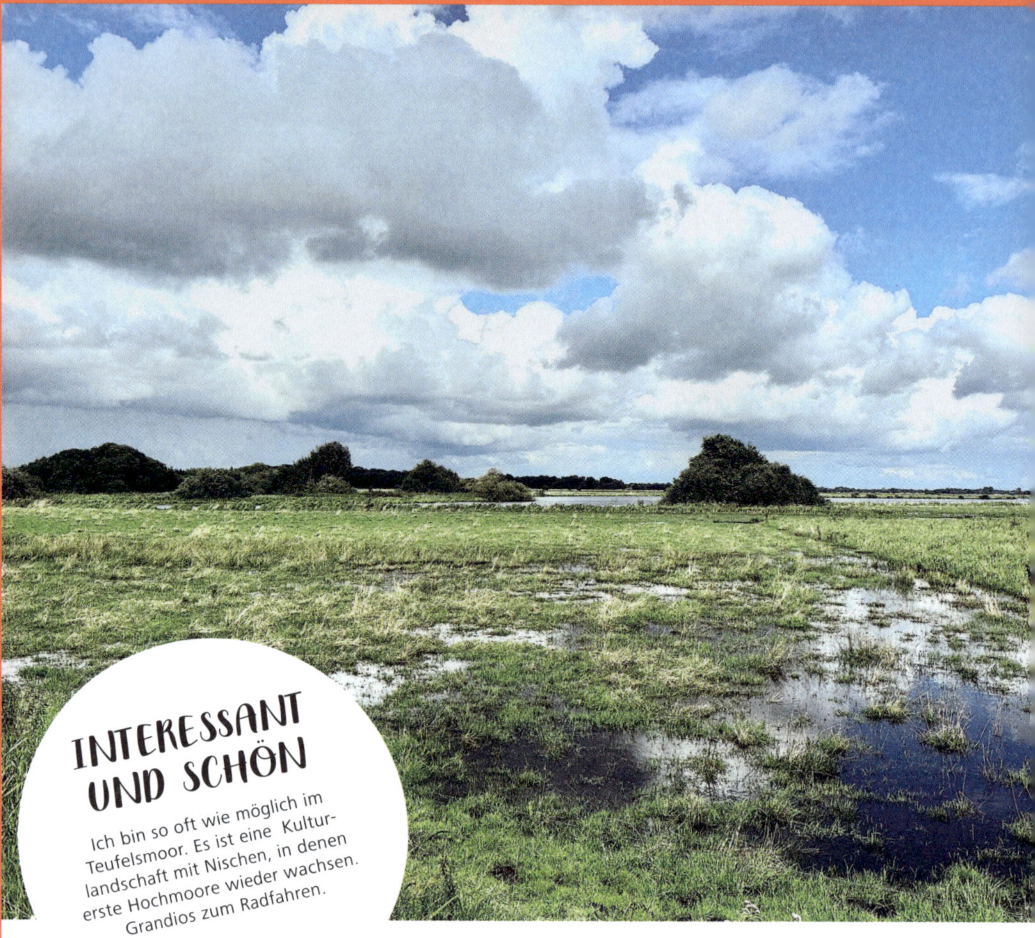

INTERESSANT UND SCHÖN

Ich bin so oft wie möglich im Teufelsmoor. Es ist eine Kulturlandschaft mit Nischen, in denen erste Hochmoore wieder wachsen. Grandios zum Radfahren.

> 1 / Wir beginnen am Bahnhof Osterholz-Scharmbeck

> 2 / Kleiner Spaziergang durch das Ahrensfelder Moor

> 3 / Aufstieg auf die Himmelstreppe für den besseren Überblick über die Weite

> 4 / Auf schwankendem Moorboden ins Niedersandhauser Moor

> 5 / Verpflegungsstopp bei Lütjens SB Demeter Hofladen

> 6 / Der Moorlehrpfad Günnemoor führt an wiedervernässten Flächen entlang

> 7 / Das Torfschiffswerft-Museum zeigt Torfkahnbau

> 8 / Die Steganlage am Weyerberg zeigt Weitsicht

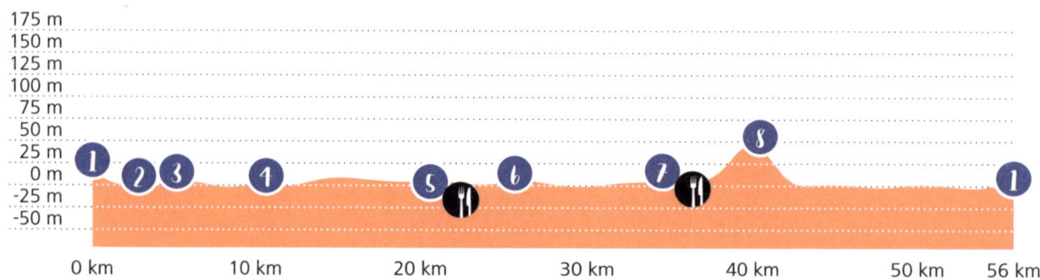

DAS RINGEN UM DEN WASSERSTAND

Die Moore als Chance und Risiko des Klimawandels

Die Tour führt uns von Osterholz-Scharmbeck in das Teufelsmoor. Eine Kultur-Landschaft, die von höchster Bedeutung für das Klima ist. Auf einsamen Wegen geht es zu teils wiedervernässten Hochmooren und durch die Weite der Hammeniederung.

56 Kilometer
110 Höhenmeter
4:00 Stunden
Rundtour

Teufelsmoor

Wir fahren vom 1 / Bahnhof Osterholz-Scharmbeck hinab ins 2 / Ahrensfelder Moor. An einem schmalen Pfad, der vom Ahrensfelder Damm abzweigt, können wir die Räder abstellen und zu Fuß auf einem federnden Damm in das ehemalige Hochmoor gehen, das mit zum Teufelsmoor gehört, dem größten zusammenhängenden Moorgebiet Nordwestdeutschlands. Es entstand nach der letzten Eiszeit, als Gletscherschmelzwasser eine Flutrinne von Bremervörde bis zur Weser grub. Aufgrund des klimatisch bedingten Wasserüberschusses bildeten sich entlang der Hamme große

CHARAKTER

Sportlich ●●●●○
Abkühlung ●●●●○
Schlemmen ●●●●○
Panorama ●●●●●

TOURENINFO / Die Tour geht über autofreie landwirtschaftliche Nutzwege, Radwege und wenig befahrene Nebenstraßen. 20 Kilometer sind nicht asphaltiert und führen über sehr gut befahrbare Schotterwege.

‹ links / Breites Wasser in der Hammeniederung. So nass soll die Niederung aussehen.

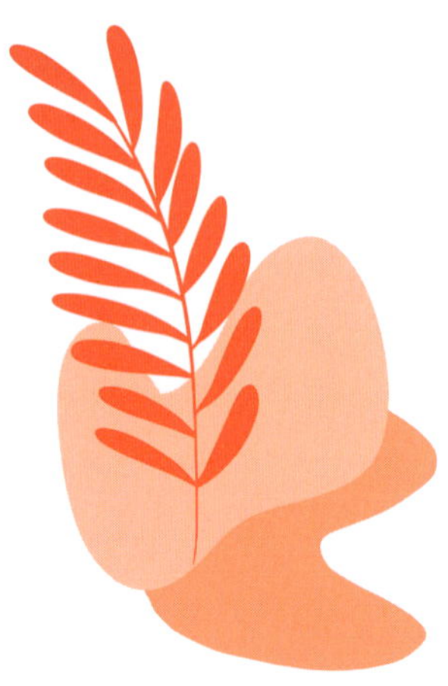

Niedermoore, die an den überschwemmungsarmen Geesträdern zu Hochmooren bis zu einer Mächtigkeit von 12 Metern aufwuchsen. Die Kolonisierung des unfruchtbaren Teufelsmoores begann Mitte des 19. Jahrhunderts. Die Hochmoore wurden durch Gräben entwässert, der Torf wurde abgegraben und als Brenntorf verkauft. Das Ahrensfelder Moor war ein solches Hochmoor. Es steht jetzt unter Schutz und ist in Teilen wiedervernässt. Dafür wurden Gräben geschlossen, der Wasserstand konnte steigen und Torfmoose, die allein vom Regenwasser leben, wachsen wieder zu einem lebendigen Hochmoor auf. 1 mm pro Jahr wächst ein intaktes Hochmoor. Es wird noch dauern, bis die nassen, sumpfigen Flächen mit ihren grünen Torfmoosen und hier und da Wollgras an Höhe gewinnen.

Niedermoor und Klima

Wir schwingen uns wieder auf die Räder und fahren in das Naturschutzgebiet „Untere Hammeniederung". Nach ein paar hundert Metern biegen wir nach links zum Beobachtungsturm 3 / Himmelstreppe ab. Von oben geht der Blick nach Norden und Osten über die fast baum- und strauchlose Wiesenweite. Vor allem auf Niedermoorflächen ist der Wasserstand entscheidend für das Klima. Moor besteht aus Torf, nicht zersetzten Pflanzenresten und ist gut fürs Klima, solange es unter Wasser steht. Dann bleibt das in den Pflanzen gespeicherte Kohlendioxid, dessen vermehrter Ausstoß Treiber des globalen Temperaturanstiegs ist, im Boden. Wird der Wasserstand niedrig gehalten, um die Flächen zu bewirtschaften, kommt Sauerstoff an die Pflanzenreste, und der Zersetzungsprozess setzt CO^2 frei. Seit den 50er Jahren ist der Mensch in der Lage, die Wasserhöhen zu regeln. Seitdem hat das Teufelsmoor pro Jahr etwa 1 cm Höhe verloren, Substanz, die als klimaschädliches CO^2 in die Atmosphäre entwichen ist. 610 000 t CO^2 geraten alljährlich allein aus dem Teufelsmoor in die Atmosphäre. Das ist etwas weniger als die Hälfte des durch Inlandflüge in Deutschland verursachten CO^2 Ausstoßes.

MOORRÜBEN

5 / Hof Lütjen ist ein tradierter Demeter Hof, der legendäre Moorrüben in die Bioläden der Region liefert. Was es sonst noch gibt, ist im SB - Hofladen zu haben.

Die Hochmoore

Wir setzen die Tour fort, queren die Teufelsmoorstraße und holpern über einen Feldweg bis an eine Pforte, an der ein Pfad in das 4 / Niedersandhauser Moor beginnt. Das ehemalige Hochmoor wurde seit dem 18. Jahrhundert abgetorft. Seit dem Ende

---

➤ rechts / Der Moorpfad führt ins Niedersandhauser Moor

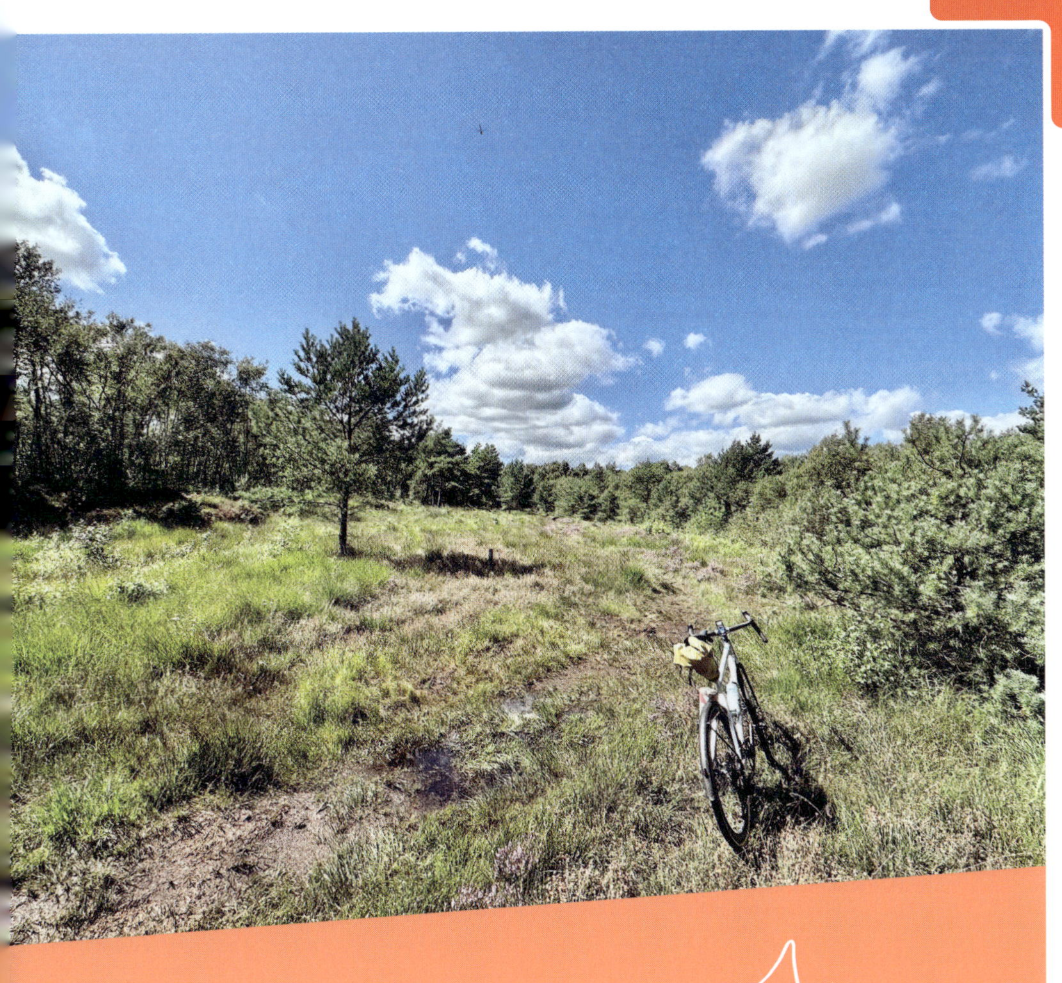

KM 11

Das 4 / Niedersandhauser Moor ist einen Spaziergang wert. Nach dem Ende des Torfabbaus blieb es weitgehend sich selbst überlassen. Zu entdecken gibt es moortypische Pflanzen und Tiere sowie einen alten Torfhafen, der von Torfmoosen und Gräsern mit einem Schwingrasen überwachsen ist. Nur gucken, nicht betreten! Bitte!

HEIDELBEEREN

In der Saison lohnt ein Abstecher auf die Bio-Heidelbeerplantage Neuenkrug. Die Früchte gibt es zum Mitnehmen oder schon im Kuchen zum Kaffee.

des Abbaus ist es sich selbst überlassen. Neben moortypischen Pflanzen und Tieren gibt es Tümpel und einen mit Torfmoosen und Schwingrasen überwachsenen alten Torfhafen. Zurück auf dem Rad folgen wir dem Weg zwischen Geest und Moor Richtung Verlüßmoor. Beim 5 / Demeter Hof Lütjen gibt es leckere lokale Produkte im SB-Hofladen.

Günnemoor

Wir fahren nach Bornreihe, biegen rechts ab und folgen der Straße, die der schwindende Torf zu einer Berg -und Talpartie gemacht hat, bis der Weg zum 6 / Günnemoor abzweigt. Das Günnemoor ist ein Hochmoor, das über Jahrtausende aufwachsen

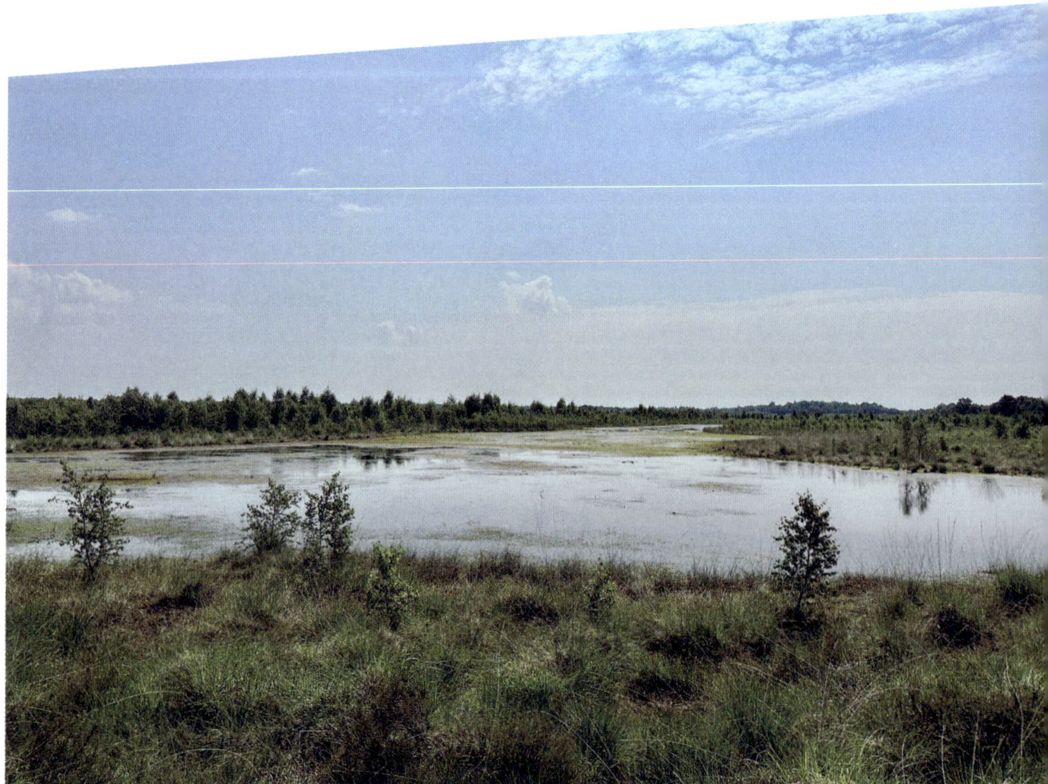

konnte und eine Mächtigkeit von bis zu 9 Metern erreichte. Seit 1920 wurde hier intensiv Torf abgebaut, auch Zwangsarbeiter und Kriegsgefangene mussten hier arbeiten. 15 Millionen Kubikmeter Torf wurden entnommen, etwa vier Millionen Tonnen CO^2 gelangten in die Atmosphäre. Seit 1998 werden die industriell abgetorften Flächen wiedervernässt. Seitdem regeneriert sich das Moor. Torfmoose und Moorpflanzen wie Gagelstrauch und Sonnentauarten haben sich wieder eingefunden. Von Mitte Juni bis Ende September ist ein Moorlehrpfad zugänglich. Das restliche Jahr ist das Gebiet tausenden von Kranichen und anderen Vögeln überlassen, die hier rasten und brüten.

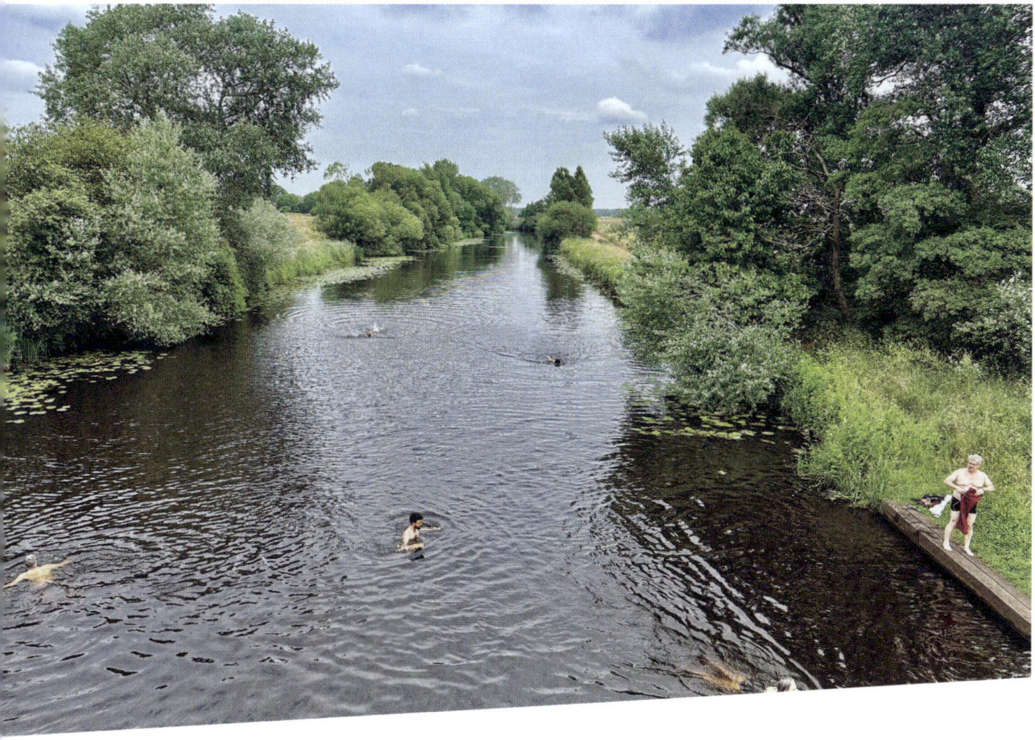

15 MIO. KUBIKMETER

Soviel Torf wurde seit den 1920er Jahren aus dem 6 / Günnemoor abgebaut. Erst 2012 endete hier der Torfabbau endgültig. Seitdem wird wiedervernässt. Der Moorlehrpfad zwischen Verlüßmoor und Teufelsmoor ist eine absolute Empfehlung.

Fietscafé22

Wir fahren zurück auf die Teufelsmoorstraße und halten uns rechts, bis links ein Weg abzweigt, der uns über die Hamme zum 7 / Museum Torfschiffswerft Schlußdorf mit Werftschuppen, nachgebautem Klappstau, Torfkahnschober und Backofen bringt. Das Museum steht für den jahrhundertelangen Kampf um die Entwässerung und landwirtschaftliche Nutzung der Moo-

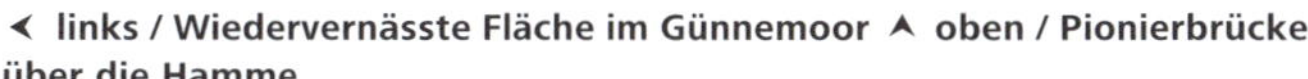

< links / Wiedervernässte Fläche im Günnemoor ^ oben / Pionierbrücke über die Hamme

re, der ab den 50er Jahren mit Maschinenkraft und Kunstdünger gewonnen schien. Gleich nebenan steht das hübsche „Fietscafé22", ein leises Zeichen für nachhaltige Freizeitkonzepte als Baustein für eine wirtschaftliche Nutzung der Moorlandschaft, die die globalen Risiken der Erderwärmung ernst nimmt. Neue Konzepte müssen her, um den Bauern die Nutzung nasser Flächen zu ermöglichen. Die Hoffnung heißt: Paludikultur. Dabei geht es um den gewerblichen Anbau etwa von Röhrichten und Torfmoosen oder die Haltung von Wasserbüfffel. Noch aber sind die Wertschöpfungsketten für Produktion, Verarbeitung, Zertifizierung und Vertrieb neuer Produkte erst in der Entwicklung. Nachhaltiger Tourismus gehört auch zu den Hoffnungsträgern.

SONNENUNTERGÄNGE

Über der Hammeniederung hat die Sonne viel Platz für den täglichen Untergang. Beobachtungsplätze bieten die Hammehütte Neu Helgoland und der Hammehafen.

Steg am Weyerberg

Wir fahren zurück und biegen links in die Bergedorfer Straße ein. Auf den Weiden im Osten sind die Geländereliefs von alten Hochmooren zu erkennen. An der Fußgängerampel biegen wir nach rechts und fahren in den Ortskern Worpswedes. Bei der Gästeinformation geht es die Lindenallee bergauf, die wir nach rechts zum Gipfel des Weyerberges verlassen. Den Liesel-Oppel-Weg fahren wir vorsichtig bergab, bis wir

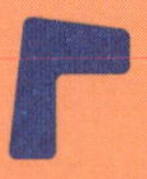

600

Halbhunt-Torfschiffe wurden zwischen 1850 und 1954 auf der Torfschiffswerft in Schlußdorf gebaut. 6 Kubikmeter Torf, 50 Körbe, ein halbes Hundert, fasste so ein Kahn. Neben dem 7 / Museum Torfschiffswerft Schlußdorf bietet das „Fietscafé22" leckeren Kuchen und Traumplätze unter alten Bäumen.

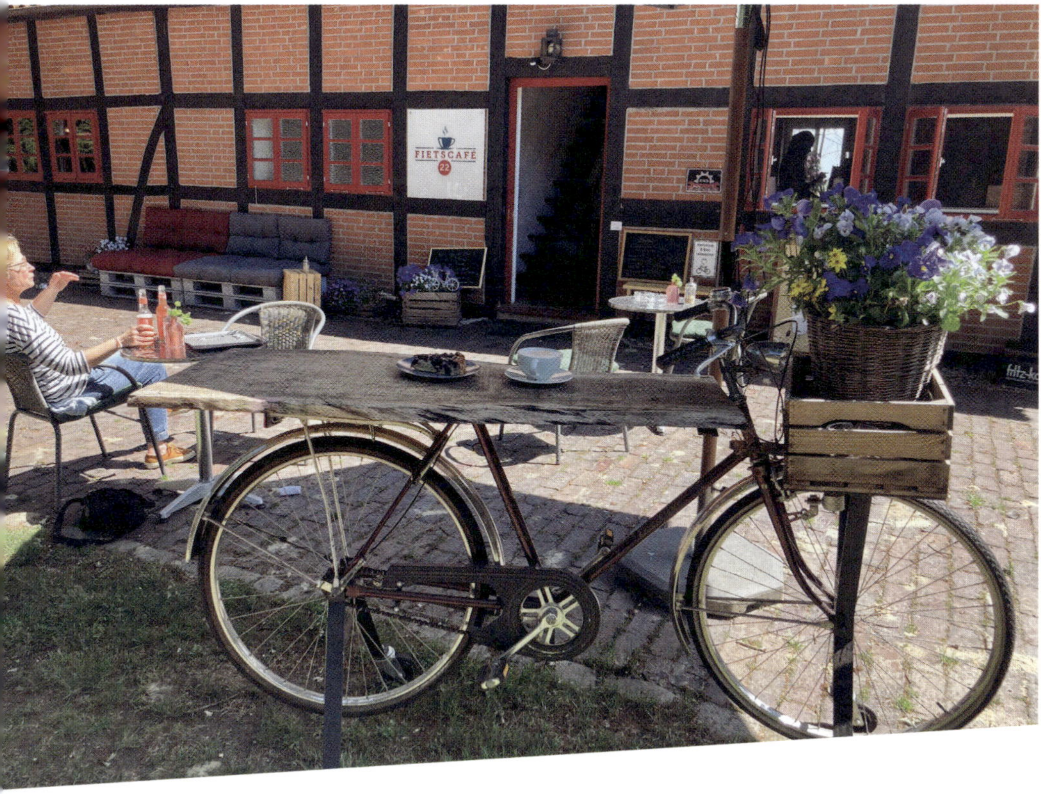

die 8 / Steganlage Teufelsmeer erreichen. Etwa 15 Meter über dem Meeresspiegel errichteten Worpsweder 2006 eine Plattform mit Kanu, Rettungsring und fiktiven Wasserständen für die Jahre 2026 und 2039. Mit Ironie weist die Anlage auf steigende Temperaturen und Wasserstände, die absackenden Moore und die gigantischen Risiken hin.

Breites Wasser

Wir fahren bergab und über den Karl-Krummacher-Weg zur Worpsweder Mühle. Bei Neu Helgoland queren wir den Fluss und erreichen das „Breite Wasser“. Hier bilden Tümpel und Altarme von Hamme und Beek eine amphibische, fast baumlose Landschaft mit verzweigten Wasserflächen. Wunderschön und ein wichtiger Rastplatz für Zugvögel sowie Revier für zahllose Vogelarten. Ungefähr so müsste die gesamte Hammeniederung aussehen. Über die Beekbrücke und die Wege durch die Wiesen kehren wir zurück an den Geestrand und zum 1 / Bahnhof Osterholz-Scharmbeck.

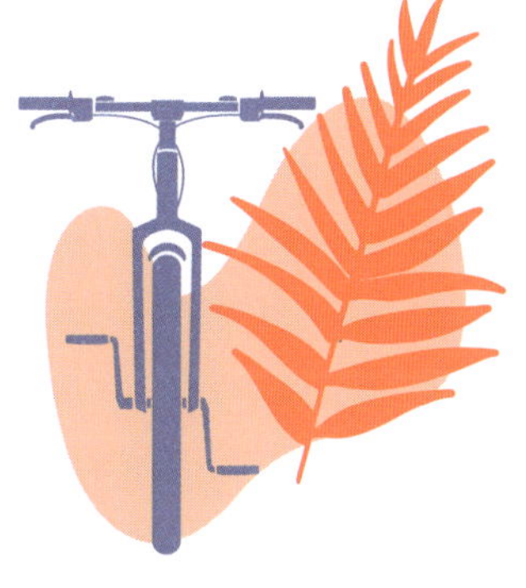

---

^ oben / Eine gute Kombi: Fietscafé22 und Torfschiffswerftmuseum

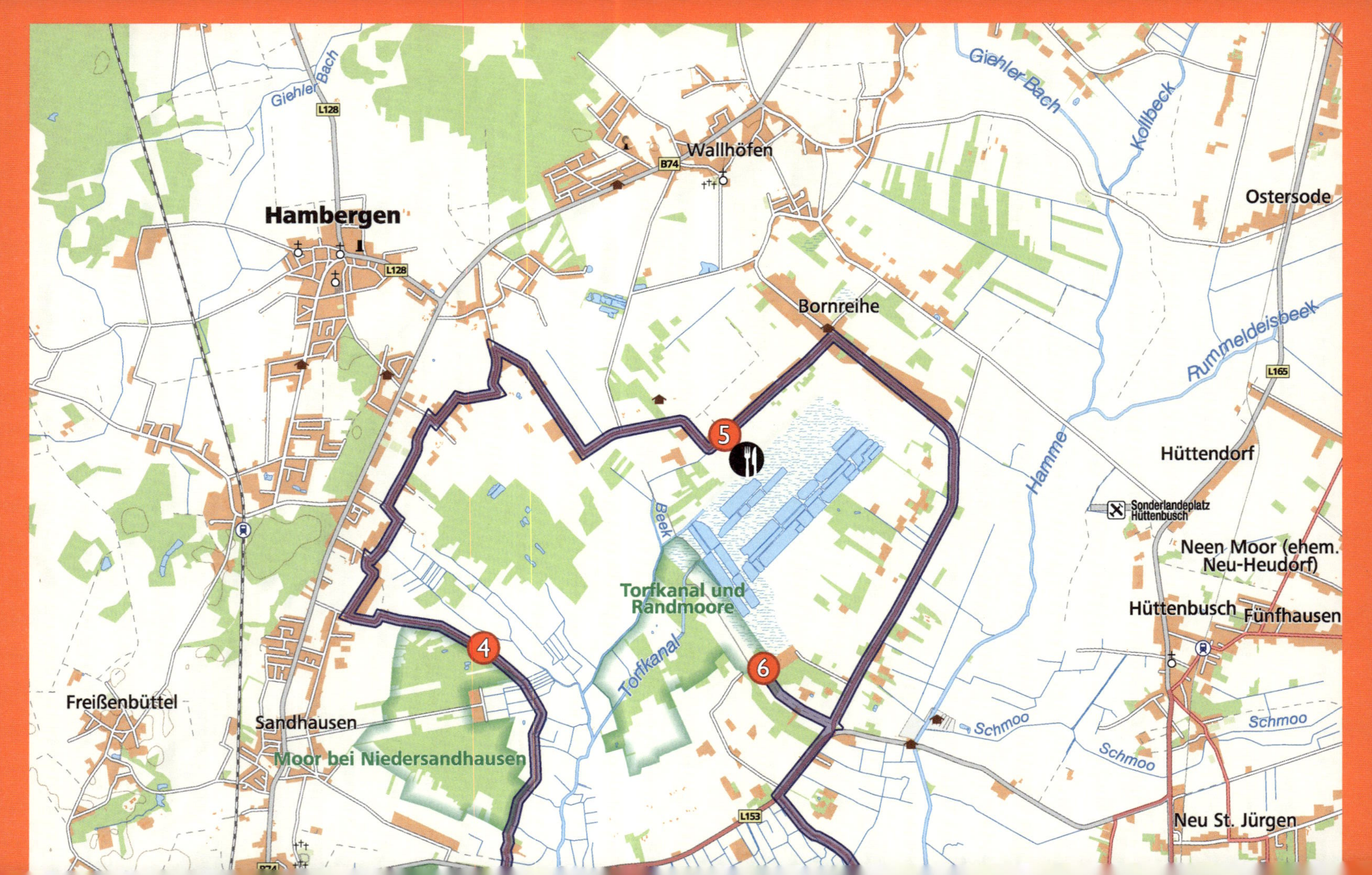

Giehler Bach
L128
Wallhöfen
B74
Hambergen
L128
Ostersode
Giehler Bach
Kollbeck
Bornreihe
Rummeldeisbeek
L165
5
Hüttendorf
Hamme
Sonderlandeplatz Hüttenbusch
Beek
Neen Moor (ehem. Neu-Heudorf)
Torfkanal und Randmoore
Hüttenbusch
Fünfhausen
4
Torfkanal
6
Freißenbüttel
Sandhausen
Schmoo
Schmoo
Schmoo
Moor bei Niedersandhausen
L153
Neu St. Jürgen

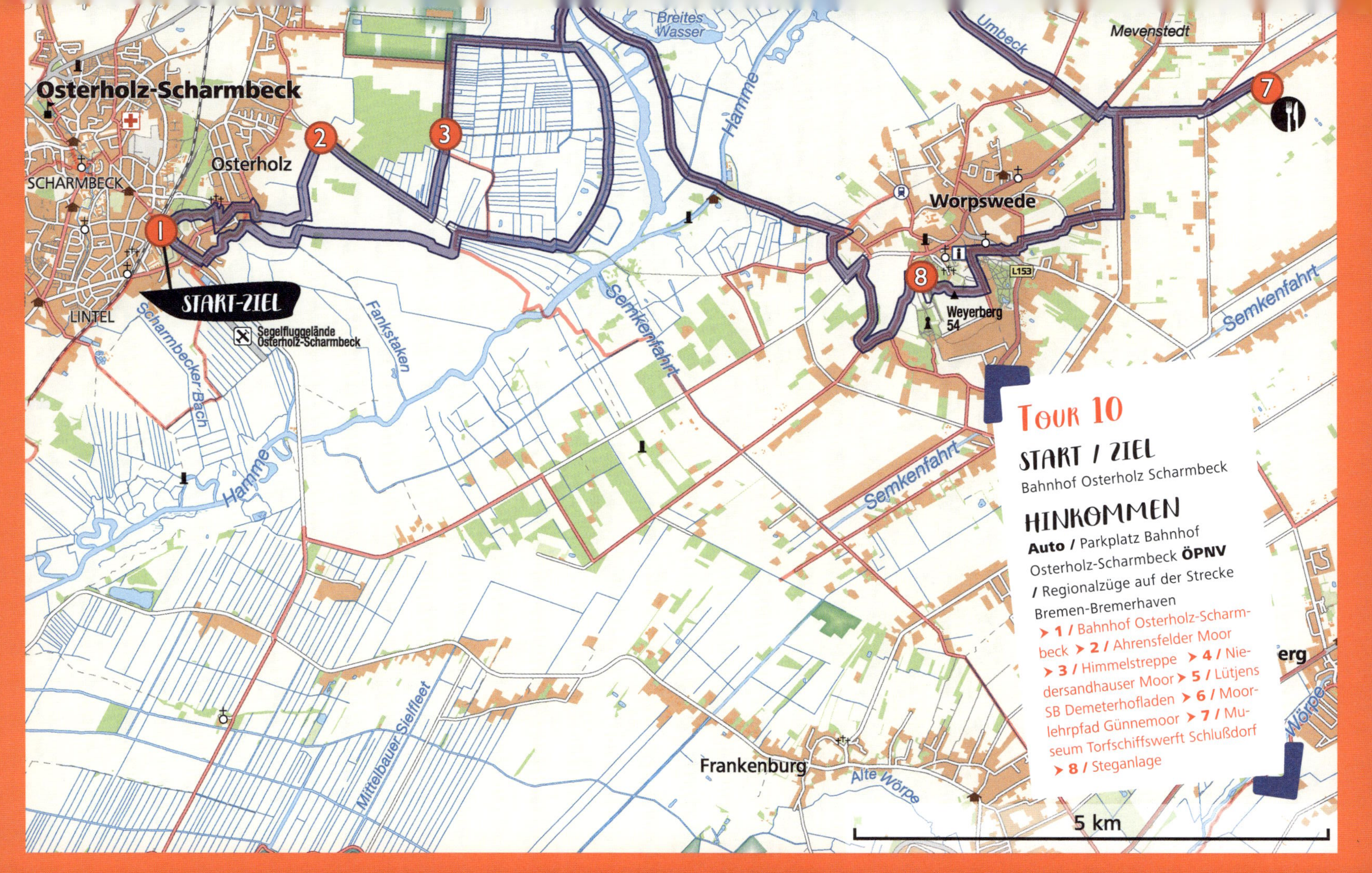
Tour 10
START / ZIEL
Bahnhof Osterholz Scharmbeck
HINKOMMEN
Auto / Parkplatz Bahnhof Osterholz-Scharmbeck ÖPNV / Regionalzüge auf der Strecke Bremen-Bremerhaven
› 1 / Bahnhof Osterholz-Scharmbeck › 2 / Ahrensfelder Moor › 3 / Himmelstreppe › 4 / Niedersandhauser Moor › 5 / Lütjens SB Demeterhofladen › 6 / Moorlehrpfad Günnemoor › 7 / Museum Torfschiffswerft Schlußdorf › 8 / Steganlage
START-ZIEL
Osterholz-Scharmbeck
Osterholz
SCHARMBECK
LINTEL
Segelfluggelände Osterholz-Scharmbeck
Scharmbecker Bach
Fankstaken
Hamme
Breites Wasser
Semkenfahrt
Umbeck
Mevenstedt
Worpswede
L153
Weyerberg 54
Mittelbauer Sielfleet
Frankenburg
Alte Wörpe
Wörpe
5 km

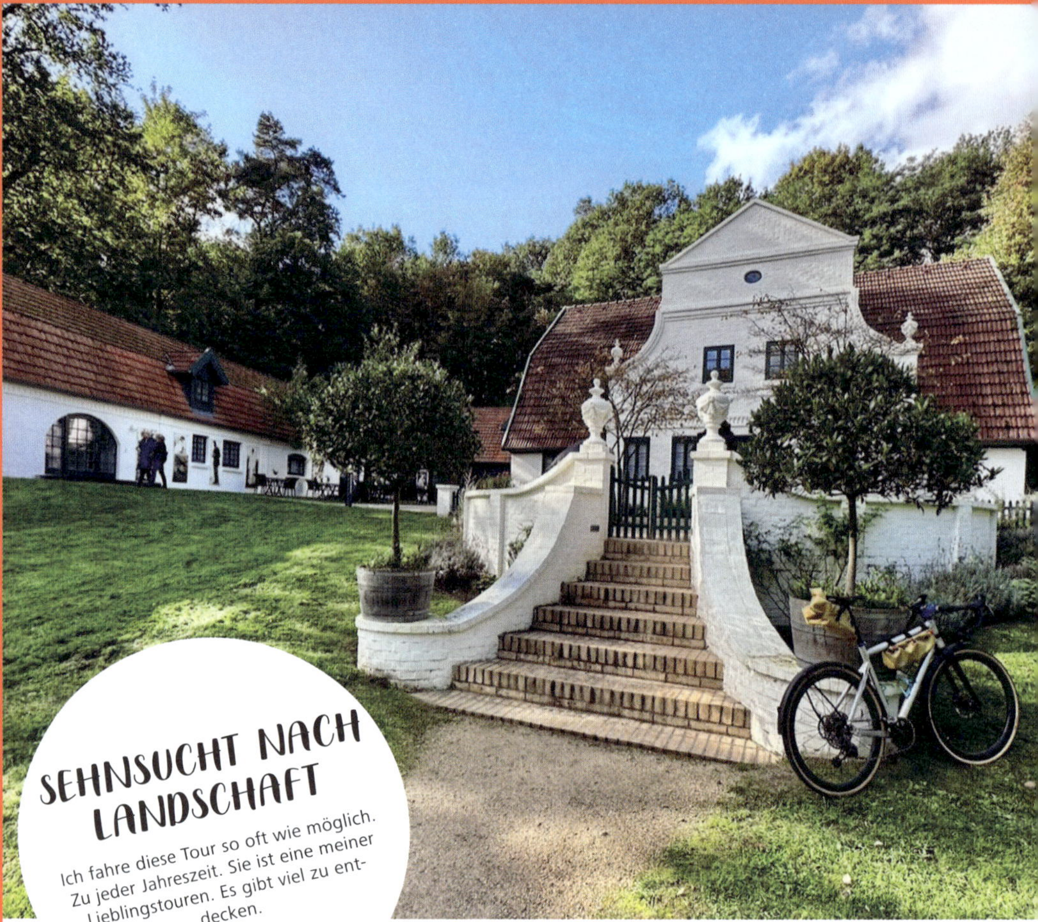

SEHNSUCHT NACH LANDSCHAFT

Ich fahre diese Tour so oft wie möglich. Zu jeder Jahreszeit. Sie ist eine meiner Lieblingstouren. Es gibt viel zu entdecken.

➤ **1 /** Am Hauptbahnhof Bremen geht es los

➤ **2 /** Eine Stippvisite in der Kirche Heiliger Georg im Lande der Gräser

➤ **3 /** Bei Melchers Hütte Wandbemalungen entdecken und an der Hamme sitzen

➤ **4 /** Kaffee, Kuchen, Kanus im Land of Green

➤ **5 /** Ein Päuschen im Jugenstilambiente des Worpsweder Bahnhofs

➤ **6 /** In Stoltes Kaufhaus stellt Mimis Erbe aktuelle Kunst aus

➤ **7 /** In der Großen Kunstschau den „Alten Worpswedern" gegenübertreten

➤ **8 /** Der Käseglocke einen Besuch abstatten

➤ **9 /** Im Haus am Walde die Rückkehr herauszögern

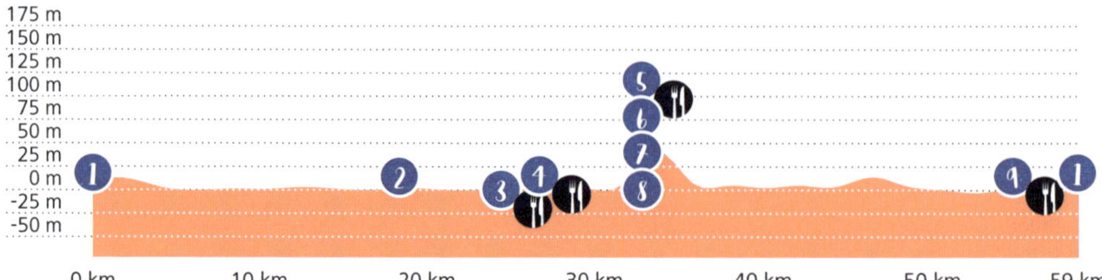

STADT, LAND, KUNST

Die Bremen-Worpswede-Runde

Die Tour führt an Wümme und Hamme vorbei in die weite Niederung des Teufelsmoors und hat in Worpswede mit dem Weyerberg ihren geografischen und kulturellen Höhepunkt. Zurück geht es über Lilienthal. Die Strecke ist durchgängig beschildert.

59 Kilometer
120 Höhenmeter
4 Stunden
Rundtour

Blockland

Die Tour ab dem Nordausgang des 1 / Hauptbahnhofs Bremen verlässt die Stadt schnell Richtung Kleine Wümme und Wümme. Auf dem Deich geht es zur Brücke an der Nordseite. Dort wechseln wir auf das niedersächsische Flussufer und fahren flussaufwärts. Kurz vor Höftdeich verlassen wir den Deich nach Norden. Schon bald fällt der Blick auf den roten, grad eben so aus einer Baumgruppe herausschauenden, Turm der St. Jürgen Kirche. Ihr poetischer Name: 2 / Heiliger Georg im Lande der Gräser. Im 12. Jahrhundert wurde die Siedlerkirche auf eine

CHARAKTER

Sportlich ●●●●●
Abkühlung ●●●○○
Schlemmen ●●●●●
Panorama ●●●●●

TOURENINFO / Die Tour führt über autofreie Wege, Radwege oder verkehrsberuhigte Nebenstraßen. Einige Passagen gehen über sehr gut zu befahrende Schotterstrecken. Gut geeignet auch für Anhänger und Lastenräder. Badesachen nicht vergessen.

< links / Der Barkenhoff ist das ehemalige Wohnhaus Heinrich Vogelers und die Worpswede-Ikone.

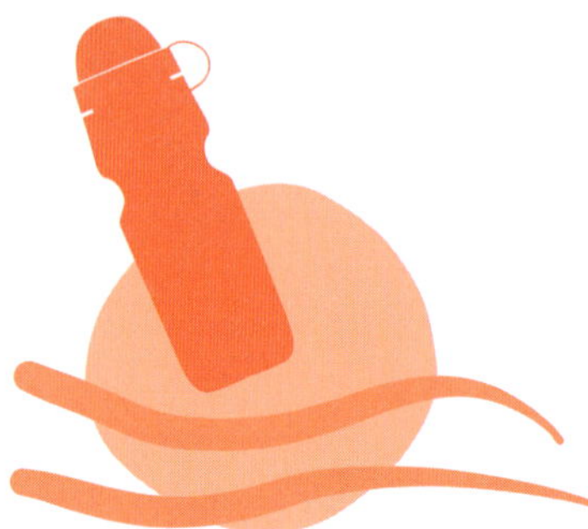

hochwassersichere Warft gebaut. Das war bitter nötig. Denn das kleine Gotteshaus lag meist inselgleich im überschwemmten St. Jürgen Land und die Besuchenden kamen mit Kähnen. Die Eisenringe, an denen sie festmachten, sind noch in der Backsteinmauer der Warft verankert.

Hammeniederung

Die Hamme, die wir bei Tietjens Hütte erreichen, war Torfkahnverkehrsader zwischen den Dörfern, die ab Mitte des 19. Jahrhunderts im Rahmen der Moorkolonisation entstanden, und der Stadt. Der Kolonisationsplan war, die unfruchtbaren Hochmoore, die bis zu 12 Meter Mächtigkeit hatten, zu entwässern und den Torf abzugraben, bis auf den Flächen Landwirtschaft möglich wurde. Tatsächlich dauerte es Generationen, bis nicht mehr der Torf das karge Leben im Moor ermöglichte. Tietjens Hütte, Melchers Hütte und Neu Helgoland waren Torfkahnschiffer-Hütten auf dem weiten Weg, den zehntausende von Torfkähnen in die Stadt nahmen. Heute sind die Hütten Ausflugslokale und die Torfkähne transportieren Gäste. Wir nehmen den schönen Sommerdeichweg direkt an der gemächlich fließenden Hamme. An den Ufern erstrecken sich baumlose Grünflächen, die im Kampf gegen den Klimawandel ein Risiko oder eine Chance sind. Es handelt sich um Niedermoorflächen, in denen Torf lagert, Pflanzenreste, die sich in der Nässe der Niederung nicht oder nicht komplett zersetzen. Das in ihnen gespeicherte CO^2 bleibt dort, solange der Boden nass ist. Wird er trockengelegt, um ihn landwirtschaftlich zu nutzen, zersetzen sich die Pflanzenreste und CO^2 wird frei. Deutschlandweit müssten jedes Jahr 50.000 Hektar Niedermoor vernässt werden, damit das Moor zur CO^2-Senke wird.

ABKÜHLUNG MIT BLICK AUF DEN HORIZONT

Hammestrand und Hammehafen sind ein lohnender Abstecher in Sichtweite Worpswedes: Zum Baden oder für einen Aperitif mit Sonnenuntergang

Das Schwimmende Land von Waakhausen

Der Sommerdeich gehört zum Dorf Waakhausen, dessen Höfe in der Ferne inmitten von Baumgruppen auf Warften stehen. Hier gab

---

➤ **rechts / Land of Green**

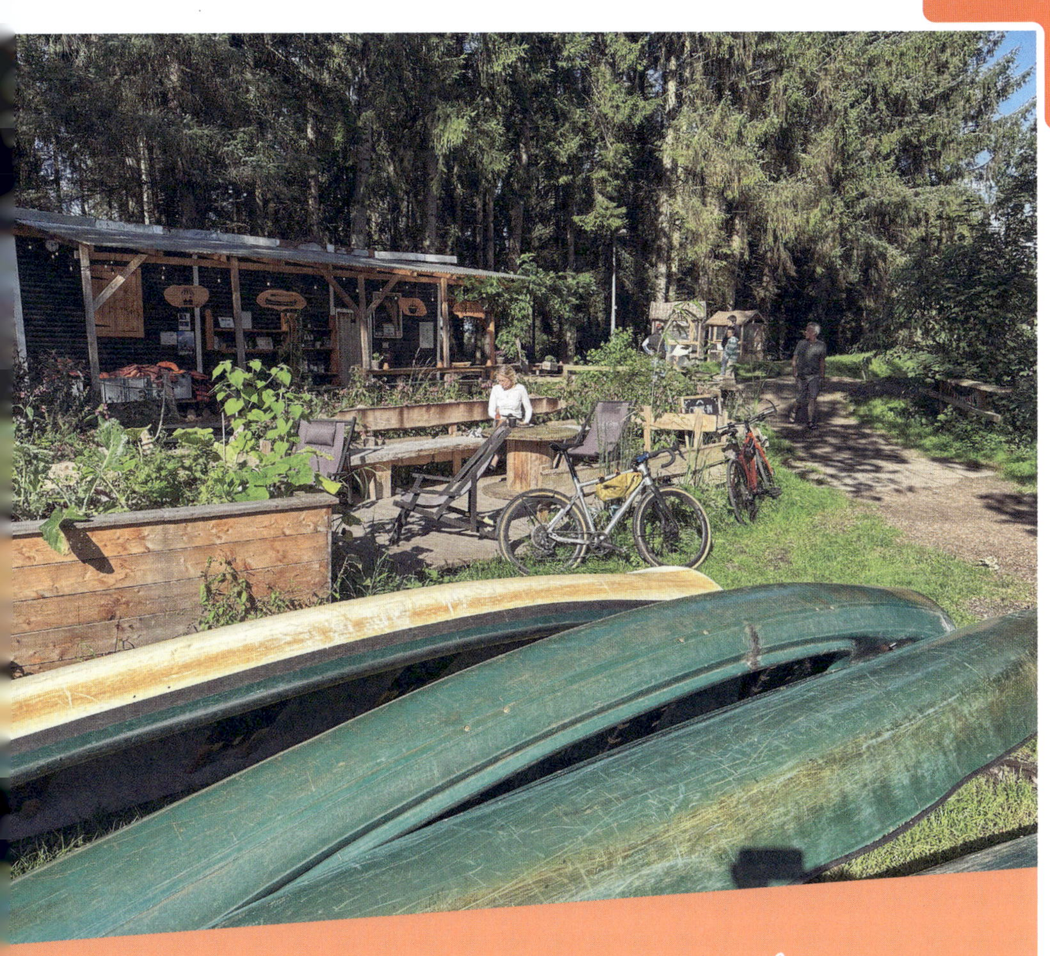

18 KM

Die Kirche 2 / „Heiliger Georg im Lande der Gräser" steht auf einer Warft. An der Backsteinstützmauer sind noch die Eisenringe eingelassen, an denen Besuchende früher ihre Kähne festmachten. Monatelang lag die Kirche in den Truper Blänken wie eine Insel im Meer.

MIMIS ERBEN

6 / Mimis Erbe stellt in Stoltes Kaufmannshaus zeitgenössische Kunst aus und verkauft sie. Mimi war die Kaufmannstochter, die Fritz Mackensen 1894 besuchte.

es das Phänomen des „Schwimmenden Landes". Bevor das Land eingepoldert wurde, war es häufig überschwemmt. Wenn die winterlichen Eisflächen tauten, schwamm häufig Land samt Gebüsch auf und trieb als Insel über das Wasser.

Land of Green

Bei 3 / Melchers Hütte und der „Brücke mit dem Knick" verlassen wir die beschilderte Route für ein paar Kilometer und fahren auf einem wunderbaren Pfad durch die Wiesen zum 4 / Land of Green. Auf dem Platz an der Semkenfahrt hat sich rund um eine alte Warft ein Glamping mit Stellflächen und unterschiedlichen Tiny Houses etabliert. Ein stilvoller Kiosk hat Waffeln, Kaffee und Kanus im Sortiment.

Moorexpress

Nach einer kurzen Radweg-Passage an der Landstraße biegen wir auf eine Moorklinkerstraße ab und erreichen parallel zu den Bahnschienen des Moorexpresses über Weyermoor Worpswede. Vorbei an der Mühle - ab dort folgen wir wieder der Beschilderung - kommen wir zum 5 / Worpsweder Bahnhof. Die Bahnstrecke erreichte 1910 Worpswede und war die erste Landverbindung durchs Teu-

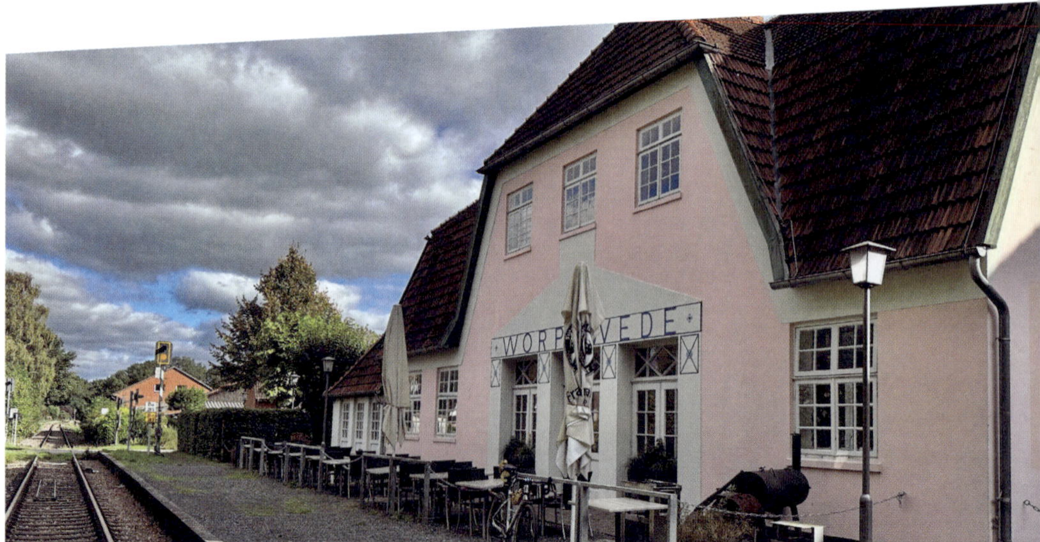

felsmoor. Den Worpsweder Bahnhof gestaltete der Jugendstilkünstler Heinrich Vogeler. Aktuell fährt der Moorexpress saisonal. Der Bahnhof ist sehens- und empfehlenswertes Restaurant.

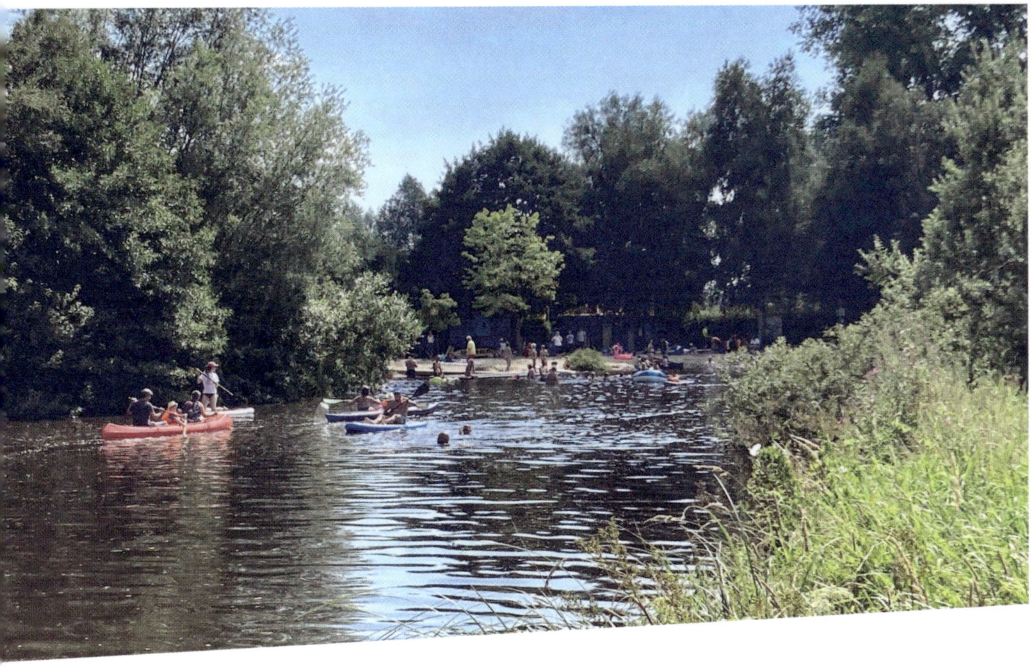

Die Karrieren eines Dorfes

Auf dem Weg ins Zentrum des Künstlerdorfes kommen wir durch den alten Ortskern. Acht Hofstellen lagen hier am Weyerberg. Sie hatten Zugang zu den Niedermoorflächen der Hamme und nutzten die trockenen Standorte auf dem Berg, der wie eine Insel im Teufelsmoor aufragt: Worps – der Hügel, Wede – der Wald. Bewegung in die Ortsentwicklung kam mit der Moorkolonisation. Worpswede wurde das Zentrum der Moordörfer. 1759 war die Kirche gebaut. Seit 1900 gibt es dort Fresken von Paula Modersohn-Becker und Putten von ihrer Bildhauerfreundin Clara Westhoff. Eine Strafarbeit für illegales Glockenläuten und Überbleibsel der nächsten Karriere-Etappe des Dorfes. Landschaft und Licht begeisterten Ende des 19. Jahrhunderts Künstler in ganz Europa. Auch nach Worpswede kamen Künstler und fanden künstlerische Freiheiten abseits der Akademien und Abstand von der spießigen Enge des Kaiserreichs. Die Bilder von Fritz Mackensen, Otto Modersohn, Hans am Ende, Fritz Overbeck und Heinrich Vogeler, den Gründern der Kolonie, und von Künstlerin-

1910

Ein Stopp im 5 / Worpsweder Bahnhof ist ein Zeitensprung. Der von Heinrich Vogeler gestaltete und ausgestattete Bau bietet in der 1., 2. und 3. Klasse Essen und Trinken in historisch-kunstvoller Umgebung. In der Saison hält hier der Moorexpress: mit Radmitnahme.

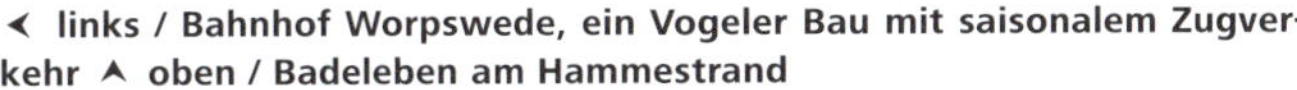

‹ links / Bahnhof Worpswede, ein Vogeler Bau mit saisonalem Zugverkehr ˄ oben / Badeleben am Hammestrand

nen wie Paula Modersohn-Becker, Clara Westhoff und Ottilie Reyländer machten das Dorf weit über Deutschland hinaus bekannt. Auch als die Zeit der Künstlerkolonien mit dem Ersten Weltkrieg endete, blieb Worpswede Künstlerdorf, weil Galerien und Händler Kunst sammelten, handelten und ausstellten. Das prägte das Dorf sichtlich und zog Kunstschaffende und Kunstsinnige an. Obwohl der Konsens der Gründer dahin war. Es gab übel nationalistische Tendenzen und Künstler wie Fritz Mackensen stützten den Nationalsozialismus. Aber es gab andere: Heinrich Vogeler etwa wurde Kommunist und stellte seinen Barkenhoff, das kulturelle und soziale Zentrum des Ortes, der Roten Hilfe zur Verfügung. Die Werke der bereits 1907 verstorbenen Paula Modersohn-Becker wurden von den Nazis als entartet diffamiert, bevor sie als Türöffner der Moderne Eingang in die Kunstgeschichte fanden. Bis heute ist Worpswede mit seinem kulturellen und architektonischen Erbe und wegen des zeitgenössischen Kulturlebens lebendiges Künstlerdorf. Zu sehen etwa bei 6 / Mimis Erbe, in der 7 / Großen Kunstschau oder der 8 / Käseglocke. Zurück geht es über den 54,4 Meter hohen Weyerberg, vorbei am Niedersachsenstein, einem skurrilen Backstein-Großdenkmal hinab ins Moor. Birkenalleen begleiten uns nach Südwede. Vorbei an Hochmoorresten geht es nach Falkenberg. Ab da folgt die Strecke der Wörpe bis in den Ortskern mit der Kloster-

9 / HAUS AM WALDE

Am Rande des Stadtwaldes, 4 Kilometer vom Bahnhof entfernt, ist der Sommergarten mit Bühne ein Kurz-vor-Schluss-Spot für einen passenden Abschluss.

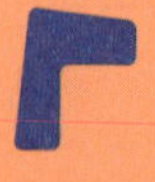

1894

Der Barkenhoff mit Garten, Freitreppe und Terrasse vor der Jugenstil-Fassade ist die Worpswede-Ikone schlechthin. Die Werke des Malers, Grafikers und Designers Heinrich Vogeler werden neben Sonderausstellungen im Wohn- und Atelierhaus des Mitbegründers der Künstlerkolonie gezeigt. 1894 erwarb Vogeler das Bauernhaus und baute es um.

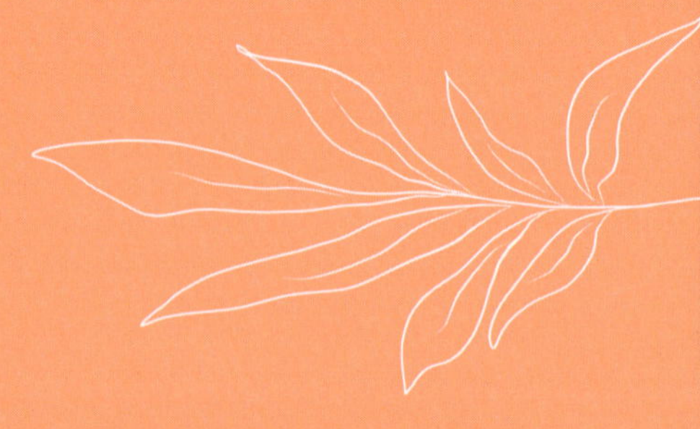

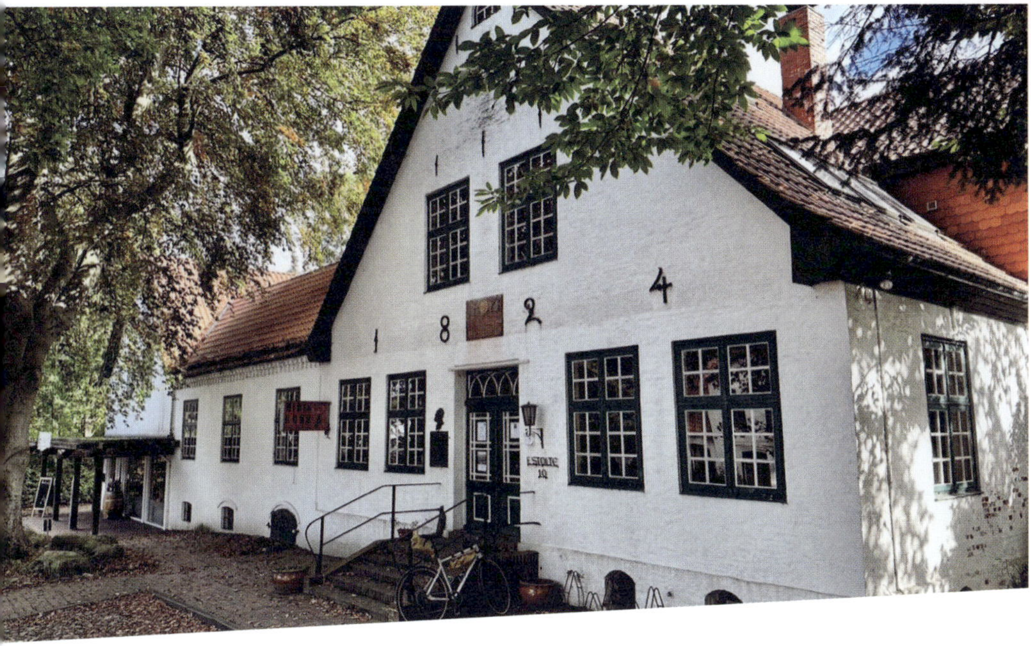

kirche St. Marien und dem Amtsgarten. Ende des 18. Jahrhunderts war hier Johann Hieronymus Schröter Amtmann. Nebenher war er bedeutender Astronom. Mit seinem Hausmeister zusammen baute er das damals leistungsfähigste Teleskop, dessen Nachbau an der Wümmebrücke bestaunt werden kann.

Universum

An Wümme und Kuhgraben entlang und vorbei an Fallturm und Universum, den ikonischen Symbolen des modernen Bremens, finden wir zurück in die Stadt. Nur noch Stadtwald und Bürgerpark trennen uns vom Bahnhof. Falls wir nicht für eine Nacht in Worpswede steckengeblieben sind oder einen letzten Stopp im 9 / Haus am Walde einlegen, bevor wir wieder zurück zum Bahnhof radeln.

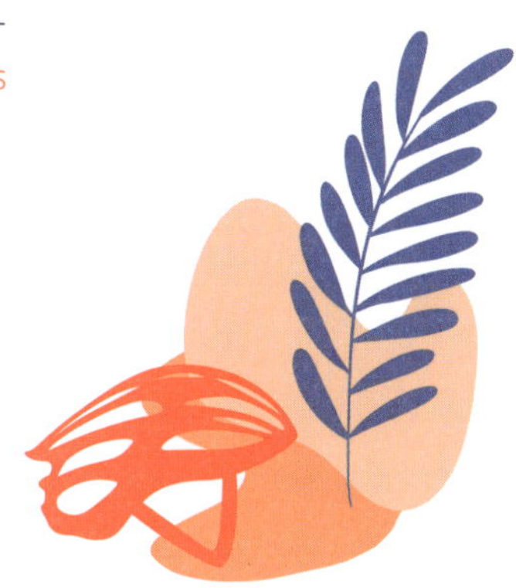

⋀ oben / Kulturkaufhaus Mimis Erbe, eine Initiative zeitgenössischer Künstler

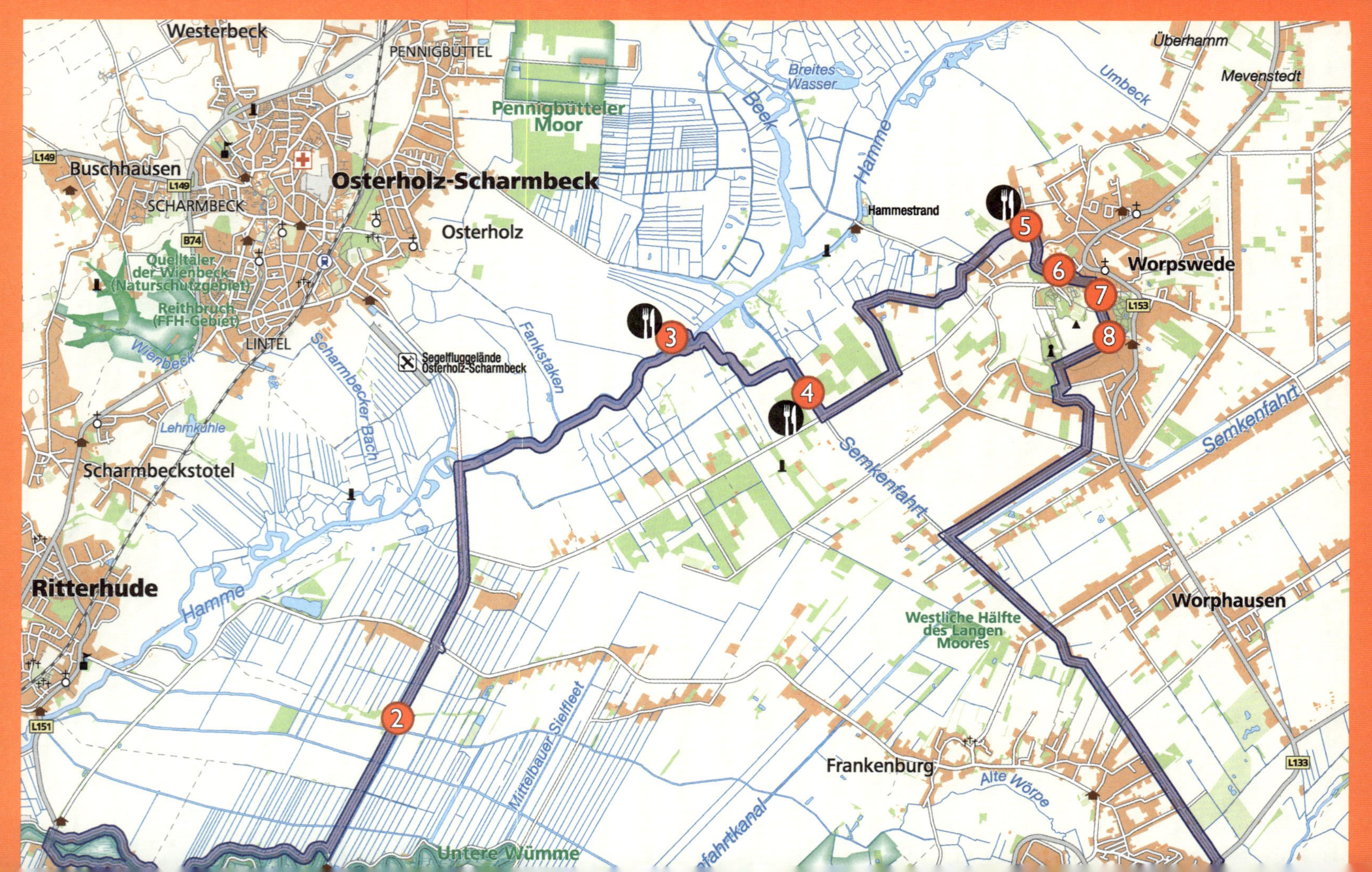
Westerbeck
PENNIGBÜTTEL
Pennigbütteler Moor
Breites Wasser
Beek
Hamme
Umbeck
Überhamm
Mevenstedt
Buschhausen
L149
Osterholz-Scharmbeck
SCHARMBECK
B74
Osterholz
Hammestrand
Worpswede
Quelltäler der Wienbeck (Naturschutzgebiet)
Reithbruch (FFH-Gebiet)
Wienbeck
LINTEL
Scharmbecker Bach
Segelfluggelände Osterholz-Scharmbeck
Fankstaken
L153
Lehmkuhle
Scharmbeckstotel
Semkenfahrt
Ritterhude
Hamme
Westliche Hälfte des Langen Moores
Worphausen
Mittelbauer Sielfleet
L151
Frankenburg
Alte Wörpe
L133
Untere Wümme
2
3
4
5
6
7
8

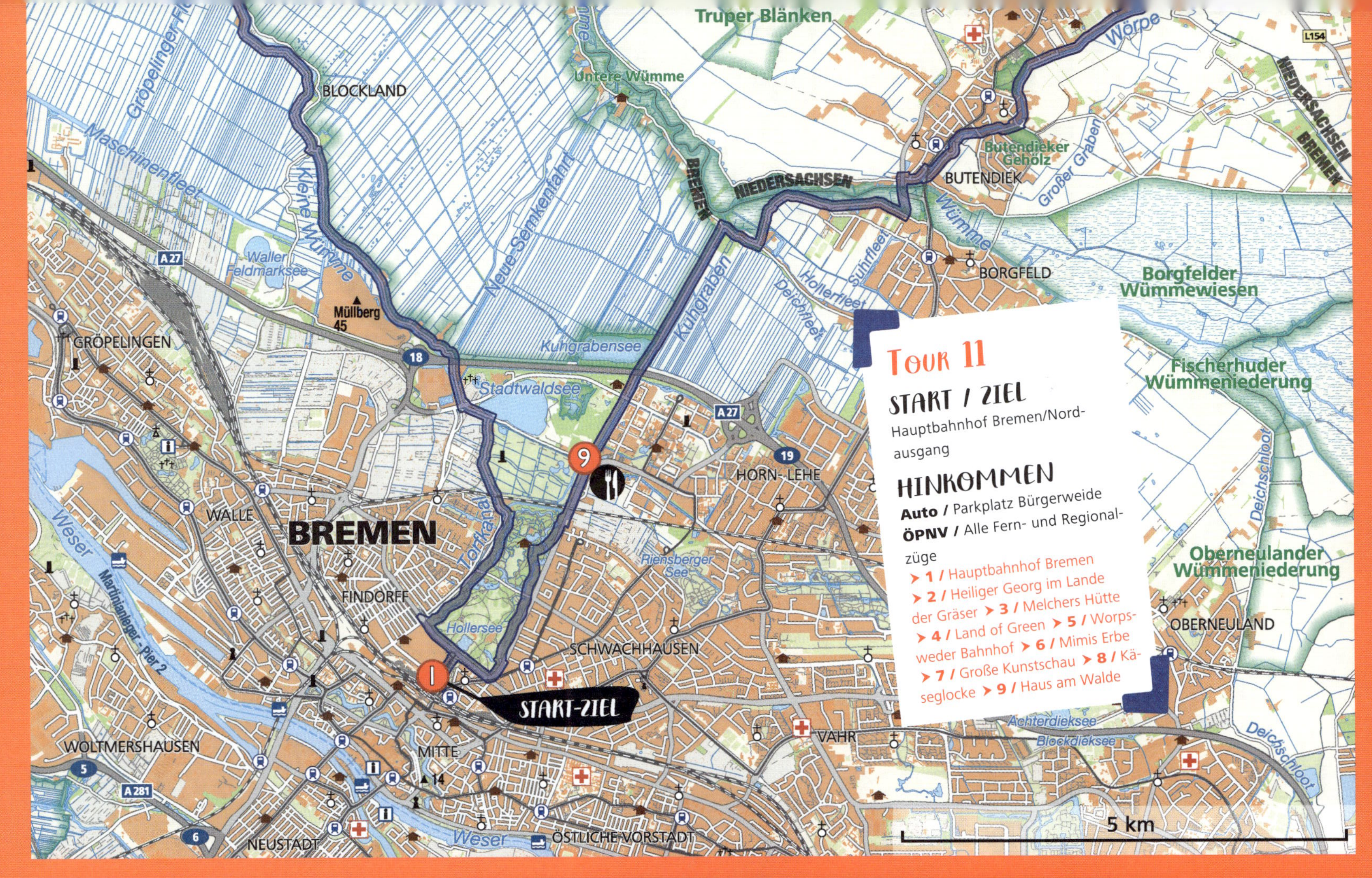

Tour 11

START / ZIEL

Hauptbahnhof Bremen/Nordausgang

HINKOMMEN

Auto / Parkplatz Bürgerweide

ÖPNV / Alle Fern- und Regionalzüge

› 1 / Hauptbahnhof Bremen › 2 / Heiliger Georg im Lande der Gräser › 3 / Melchers Hütte › 4 / Land of Green › 5 / Worpsweder Bahnhof › 6 / Mimis Erbe › 7 / Große Kunstschau › 8 / Käseglocke › 9 / Haus am Walde

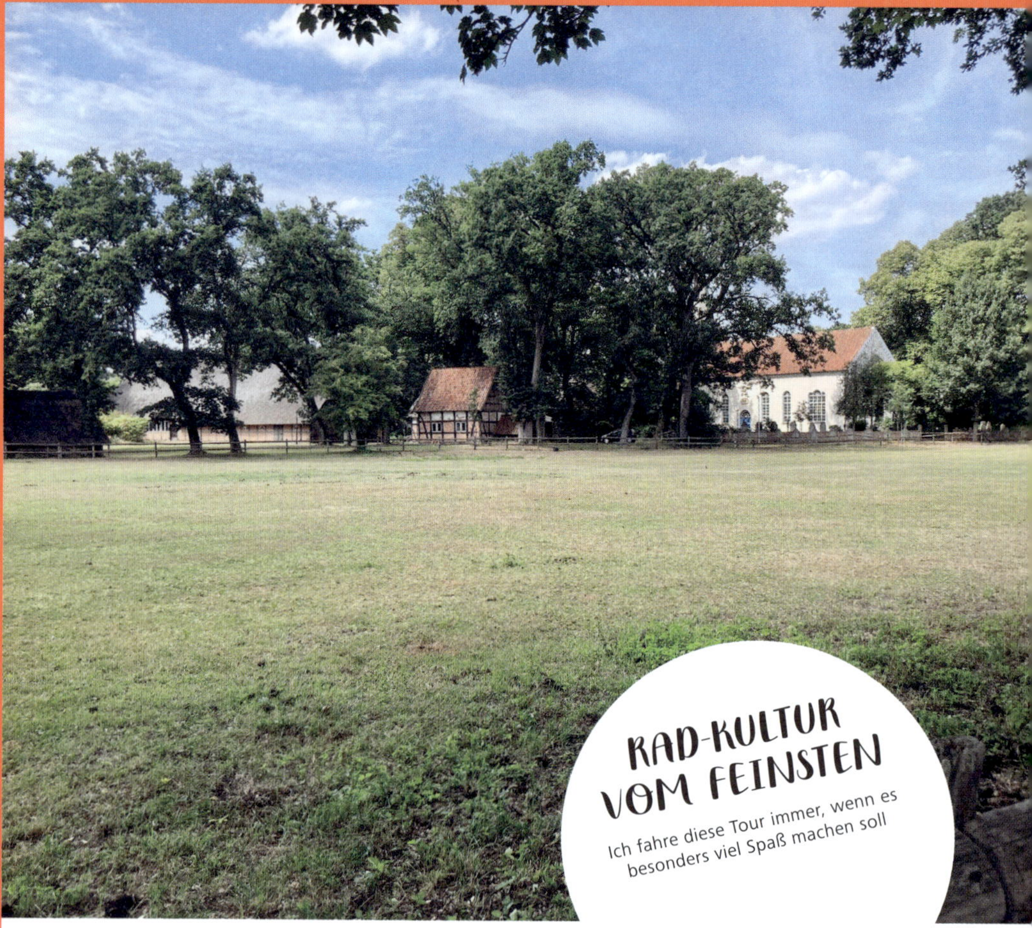

RAD-KULTUR VOM FEINSTEN

Ich fahre diese Tour immer, wenn es besonders viel Spaß machen soll

➤ **1 /** Am Bahnhof Oberneuland starten wir

➤ **2 /** Ohne Berge muss ein Beobachtungsturm her für den Überblick

➤ **3 /** Relikt aus Torfkahnzeiten: Klappstau Rautendorfer Schiffgraben

➤ **4 /** Von der Quelkhorner Mühle geht der Blick weit ins Moor

➤ **5 /** Im Otto-Modersohn-Museum: wie ein Maler ein malerisches Land sieht

➤ **6 /** Einer der schönsten Kaffeegärten: Café im Rilke-Haus

➤ **7 /** Erleben, wie es sich in Fischerhude lebte: Haus Irmintraut

➤ **8 /** Regionale Küche genießen in Körber´s Gasthof

➤ **9 /** Für Pausen wie aus dem Bilderbuch: Holzbrücke Wümme Mittelarm

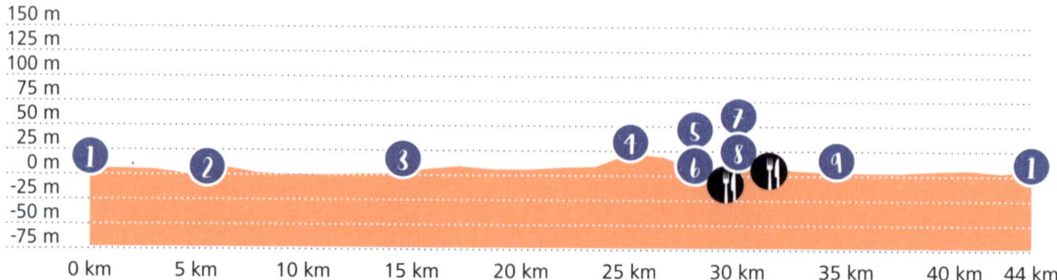

KLEINES PARADIES

Eine Wümmerunde mit Moordörfern und Fischerhude

Die Tour startet am Bahnhof Oberneuland, geht durch die Wümmeniederung nach Borgfeld und über einige Dörfer der Findorff-schen Moorkolonisation in das Künstlerdorf Fischerhude. Danach durchstreifen wir die Wiesen entlang des Wümme-Südarms und kehren zurück zum Ausgangspunkt.

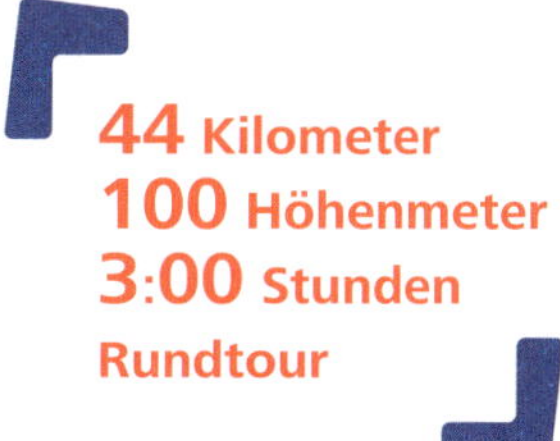

Wümmeniederung

Vom 1 / Bahnhof Oberneuland fahren wir ins Ortszentrum und weiter zum Wümmedeich. Dort halten wir uns links und fahren mit Blick in die weitläufige und üppig grüne Wiesenlandschaft nach Borgfeld. Die Borgfelder Wümmeniederung entstand als Flussbinnendelta nach der letzten Eiszeit. Nach langen Zeiten intensiver landwirtschaftlicher Nutzung steht die Kulturlandschaft seit Mitte der 80er Jahre unter Schutz. Mit

CHARAKTER

Sportlich ●●●●○
Abkühlung ●●○○○
Schlemmen ●●●●○
Panorama ●●●●●

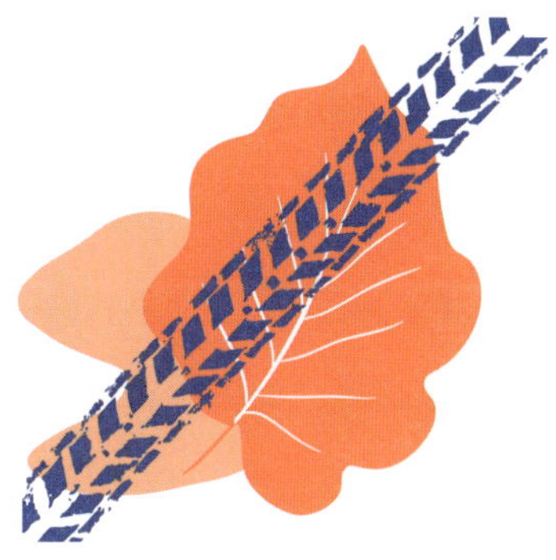

TOURENINFO / Die Tour verläuft weitgehend auf autofreien oder sehr autoarmen Wegen. Einige Passagen gehen über nicht befestigte Schotteroberflächen, die mit Ausnahme eines kurzen Wiesenweges sehr gut zu befahren sind. Die Strecke ist auch für Radanhänger geeignet. Im Wümme-Nordarm lässt sich im flachen Wasser waten. Badesachen sind dazu nicht erforderlich.

< links / Fischerhude hat sich seinen dörflichen Charme hartnäckig bewahrt

knapp 700 ha ist sie das größte Naturschutzgebiet der Stadt. Vom 2 / Beobachtungsturm am Hollerdeich lässt sich weit in die baumlose Feuchtwiesenlandschaft mit ihren wiedervernässten Altarmen und Tümpeln blicken. Wiesenvögel, wie unter anderen Kiebitz, Wachtelkönig, Großer Brachvogel, Uferschnepfe, Rotschenkel, Bekassine und Tüpfelsumpfhuhn, sind hier zu Hause. Im Herbst und Winter, wenn die Fläche weiträumig und lange unter Wasser steht, ist sie wichtiger Lande- und Rastplatz für Zugvögel.

Borgfeld

In Borgfeld fahren wir über die Katrepeler Landstraße, passieren links die Wikingborg, ein ungewöhnliches, im Halbrund Anfang der 60er Jahre für einen Reeder gebautes Haus und biegen an der Borgfelder Landstraße rechts ab. Kurz darauf queren wir die Wümme und nehmen den Uferweg, der gleich nach der Brücke am Fluss entlangführt. Von hier blicken wir über den Fluss in die Gärten luxuriöser Landhäuser. Die Wiesen links des Weges verwandeln sich in frostkalten Wintern in ein Schlittschuhparadies. Das große Gleiten in schier endloser Weite reicht dann bis fast nach Fischerhude. Aber auch das Rad rollt - vor allem bei Westwind - prächtig durch die grüne Ebene. Der Asphaltweg auf dem niedrigen Sommerdeich führt im Frühjahr und Herbst, wenn das Wasser flächig beidseitig steht, wie durch ein Meer.

WASSER-WEG

Der Weg nach Hexenberg führt mitten durch die baumlose, flache Wiesenlandschaft. Bei höheren Wasserständen geht das schmale Asphaltband mitten durchs Wasser.

Moorkolonisation

Nach einigen Kilometern erreichen wir Hexenberg und verlassen die unbebaute Niederung Richtung Timmersloh und Seebergen. Der nächste Ort ist Dannenberg, das erste Dorf auf unserer Tour, das im Zuge der systematischen Königlich-Hannoverschen Moorkolonisation unter dem Moorkommissar Johann Christian Findorff ab Mitte des 18. Jahrhunderts entstand. Heute kaum vorstellbar war das Land im Norden Bremens undurchdringlich sumpfige, nasse Wildnis. Ein knappes Jahrhundert später galt die Besiedlung und Urbarmachung als weitgehend abgeschlossen. Dabei entstanden 56 Dörfer auf einer Fläche von 165 qkm. Darunter auch Seebergen,

---

➤ rechts / Mühle Quelkhorn

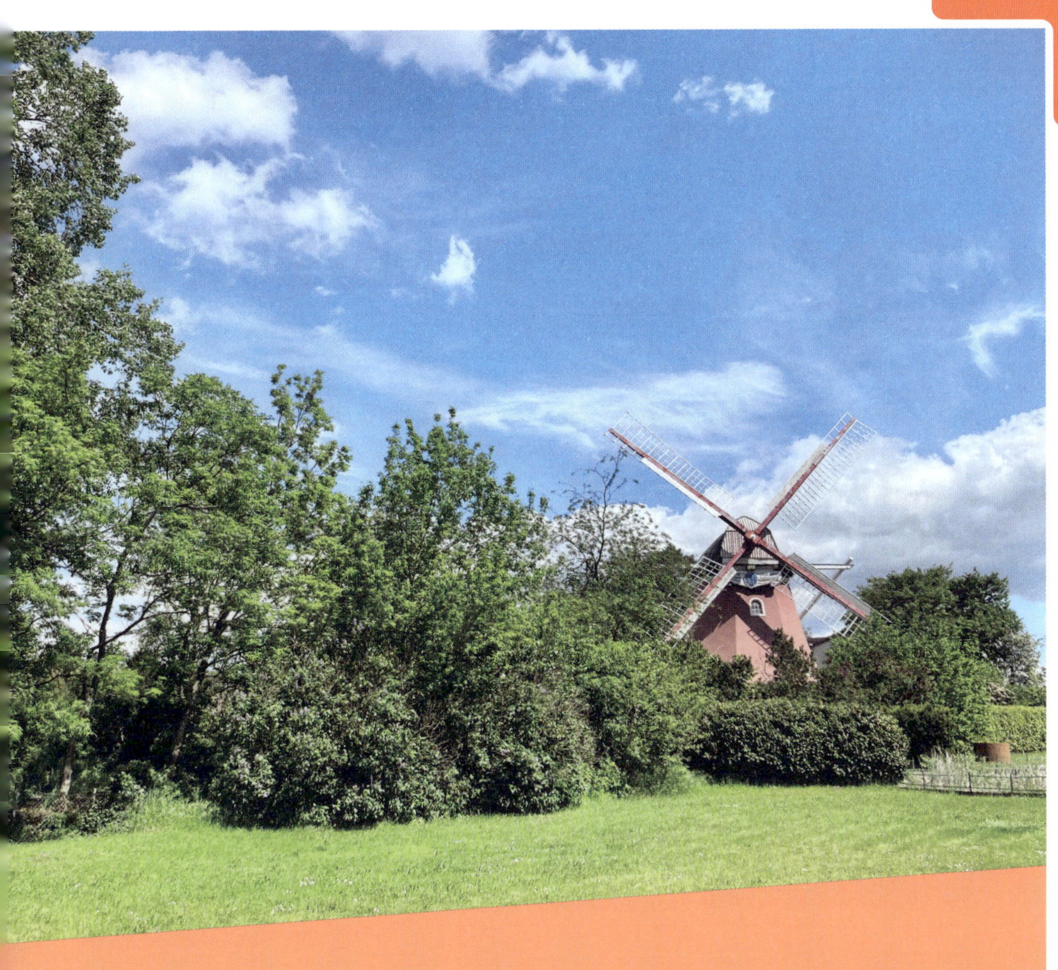

790 HA

Nachdem die Borgfelder Wümme-niederung lange landwirtschaftlich intensiv genutzt wurde und die Wasserstände niedrig sein sollten, wurden ab 1985 Deiche verlegt und Altarme vernässt. Seitdem steht die Feuchtwiesenniederung unter strengem Schutz und ist Heimat einer Vielzahl von Wiesenvogelarten.

KLAPPSTAU

Lange Zeit waren Menschen und Waren in dem nassen Land ausschließlich in Kähnen auf den Gräben und Kanälen unterwegs. Klappstaue hielten den Wasserstand schiffbar.

Dannenberg und Rautendorf, Orte, durch die wir auf dem Weg nach Fischerhude fahren. Die einzigartige Siedlungsstruktur, die aus der Naturlandschaft eine Kulturlandschaft machte, ist noch deutlich zu erkennen. Wie aufgereiht liegen die Höfe an einem schnurgeraden Damm mit einem Schiffgraben. Im rechten Winkel gehen davon die Hofflächen ab. 12,5 ha bekamen die Siedler zugewiesen. Alles, was sie brauchten, um die Gräben zu graben, die Dämme aufzuwerfen, die Katen zu bauen und den Torf abzustechen, mussten die Menschen selbst mitbringen. Bevor sie von der landwirtschaftlichen Nutzung der Flächen leben konnten, mussten sie das Land mit Gräben und Kanälen entwässern und die unfruchtbaren Hochmoore abtorfen. Der getrocknete Torf wurde über die Schiffsgräben nach Bremen gebracht und als Brenntorf verkauft. Das sicherte den ersten Generationen das Überleben im Moor. Bis in das 20. Jahrhundert hinein fand der Verkehr in den Moorgebieten ausschließlich auf dem Wasser statt. Sogenannte Klappstaue dienten der Wasserhaltung. Einer davon, der 3 /Klappstau am Rautendorfer Schiffgraben, ist zwischen Dannenberg und Rautendorf restauriert.

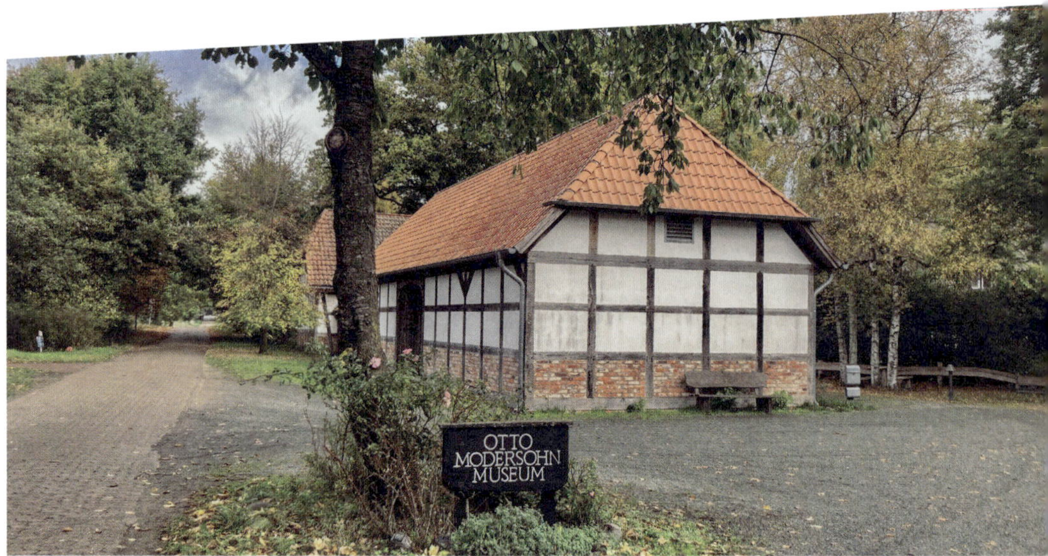

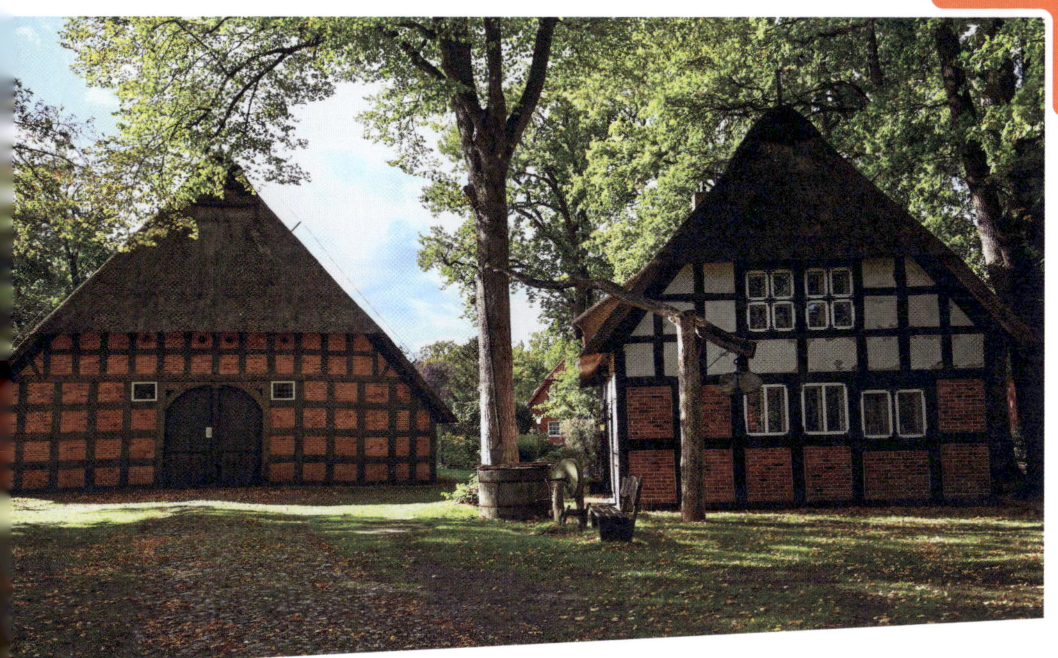

Auf der Höhe der Rautendorfer Schule fahren wir an einem Schiffsschauer – einer Torfkahngarage – vorbei.

Geest

Nachdem wir die Rautendorferstraße mit ihren Birken und Höfen hinter uns gelassen haben, erreichen wir bei Quelkhorn die Tarmstedter Geest. Oben - es geht tatsächlich bergauf - auf der trockenen Geest thront die 4 / Quelkhorner Mühle. Von ihr geht der Blick über das flache Moorland. Wir queren in Quelkhorn die Landstraße und fahren wieder hinab in die Wümmeniederung. Unten in dem kleinen Wäldchen, bevor wir die offenen Wiesen am Nordarm des Flusses erreichen, durchstreifen wir die Sandlandschaft der Surheide, die einst Wanderdüne war, bis sie von den Quelkhornern durch Bepflanzung gebändigt und zur Viehweide wurde.

29 KM

Die Surheide am Fuß des Geesthangs vor Quelkhorn war eine Wanderdüne, bis sie durch Aufforstung gebändigt wurde. In dem kleinen Wäldchen liegen beschauliche Wiesen und vielerorts schauen aber auch Dünenkuppen noch hervor.

Fischerhude

Zwischen Wümmearmen, die hier Sträken heißen, liegt eine bemerkenswerte Dorfidylle. So schön, dass es zu Beginn des 20. Jahrhunderts ruhe- und inspirationssuchende Künstler aus dem nahen Worpswede anzog. Erst kamen sie nur zu Besuch, dann ließen sie

---

< links / Das Modersohn Museum präsentiert vor allem das Werk von Otto Modersohn ^ oben / Haus Irmintraut zeigt, wie das traditionelle Leben in einem Niedersächsischen Hallenhaus war

sich nieder und machten Fischerhude zu einem Künstlerdorf. Noch heute liegen Ateliers, Galerien und Musikstudios in Nachbarschaft zu prächtigen niedersächsischen Hallenhäusern unter alten, mächtigen Eichen. Die lauschigen Wasserläufe mit ihren Entenhäusern und Bootsschuppen waren einst die einzigen Verkehrswege durch das Dorf, in die Wiesen und die Welt.

Künstlerdorf

6 / RILKE CAFÉ

Das ehemalige Wohnhaus der Künstlerin Clara Rilke-Westhoff beherbergt ein Café mit einem wunderbaren Garten an einem Altarm der Wümme.

Otto Modersohn, Mitbegründer der Künstlerkolonie Worpswede war einer dieser Worpswede-Flüchtlinge. Er kam nach dem frühen Tod seiner später weit berühmteren Frau Paula Modersohn-Becker. Im 5 / Otto-Modersohn-Museum ist das landschaftsverbundene Früh- und Hauptwerk des Malers ausgestellt und vertieft malerisch die Eindrücke von Licht und Landschaft dieser Tour. Und auch sonst lädt Fischerhude zu Kunst, Kultur und Kaffee und Kuchen. Zum Beispiel im 6 / Rilke Café, dem ehemaligen Wohnhaus der Bildhauerin Clara Rilke-Westhoff, die zeitweise mit Rainer Maria Rilke verheiratet war. Was die Künstler an dem Ort schätzten, ist heute noch zu spüren. Nachschauen lässt es sich im 7 / Museum Haus Irmintraut. In 8 / Körbers Gasthof lässt sich essen, wie früher, als die Gäste noch per Kahn kamen.

12.000

Auf etwa 12.000 Werke wird das Ouevre des Landschaftsmalers Otto Modersohn geschätzt. Der Mitbegründer der Künstlerkolonie Worpswede kam 1908 nach Fischerhude. „Das Dorf wirkte märchenhaft auf mich" (O. Modersohn). Das 5 / Otto Modersohn-Museum präsentiert sein Werk in thematisch wechselnden Ausstellungen.

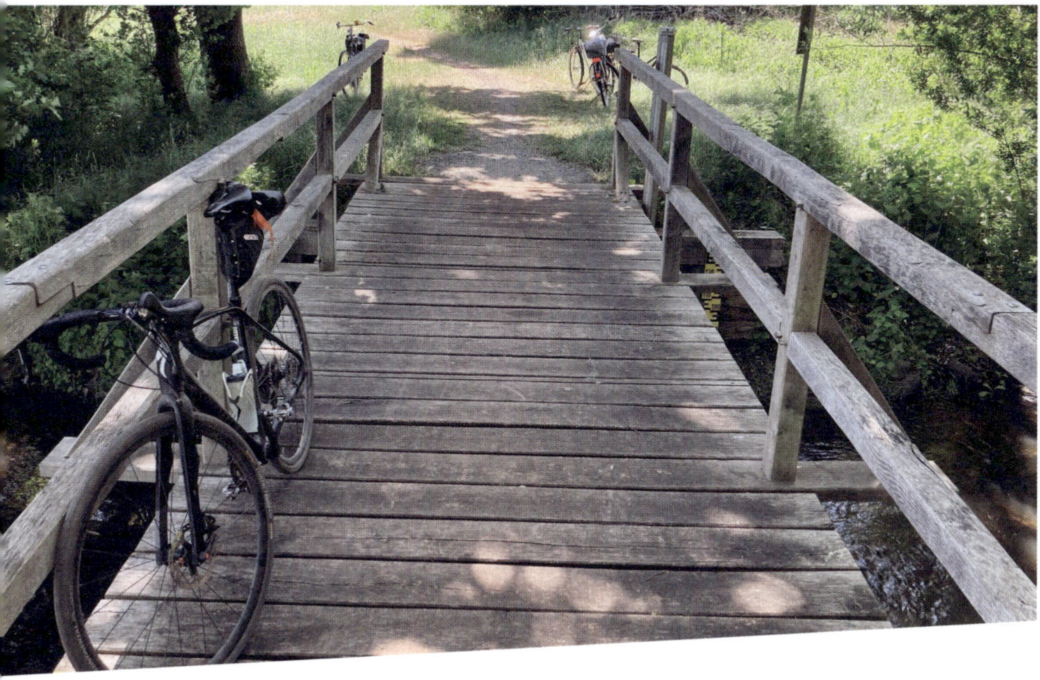

Wümmewiesen

Von Fischerhude machen wir uns Richtung Hexenberg auf den Rückweg, biegen aber auf der Höhe des Schützenvereins ab in Richtung Wümme und fahren durch die Fischerhuder Wümmeniederung. Auch, um auf der romantischen 9 / Holzbrücke über den Wümme-Mittelarm dem Flüsschen beim Fließen zuzuschauen. Über unbefestigte Wiesenwege, die bis auf einen kurzen Abschnitt angenehm zu bewältigen sind, erreichen wir den Wümme-Südarm. Im Unterschied zum Nord- und Mittelarm ist die Wümme hier begradigt. In Zeiten der intensiven landwirtschaftlichen Nutzung sollte die Kanalisierung des Flusses dazu beitragen, die Wasserstände zu senken. Immerhin wurde der Stau, der an der Brücke eingebaut war, vor kurzem durch eine Sohlgleite ersetzt, die dem Fluss gut tut.

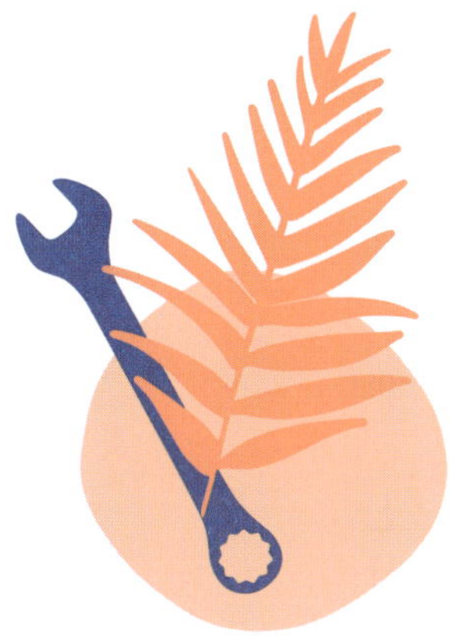

Über Sagehorn und entlang der Bahnstrecke Bremen – Hamburg kehren wir nach Oberneuland an den Ausgangpunkt der kleinen Kulturreise zurück.

^ oben / Brücke über den Wümmemittelarm

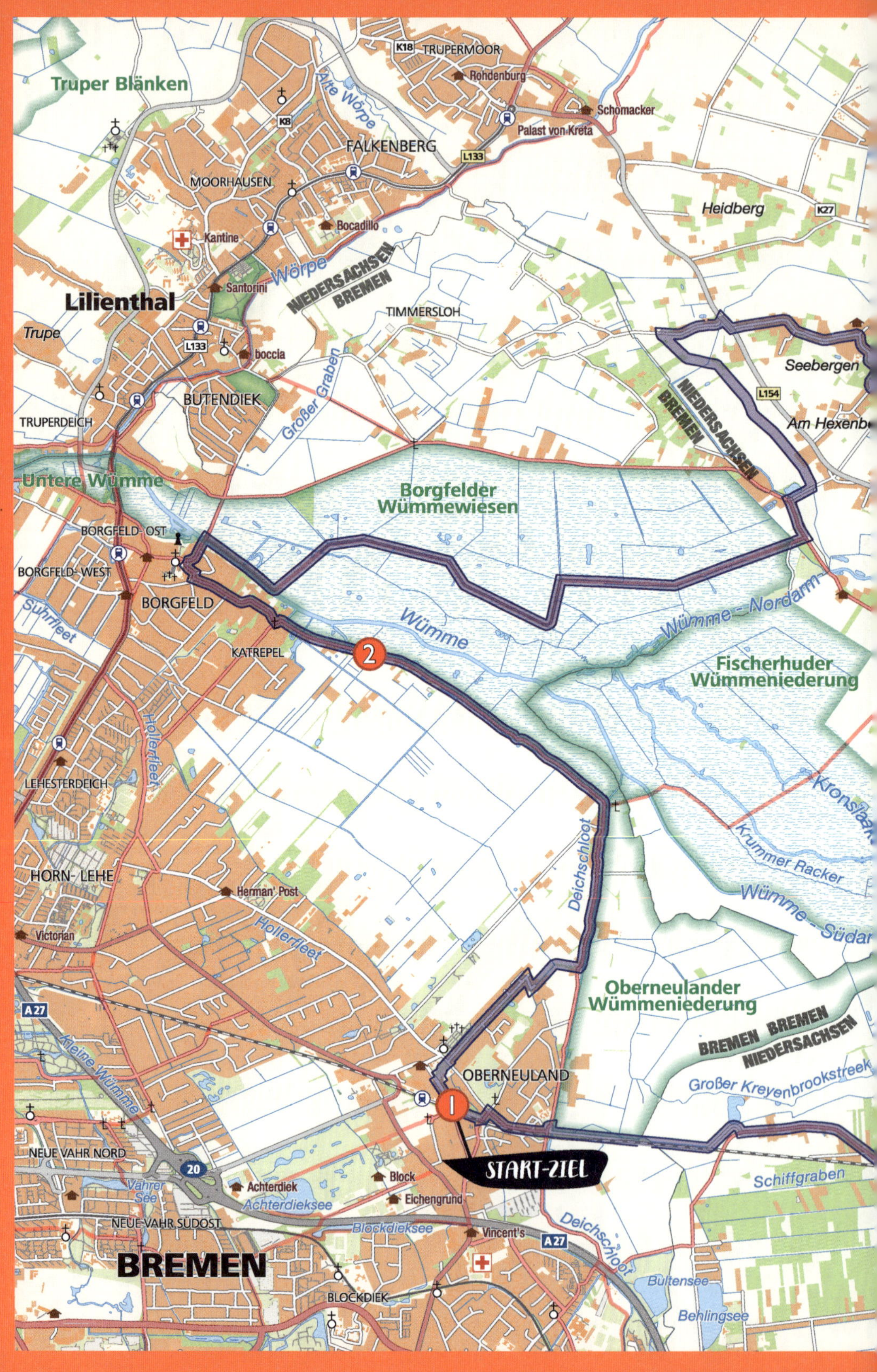

Truper Blänken
TRUPERMOOR
Rohdenburg
Schomacker
Palast von Kreta
Alte Wörpe
FALKENBERG
MOORHAUSEN
Bocadillo
Kantine
Heidberg
Wörpe
Santorini
NIEDERSACHSEN
BREMEN
TIMMERSLOH
Lilienthal
Trupe
boccia
Seebergen
Großer Graben
BUTENDIEK
TRUPERDEICH
Am Hexenb
Untere Wümme
Borgfelder Wümmewiesen
BORGFELD-OST
BORGFELD-WEST
BORGFELD
Suhrfleet
Wümme
Wümme-Nordarm
KATREPEL
Fischerhuder Wümmeniederung
Hollerfleet
LEHESTERDEICH
Kronsiaak
Krummer Racker
Deichschloot
HORN-LEHE
Herman' Post
Wümme-Südar
Victorian
Oberneulander Wümmeniederung
Kleine Wümme
OBERNEULAND
Großer Kreyenbrookstreek
NEUE VAHR NORD
START-ZIEL
Achterdiek
Block
Schiffgraben
Vahrer See
Achterdieksee
Eichengrund
NEUE VAHR SÜDOST
Blockdieksee
Vincent's
Deichschloot
BREMEN
Bultensee
BLOCKDIEK
Behlingsee

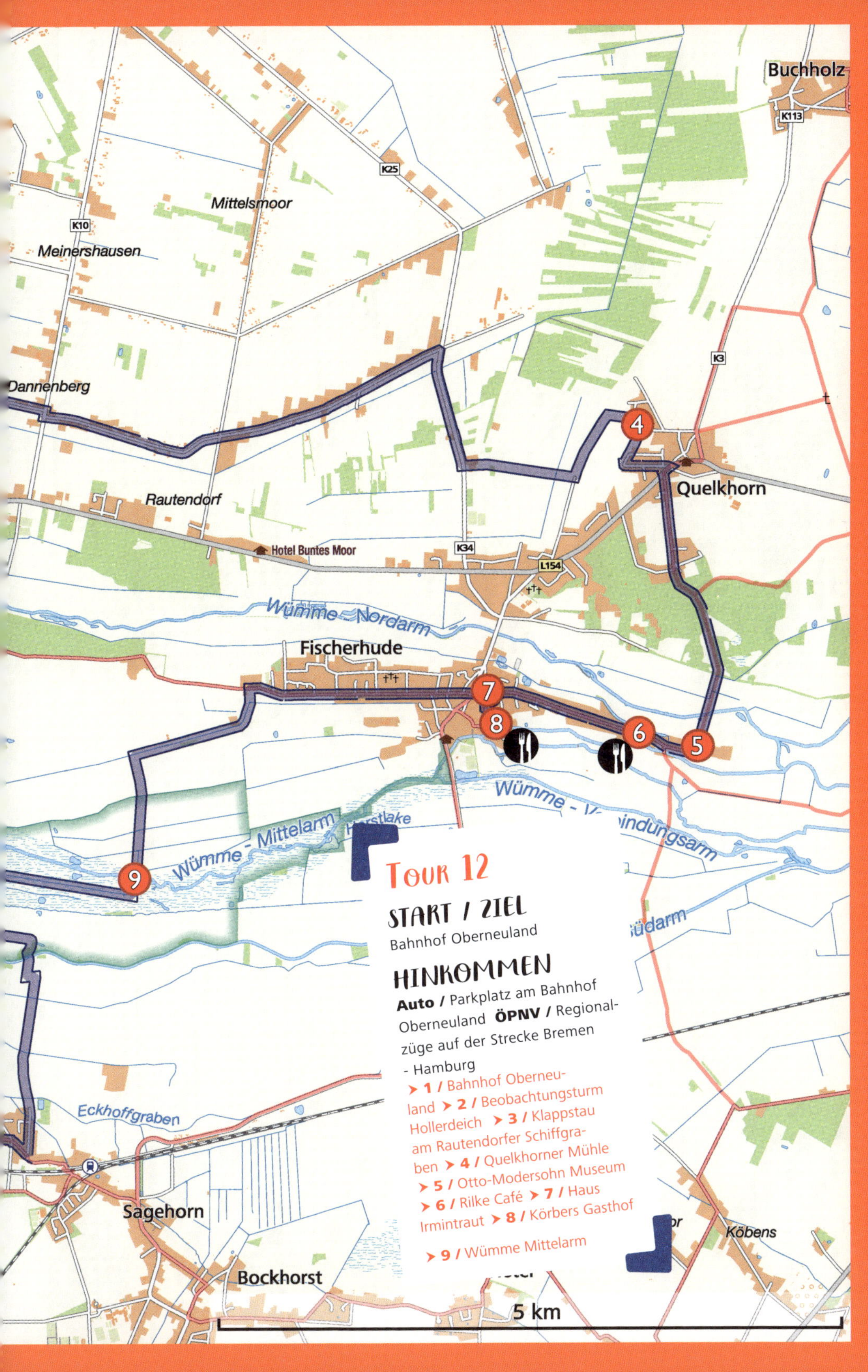
Buchholz
K113
K25
Mittelsmoor
K10
Meinershausen
K3
Dannenberg
Quelkhorn
Rautendorf
Hotel Buntes Moor
K34
L154
Wümme - Nordarm
Fischerhude
Wümme - Verbindungsarm
Wümme - Mittelarm
Südarm
Eckhoffgraben
Sagehorn
Bockhorst
Köbens
5 km
TOUR 12
START / ZIEL
Bahnhof Oberneuland
HINKOMMEN
Auto / Parkplatz am Bahnhof Oberneuland **ÖPNV** / Regionalzüge auf der Strecke Bremen - Hamburg
➤ 1 / Bahnhof Oberneuland ➤ 2 / Beobachtungsturm Hollerdeich ➤ 3 / Klappstau am Rautendorfer Schiffgraben ➤ 4 / Quelkhorner Mühle ➤ 5 / Otto-Modersohn Museum ➤ 6 / Rilke Café ➤ 7 / Haus Irmintraut ➤ 8 / Körbers Gasthof
➤ 9 / Wümme Mittelarm

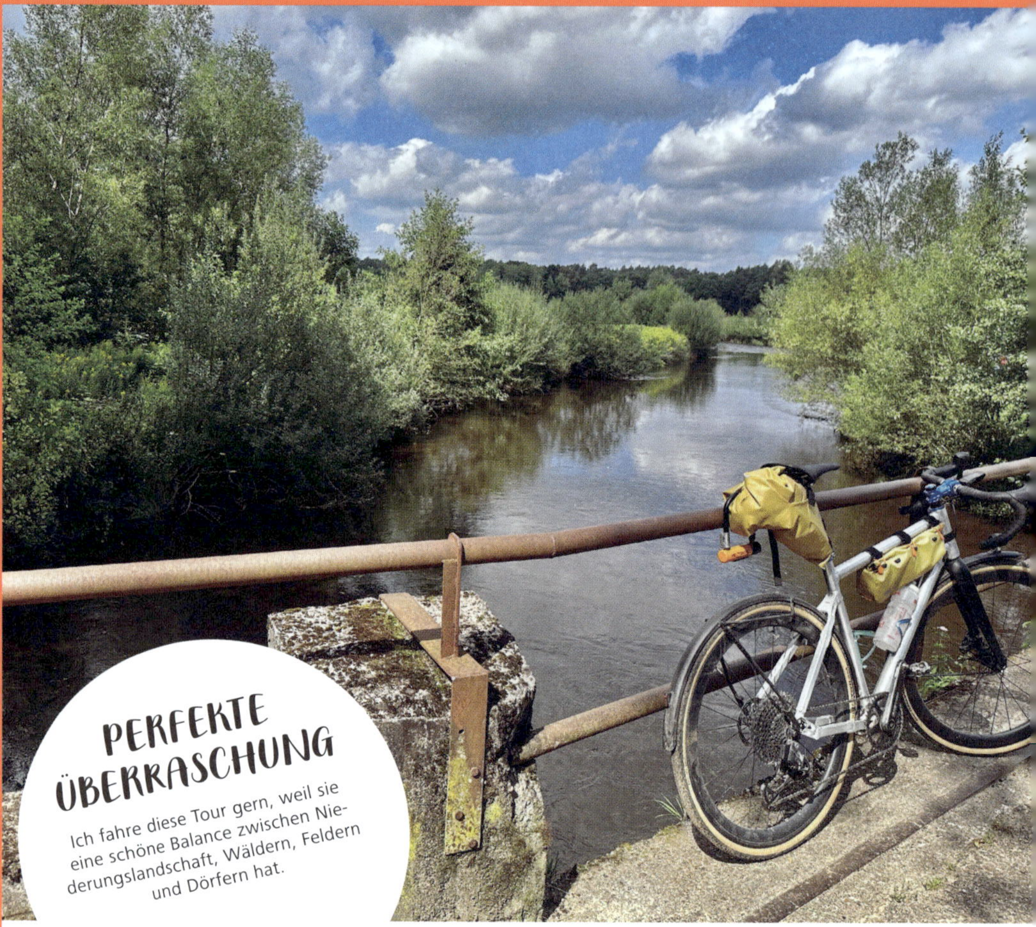

PERFEKTE ÜBERRASCHUNG

Ich fahre diese Tour gern, weil sie eine schöne Balance zwischen Niederungslandschaft, Wäldern, Feldern und Dörfern hat.

> **1 /** Am Bahnhof Ottersberg geht es los

> **2 /** Leckeres Eis gibt es bei Aka Zien Café & Bistro in Sottrum

> **3 /** Die Cohn-Scheune in Rotenburg ist ein Museum jüdischen Lebens

> **4 /** Die Weinstöcke des Wein Gut Wümme wachsen fast an der Strecke

> **5 /** Lebensfrohe Holzschnitzereien schafft die Ahauser Schnitzerin

> **6 /** Kaisers Gasthof lockt mit einem schönen Sommergarten

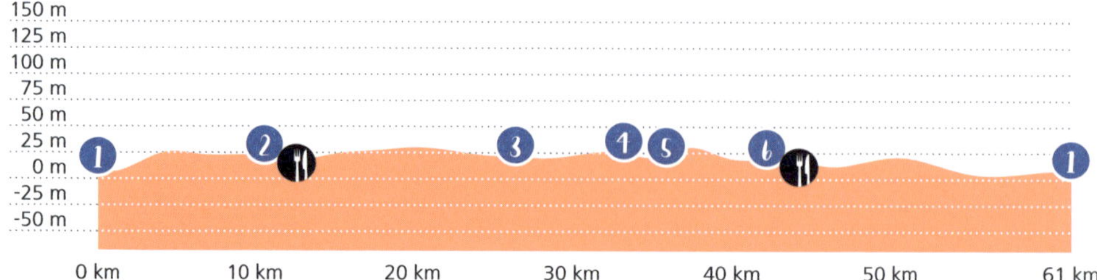

PIONIER-WEIN

Die Wümme zwischen Ottersberg und Rotenburg

Wir starten die Tour am Bahnhof Ottersberg. Durch stille Geestlandschaften mit moderatem Auf und Ab geht es nach Rotenburg. Die Rückfahrt nach Ottersberg folgt dem weiten Wümmetal.

61 Kilometer
170 Höhenmeter
4:00 Stunden
Rundtour

Von der Ritterburg zum Hochschulstandort

Vom 1 / Bahnhof Ottersberg führt ein separater Radweg über den Südarm der Wümme zum Amtshof Ottersberg. In etwa hier lag eine erstmals im 9. Jahrhundert erwähnte Burg, die im Laufe der Jahrhunderte umkämpft war, mehrfach zerstört und wieder aufgebaut wurde. Schlussendlich blieb der Amtshof. Das Renaissance Gebäude entstand im 16. Jahrhundert. Seit 1946 ist das Baudenkmal Rudolf-Steiner-Schule. Ottersberg lag wohl einst ebenfalls zwischen den Wümmearmen rund um die Burg, wurde aber auf die Nordseite verlegt. Wir queren die Brücke und fah-

CHARAKTER

Sportlich ●●●●○
Abkühlung ●●○○○
Schlemmen ●●●●○
Panorama ●●●●○

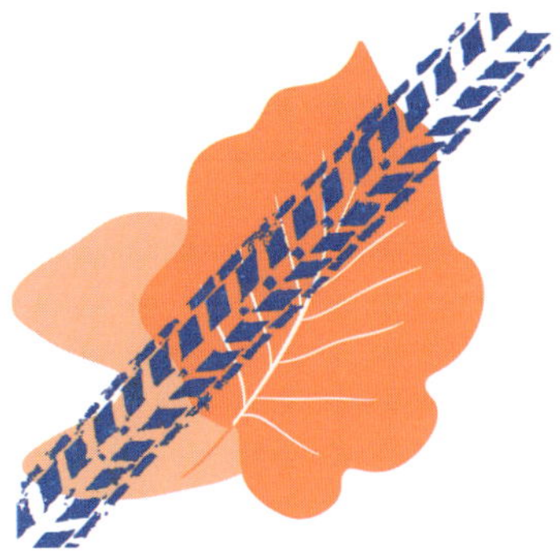

TOURENINFO / Die Tour geht auf Radwegen, asphaltierten landwirtschaftlichen Nutzwegen und kurzen Abschnitten auf gut zu befahrenden Schotterwegen. Gut geeignet auch für Radanhänger. Eine Bademöglichkeit gibt es im Freibad Sottrum und immer wieder in der Wümme.

< links / Die Wümme in ihrer Aue ist Begleitung und ab und an Brückenbegegnung

ren durch den Ort, der seit Mitte der 60er Jahre Hochschulstandort ist. Die „Hochschule für Künste im Sozialen" bietet ihren etwa 500 Studierenden vier Bachelor Studiengänge kunsttherapeutischer und -pädagogischer Richtung an.

Geest

Wir verlassen den Flecken durch eine Wohnstraße, die in einen schönen Radweg mündet und an einem großzügigen Insektenhotel vorbei durch Felder, Wiesen und kleine Wäldchen nach Reeßum führt. Das kleine Geestdorf hockt beschaulich unter alten Eichen abseits von Hauptverkehrsverbindungen. Im Ortsteil Clüversborstel etwas nordöstlich unserer Strecke stand an der Wieste, einem Nebenflüsschen der Wümme, die nächste Burg, die im Dreißigjährigen Krieg (1618-1648) zerstört und nicht wieder aufgebaut wurde. Die heute ruhige Gegend gehörte im Mittelalter zum Erzbistum Bremen und war bis in die Neuzeit immer wieder umkämpft. Nach dem Dreißigjährigen Krieg herrschte Schweden, später Dänemark, Hannover und dann Preußen .

RADWEGEKIRCHE
St. Georg gehört zu jenen Kirchen, die während der Saison verlässlich offen und radpraktisch sind: Es gibt Toiletten und Lademöglichkeiten für E-Bikes

Niederdeutsches Hallenhaus

Wir queren die A1, erreichen Sottrum und nehmen den Weg durch den historischen Ortskern zwischen der Kirche St. Georg und Heimathaus. Das Niederdeutsche Hallenhaus ist ein typisches Zweiständerhaus und stammt aus dem benachbarten Hassendorf. Hinter dem Haus ist ein Bauerngarten angelegt, der ebenso wie die ganze Anlage etwas akkurater ausfällt, als das Leben wohl jemals war. Die Kirche aus dem 17. Jahrhundert mit ihrem weit älteren Turm ist eine „Offene Kirche an Radwegen". Das bundesweite Konzept garantiert nicht nur alltäglichen Zugang zur Kirche, sondern bietet radfahrpraktisch unter anderem Trinkwasser, Toiletten und Lademöglichkeiten für E-Bikes. Für ein Päuschen oder den Provianteinkauf bietet Sottrum rund um den Ortskern Leckereien, etwa im 2 / Aka Zien Café & Bistro. Wir queren die verkehrstrubelige B75. Als Chaussee wurde sie Ende des 19. Jahrhunderts als Verbindung zwischen Bremen und Hamburg gepflastert.

➤ rechts oben / In den Dörfern finden sich oft feine Fachwerkbauten

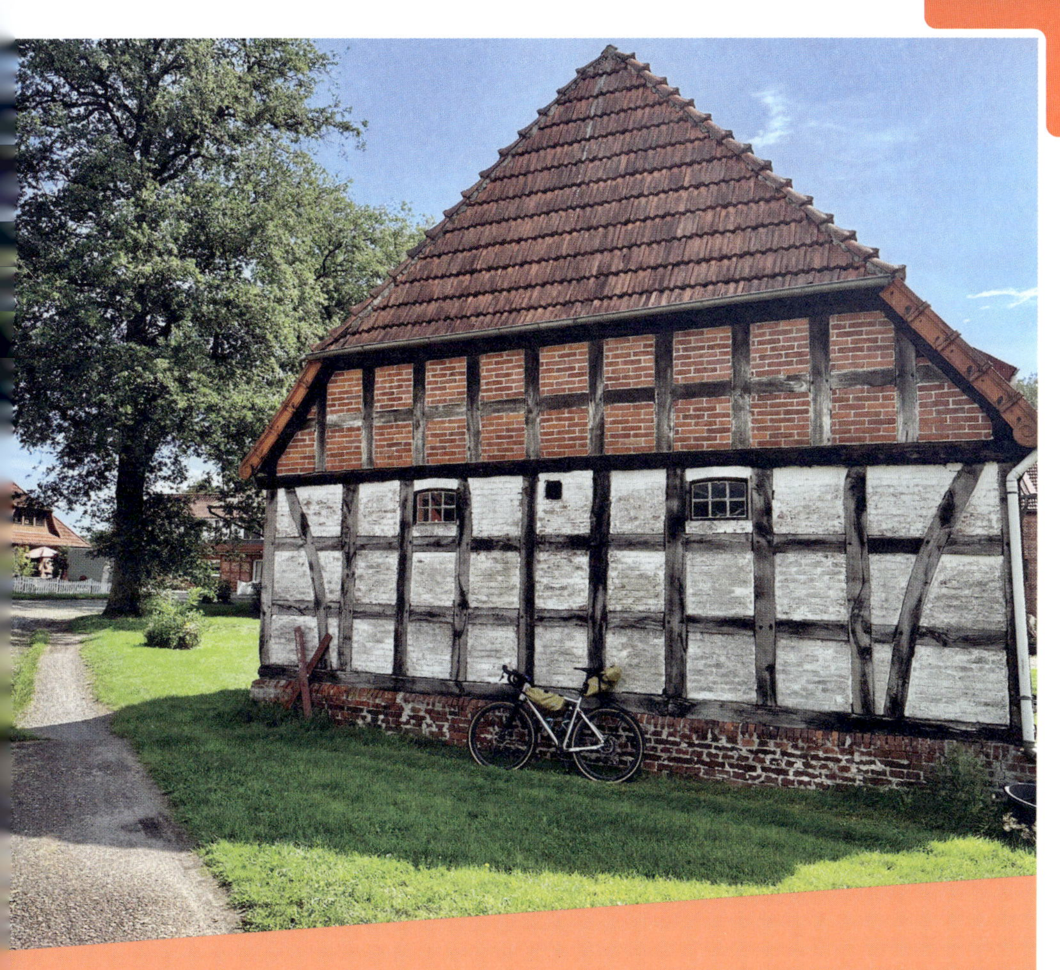

1630

wurde das Zweiständerhaus, das heute Teil der Heimatvereins-Hofanlage im Ortskern von Sottrum ist, in Hassendorf gebaut. Es ist ein Niederdeutsches Hallenhaus, das mit Diele, dem Flett, den Ställen und den Wohnräumen alles unter Dach und Fach hat. Die gesamte Konstruktion ruht auf zwei Reihen tragender Ständer.

BUMMELN IN ROTENBURG

Der Ortskern von Rotenburg ist ziemlich autofrei und bietet sich für einen Bummel an. Das Angebot an Cafés und Restaurants ist groß.

Von der Geest nach Amerika

Wir nehmen den Hassendorfer Kirchweg und fahren nach Waffensen. Lange Jahrhunderte war das bäuerliche Leben auf der Geest mit ihren mageren Böden von Armut, Unfreiheit, Ausbeutung und häufigen Plündereien durchziehender Heere geprägt. Die Höfe ernährten kaum mehr als ihre Bewohner. Viele mussten sich saisonal als Hollandgänger verdingen oder wanderten nach Amerika aus. Erst die Befreiung der Bauern aus der Leibeigenschaft Anfang des 19. Jahrhunderts, die verbesserte Infrastruktur und der Kunstdünger brachten Wohlstand in die Dörfer. Mit dem Zugriff auf neue Ressourcen gingen aber seit den 50er Jahren auch die Eigenheiten der Dörfer verloren. Während die alten Bauernhäuser mit dem gebaut wurden, was in der Nähe verfügbar war, verliert sich mit dem Zugriff auf Baustoffmärkte die Eigenständigkeit. Waffensen aber hat sich viel seines regionaltypischen Gepräges erhalten können. Wir überqueren die Gleise der im letzten Drittel des 19. Jahrhunderts gebauten Wanne-Eickel – Hamburg Bahn, der Hauptverbindung Bremen – Hamburg, und fahren parallel zum Bahndamm der

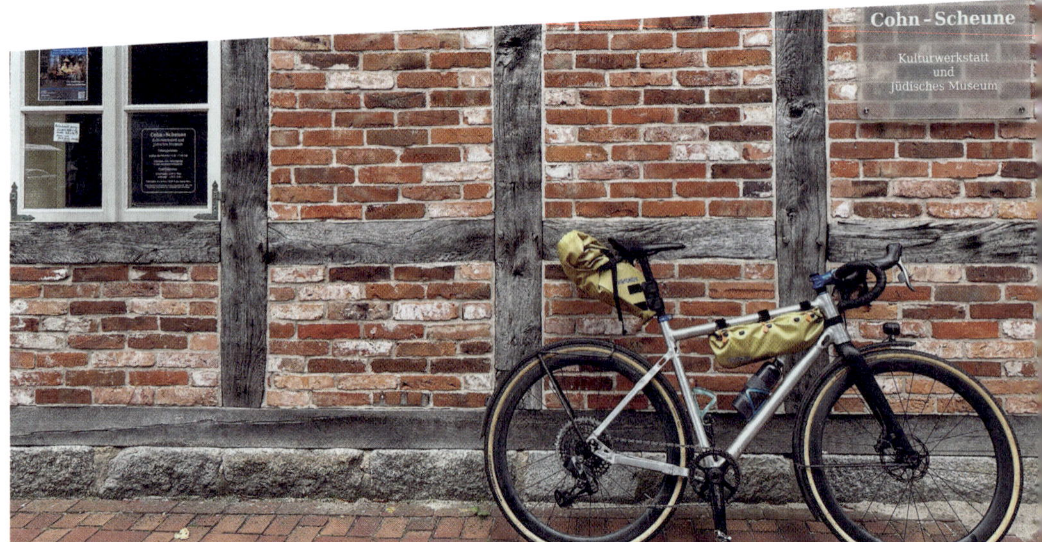

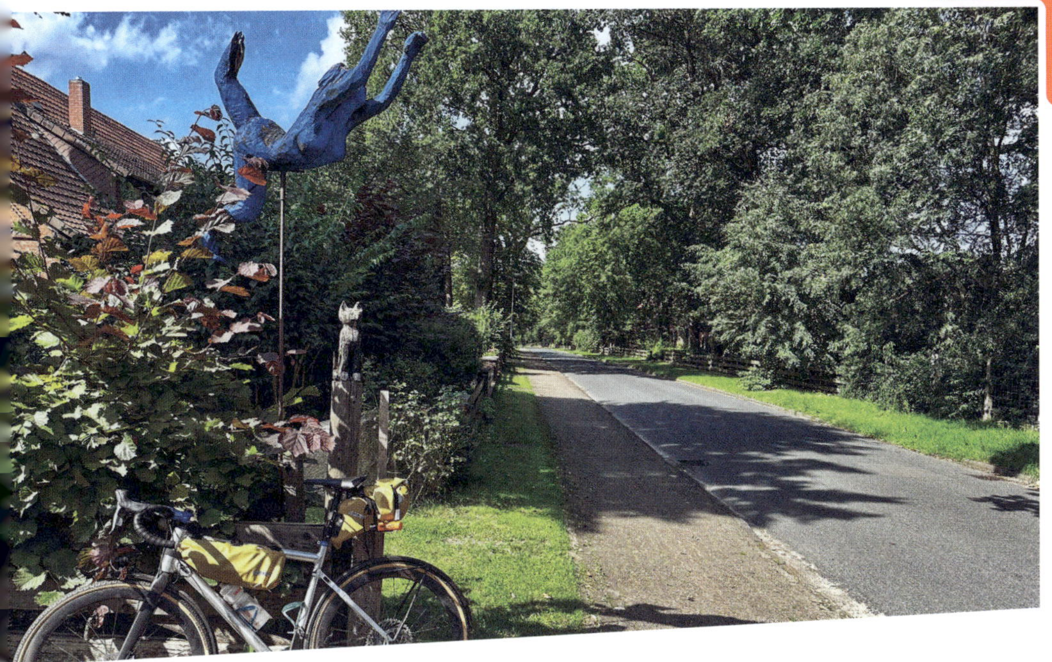

Strecke Bremervörde – Rotenburg. Die Regionalstrecke hatte für die landwirtschaftliche Entwicklung der Region eine hohe Bedeutung. Der Personenverkehr wurde in den sechziger Jahren eingestellt.

Rotenburg

Danach kurven wir durch den Wald am Rand des Wümmetals nach Rotenburg. Die Kreisstadt im Niederungsgebiet von Wümme, Rodau und Wiedau hat eine lebendige Innenstadt rund um die Stadtkirche. Den Namen verdankt die Stadt wahrscheinlich der Burg des Erzstift Verden, die entweder in einem namensgebenden Rodungsgebiet lag oder aus rotem Ziegelstein gebaut war. Erinnerung und Mahnmal ist die 2010 gegenüber der Stadtkirche als Museum zur Geschichte des Judentums in Rotenburg neu aufgebaute 3 / Cohn-Scheune. Das Haus gehörte zum Anwesen der jüdischen Textilhändlerfamilie Cohn und stand kaum 100 Meter weiter. 1934 mussten die Cohns unter dem Druck der Nationalsozialisten ihren gut etablierten Textilhandel aufgeben. Haus und Eigentum wurde ihnen genommen. 1939 flüchteten die Cohns nach Berlin, waren dort zu Zwangsarbeit verpflichtet, bevor beide 1943 nach Auschwitz deportiert wurden. Es ist unbekannt, ob sie den Transport nicht

999

Rebstöcke stecken seit 2019 im Lehmboden bei Unterstedt. Das 4 / Wein Gut Wümme hat aktuell drei Weine im Verkauf und ist ein Kind des Klimawandels. Die steigenden Temperaturen machen dem Wein im Süden Probleme und lassen Weinbauflächen im Norden zu.

< links / Cohns Scheune beherbergt ein Museum, das jüdisches Leben im Elbe-Weser-Dreieck zeigt ^ oben / Die Ahauser Schnitzerin bringt mit ihren Arbeiten Farbe in die Welt

überlebten oder in den Gaskammern ermordet wurden. Ihre beiden jüdischen Hausangestellten kamen in den Lagern Minsk und Treblinka um. Das Museum ist Mahnmal und ein seltenes Fenster, das den Blick auf jüdisches Leben im Elbe-Weser-Dreieck erlaubt.

Wümme-Wein

Wir verlassen Rotenburg und folgen der Wümme auf der Südseite nach Unterstedt zum 4 / Wein Gut Wümme. Wirklich! 2009 wurden hier die ersten 99 Reben gepflanzt. Seitdem der Anbau von Wein in Niedersachsen 2016 offiziell genehmigt wurde, kamen weitere 999 Rebstöcke dazu. 2021 fand die erste Lese statt. Das Deutsche Weininstitut in Mainz beobachtet das verwegene Treiben, das der Klimawandel ermöglicht, mit Interesse.

BELIEBTER WOHNORT

Mit einer Tafel informiert der NABU Rotenburg dass das 6 / Kaisers Gasthaus an der Wümmebrücke Hellwege seit 2012 Storchenhorst ist.

Ahauser Mühle

Vom Wein ist es nicht mehr weit bis Ahausen, wo einer der mutigen Winzer praktischerweise Wümme Wein in seinem Weinladen WeinAtelier13 verkauft. Gute Laune macht auch die 5 / Ahauser Schnitzerin, an deren Atelier wir vorbeikommen. Wir fahren durch den Laubwald bis zur Ahauser Mühle. Malerisch liegen die Mühlenbauten am Teich. Von dort rollen die Räder flugs nach Hellwege. An der Wümmebrücke empfiehlt sich ein Stopp bei

10.000 METER

lang ist die zaunlose Wümmeniederung, die alljährlich im Winter großflächig unter Wasser steht. 4 Wehre mit Schleusen sollten das Wassermanagement optimieren. Mittlerweile steht die Fläche unter Schutz und die Wehre sind durch Sohlgleiten ersetzt.

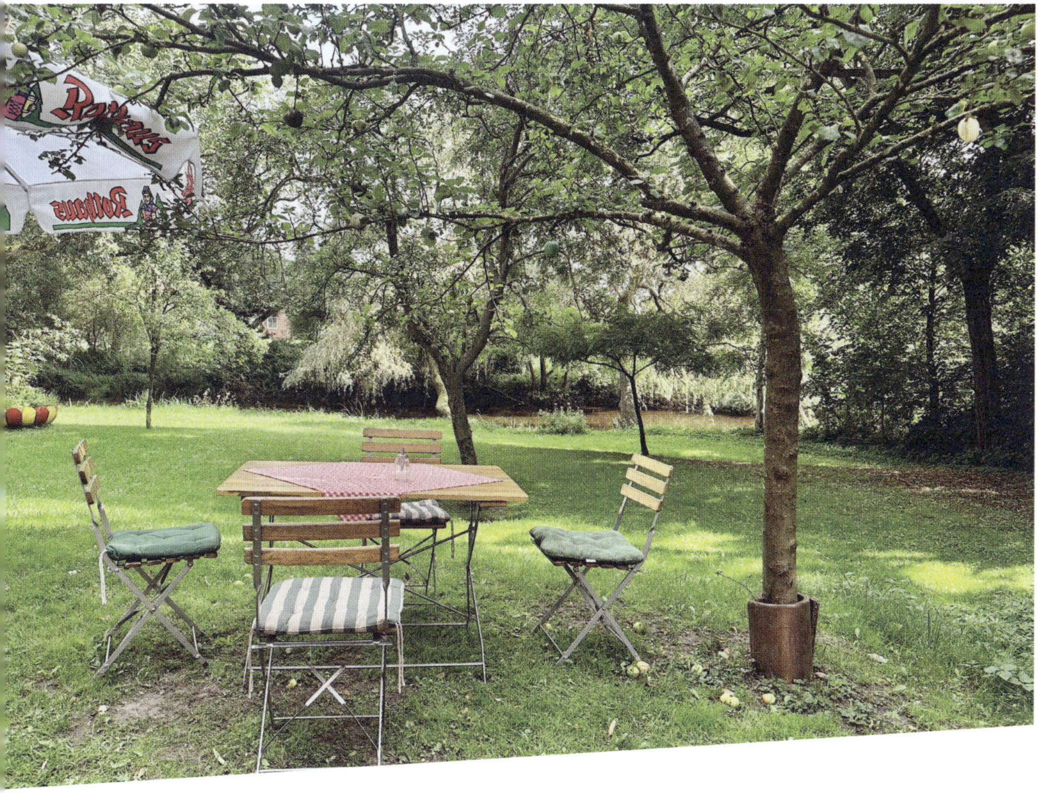

6 / Kaisers Gasthof mit Sommergarten unter alten Eichen und Storchennest direkt am Fluss.

Egypten ist nicht weit

Weiter geht es auf dem gut zu fahrenden Schotterweg entlang der Wümme, der uns wenige Kilometer weiter an die Landstraße nach Posthausen bringt. Dort überqueren wir die Straße, nehmen den Bremer Damm und fahren über die A1 nach Egypten. Die Landstraße kreuzen wir und schlagen einen Bogen fast bis Fischerhude. Entlang des Wümme-Mittelarmes kehren wir durch die weite Wiesenlandschaft zurück nach 1 / Ottersberg Bahnhof. Seit 1991 gehört der alte Bahnhof dem Kulturverein „Bahnhof e.V. Initiative neues Wohnen", der Wohnraum für wenig Geld bietet.

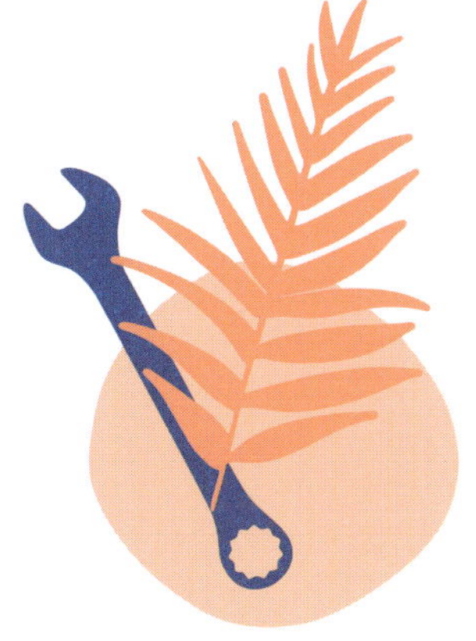

∧ oben / In Hellwege steht Kaiser´s Gasthaus am Wümmeufer mit einem Schönen Sommergarten.

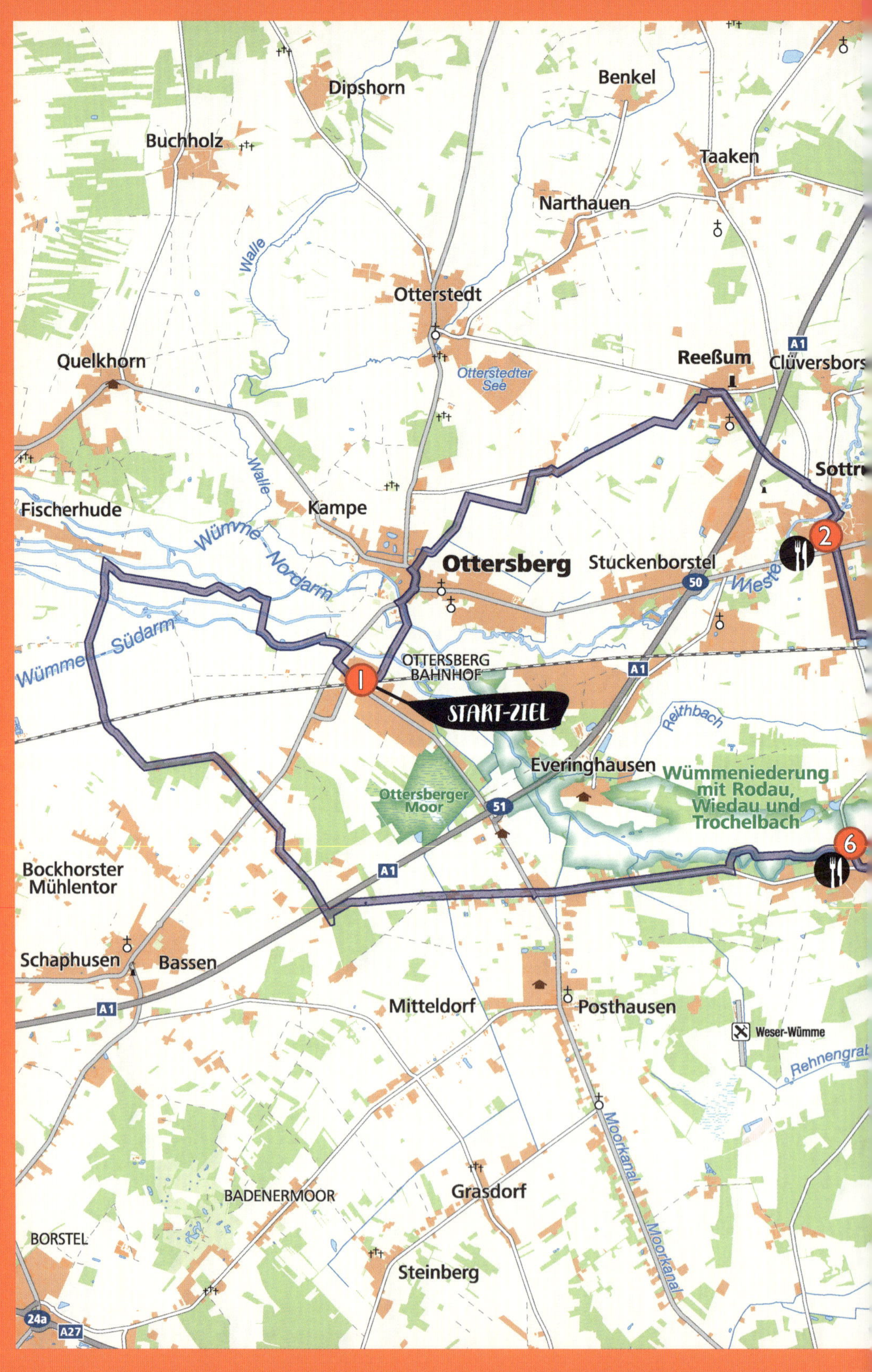
Dipshorn
Benkel
Buchholz
Taaken
Narthauen
Walle
Otterstedt
Quelkhorn
Reeßum
Clüversbors
Otterstedter See
Walle
Sottr
Fischerhude
Kampe
Wümme-Nordarm
Ottersberg
Stuckenborstel
Wieste
Wümme-Südarm
OTTERSBERG BAHNHOF
START-ZIEL
Reithbach
Everinghausen
Wümmeniederung mit Rodau, Wiedau und Trochelbach
Ottersberger Moor
Bockhorster Mühlentor
Schaphusen
Bassen
Mitteldorf
Posthausen
Weser-Wümme
Rehnengrab
Moorkanal
BADENERMOOR
Grasdorf
BORSTEL
Steinberg
Moorkanal

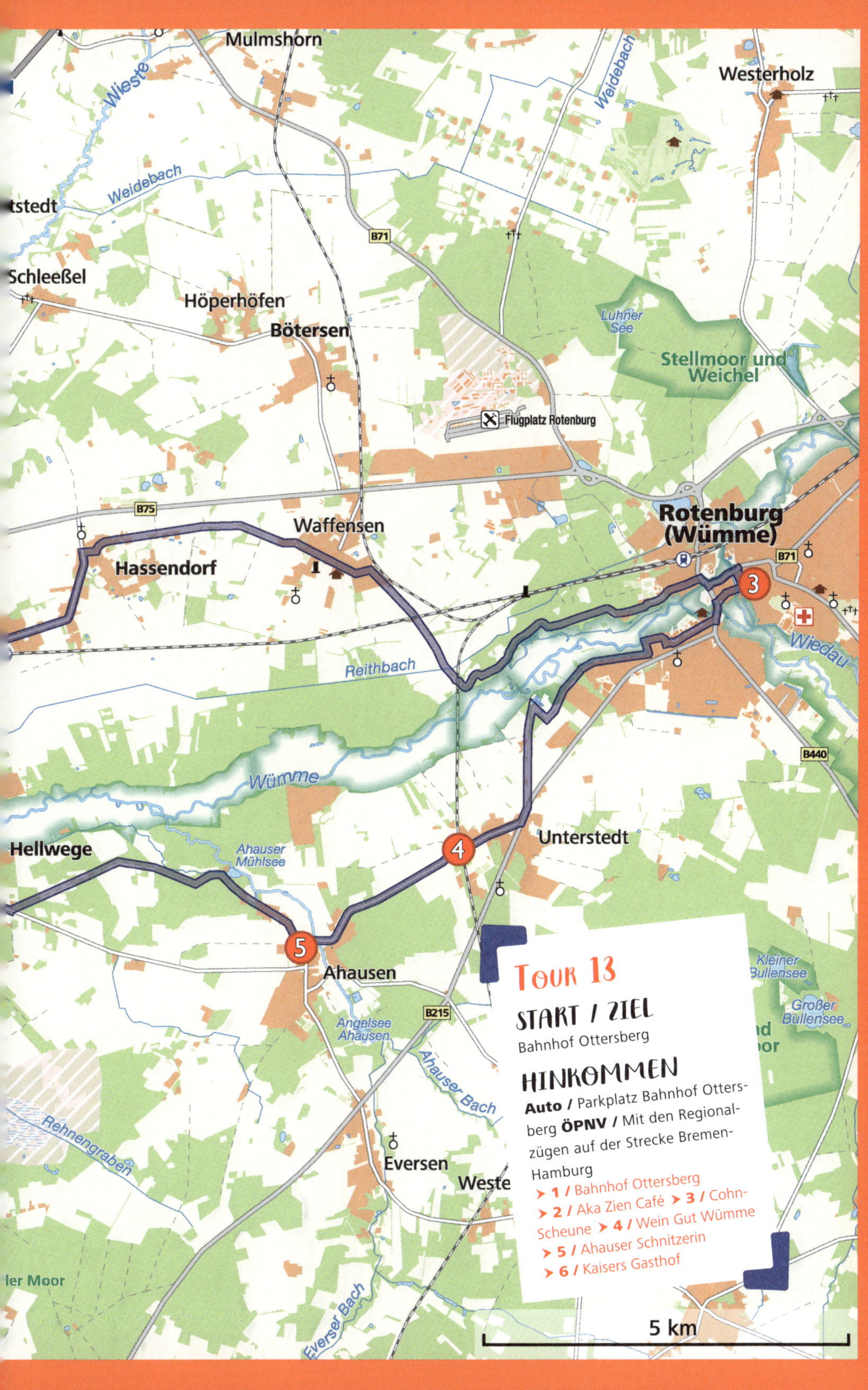

Tour 13

START / ZIEL

Bahnhof Ottersberg

HINKOMMEN

Auto / Parkplatz Bahnhof Ottersberg **ÖPNV** / Mit den Regionalzügen auf der Strecke Bremen-Hamburg

➤ **1** / Bahnhof Ottersberg
➤ **2** / Aka Zien Café ➤ **3** / Cohn-Scheune ➤ **4** / Wein Gut Wümme
➤ **5** / Ahauser Schnitzerin
➤ **6** / Kaisers Gasthof

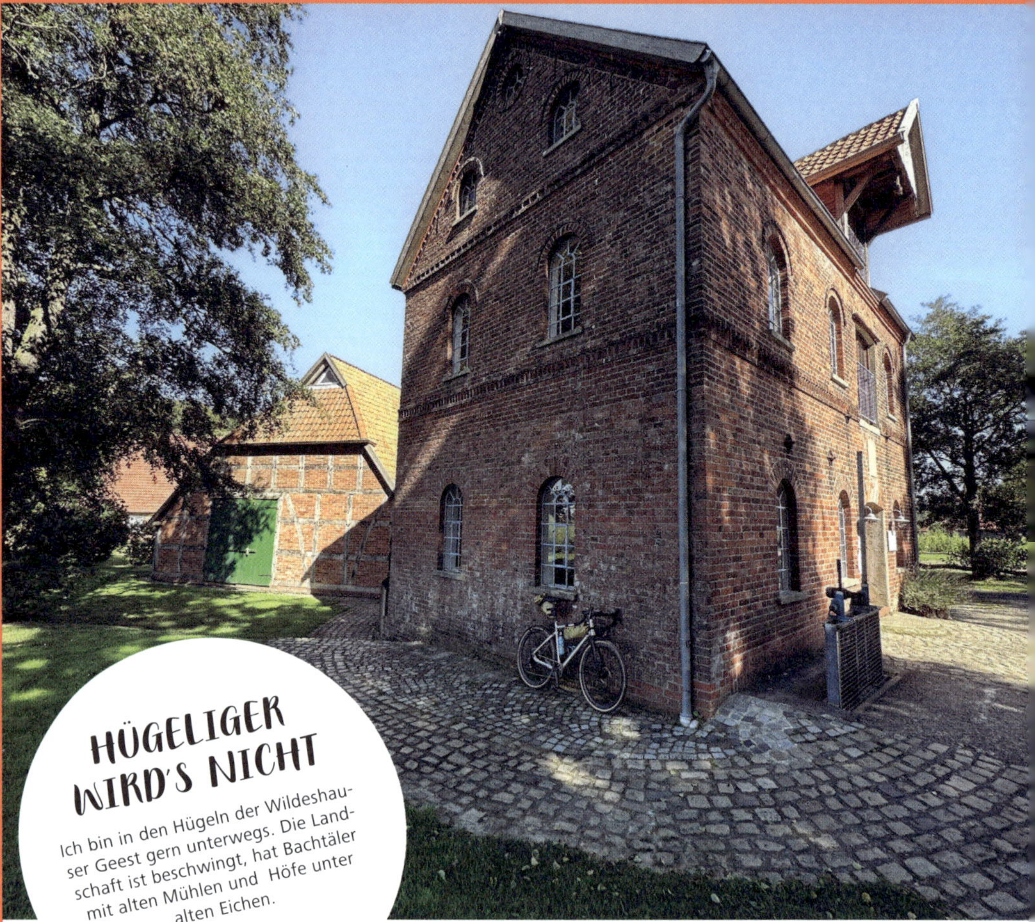

HÜGELIGER WIRD'S NICHT

Ich bin in den Hügeln der Wildeshauser Geest gern unterwegs. Die Landschaft ist beschwingt, hat Bachtäler mit alten Mühlen und Höfe unter alten Eichen.

➤ **1 /** Wir starten am Bahnhof Syke

➤ **2 /** Geschichte und zeitgenössische Kunst im Vorwerk Syke

➤ **3 /** Rast an der Nolteschen Mühle am Mühlenteich in Süstedt

➤ **4 /** Trinken und Essen gibt es im Restaurant Zum Mühlenteich

➤ **5 /** Erfrischend ist ein Sprung ins Naturbad Bassum

➤ **6 /** Vor dem Tierpark Petermoor herrscht Jahrmarktsatmosphäre

➤ **7 /** Das SB Holzbüdchen Sörhausen bietet lokale Produkte

➤ **8 /** Vom Aussichtsturm Hoher Berg geht der Blick bis nach Bremen

➤ **9 /** Stilvoll essen im Bioland Hofrestaurant Barrien

➤ **10 /** Eindrucksvoll ist ein Besuch im Kreismuseum Syke, mit Café

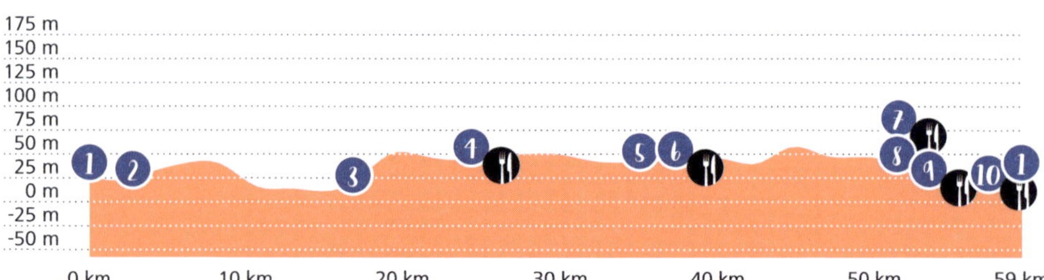

DER BERG HEISST NUR SO

Von Syke nach Bassum und über den Hohen Berg zurück

Wir starten die Tour in Syke, nehmen das Hache-Tal nach Süden, passieren Kulturstätten, Gutshöfe und Mühlen, bis wir in Bassum die Richtung wechseln und über den Hohen Berg, Barrien und das Syker Freilichtmuseum zurückkehren.

59 Kilometer
230 Höhenmeter
4:00 Stunden
Rundtour

Syker Vorwerk

Wir fahren vom 1 / Bahnhof Syke durch die Fußgängerzone des Stadtzentrums. Das ist erlaubt und geht mit Rücksicht auf die Fußgänger gut. Danach bewegen wir uns kurz auf Radwegen parallel zu unangenehmen Autostraßen. Schon bald ist der stille Parkfrieden des 2 / Vorwerks Syke erreicht. Der Gebäudekomplex inmitten schöner Freiflächen mit zeitgenössischer Kunst unter alten Bäumen war im 16. Jahrhundert ein landwirtschaftliches Vorwerk, das die Syker Wasserburg zu versorgen hatte. Nach dem

CHARAKTER

Sportlich ●●●●●
Abkühlung ●●○○○
Schlemmen ●●●○○
Panorama ●●●●○

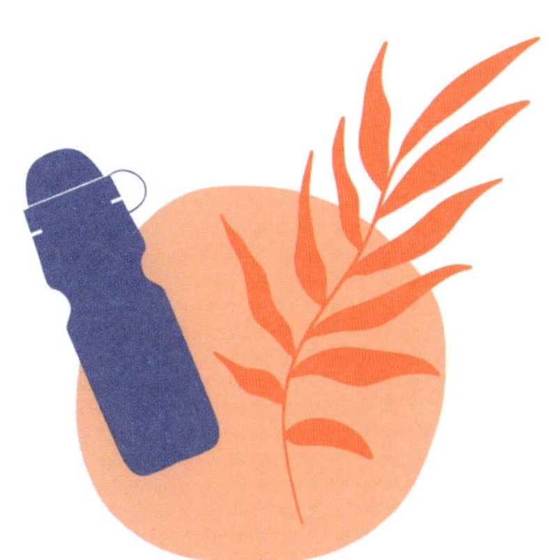

TOURENINFO / Die Tour führt auf kleinen, autoarmen Straßen, landwirtschaftlichen Nutzwegen, auf Radwegen und selten über unbefestigte Wege. Die Steigungen sind sehr moderat. Gut geeignet auch für Familien mit Anhänger. Badesachen nicht vergessen.

‹ links / Die Noltesche Mühle in Süstedt ist behutsam renovert und Ort von Kulturveranstaltungen. Oder Picknickplatz

Dreißigjährigen Krieg beherbergte das Haupthaus die für die Stadt zuständigen Amtsmänner. Später wohnten hier Landräte und Oberkreisdirektoren. Aus dem 18. Jahrhundert stammen das heute bestens restaurierte Amtshaus, das Kutscher- und das Brauhaus. Nach der Restaurierung ist die Anlage unter dem Namen „Syker Vorwerk" der Öffentlichkeit zugänglich. Im Kutscherhaus ist das Bauernhausarchiv der Grafschaften Hoya und Syke untergebracht, im Amtshaus und im Park gibt es Ausstellungen zeitgenössischer Kunst, die auch in Bremen wahrgenommen werden. Das ist doch mal eine Vorzeige Ensemble-Karriere.

Mondän

Durch das sanfte Auf und Ab der Geestlandschaft fahren wir Richtung Wachendorf. Und es wird versteckt mondän und prominent. Nach einer idyllischen Allee, die leicht bergan zu einem sympathischen Rastplatz vor einem alten Holz-Speicher führt, liegt hinter gepflegten Hecken die mehrere Hektar große deutsche Dependance der Dressurpferde-Zucht des dänischen Reiterstars Helgstrand. Wer hier vom Rad aufs Pferd umsteigen will, und die luxuriöse Ausstattung für Mensch und Tier nutzen möchte, braucht Liquidität oder wenigstens hohe Kreditwürdigkeit. Einige wenige hundert Meter geht der Weg unbefestigt bergauf und führt bald darauf und wieder asphaltiert zum prominenten ex- Wohnort: Im Gut Wachendorf lebte Rudi Carell, niederländischer Talkmaster, bis zu seinem Tod 2006. Seine Radio Bremen Show „Das laufende Band" und der Regensommer-Hit „Wann wird's mal wieder richtig Sommer" fanden Eingang in das breitenkulturelle Gedächtnis mehrerer bundesdeutscher TV-Generationen.

MÜHLEN-RASTPLATZ

Die 3 / Noltesche Mühle bietet regelmäßig Kulturveranstaltungen und ein perfektes Setting für ein Picknick-Päuschen.

Melioration

Von Wachendorf aus fahren wir einen Zipfel nach Osten und kommen durch eine Niederung an eine Kreuzung im Nirgendwo. Dort steht ein ehemaliges Schleusenwärterhäuschen, ein agrarkulturelles Denkmal. Denn wir befinden uns am südwestlichen Rand des einst größten Bodenmeliorationsgebietes Europas. Als Mitte des 19. Jahr-

➤ rechts oben / Das Syker Vorwerk zeigt zeitgenössische Kunst

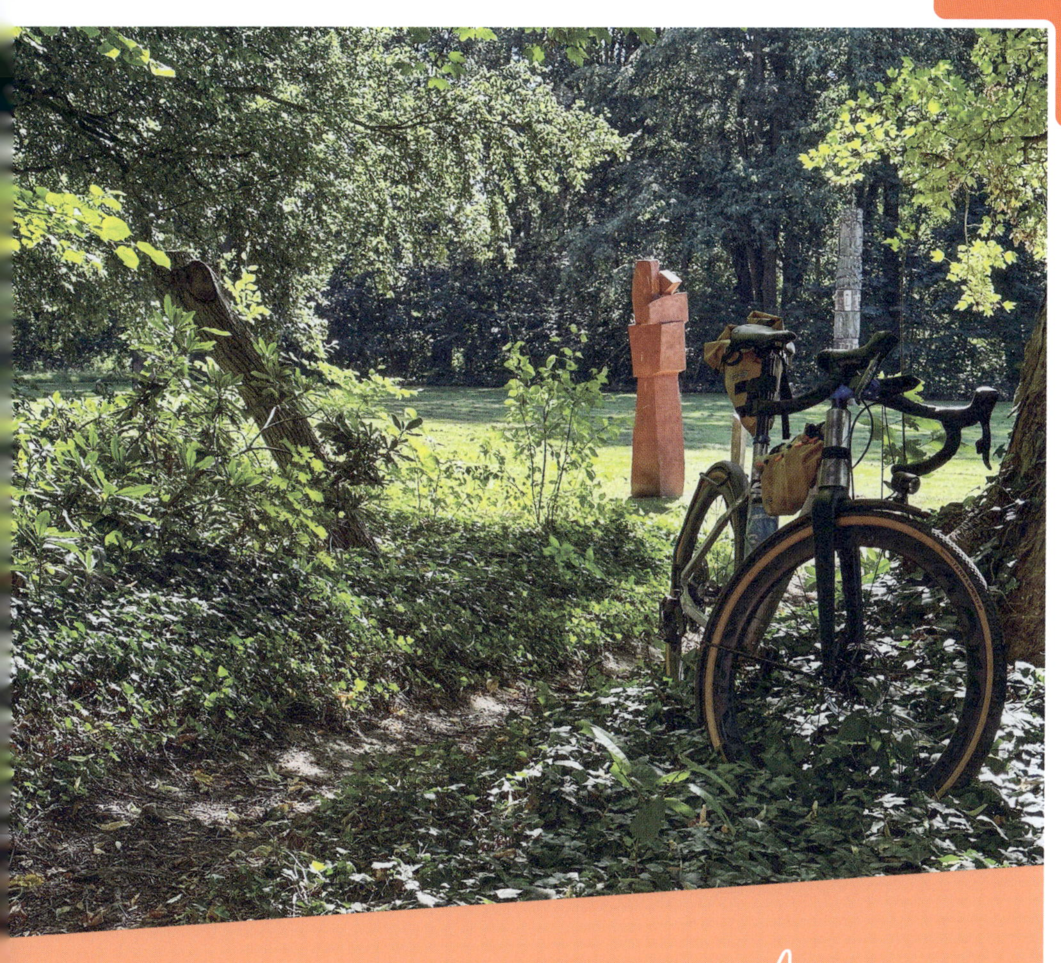

KM 3

Das 2 / Vorwerk Syke war einst Sitz der Amtmänner, später Wohnort der Landräte und Oberkreisdirektoren. Heute ist der wunderbare Park und das Amtshaus Ort für wechselnde Ausstellungen zeitgenössischer Kunst. Im Kutscherhaus ist ein regionales Bauernhausarchiv untergebracht.

Reisegarten und Naturbad

Der Stiftsgarten Bassum ist ein kontemplativer Landschaftspark mit Reisegarten. Direkt nebenan lockt das 5 / Naturbad.

hunderts die Mittelweser eingedeicht wurde, fielen die winterlichen Überschwemmungen aus. Der Weserschlick sorgte aber auf riesigen Flächen für Nährstoffeintrag. Ohne das Weserwasser sanken die Erträge der Landwirte. Das Königreich Hannover und Preußen legten deshalb Geld an und halfen, ein komplexes Kanalsystem zu bauen, das Wasser kontrolliert auf die Flächen bringen sollte. Eine der ersten großen Agrarsubventionen. Ende des 19. Jahrhunderts übernahm die „Meliorationsgenossenschaft Bruchhausen-Syke-Thedinghausen" die Verantwortung für eine Bewässerungsinfrastruktur mit 82 Kilometern Deiche, 375 Kilometern Wasserläufe, 116 Kilometern Wege und Straßen, 524 Stauanlagen und 85 Brücken sowie für die Schleusenwärterhäuschen, die die Dienstsitze der angestellten Schleusenwärter waren. Mit ein paar Helfern waren sie für Wasserstände, Stauwerke, Kanäle, Brücken und Deiche verantwortlich. 1961 stellte die Genossenschaft die Arbeit ein. Kunstdünger war

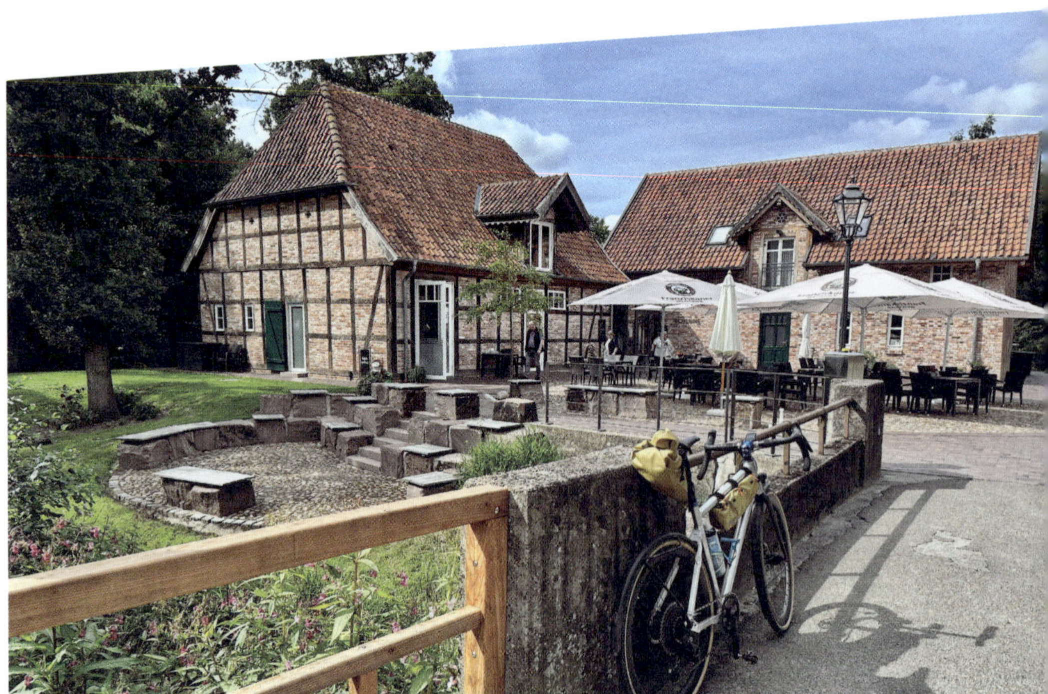

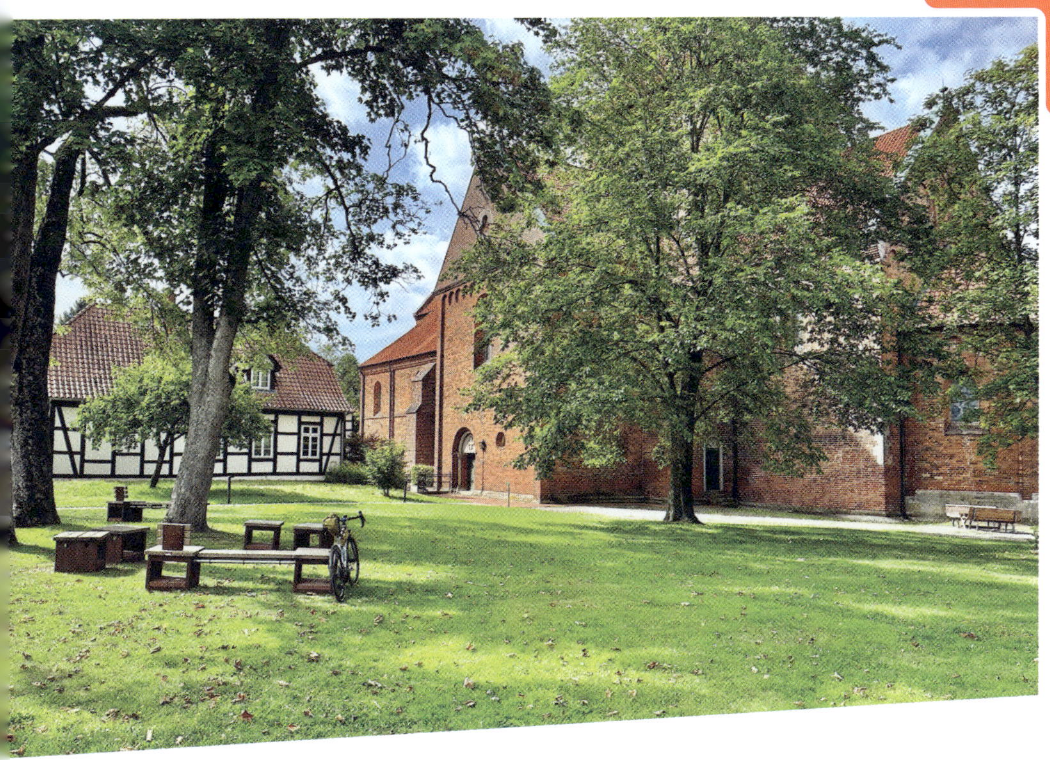

einfacher zu haben und zu handhaben als der Weserschlick. Wir folgen dem als Teil des Systems kanalisierten Süstedter Bach bis zur 3 / Nolteschen Wassermühle. Von dort geht es nach Neubruchhausen. Hier lohnt ein Abstecher ins Scheunenquartier und ein Päuschen im 4 / Restaurant zum Mühlenteich. Über einen schmalen, idyllischen Pfad an der Hache entlang verlassen wir das Dorf und fahren auf Radwegen durch Wiesen und Wälder nach Bassum.

Die Kanonissinnen

In Bassum machen wir einen Schlenker an den Südrand des Städtchens und drehen eine kleine Runde durch den Stiftspark. Die Anlage ist als „Reisegarten" konzipiert und gehört zu einem gemeinsamen Projekt der W.i.N.-Region („Wir im Norden"), dem Zusammenschluss der Gemeinden Bassum, Stuhr, Syke, Twistringen und Weyhe. Im Garten lädt ein „Duft-Kräuter-Naschgarten" zum Riechen und Schmecken ein. Empfehlenswert zur Abkühlung an warmen Tagen ist das am Klosterbach gelegene 5 / Naturbad Bas-

48,6 KM

Im Dorfzentrum von Sörhusen steht eine 7 / SB-Holzbude mit Getränken und lokalen Produkten zur Selbstbedienung auf Vertrauensbasis. Hier kann man sich eindecken für die Auffahrt und die Pause auf dem Hohen Berg, der in Sichtweite liegt.

< links / Bevor es an der Hache weiter geht: Café Zum Mühlenteich in Neubruchhausen ^ oben / Das Stift Bassum mit der Stiftskirche war die Keimzelle des Ortes

sum. Den schattigen Park verlassen wir vorbei an der alten Klostermühle über das Gelände des Stifts und der Stiftskirche. Bereits Ende des 9. Jahrhunderts wurden das Damenstift und die Kirche zur Keimzelle Bassums. Gegründet wurden Damenstifte für die Versorgung und christliche Erziehung unverheirateter Töchter. Ein Gelübde wie im Kloster mussten die Frauen nicht ablegen, ihre Lebensführung war weltlich. Auch heute noch gehören dem Stift Bassum zehn Damen an. Die weißen Fachwerkstiftsgebäude wurden im 18. Jahrhundert errichtet, die gotische Backsteinkirche stammt aus dem 14. Jahrhundert.

WIE ES FRÜHER WAR

Das 10 / Kreismuseum Syke ist ein charmanter Ort, um in das regionale Alltagsleben der letzten 300 Jahre zu finden. Kaffee und Kuchen hilft dabei.

Hoher Berg

Wir rollen durch das Bassumer Zentrum und die Neubausiedlungen im Norden, vorbei am unentgeltlichen 6 / Tierpark Petermoor mit seinem Zirkuswagen-Café in Richtung Syke. Der Rückweg durchstreift Wiesen und Felder, passiert Geesthöfe unter alten Eichen, bis wir östlich von Sörhausen den „Hohen Berg" erklimmen. Sörhausen übrigens liegt am Jakobsweg, Teilstück Bremen-Osnabrück. Erfährt man in einem mit Käse, Wurst und kalten Getränken gut ausgestatteten 7 / SB-Verkaufsbüdchen auf Vertrauensbasis. Und dann der 8 / Hohe Berg: Kaum hat man ihn vor sich, ist man auch schon oben. Oben ist 63 Meter hoch. Der Berg heißt Berg, weil er seine

58,2 METER

reichen aus für den Titel 8 / „Hoher Berg". Obwohl kaum schweißtreibend, geht der Blick aus 12 Metern Höhe, die der Aussichtsturm zusätzlich hat, rundum weit. Die Stadt Bremen liegt mit ihrer Skyline lang gezogen am Horizont im Norden. In die anderen Himmelsrichtungen breitet sich die sanfthügelige Endmoränenlandschaft aus.

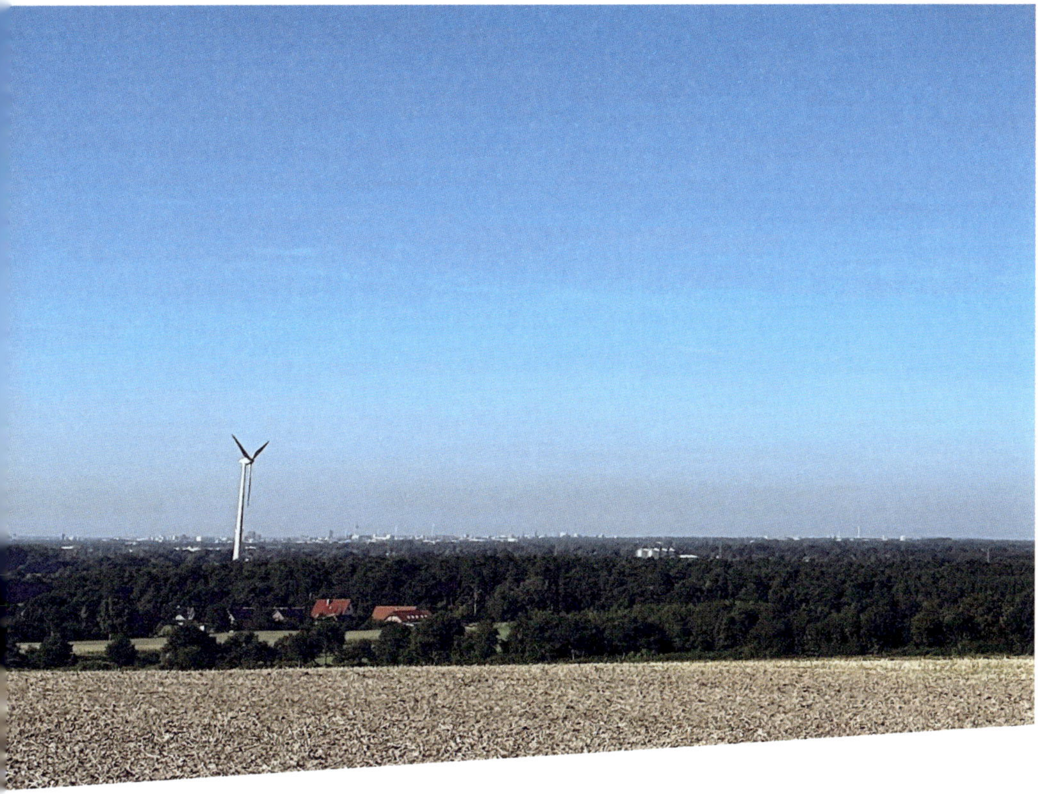

Endmoränenumgebung ein bisschen und das Wesertal beträchtlich überragt, weswegen der Blick nach Bremen großartig ist. Bis Ende der 80er Jahre war hier oben eine US-Raketenabwehrstation. Als die Soldaten abzogen, kaufte die Stadt Syke den Berg und entwickelte mit EU-Mitteln die „Kulturlandschaft der Geest" samt Turm. Der Entwurf des Aussichtsturms kommt von Studierenden der Hochschule Bremen. Der Weg nach Syke zurück führt ein bisschen bergab und über Barrien – schön zum Einkehren ist hier das 9 / Bioland Hofrestaurant Barrien – zum Gelände des charmanten 10 / Kreismuseums Syke samt nettem Freiluft-Café. Von dort geht es zurück zum 1 / Bahnhof der Kreisstadt.

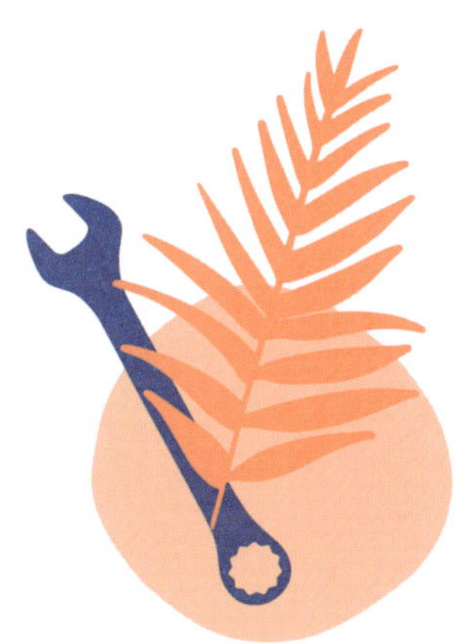

⋀ oben / Der Hohe Berg ist schnell erklommen und der Blick geht dann weit

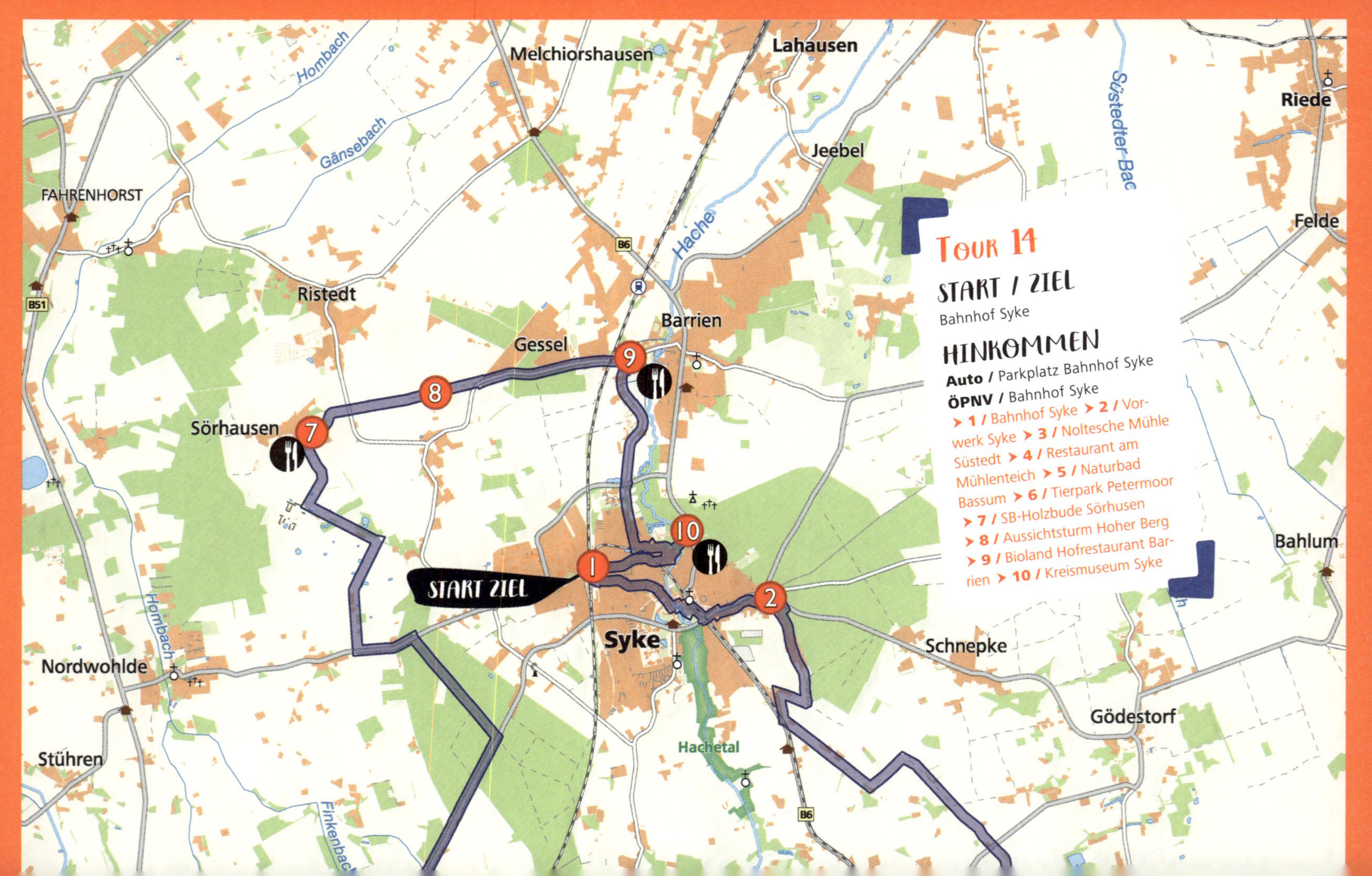

Tour 14
START / ZIEL
Bahnhof Syke
HINKOMMEN
Auto / Parkplatz Bahnhof Syke
ÖPNV / Bahnhof Syke
➤ 1 / Bahnhof Syke ➤ 2 / Vorwerk Syke ➤ 3 / Noltesche Mühle Süstedt ➤ 4 / Restaurant am Mühlenteich ➤ 5 / Naturbad Bassum ➤ 6 / Tierpark Petermoor ➤ 7 / SB-Holzbude Sörhusen ➤ 8 / Aussichtsturm Hoher Berg ➤ 9 / Bioland Hofrestaurant Barrien ➤ 10 / Kreismuseum Syke
START ZIEL
Melchiorshausen
Lahausen
Riede
Hombach
Gänsebach
Jeebel
Süstedter Bac
FAHRENHORST
Felde
Hache
B6
B51
Ristedt
Barrien
Gessel
Sörhausen
Bahlum
Syke
Schnepke
Nordwohlde
Gödestorf
Hachetal
Stühren
Finkenbac

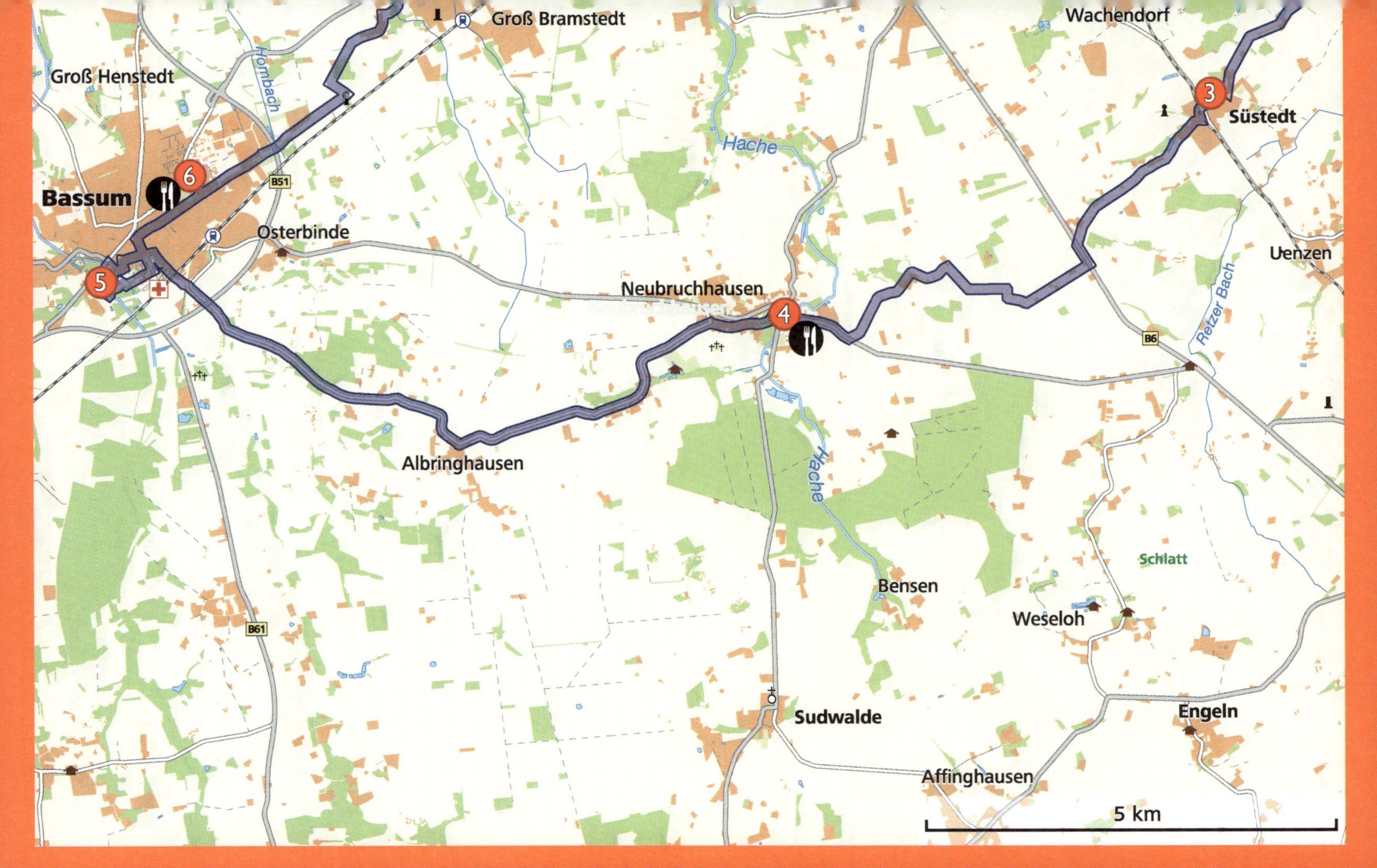

Groß Bramstedt
Wachendorf
Groß Henstedt
Hombach
3
Süstedt
Hache
6
Bassum
B51
Osterbinde
Uenzen
Retzer Bach
5
Neubruchhausen
4
B6
Albringhausen
Hache
Schlatt
Bensen
Weseloh
B61
Sudwalde
Engeln
Affinghausen
5 km

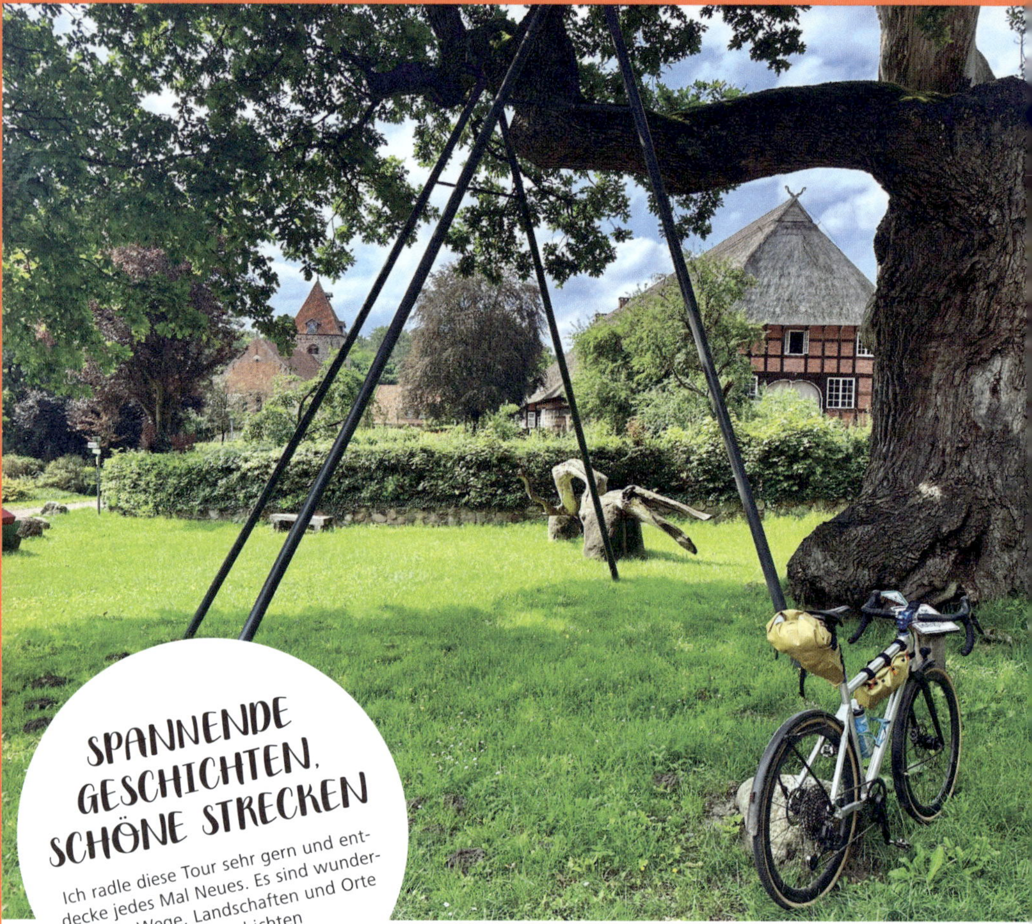

SPANNENDE GESCHICHTEN, SCHÖNE STRECKEN

Ich radle diese Tour sehr gern und entdecke jedes Mal Neues. Es sind wunderschöne Wege, Landschaften und Orte voller Geschichten

➤ **1 /** Am Parkplatz Kirchstraße, Hude startet die Tour

➤ **2 /** Romantik pur: Klosterruine Hude

➤ **3 /** Ein bisschen Überblick: Aussichtsturm Hasbruch

➤ **4 /** Fotostopp an der Mühle „De Lütje Anja"

➤ **5 /** Kaffee und Kuchen gibt es im Heuerhaus Café

➤ **6 /** Alt und groß sind die Dorfeiche und das Tabkenhaus

➤ **7 /** Immer Sonntags: Kaffeehaus Hof Schweers, Ostrittrum

➤ **8 /** Die Grabanlage Steenberg ist ein Großsteingrab der Megalithkultur

➤ **9 /** Ein Bad und ein Päuschen am Strand des Sandersfelder Sees

➤ **10 /** Der Pfad am Huder Bach führt durch das Skulpturenufer Hude

➤ **11 /** Die Klosterschänke Hude ist der perfekte Abschluss der Tour

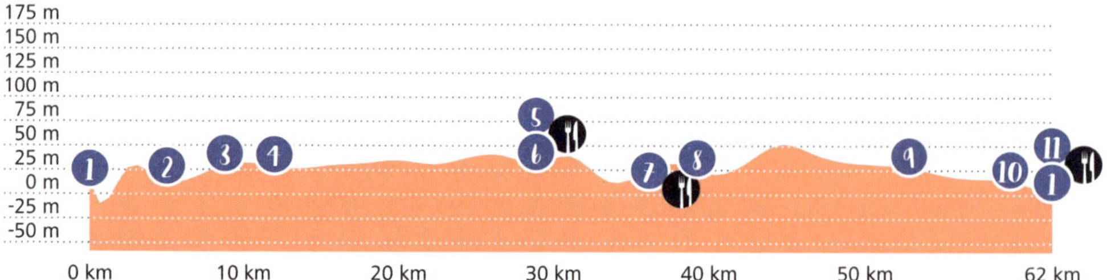

MEHR ALS ROMANTIK

Von der Klosterruine Hude durch den Hasbruch nach Dötlingen

Die Tour startet in der Nähe der Klosterruine in Hude, führt durch Wälder und eine Parklandschaft mit uralten Eichen in das Künstlerdorf Dötlingen. An der Hunte und vorbei an vorzeitlichen Steingräbern geht es in einem westlichen Bogen zurück nach Hude.

62 Kilometer
230 Höhenmeter
4:15 Stunden
Rundtour

Ruinen-Romantik

Kurz nach dem Start am 1 / Parkplatz Kirchstraße darf erst einmal gestaunt werden. Die mächtige 2 / Klosterruine von Hude sieht aus wie von einem Literaten der Romantik entworfen. Die von alten Eichen umgebenen, grün berankten mächtigen Backsteinmauern sind die Reste des Zisterzienserklosters „Portus Sancte Marie" (Hafen der Heiligen Maria), das von Mitte des 13. Jahrhunderts an Mittelpunkt des östlichen Teils der Grafschaft Oldenburg war. Schlussendlich mit der Reformation verließen die letzten Mönche das Kloster,

CHARAKTER

Sportlich ●●●●○
Abkühlung ●●●○○
Schlemmen ●●●○○
Panorama ●●●●○

TOURENINFO / Fast ausschließlich auf sehr verkehrsamen Wegen und Straßen. Kurze Abschnitte gehen über Radwege an Landstraßen, die Abschnitte auf Schotterwegen sind problemlos fahrbar. Für Radanhänger geeignet. Badesachen nicht vergessen.

< links / Mächtig ist die Eiche in Dötlingen, alt auch, aber ob 1000-jährig?

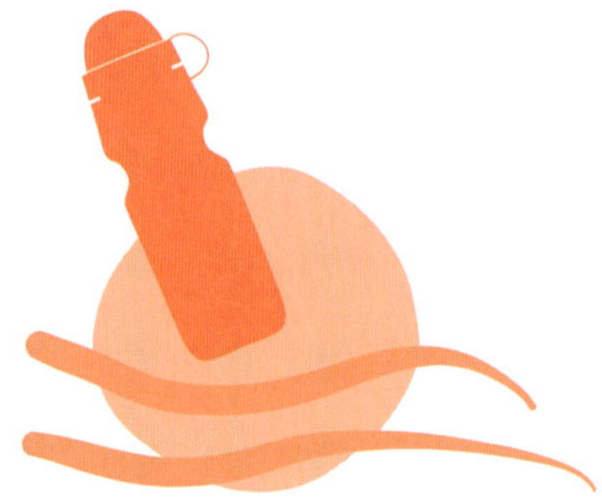

nachdem bereits schon seit einem knappen Jahrhundert ihre gar nicht fromme Lebensart aufgefallen war. Als die Kirchenmänner weg waren, wurde die mächtige Klosterkirche zum Abbruch und zur Wiederverwendung als Baumaterial freigegeben. Erst der Verkauf an die Familie von Witzleben Mitte des 17. Jahrhunderts setzte dem Abbruch ein Ende. In der Romantik geriet die Ruine in den Fokus überregionalen Interesses. Ein Landschaftspark wurde angelegt und man freute sich über das schaurig schöne Ensemble. Aus Klosterzeiten erhalten sind die Torkirche, heute evangelische Stadtkirche, das Abthaus, die Mühle und das Brauhaus, heute beliebte Gaststätte. Wir durchfahren das hübsche Ensemble und biegen links in einen schönen Pfad ein, der uns am Huder Bach entlangführt. Nach der abenteuerlichen Unterquerung der Bahn biegen wir nach links in den Ort ab und kreuzen durch ein Wohngebiet, bis wir den Hasbruch erreichen.

FOTO MIT GALERIEHOLLÄNDER

Die 4 / „Lütje Anja" ist zwar ohne Mühleninnenleben nach Habbrügge gezogen, aber fotogener Hintergrund ist sie allemal. Hochzeiten sind möglich.

Waldromantik im Urwald

Der Hasbruch ist ein alter Hainbuchen-Eichenmischwald von europäischem Rang. Er gehört zu den acht bedeutendsten alten Wäldern Nordeuropas. Diese seltenen Wälder zeichnen sich dadurch aus, dass sie nicht wie die meisten anderen erst in den letzten zweihundert Jahren auf Heide- oder Ödlandflächen gepflanzt wurden, sondern seit hunderten von Jahren, manchmal wie im Hasbruch seit mehr als 1000 Jahren, Waldstandorte sind. In historisch alten Wäldern ist die Artenvielfalt um ein Vieles größer als in jungen. Im Hasbruch wird der Artenreichtum noch dadurch erhöht, dass etwa 40 Hektar des Kernbereiches sich selbst überlassen sind. Der hohe Totholzanteil ist Lebensraum für viele Tiere und Pflanzen. Nicht nur deshalb steht der Wald seit 1996 unter Naturschutz. Vielmehr ist der Hasbruch Heimat einiger sehr alter

---

➤ rechts oben / Die Klosterruine Hude wäre fast komplett recycelt worden. Die Romantik hat sie gerettet

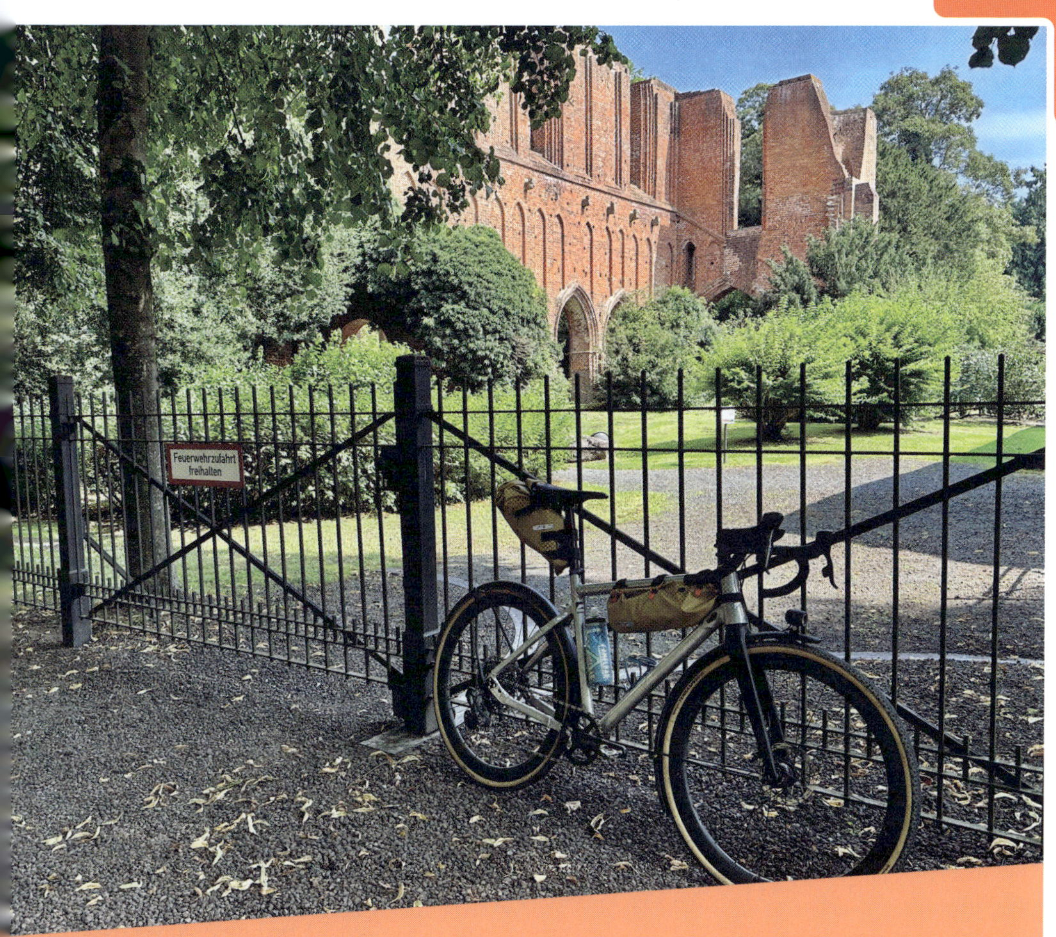

12,5 METER

So hoch ist der der hölzerne 3 / Aussichtsturm an der Jagdhüttenwiese. Der Blick geht über den Hasbruch und auf die 2010 renaturierte Brookkämpe. Das Bächlein war zuvor arg begradigt und eingetieft. Jetzt windet es sich wieder naturnah durch den Wald. Nicht weit ist es von hier zur Frederiken-Eiche.

Kaffee und Kuchen

Dötlingens Bedeutung als Ausflugsziel beschert eine reiche Auswahl an Pausenstopps in schönen Lagen, drinnen und draußen. Z.B. im 5 / Café Heuerhaus

Eichen, die schon früh Besucher, Literaten und Maler inspirierten. Auch den Grafen von Oldenburg gefiel der Hasbruch und seine Eichen so sehr, dass die ältesten Bäume, die Amalieneiche (1982 umgestürzt) und die Frederikeneiche nach Grafentöchtern benannt wurden. An der Liedertafel-Eiche trafen sich 1886 ein Oldenburger und ein Bremer Chor zum Singen im Wald. Zu Fuß kamen die waldbegeisterten Sangesfreunde aus den jeweils etwa 25 Km entfernten Städten. Die alte Eiche brach zwar 1926 unter Schneelast zusammen, aber seit 1980 veranstaltet die Gesellschaft der Freunde des Hasbruchs jährlich das Hasbruch-Singen. Die Wege, die wir durch den Wald nehmen, wurden so angelegt, dass sie insbesondere zu

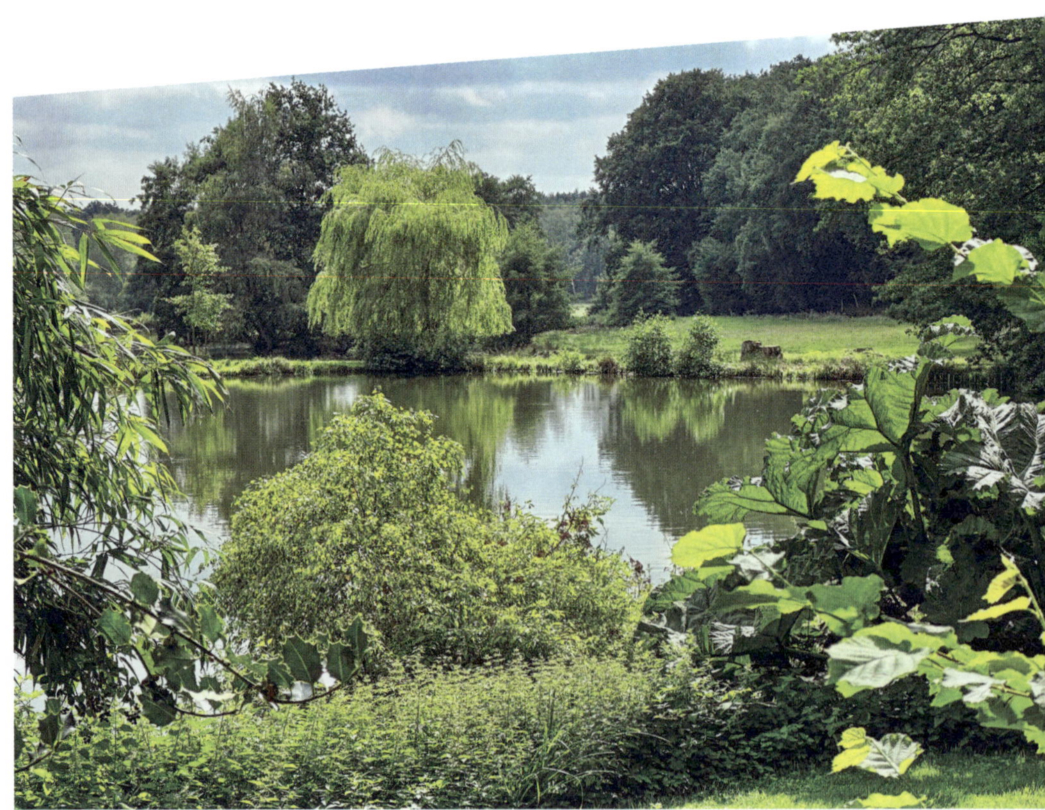

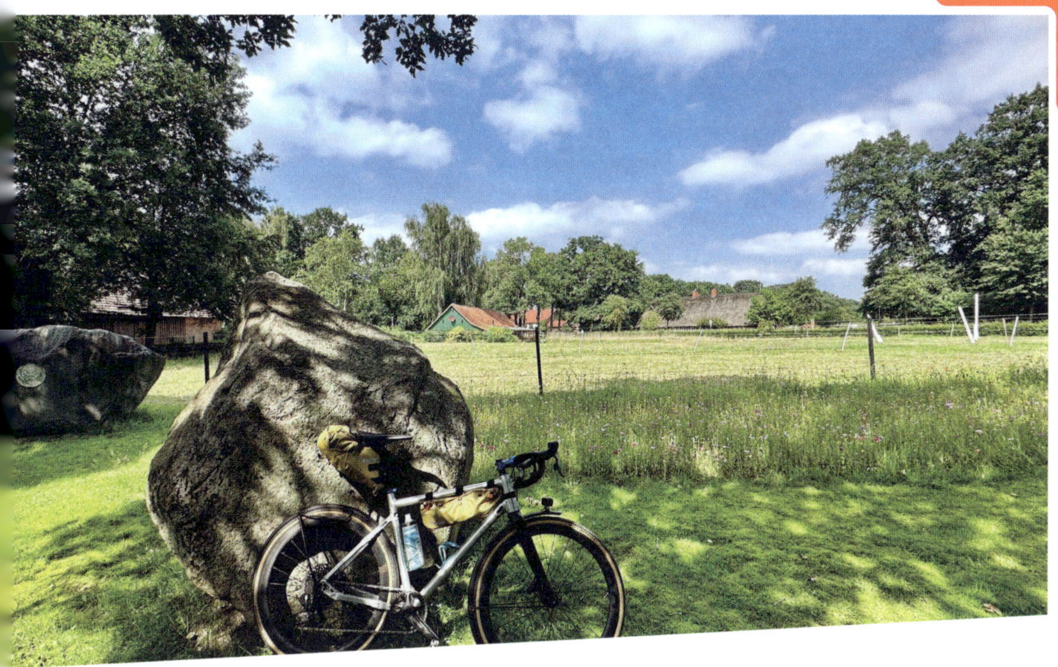

den herausragend alten Eichen führen. Und zu dem 3 / Aussichtsturm Hasbruch an der renaturierten Brookbäke, auf die man vom Turm einen Blick werfen kann. Wir verlassen den Wald und fahren durch eine von Wallhecken, Knicks und solitären Eichen geprägte Landschaft. Auch hier geht es artenreich zu. Die Gegend profitiert vom Hasbruch und dient vielen seltenen Tier- und Vogelarten als Nahrungsraum. In Habbrügge kommen wir an einer Achtkant-Galerieholländer Mühle vorbei. Erst 1992 rückte die 4 / Mühle „De Lütje Anja" an diesen Standort. Heute kann die Mühle, die aus Sulingen stammt, für Tagungen und Hochzeiten gebucht werden.

6,70 METER

Mächtig Stammumfang hat die 6 / Dorfeiche von Dötlingen. Ihr Platz in der Nähe der St. Fiminius Kirche und des Tabkenhofes gilt als vorchristlicher Kultplatz. Manchen gilt die Eiche als mindestens 1000-jährig, Fachleute schätzen ihr Alter auf 500-600 Jahre.

Künstlerdorf

Über ruhige Straßen und das Dorf Neerstedt kommen wir nach Dötlingen. Der Ort liegt hübsch am Geesthang zur Hunte. Die Anzahl der Cafés, wie das nette 5 / Heuerhaus Café, und Restaurants spricht für das Interesse an Dötlingen. Im Zentrum stehen die mittelalterliche St. Firminus Kirche und davor die mehrere Hundert Jahre alte 6 / Dorfeiche. Drumrum gruppieren sich gut erhaltene Fachwerkhöfe, darunter auch der Tabkenhof, eines der größten niederdeutschen Hallenhäuser Nordwestdeutschlands. Das Ganze ist so schön, dass sich zu Beginn des 19. Jahrhunderts Künstler ein-

< links / Das Hunteufer in Dötlingen kann auch als romantisch durchgehen ^ oben / Mitten in Dötlingen ist erfreulich viel Wiese

quartierten. Dötlingen wird Künstlerdorf. Auch heute knüpfen eine Reihe von Galerien an die Vergangenheit an und leben auch davon, dass das Dorf ein sehr beliebtes Ausflugziel ist. Nicht so vorbildlich offen geht das Dorf mit seiner Vergangenheit als einziges nationalsozialistisches Musterdorf um.

See und Skulpturenpark

Der Rückweg beginnt auf dem Hunte-Radweg. Es geht in Flussnähe durch eine Wiesenlandschaft mit Wäldern und Binnendünen in das schöne Ostrittrum, wo immer sonntags das 7 / Kaffeehaus Hof Schweers öffnet. Über ein paar Hügelchen kommen wir an der 8 / Großsteingrabanlage Steenberg vorbei und über Sandhatten nach Kirchhatten. Nach einer Walddurchfahrt erreichen wir Dingstede, eines der ältesten Dörfer der Region. Seinen Namen hat der Ort von einer Tingstätte, einem vorchristlichen Versammlungsort, der in Ortsnähe nachgebaut wurde. Über kleine Straßen ist es von dort nicht mehr weit zum unter Bäumen idyllisch gelegenen 9 / Sandersfelder See. Dessen Sandstrände laden zur Rast und zum Bad ein.

BADEN IM WALD

Der 9 / Sandersfelder See ist ein einladender Baggersee am Waldrand. Es gibt kleine Sandstrände und einen freundlichen Rundweg, der um den See herumführt.

3500 – 2900 V.CHR.

Die Reste der 8 / Großgrabanlage Steenberg gehören mit zu einer Reihe von Grabanlagen der Region. Die recht stark zerstörte Anlage stammt aus der Jungsteinzeit. In der Nähe befindet sich ein gut erhaltenes Ganggrab. Diese neolithischen Anlagen werden der Trichterbecherkultur zugerechnet.

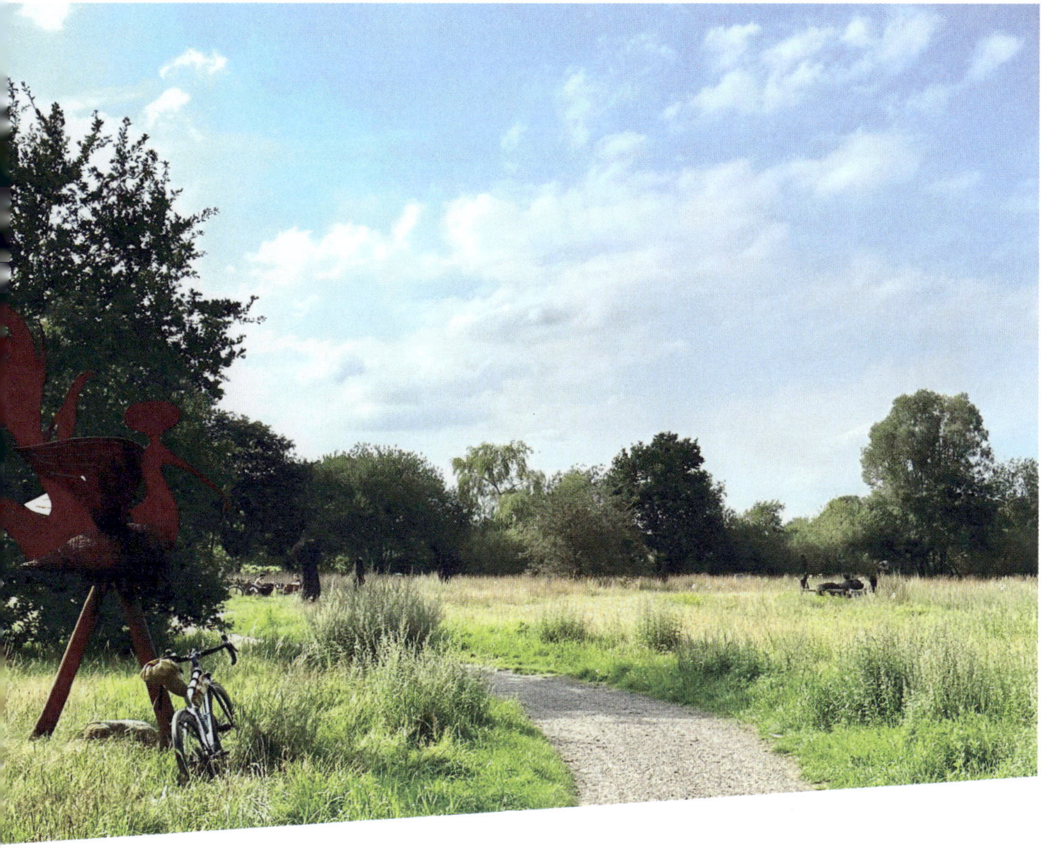

Finale

Nach wenigen Kilometern, die erst kurz auf einem Radweg und dann über schmale Straßen führen, biegen wir ein in das Finale dieser Tour: Wunderbar geht es auf einem schmalen Schotterweg an Wiesen und dem verträumten Ufer des Huder Baches entlang. Zwischendrin passieren wir das 10 / Huder Skulpturenufer und rollen die letzten Meter durch den 1 / Parkplatz Kirchstraße, nicht ohne einen Stopp in der nahen 11 / Klosterschänke.

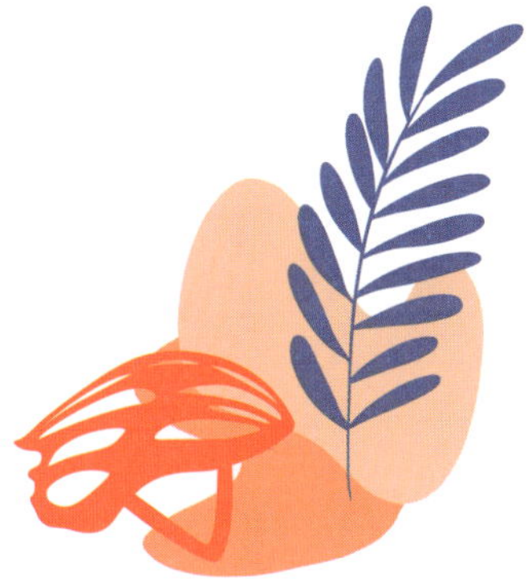

⮝ oben / Das Skulpturenufer Hude liegt am Huder Bach

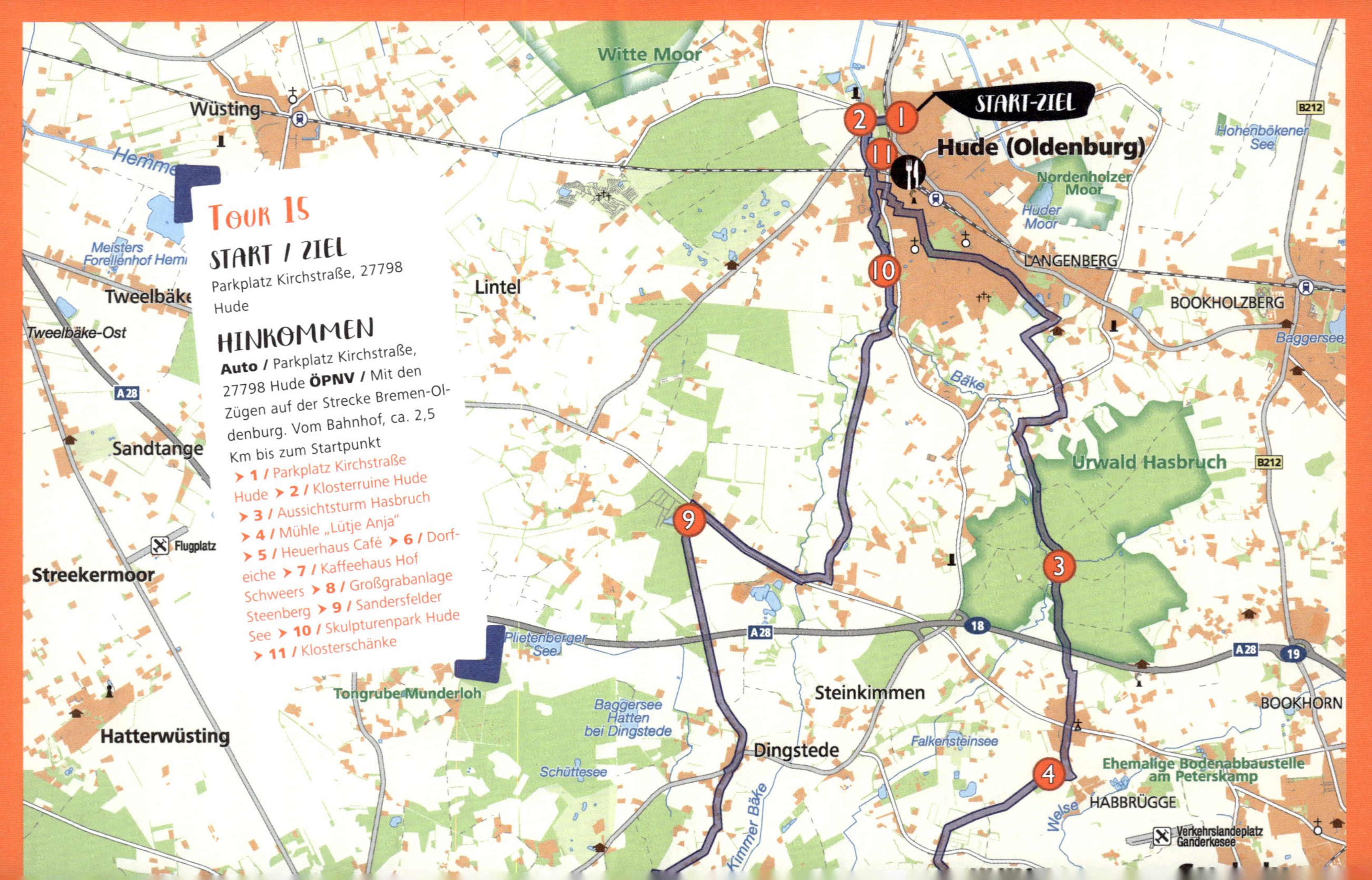

Tour 15
START / ZIEL
Parkplatz Kirchstraße, 27798 Hude
HINKOMMEN
Auto / Parkplatz Kirchstraße, 27798 Hude ÖPNV / Mit den Zügen auf der Strecke Bremen-Oldenburg. Vom Bahnhof, ca. 2,5 Km bis zum Startpunkt
› 1 / Parkplatz Kirchstraße Hude › 2 / Klosterruine Hude › 3 / Aussichtsturm Hasbruch › 4 / Mühle „Lütje Anja“ › 5 / Heuerhaus Café › 6 / Dorfeiche › 7 / Kaffeehaus Hof Schweers › 8 / Großgrabanlage Steenberg › 9 / Sandersfelder See › 10 / Skulpturenpark Hude › 11 / Klosterschänke
START-ZIEL
Hude (Oldenburg)
Witte Moor
Wüsting
Hemme
Meisters Forellenhof Hem
Tweelbäke
Tweelbäke-Ost
Sandtange
Flugplatz
Streekermoor
Hatterwüsting
Lintel
Tongrube Munderloh
Baggersee Hatten bei Dingstede
Schüttesee
Dingstede
Kimmer Bäke
Plietenberger See
Steinkimmen
Falkensteinsee
Nordenholzer Moor
Huder Moor
LANGENBERG
BOOKHOLZBERG
Baggersee
Hohenbökener See
B212
Bäke
Urwald Hasbruch
A28
18
19
BOOKHORN
Ehemalige Bodenabbaustelle am Peterskamp
HABBRÜGGE
Welse
Verkehrslandeplatz Ganderkesee

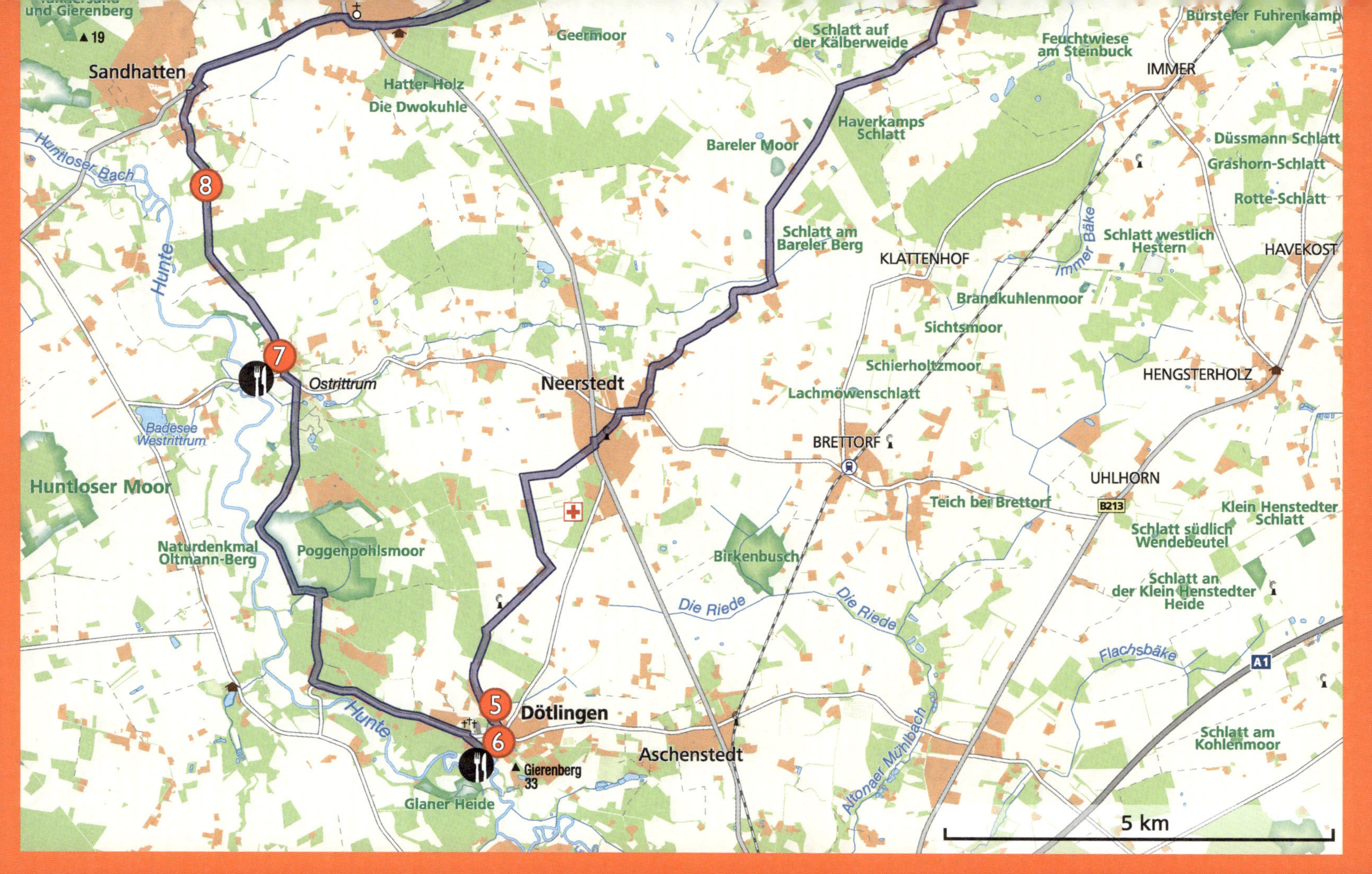
und Gierenberg
19
Sandhatten
Geermoor
Schlatt auf der Kälberweide
Feuchtwiese am Steinbuck
Bürsteler Fuhrenkamp
IMMER
Hatter Holz
Die Dwokuhle
Haverkamps Schlatt
Bareler Moor
Düssmann Schlatt
Grashorn-Schlatt
Rotte-Schlatt
Huntloser Bach
8
Hunte
Schlatt am Bareler Berg
KLATTENHOF
Immer Bäke
Schlatt westlich Hestern
HAVEKOST
Brandkuhlenmoor
Sichtsmoor
7
Ostrittrum
Neerstedt
Schierholtzmoor
HENGSTERHOLZ
Lachmöwenschlatt
Badesee Westrittrum
BRETTORF
Huntloser Moor
UHLHORN
Teich bei Brettorf
B213
Klein Henstedter Schlatt
Schlatt südlich Wendebeutel
Naturdenkmal Oltmann-Berg
Poggenpohlsmoor
Birkenbusch
Schlatt an der Klein Henstedter Heide
Die Riede
Die Riede
Flachsbäke
A1
5
Dötlingen
6
Aschenstedt
Gierenberg 33
Schlatt am Kohlenmoor
Altonaer Mühlbach
Glaner Heide
5 km

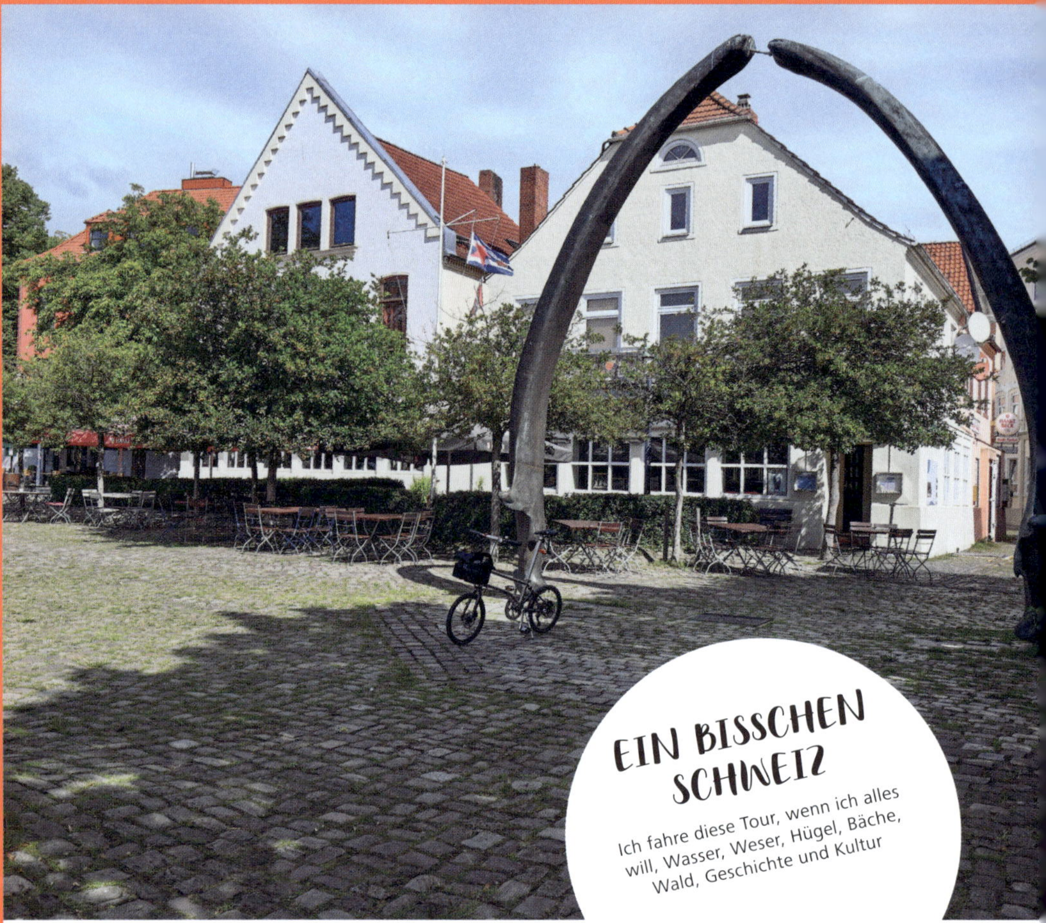

EIN BISSCHEN SCHWEIZ

Ich fahre diese Tour, wenn ich alles will, Wasser, Weser, Hügel, Bäche, Wald, Geschichte und Kultur

➤ **1 /** Am Bahnhof Vegesack geht es los

➤ **2 /** Auf der Terrasse des Havenhaus sitzen und den Utkiek genießen

➤ **3 /** Die Zwangsarbeiter - Gedenkstätte Bahrsplate besuchen

➤ **4 /** Am Fähranleger Farge an den Strand auf die Julius Plate übersetzen

➤ **5 /** Einen Rundgang durch den Denkort Bunker Valentin machen

➤ **6 /** Das Museum Schmiede Beckedorf besuchen

➤ **7 /** Das Museum Schloss Schönebeck erkunden

➤ **8 /** Im Kränholm Kunst Café passen Kaffee, Kuchen und Kunst zusammen

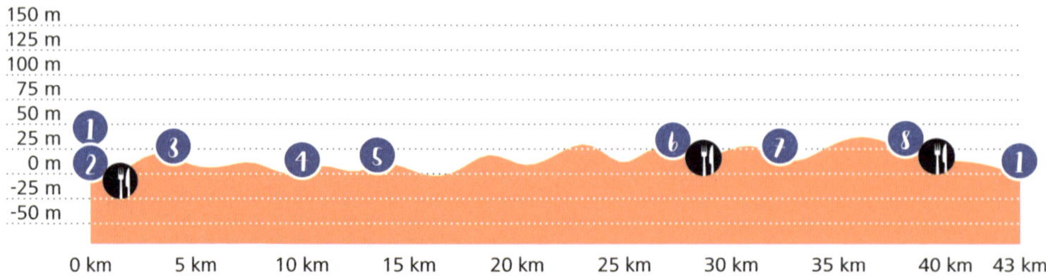

BERG & WAL

Kontrastreiche Tour entlang des maritimen Ufers von Bremen Nord und über die Bremer Schweiz zurück

Die Route führt durch die maritime Geschichte und Gegenwart des Bremer Nordens und geht durch das sanfthügelige Profil der „Bremer Schweiz" ans Lesumufer und zurück nach Vegesack.

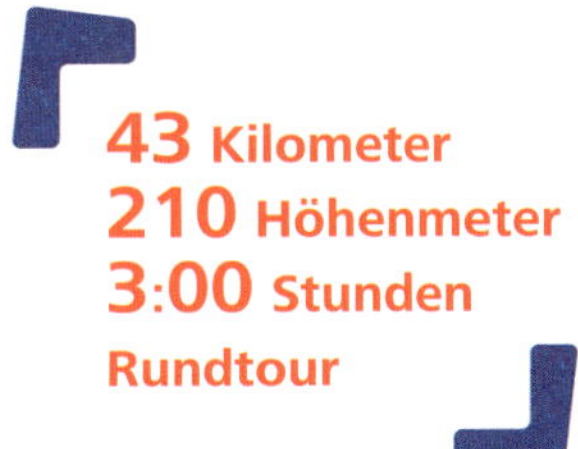

Maritime Meile

Wir starten vor dem 1 / Bahnhof Vegesack und stehen nach nur einer Straßenquerung am Vegesacker Hafen, zwischenzeitlich der Rettungsanker Bremens, um der Versandung der Weser zu entkommen. 1622 wurde der künstlich angelegte Hafen eröffnet. Längst dient er nur noch als Museumshafen. Traditionsschiffe wie der Seenotrettungskreuzer „Bremen" oder der Heringslogger „BV2" machen hier fest. Im 18. Jahrhundert war Vegesack ein wichtiger Walfanghafen. Jährlich legten bis zu 25 Walfangschiffe in arktische Gewässer ab. Mancher Reeder schmückte sein Haus mit Walkiefer-Trophäen. Jene vor dem 2 / Haven-

CHARAKTER

Sportlich ●●●●○
Abkühlung ●●○○○
Schlemmen ●●●○○
Panorama ●●●●○

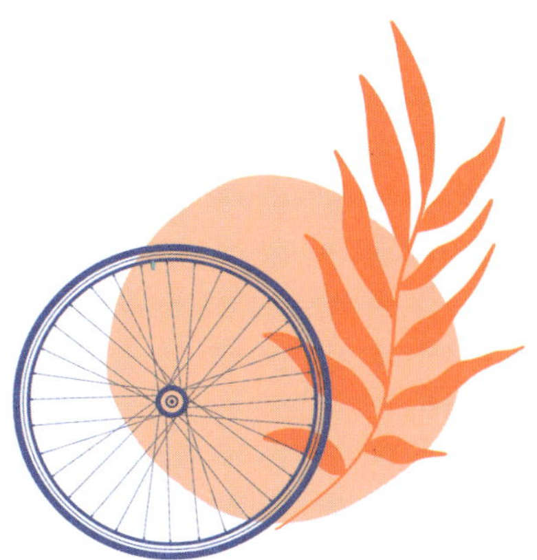

TOURENINFO / Überwiegend auf befestigten, autofreien Wegen oder durch Wohnstraßen. Im zweiten Teil ab und an auf meist sehr gut fahrbaren unbefestigten Strecken, selten auf Radwegen entlang von Autostraßen.

< links / Das Havenhaus war Sitz des Hafenmeisters und die Walkiefer Walfangtrophäen kamen als Walfangtrophäen nach Vegesack

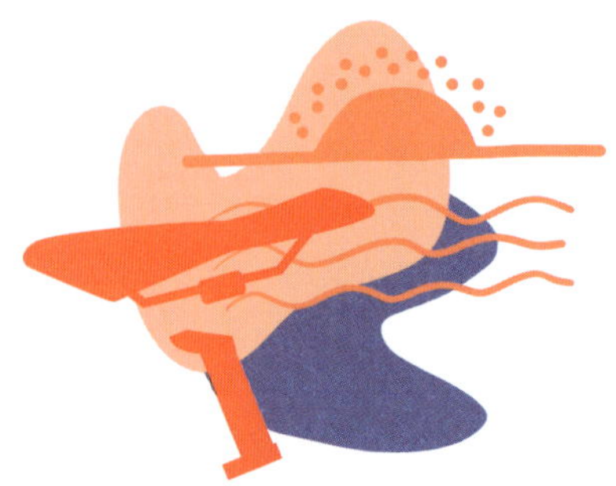

haus, welches früher das Dienstgebäude des Hafenmeisters war, heute ist es Restaurant und Hotel, sind mittlerweile aus Gründen der Haltbarkeit in Bronze gegossen. Wir fahren am Fähranleger vorbei und nehmen die Uferpromenade. Im 19. und 20. Jahrhundert etablierte sich der industrielle Schiffbau in Vegesack. Die 1875 gegründete Lürssen-Werft existiert bis heute. Auf ihren Helgen laufen Luxusyachten und Marineschiffe vom Stapel. Der Stadtgarten am Fuße des steil aufsteigenden Geesthangs begleitet uns flussabwärts. Albrecht Roth, Arzt und Autor der ersten Gesamtflora Deutschlands legte hier Ende des 18. Jahrhunderts einen botanischen Garten an, der auch von Johann Wolfgang Goethe mit Interesse bedacht wurde.

MIT DEN FÜSSEN IM SAND

Mit der Fähre vom 4 / Fähranleger Farge dauert es nur eine kleine Flussfahrt zu den feinen Sandstränden von Julius Plate. Platen sind Flussinseln, diese hat Café-Anschluss.

Bremer Vulkan

Am Ende der Promenade begann das Werfgelände des Bremer Vulkan. Die Großwerft war bis 1996 wichtigster Arbeitgeber im Bremer Norden. Dann musste die Werft schließen und hinterließ eine Lücke, die trotz vieler Neuansiedlungen nachwirkt. Wir nehmen den Weg bergauf und fahren durch eine Wohnstraße mit ehemaligen Kapitänshäusern, bis wir Wätjens Park erreichen. Hier verlassen wir für einige Kilometer die beschilderte Route und nehmen den Weg, der durch den Park führt. Sehr britisch tickte offensichtlich der Bremer Kaufmann und Reeder Wätjen, der in der ersten Hälfte des 19. Jahrhunderts rund um seinen Sommersitz einen englischen Landschaftspark anlegen ließ. Mittendrin das Sommerhäuschen: ein neogotischer Bau im Tudor Stil.

Bremer Woll-Kämmerei

Am Ende des Parks queren wir die Straße und fahren auf das Gelände der Woll-Kämmerei. Seit 1884 wurde hier Schafswolle ge-

---

➤ rechts oben / Die Maritime Meile mit Blick auf den Fluss und die Werften

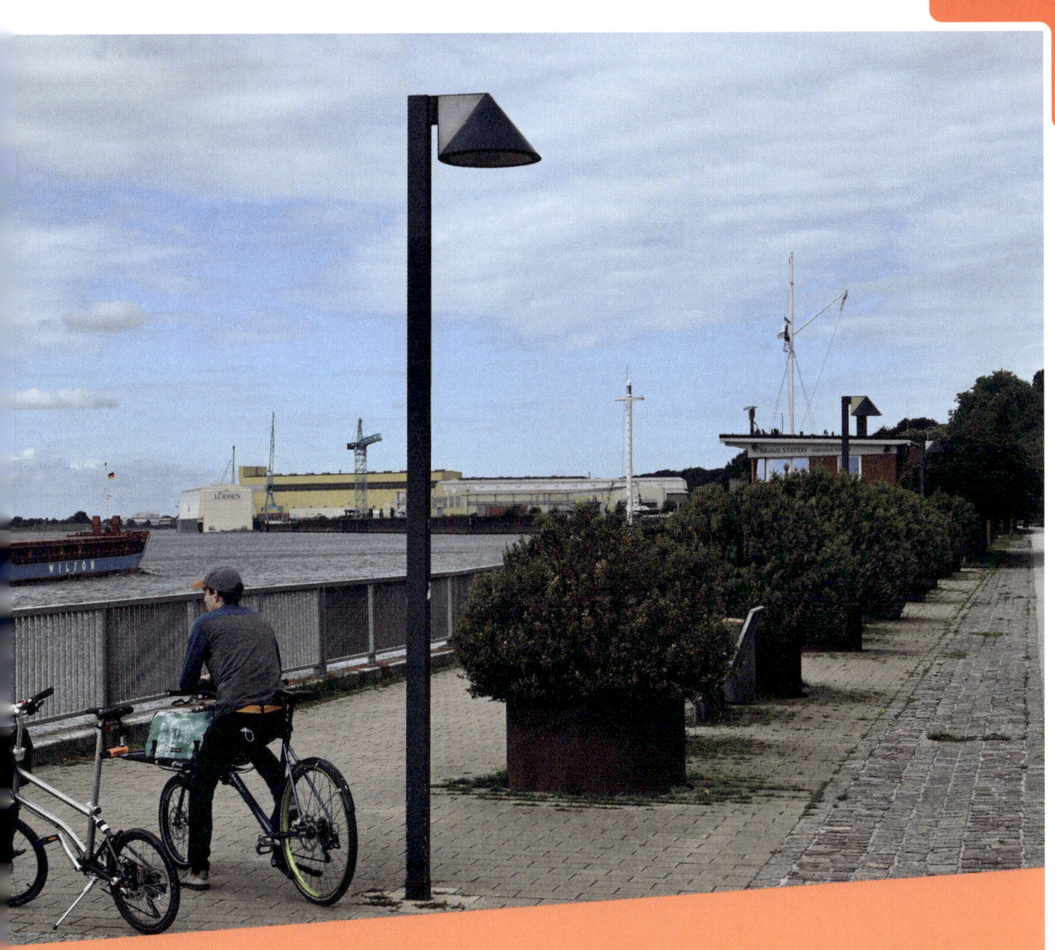

1,852 K

Eine Seemeile lang ist der maritime Boulevard in Vegesack. Gut, alles dazugerechnet: Museumshafen, Havenhaus mit Walkiefern und KITO, die alte Signalanlage, Stadtgarten mit Weserblick, Schlepper „Regina". Einmal im Jahr findet auf der Meile das internationale „Festival Maritim" statt.

TANKLAGER

Unter der Weseridylle und dem grünen Dickicht steckt üble Kriegsinfrastruktur des nationalsozialistischen Deutschlands. Hier befand sich das weltweit größte unterirdische Tanklager.

waschen und gekämmt, später auch zu Garnen verarbeitet. Nach dem Start mit 150 Beschäftigten wuchs der Betrieb schnell. 1886 arbeiteten bereits 2000 Menschen „auf der Wolle", viele von ihnen kamen aus Polen, Schlesien, Ost- und Westpreußen, Sachsen und Rheinland. Die BWK war lange Zeit das größte Unternehmen dieser Art weltweit. 2009 wurde die Verarbeitung von Rohwolle eingestellt. Die Gebäude stehen teils unter Denkmalschutz und das Gelände wird als Gewerbegebiet neu entwickelt.

Platen

Wir kehren auf die beschilderte Streckenführung zurück und passieren 3 / Bahrsplate. In dem Park hinter dem Deich erinnert eine Gedenkstätte an die mehr als 1.100 Zwangsarbeiter, die während des II. Weltkriegs unter den Nationalsozialisten in der Kämmerei arbeiten mussten und die auf der Plate in Baracken untergebracht waren. Der Weg führt von dort teils direkt an der Weser zum Fähranleger Farge. Drüben auf der anderen Weserseite locken die Strände der 4 / Fähranleger Farge. Vor den Weserkorrektionen war die

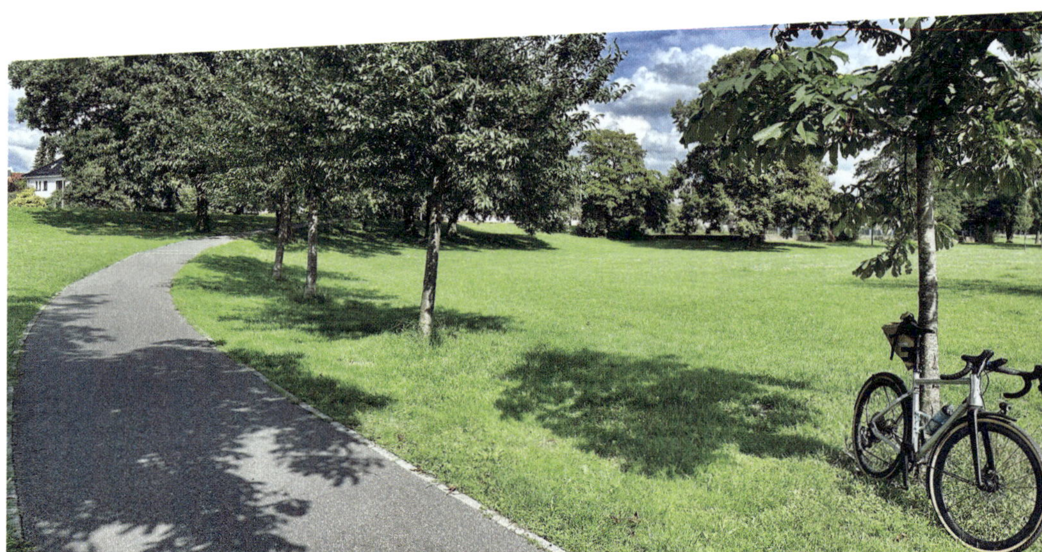

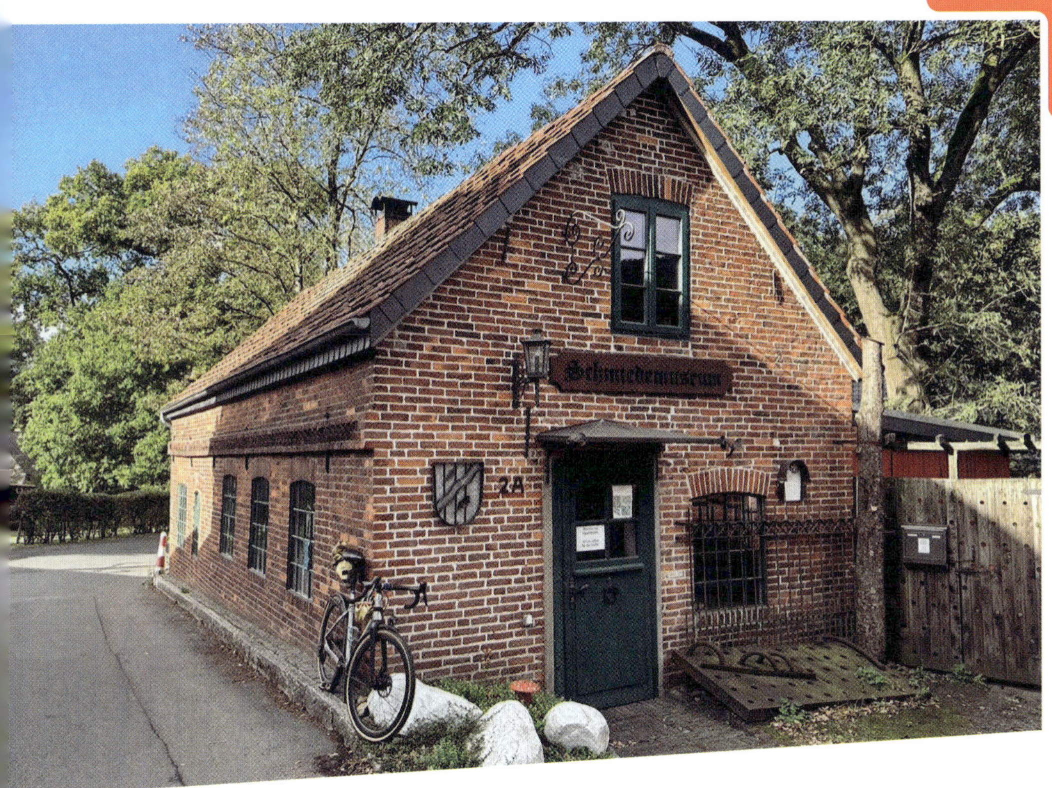

Unterweser ein Mündungsdelta mit zahlreichen Sänden, Inseln und Nebenarmen. Ein Wasserirrgarten für Nautiker, der die Bremer Kaufleute um die Existenz des Hafens fürchten ließ. Wer Lust hat, macht eine kleine Fährkreuzfahrt an den Strand gegenüber und zurück.

Denkort Bunker Valentin

Wir fahren um das Kraftwerk Farge herum und kehren an den Weserdeich zurück. Bald kommt ein Bau monströsen Ausmaßes in Sicht: Die Ruine des U-Boot-Bunkers Valentin. Am Rekumer Tief planten die Nationalsozialisten eine luftangriffsgeschützte gigantische Ausstattungswerft für ihre U-Boot-Flotte. Tausende Zwangsarbeiter mussten für den nationalsozialistischen Wahn arbeiten, viele ließen auf der Baustelle ihr Leben. Der 5 / Denkort Bunker Valentin macht Teile des Schreckensortes zugänglich und erinnert an Unrecht, Leid und Vernichtung.

Auf und ab

Ein Stück weit folgen wir dem Deich und machen uns dann auf den Rückweg. Von nun an geht es sanft auf und ab. Anfangs erinnern

KM 15

Der 5 / Denkort Bunker Valentin liegt als Monstrum am Weserufer am Rekumer Tief. Tausende Zwangsarbeiter kamen bei dem Bau des U-Boot-Bunkers ums Leben. Das Dokumentationszentrum und ein kommentierter Rundgang zeigen das Leiden der Zwangsarbeiter.

< links / Bahrsplate ^ oben / Das kleine Schmiedemuseum liegt in Beckedorf an unserer Wegstrecke

Straßennamen wie die Betonstraße, seltsam verlassene Schienenstränge und gesperrte Areale an Arbeitslager, KZ-Außenlager und ein gigantisches Tanklager, die die Nationalsozialisten hier betrieben. Das Tanklager war auch nach dem Krieg noch bis 2015 in Betrieb und an das Nato Pipeline Netz angeschlossen.
Nicht weit entfernt kommen wir in das Naturschutzgebiet Eispohl/ Sandwehen. Der See kam zu seinem Namen, weil die Rönnebecker Brauerei vor dem Ersten Weltkrieg aus dem winterlich vereisten See herausgesägte Eisquader zum Kühlen nutzte.

8 / KRÄNHOLM

Eigentlich das Obergeschoss eines Hauses, das Baron Knoop bauen ließ, lädt Kränholm heute zu Kunstausstellungen und zu Kaffee und Kuchen ein.

Burg und Schloss

Weiter geht es am Freibad und Burgwallstadion vorbei nach Blumenthal, das seinen Namen von der Burg Blomendal etwas abseits der Strecke hat. Im 14. Jahrhundert wurde die schlichte Burg von Rittern erbaut und war den Bremer Kaufleuten prompt so suspekt, dass sie sie kauften. Danach bietet sich ein Stopp am 6 / Beckedorfer Schmiedemuseum und in der Gaststätte Zur Waldschmiede an. Von der Schmiede ist es nicht mehr weit bis zum 7 / Schloss Schönebeck. Bremens einziges Schloss liegt hübsch an der zu einem Teich gestauten Schönebecker Au, ist im Besitz der Stadt und beherbergt ein Museum.

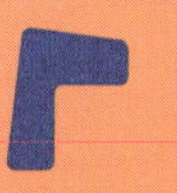

28,5 M

Bremens höchster natürlicher Punkt liegt im Friedehorster Park, mitten in der Bremer Schweiz. Die leicht hügelige Geestlandschaft mit ihren Bächen und Wäldern ist lange schon begehrter Wohnort und Heimat von Naturschutzgebieten und großartiger Parks.

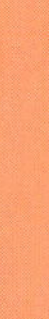

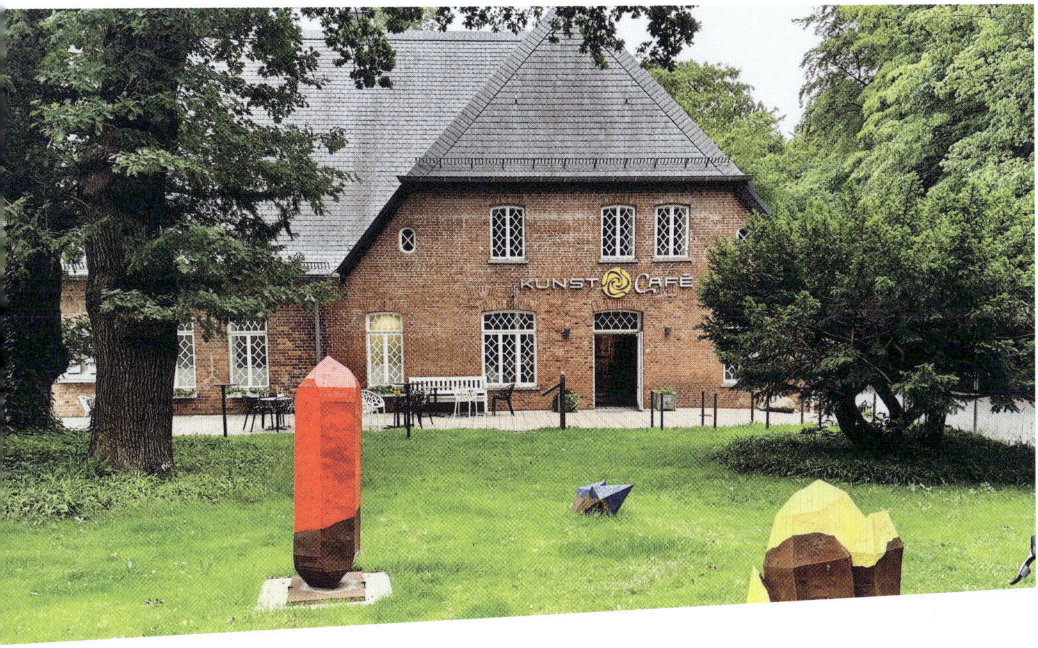

Top of Bremen

Im Friedehorstpark um die Ecke hat Bremen seine höchste natürliche Erhebung: 28,5 Meter. Prompt nennen Bremer die Gegend „Bremer Schweiz". Na ja! Bevor wir gen Lesum radeln, machen wir einen winzigen Umweg. Auf einer ehemaligen Kuhweide entstand Anfang der fünfziger Jahre die Lehnhof-Siedlung, ein sehenswertes Gebäudeensemble aus 14 Landhäusern. Der Baustil orientiert sich an niedersächsischen Bauernhäusern. Auffallend sind die tief heruntergezogenen Walmreetdächer und die großen Kamine.

Kränholm und Knoops Park

8 / Haus Kränholm wurde von Baron Knoop, einem der mächtigsten Textilindustriellen des 19. Jahrhunderts für seine Tochter gebaut, stand ursprünglich woanders und sollte abgerissen werden. Nur das Obergeschoss konnte gerettet werden und ist die Heimstatt für Ausstellungsräume und ein Café. Wir fahren durch Knoops Park, einen englischen Landschaftspark, den der Textilindustrielle am damals sandigen und baumlosen Geestabhang anlegen ließ, steil hinunter zum Lesum-Uferweg. Diesem folgen wir zurück bis zum Vegesacker Hafen und zum 1 / Vegesacker Bahnhof.

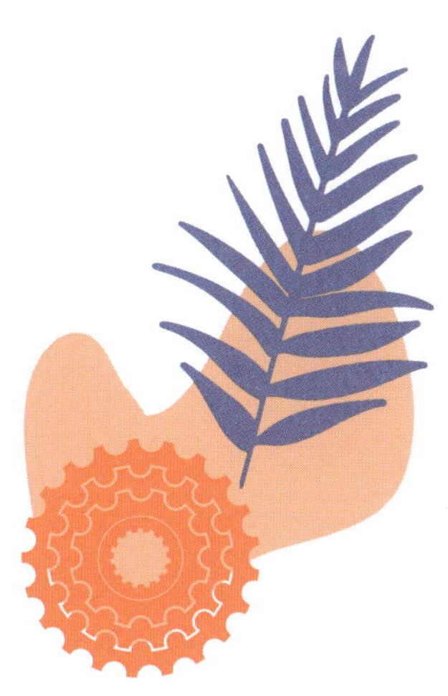

⋀ oben / Das Kunstcafè Knoops Park bringt Kunst und Kaffee zusammen

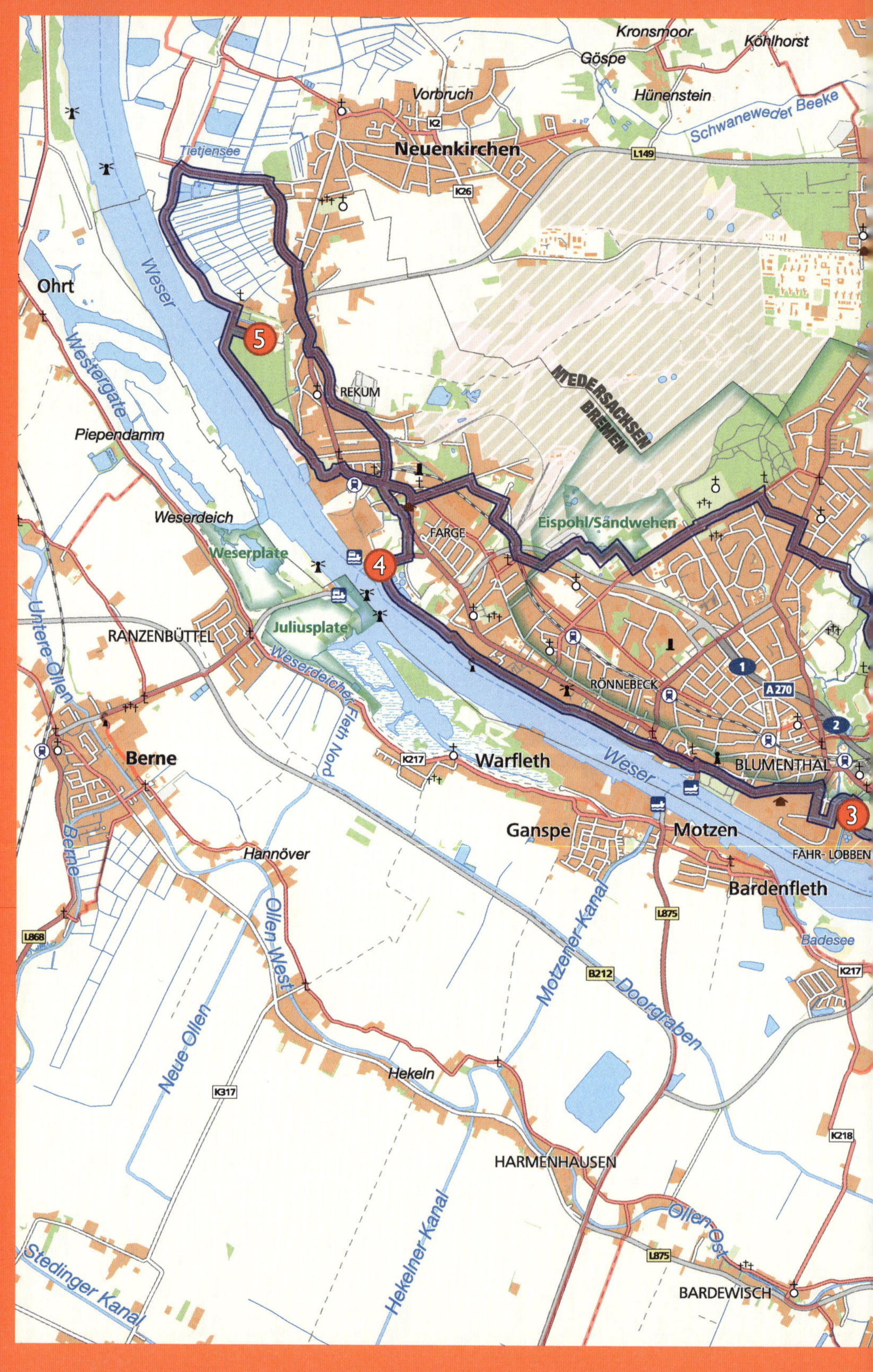

Kronsmoor
Köhlhorst
Göspe
Vorbruch
Hünenstein
Schwaneweder Beeke
K2
Neuenkirchen
L149
Tietjensee
K26
Ohrt
Weser
Westergate
5
REKUM
NIEDERSACHSEN
BREMEN
Piependamm
Weserdeich
FARGE
Eispohl/Sandwehen
Weserplate
4
Juliusplate
RANZENBÜTTEL
Untere Ollen
Weserdeicher Fleth Nord
1
RÖNNEBECK
A 270
2
Berne
K217
Warfleth
Weser
BLUMENTHAL
3
Ganspe
Motzen
FÄHR- LOBBEN
Berne
Hannöver
Bardenfleth
L875
L868
Ollen-West
Motzener Kanal
Badesee
B212
K217
Doorgraben
Neue Ollen
K317
Hekeln
K218
HARMENHAUSEN
Hekelner Kanal
Ollen-Ost
L875
Stedinger Kanal
BARDEWISCH

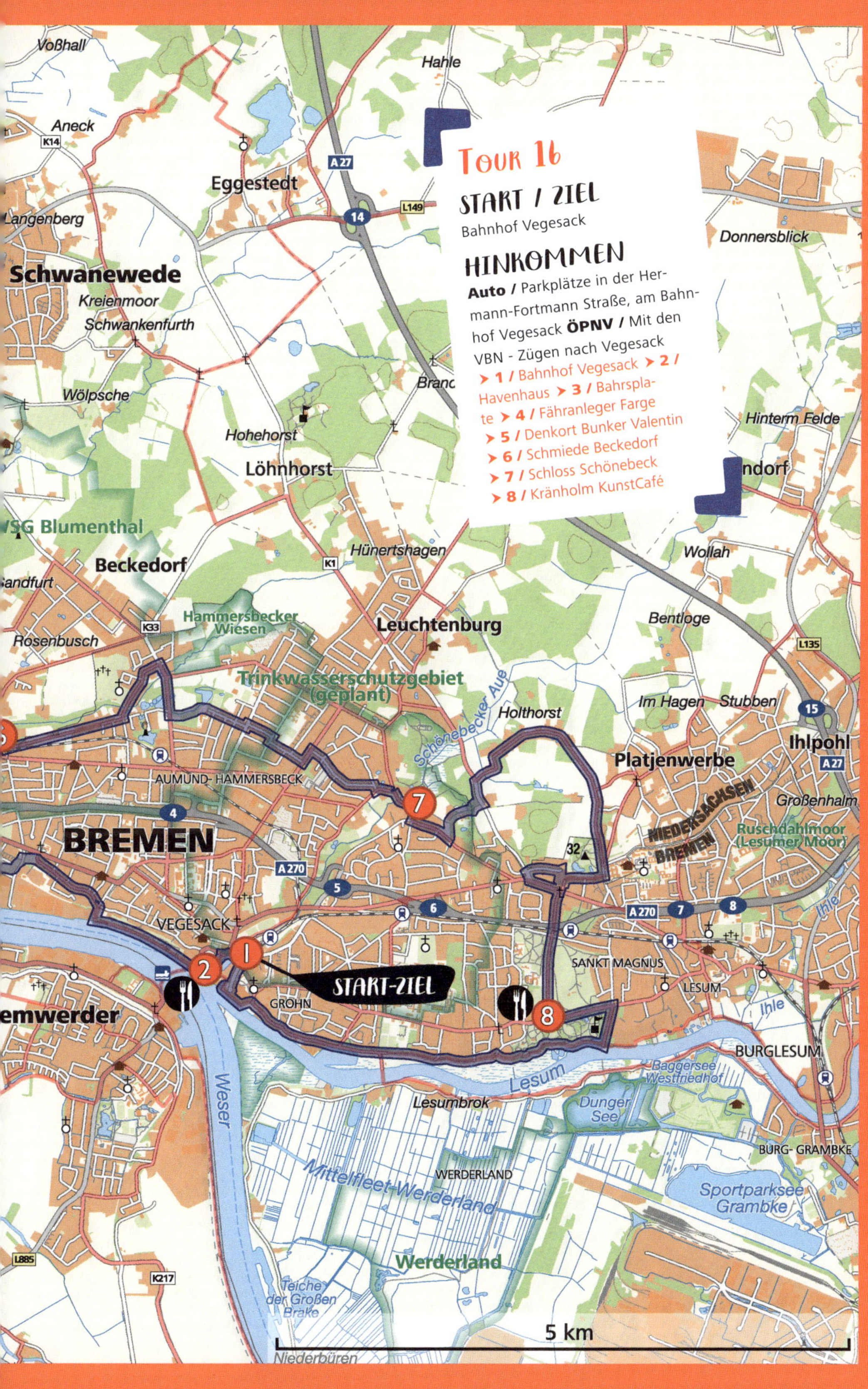

Tour 16
START / ZIEL
Bahnhof Vegesack
HINKOMMEN
Auto / Parkplätze in der Hermann-Fortmann Straße, am Bahnhof Vegesack ÖPNV / Mit den VBN - Zügen nach Vegesack
➤ 1 / Bahnhof Vegesack ➤ 2 / Havenhaus ➤ 3 / Bahrsplate ➤ 4 / Fähranleger Farge ➤ 5 / Denkort Bunker Valentin ➤ 6 / Schmiede Beckedorf ➤ 7 / Schloss Schönebeck ➤ 8 / Kränholm KunstCafé
START-ZIEL
BREMEN
Schwanewede
Eggestedt
Löhnhorst
Beckedorf
Leuchtenburg
Platjenwerbe
Ihlpohl
VEGESACK
GROHN
SANKT MAGNUS
LESUM
BURGLESUM
BURG- GRAMBKE
WERDERLAND
Werderland
Weser
Lesum
5 km

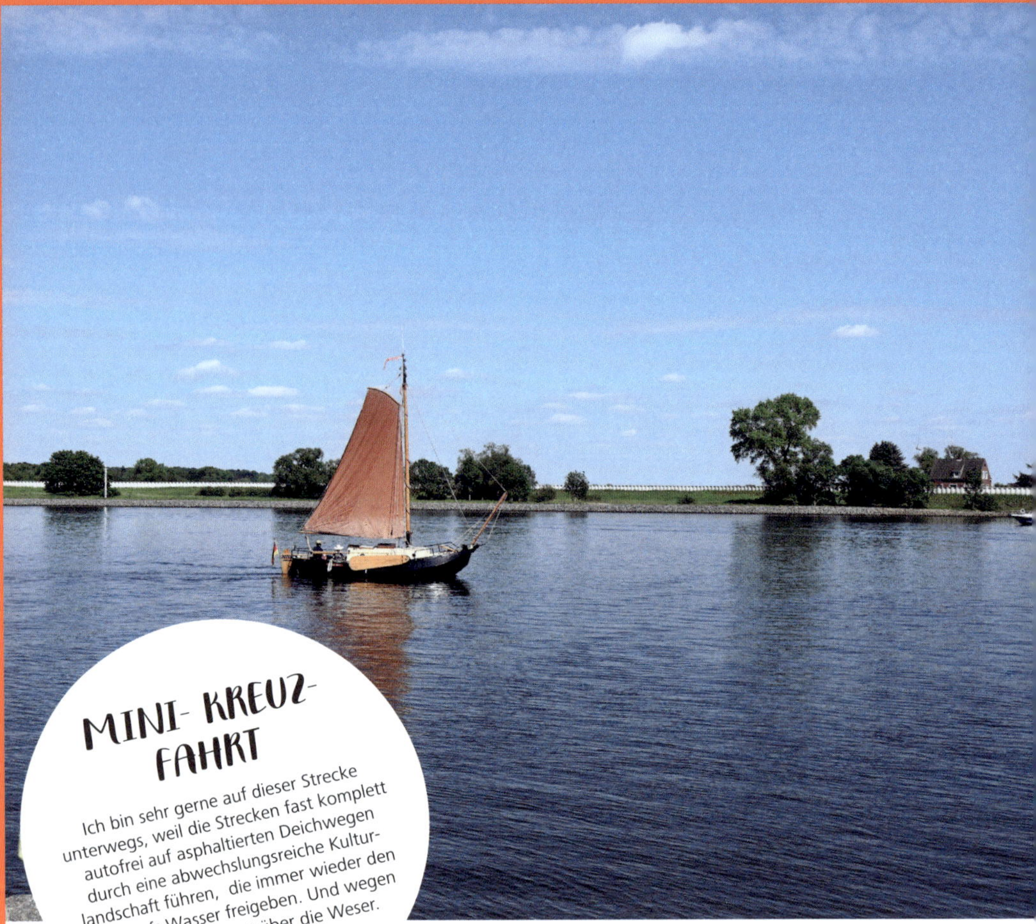

MINI-KREUZFAHRT

Ich bin sehr gerne auf dieser Strecke unterwegs, weil die Strecken fast komplett autofrei auf asphaltierten Deichwegen durch eine abwechslungsreiche Kulturlandschaft führen, die immer wieder den Blick aufs Wasser freigeben. Und wegen der Fährkreuzfahrt über die Weser.

➤ **1 /** Am Hauptbahnhof Nordausgang geht es los

➤ **2 /** Im Stadtwaldsee baden

➤ **3 /** Im Gasthaus Dammsiel unter Obstbäumen der Wümme zuschauen

➤ **4 /** Die Geschichte Vegesacks im Vegesacker Geschichtenhaus erleben

➤ **5 /** Overbeck Malerei im Overbeck Museum anschauen

➤ **6 /** Einen Kilometer Grafitti der WeserSide Gallery bestaunen

➤ **7 /** Am Ochtumsperrwerk gibt es bei der Fischbude Büsing sonntags Fischbrötchen

➤ **8 /** Leckere Hamburger bei simpleburger Hafenkante im Hohentorshafen

➤ **9 /** Einen Gang durch die Kulturkirche St. Stephani machen

➤ **10 /** Im Café Heinrich an den Wallanlagen ausschnaufen

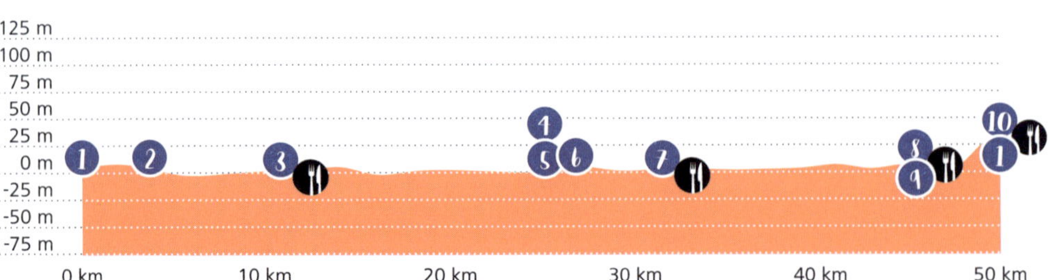

DEICHWÄRTS

Vegesack und zurück

Die Tour folgt der Wümme bis sie zur Lesum wird und im maritimen Vegesack in die Weser mündet. Dort besteigen wir die Fähre, wechseln die Weserseite und fahren auf und an Deichen, Werften und Häfen vorbei zurück in die Stadt.

50 Kilometer
110 Höhenmeter
3:30 Stunden
Rundtour

Holländische Siedler

Wir fahren vom 1 / Hauptbahnhof Nordausgang zum Bürgerpark und am Torfkanal zur Kleinen Wümme. Vorbei am 2 / Stadtwaldsee geht es raus aus der Stadt. Bald schweift der Blick über Wiesen, die nach Norden bis zum Horizont gehen. Das Grabensystem, das sie durchzieht, haben freie holländische Siedler ab dem 12. Jahrhundert angelegt, um das nasse und sumpfige Land zu entwässern und urbar zu machen. Wir kurven auf dem Sträßchen, bis wir in Dammsiel den Wümmedeich erreichen. Hier mündet die Kleine Wümme an einem Siel in die tideabhängige Wümme. Eine Schleuse ermöglicht die Ein- und Ausfahrt für Ka-

CHARAKTER

Sportlich ●●●○○
Abkühlung ●●○○○
Schlemmen ●●●○○
Panorama ●●●●●

TOURENINFO / Nahezu ausschließlich auf autofreien, meist perfekt glatten Rad- und Deichwegen. Gut geeignet auch für Rad-Anhänger. Die Fährfahrt über die Weser ist ticketpflichtig. Badesachen nicht vergessen!

‹ links / Die Weser mit Tjalk und Werderland

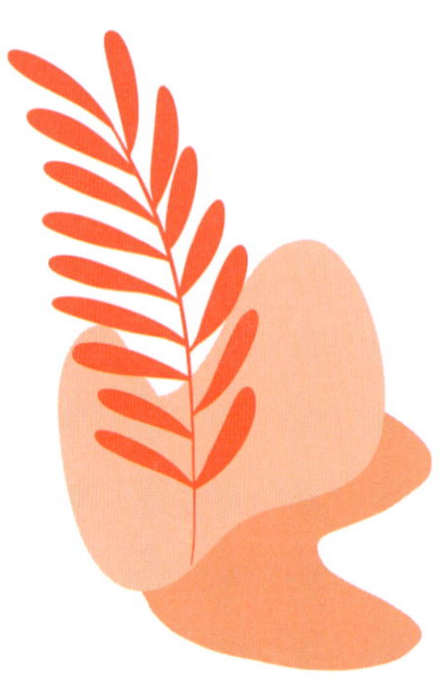

nus und Kajaks. Gebaut wurde die Schleuse für die Torfschiffahrt. Neben der Schleuse sitzt man im 3 / Gasthaus Dammsiel postkartenreif unter Apfelbäumen am Fluss und darf sich wundern, wie rasant das Wasser, 70 Kilometer von der Nordseeküste entfernt, bei Flut aufläuft.

Das Regiment des Wassers

Weiter geht's auf dem Deich flussabwärts. Wegen der notorischen Überschwemmungsgefahr lebten die Siedler zunächst auf Warften, später erst begann der Bau von Deichen, auf denen auch heute noch die Fachwerkhöfe stehen. Wir folgen dem Sträßchen, queren die Ritterhuder Straße und kommen nach Wasserhorst. Die Dorfkirche steht auf einem Hügel. Nicht sicher ist, ob die Siedlerkirche im 12. Jahrhundert auf einer Warft oder einer Düne errichtet wurde. Ihre Lage wie in einem Horst über dem monatelang überschwemmten Land jedenfalls gab dem Ort den Namen. Ein paar Deichkurven weiter entwässert das Schöpfwerk Wasserhorst den gesamten Bremer Osten und Norden. Neben den modernen, fast unsichtbar in den Deich gebauten Elektropumpen stehen die Reste des alten Schöpfwerks. Ende des 19. Jahrhunderts arbeiteten hier erstmals von Dampfmaschinen angetriebene Pumpen und ermöglichten, das Land auch zu entwässern, wenn das Wasser außendeichs höher stand.

MARITIMES PLÄTZCHEN

Auf der Terrasse des Havenhauses geht der Blick auf die Walkiefer und die Weser. Nicht umsonst heißt der Ort zwischen Hafeneinfahrt und Weser „Utkiek“

Diesel- und Gasvorräte

Wir unterqueren die A27 und fahren rechts auf den Lesumdeich. Links vom Deich erstrecken sich Wiesen, unter denen in einem Salzstock riesige Kavernen immense Diesel- und Gasvorräte als Teil des gesetzlich vorgeschriebenen Treibstoffvorrats bergen. Die Lesum, auf deren Deich wir jetzt rollen, entsteht wenige hundert Meter

---

➤ rechts oben / Das Lesumsperrwerk macht dicht, wenn Hochwasser aus der Weser droht

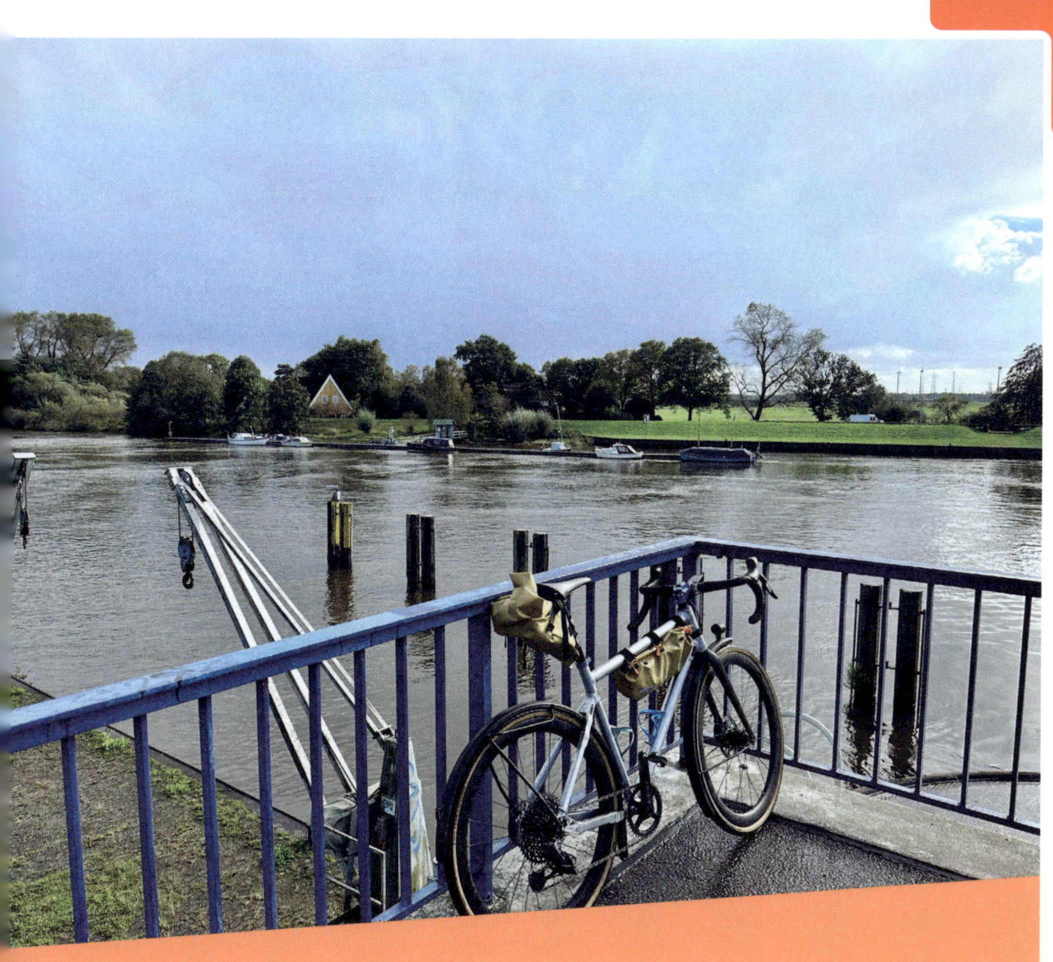

25.368.341 M³

So viel Wasser pumpte das Schöpfwerk Wasserhorst im Jahresdurchschnitt aus dem Blockland und dem Bremer Nordosten in die Lesum. Das aktuelle Schöpfwerk ist in den Deich verbaut. Daneben stehen Mauerreste des alten Schöpfwerkes wie eine romantische Burgruine.

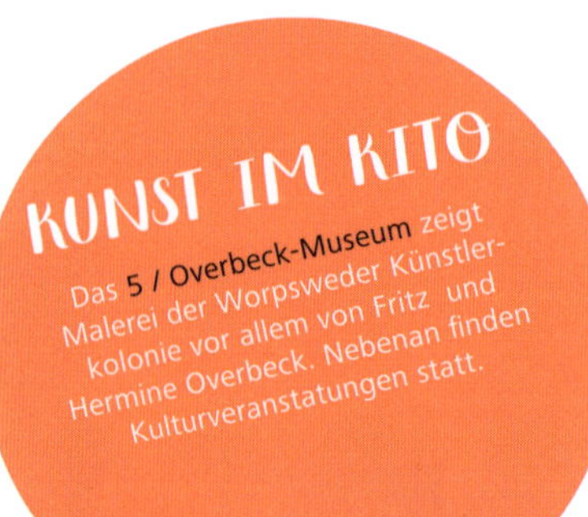

entfernt aus dem Zusammenfluss von Wümme und Hamme und ist kurz: nur knappe, aber sehr schöne 10 Kilometer weiter mündet der Fluss in die Weser. Wir folgen dem Deich und kommen an ehemaligen und aktiven Schiffsbaubetrieben vorbei nach Burg. Dort queren wir die Grambker Heerstraße und halten von der Deichkrone Ausschau. Rechts kommt das Hohe Ufer, der Südabhang der Osterholzer Geest, in Sicht. Am Hang bauten sich vermögende Bremer Kaufleute Sommerresidenzen und legten Landschaftsparks an. So auch Baron Knoop, erfolgreicher Textilmagnat im vorrevolutionären Russland. Seine schlossartige Villa im Tudor Stil ist abgerissen, aber im Park findet alljährlich das Klassikfestival „Sommer in Lesmona" statt. Ein Muss für Klassikfans. Links des Deiches erstreckt sich das weite Werderland. Durchzogen von Wassergräben gilt das Marschenland als eines der spannendsten Naturschutzgebiete der Region.

Hafenflucht flussabwärts

Über das Lesumsperrwerk führt der Weg Richtung Vegesack, Halbzeit-Ziel und Turningpoint unserer Rundreise. Das Sperrwerk schließt

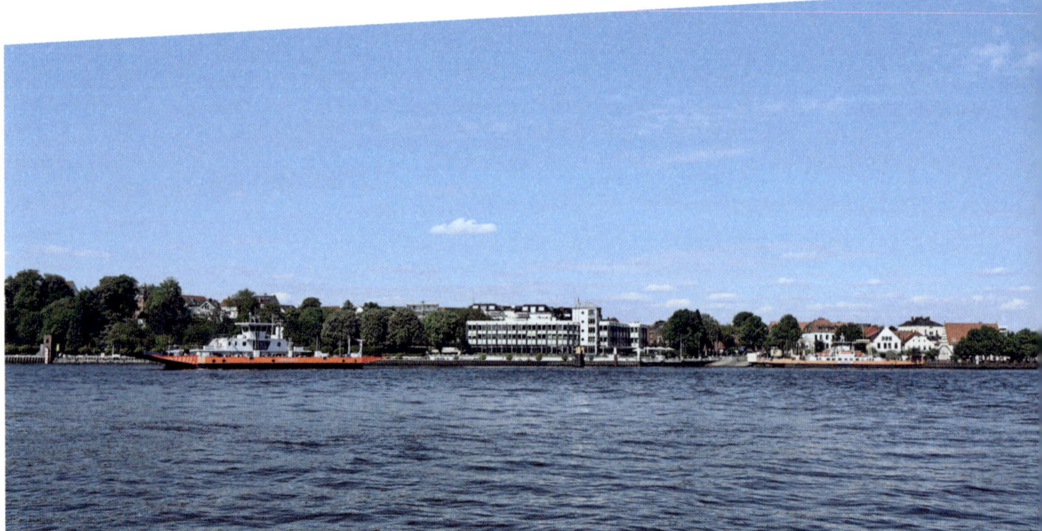

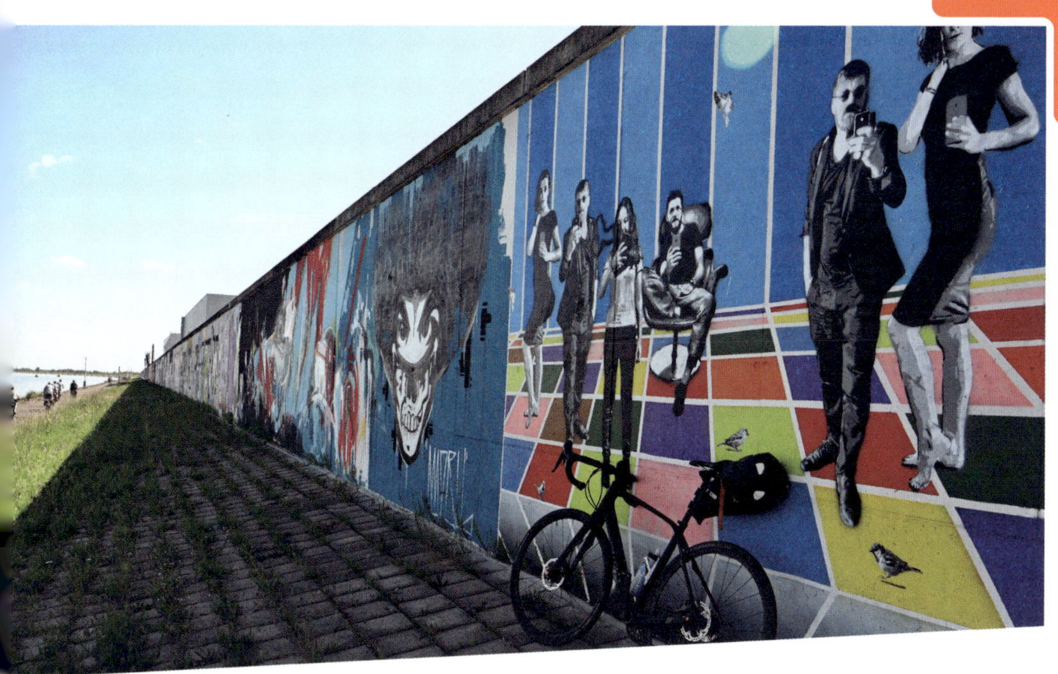

die Tore, wenn Hochwasser aus der Deutschen Bucht das Wasser in die Weser drückt. Vegesack ist Hafen und war zeitweise von weltweiter Bedeutung. Bremen ließ 1618 an der Lesummündung das erste künstliche Hafenbecken Deutschlands buddeln, um trotz Versandung der Weser, Seehafen zu bleiben. Vegesack wurde Bremens Hafen für große Handels- und Walfangschiffe. Die Walkiefer vor dem historischen Havenhaus erinnern an diese Vergangenheit. Und in Vegesack wurden Schiffe gebaut, die auf den Weltmeeren zu Hause waren. Von der wichtigsten Werft, die 1805 von Johann Lange gegründet wurde, ist der Lange´sche Speicher erhalten und beherbergt heute das 4 / Vegesacker Geschichtenhaus. Im Traditionshafen liegt die BV2, ein Heringslogger von 1895, der zur größten Heringsloggerflotte Deutschlands gehörte. In einem alten Packhaus am Hafen lockt das KITO mit Kultur und das 5 / Overbeck Museum mit Werken von Hermine und Fritz Overbeck, einem der Gründer des nahen Künstlerdorfes Worpswede.

1 KM

Graffiti - Kunst an der 6 / WeserSide Gallery. 2018 kamen Künstlerinnen aus aller Welt nach Lemwerder, wo die Welt jetzt etwas bunter ist. Dahinter stehen Flugzeughallen leer, auf einem Rollfeld, auf dem einst Jets einflogen, wächst Gras.

Tausendmeter Galerie

Die Fährfahrt über den Fluss nach Lemwerder führt auf die Werfthallen von Abeking&Rasmussen und Lürßen zu. Beide Werften sind

< links / Fähren wie die Vegesack-Lemwerder sind an der brückenlosen Unterweser alternativlos ^ oben / Die WestSide Gallerie hat Farbe und Geschichten aus aller Welt an die Weser gebracht

erste Adressen für die Reichsten der Welt und für Rüstungsaufträge. Wir fahren an der Weser stromaufwärts an der 6 / WeserSide Gallery entlang. 2018 entstand die Freiluftgallerie mit Graffitikunst aus ganz Europa. Die Flugzeugmontagehallen und das Flugfeld hinter der Malerei zeugen von der vergangenen Bedeutung des Geländes als Flugzeugwerft. Ein Stück weiter queren wir das Ochtumsperrwerk. Sonntags ist die 7 / Fischbude Büsing für ein Päuschen mit Fischbrötchen geöffnet.

Neustädter Hafen

SIMPLE

Man sitzt draußen am 8 / „simpleburger Hafenkante“ schön, mit Blick auf die verschlafene Kulisse des Hohentorshafens. Beeindruckend: der Querhelgen der Maleika-Werft

Auf dem Seehauser Deich geht es weiter Richtung Neustädter Hafen, Europas größten Terminal für Stückgut und alles, was nicht in Container passt. Auf der anderen Weserseite dominieren die Stahlwerke Bremen die Kulisse, etwas stromaufwärts ist die Schleuseneinfahrt in die Industriehäfen zu sehen. Wir verlassen den Deich und fahren auf einem Radweg entlang des Güterverteilzentrums (GVZ) nach Woltmershausen. Dort fädeln wir auf einen romantischen Sommerdeich ein, der uns zum Tabakquartier bringt. Das weiträumige Areal war einst die weltgrößte Zigarettenfabrik. Ihre Expansion verdankte sie vor allem dem 2. Weltkrieg und dem Zugriff auf Zwangsarbeit im besetzten Osten. Heute ist das Quartier eines der großen Stadtentwicklungsgebiete. Wer Lust auf Essen

20 HA

Das Tabakquartier ist eines der größten Stadtentwicklungsprojekte Bremens. Wo einst bis zu 6.000 Menschen arbeiteten, ist eine interessante Mischung aus modernem Wohnen, Gastronomie sowie Freizeit und Kulturangeboten in Hallen und Lager eingezogen. Es gibt viel zu entdecken.

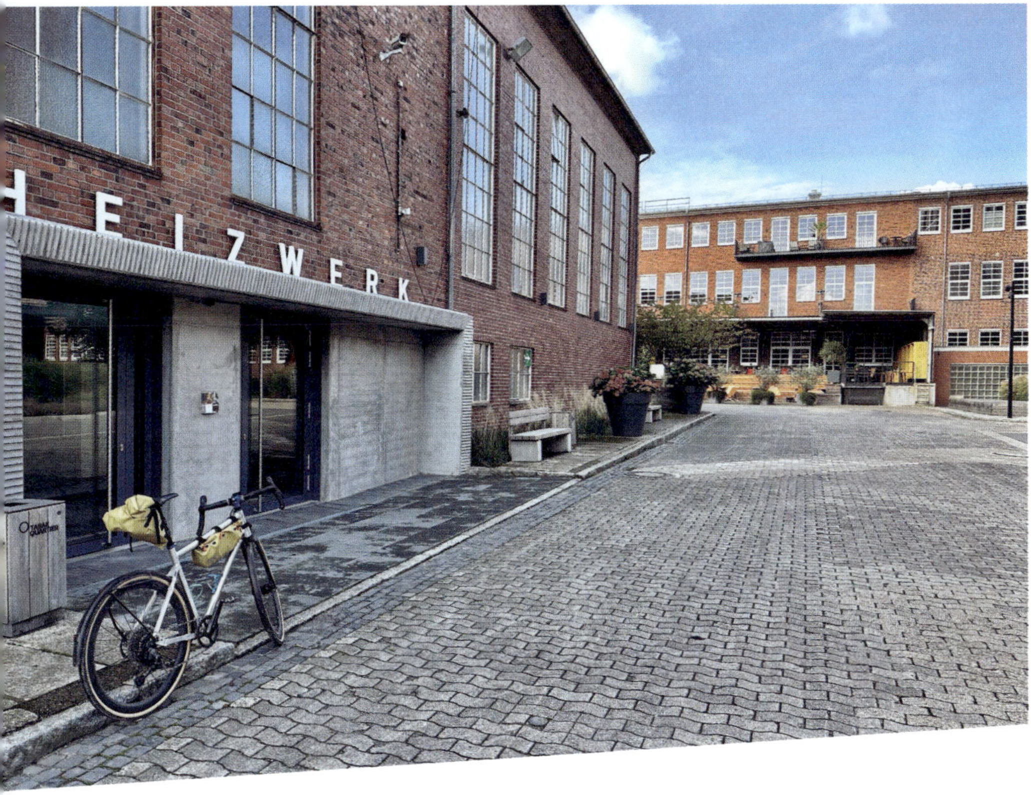

und Trinken und Kultur hat, dreht eine kleine Zusatzrunde über das Gelände.

Alter Hafen, junge Szene

Wir kehren zurück zur Weser und erreichen über die Ladestraße den Hohentorshafen. Der kleine Hafen war Winterlager und Auswandererkai. Heute werden hier Traditionsschiffe repariert und in den Pusdorf Studios entstehen coole Beiträge für neue und alte Medien. Hamburger samt Hafenblick gibt es bei 8 / simpleburger Hafenkante. Über die Stephanibrücke geht es zur 9 / Kulturkirche St. Stephani. Von dort ist es nicht weit bis zum Wall, dem wir auf einer Premiumradroute bis zur Abfahrt Richtung Bischofsnadel folgen und zum 1 / Bahnhof zurücksausen. Wer mag, stoppt noch im 10 / Café Heinrich mit Blick auf die prächtigen Wallanlagen.

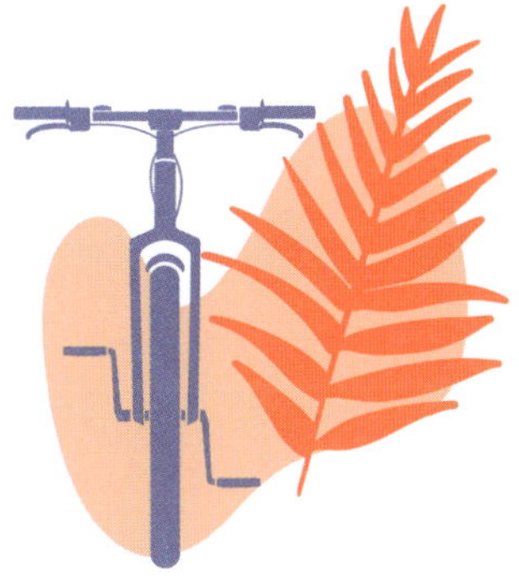

⌃ oben / Das Tabakqurtier wird urbaner Lebensraum.

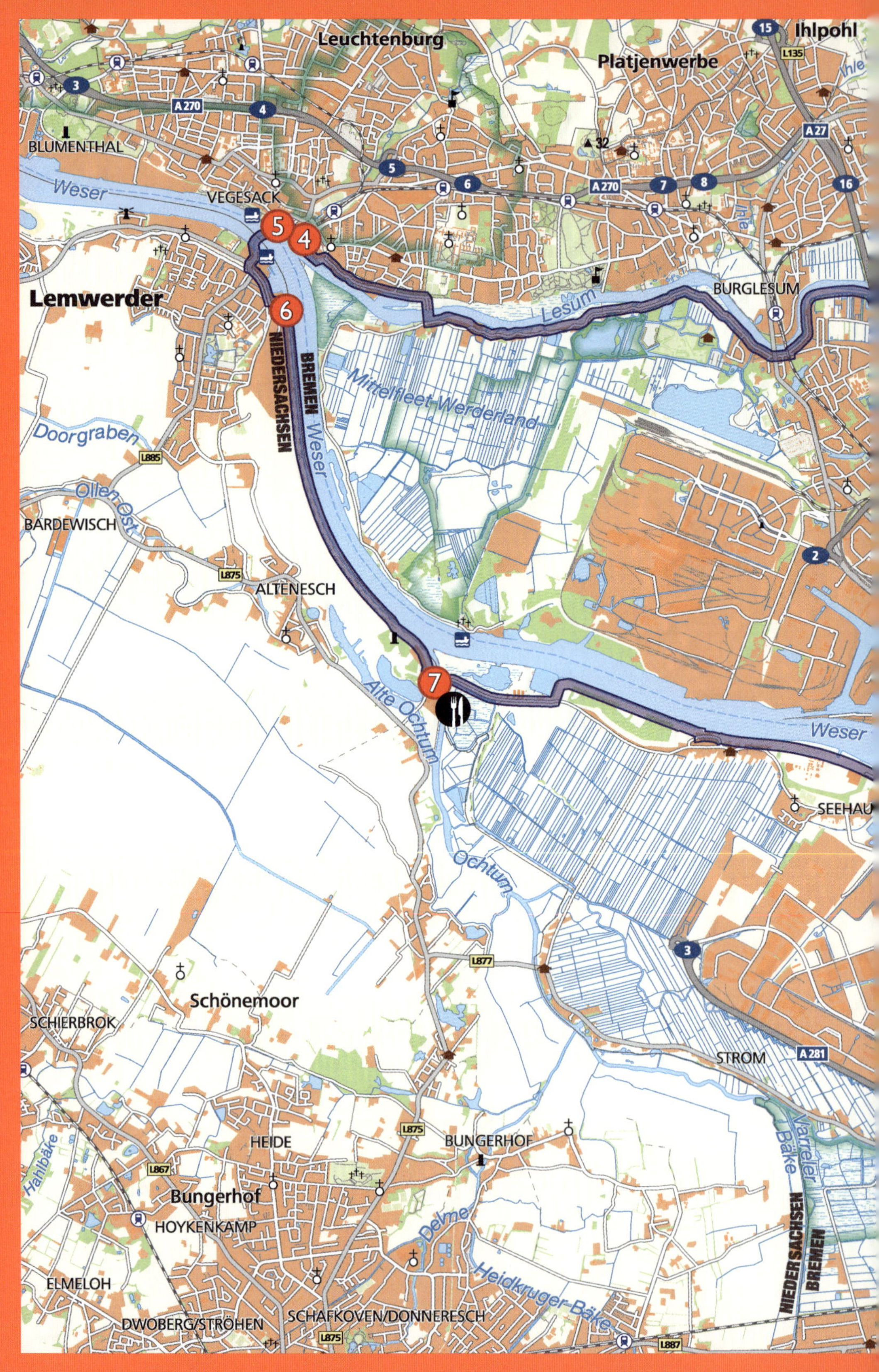

Leuchtenburg
Ihlpohl
Platjenwerbe
BLUMENTHAL
A 270
Weser
VEGESACK
Lemwerder
Lesum
BURGLESUM
NIEDERSACHSEN
BREMEN
Mittelfleet-Werderland
Doorgraben
L885
Ollen-Ost
BARDEWISCH
L875
ALTENESCH
Alte Ochtum
Weser
SEEHAU
Ochtum
L877
Schönemoor
SCHIERBROK
STROM
A 281
L875
HEIDE
BUNGERHOF
L867
Bungerhof
HOYKENKAMP
Delme
Varreler Bäke
NIEDERSACHSEN
BREMEN
Hahlbäke
ELMELOH
Heidkruger-Bäke
DWOBERG/STRÖHEN
SCHAFKOVEN/DONNERESCH
L875
L887
L135
A 27

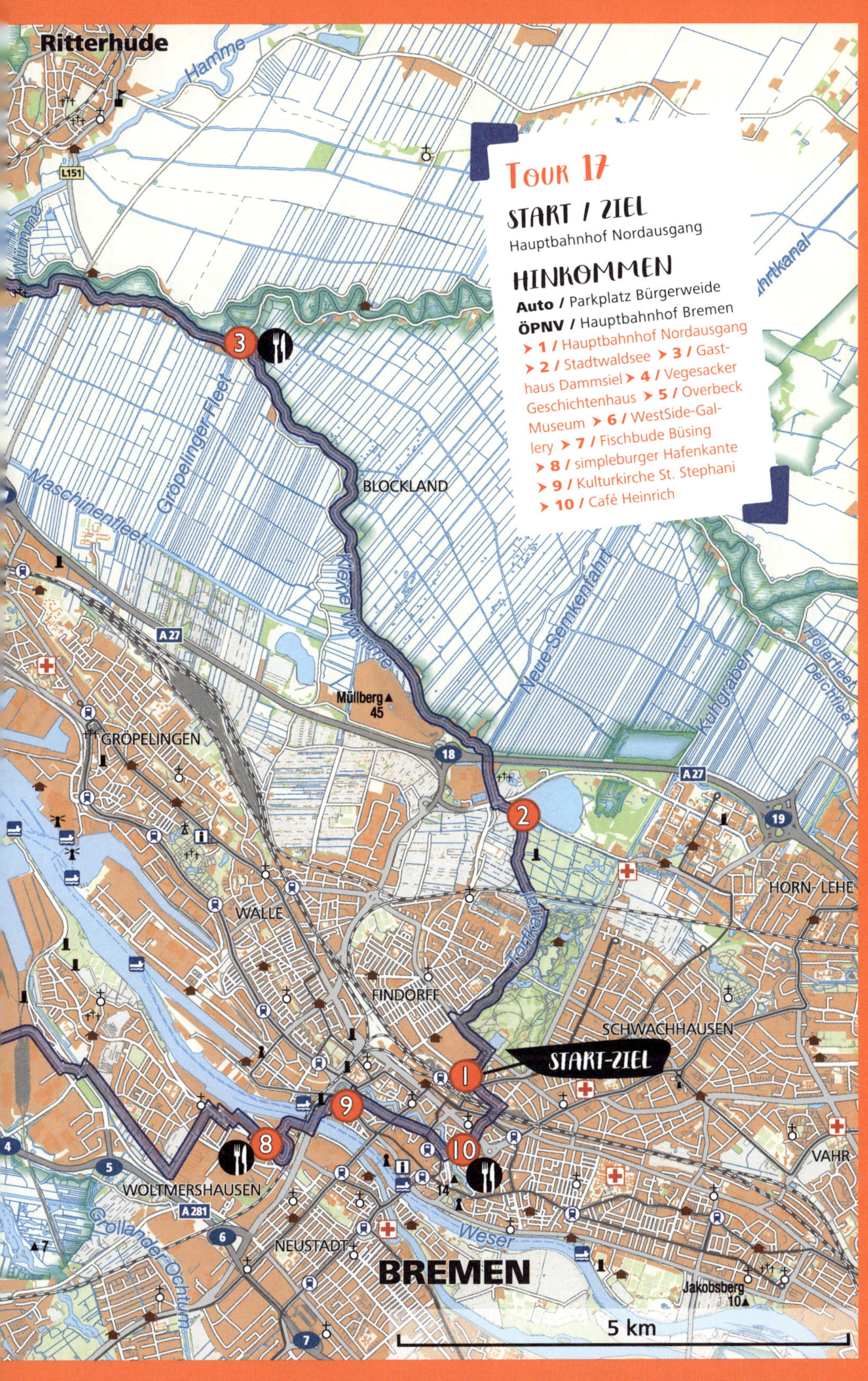
Tour 17
START / ZIEL
Hauptbahnhof Nordausgang
HINKOMMEN
Auto / Parkplatz Bürgerweide
ÖPNV / Hauptbahnhof Bremen
➤ 1 / Hauptbahnhof Nordausgang ➤ 2 / Stadtwaldsee ➤ 3 / Gasthaus Dammsiel ➤ 4 / Vegesacker Geschichtenhaus ➤ 5 / Overbeck Museum ➤ 6 / WestSide-Gallery ➤ 7 / Fischbude Büsing ➤ 8 / simpleburger Hafenkante ➤ 9 / Kulturkirche St. Stephani ➤ 10 / Café Heinrich
START-ZIEL
Ritterhude
Hamme
L151
Wümme
Gröpelinger Fleet
Maschinenfleet
BLOCKLAND
Kleine Wümme
Neue Semkenfahrt
Kuhgraben
Hollerfleet
Deichfleet
Müllberg 45
A 27
GRÖPELINGEN
WALLE
FINDORFF
Torfkanal
HORN-LEHE
SCHWACHHAUSEN
VAHR
WOLTMERSHAUSEN
A 281
Grolland-Ochtum
NEUSTADT
Weser
BREMEN
Jakobsberg 10
5 km

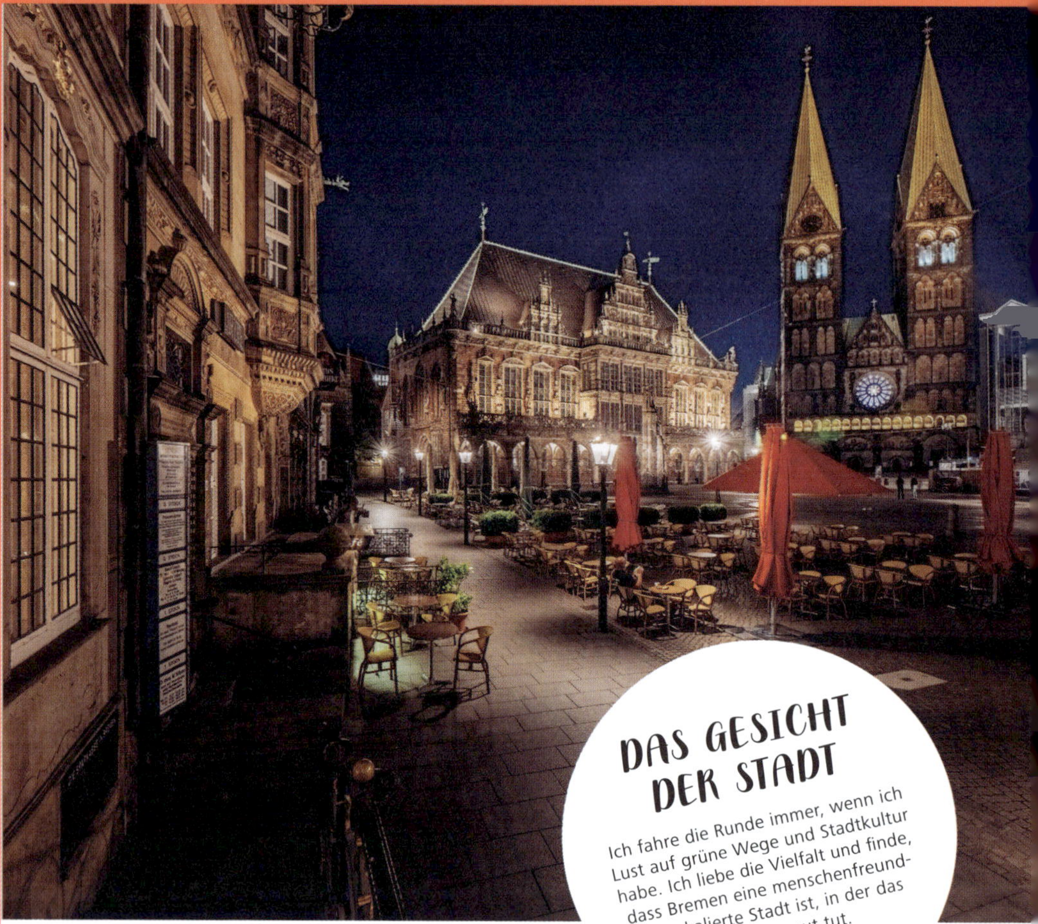

DAS GESICHT DER STADT

Ich fahre die Runde immer, wenn ich Lust auf grüne Wege und Stadtkultur habe. Ich liebe die Vielfalt und finde, dass Bremen eine menschenfreundlich skalierte Stadt ist, in der das Radfahren gut tut.

➤ **1 /** Wir starten auf dem Marktplatz

➤ **2 /** Das Gerhard Marcks-Haus ist ein Bildhauermuseum

➤ **3 /** Vorm Bootshaus am Weserbogen geht die Sonne in der Weser unter

➤ **4 /** Das Aalto Hochaus ist nach dem Architekten Alvar Aalto benannt

➤ **5 /** Der Stadtwaldsee bietet Gelegenheit für eine Abkühlung

➤ **6 /** An der Strecke liegt das Kaisenhaus-Museum

➤ **7 /** Der Breitenbachhof ist ein historisches Genossenschaftsbauprojekt

➤ **8 /** Das Lloyd Caffee röstet und schenkt besten Kaffee aus

➤ **9 /** Im neusi´s Bike Repair-Café gibt es Essen, Trinken und Werkzeug

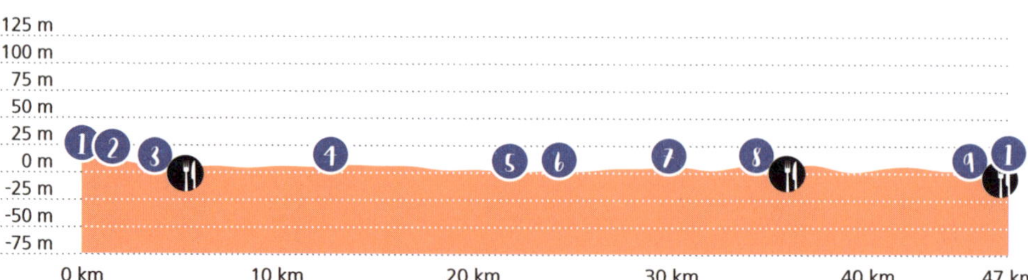

STADT IM WANDEL

Einen Rad-Bogen um die Stadt schlagen

Diese Tour führt von der Altstadt auf weitgehend grünen und ruhigen fahrradfreundlichen Wegen durch Bremens Stadtentwicklung und zeigt eine eigensinnige und lebenswerte Stadt und ihren kontinuierlichen Umbau.

47 Kilometer
140 Höhenmeter
3:30 Stunden
Rundtour

Weltkulturerbe

Wir starten auf dem 1 / Marktplatz. Nirgendwo ist das historische Selbstverständnis Bremens so sichtbar wie hier. Das liegt erst einmal am Rathaus, das zusammen mit der Rolandstatue 2004 in die UNESCO Welterbe-Liste aufgenommen wurde. Beide wurden im 15. Jahrhundert als Demonstration städtischen Selbstbewusstsein, gegen die landesherrschaftlichen Ansprüche des Erzbischofs an die Grenze des Dombezirks gebaut. Anfang des 17. Jahrhunderts wurde der ursprünglich gotische Hallenbau im Stil der Weserrenaissance umgebaut und erhielt eine prachtvolle Fassade,

CHARAKTER

Sportlich ●●○○○
Abkühlung ●●●○○
Schlemmen ●●●●○
Panorama ●●●●○

TOUR, DIE DU SO NIE GEMACHT HÄTTEST

TOURENINFO / Die Tour führt auf Radwegen, durch Parks und Grünzüge, viele davon abseits der Straßen. Trotz des urbanen Raumes ist die Strecke flüssig und sehr gut zu fahren. Sie ist auch für Radanhänger geeignet. Badesachen nicht vergessen.

◂ links / Markt mit Welterbe Rathaus, Dom und Bürgerschaft

die wie ein Bilderbuch zu lesen ist. Dem Rathaus gegenüber steht das Haus der Kaufmannschaft, der Schütting. Lage, Größe und Ausstattung des Gebäudes sind Ausdruck der Bedeutung und des Machtanspruchs der Kaufleute. Zwischen den alten Institutionen hat seit 1966 die Bremische Bürgerschaft ihren Platz. Der moderne Bau von Wasili Luckardt, einem Altmeister des neuen Bauens, ist an diesem zentralen Ort ein gelungenes architektonisches Bekenntnis zur Nachkriegsdemokratie. Wir verlassen den Markt in Richtung Schlachte und fahren die Weser aufwärts.

Kulturmeile

Durch einen Tunnel erreichen wir die Kunsthalle, 1849 in die zu einem Park umgestalteten Wallanlagen gebaut. Zwischen dem 2 / Gerhard-Marcks-Haus und dem gegenüberliegenden Wilhelm Wagenfeld-Haus rollen wir ins Ostertor. Beide Museen sind in klassizistischen, ehemaligen Zollhäusern untergebracht. Ein Stückchen weiter komplettiert das Theater Bremen das Kulturensemble. Wir biegen rechts ab und fahren durch die Bleicherstraße, in der einige Bremer Kaufmannsvillen stehen, die entlang der Wallanlagen als üppige Fluchtorte aus der Enge der Altstadt entstanden.

LOGENPLATZ FÜR DEN SUNDOWNER

Kaum irgendwo in Bremen geht die Sonne schöner unter. Die Terrasse des 3 / Bootshauses am Weserbogen bietet einen Blick auf das Spektakel.

Bremer Haus

Wir kommen in die Kreuzstraße, einem Musterbeispiel für die „Bremer Haus" Bebauung der Vorstädte nach Ende der Torsperre und der rechtlichen Gleichstellung der Vorstadtbewohner Mitte des 19. Jahrhunderts. Anstatt mit Mietshaus- und Hinterhofbebauung wuchs die Stadt aus sehr lokalspezifischen Gründen Straße um Straße in Reihenhausbebauung. Das Bremer Haus, meist traufenständig mit Souterrain, Hochparterre und erstem Stock gibt es in verschiedenen Größen und Ausstattungen: Von der kleinen Hütte bis zu großbürgerlichen Wohnhäusern. Seine Renaissance startete hier im sogenannten „Viertel". Ausgehend von den Protesten Ende der 60er gegen eine Stadtautobahn, raumgreifende Abrisspläne und Wohnverdichtungsphantasien wurden die Qualitäten des Bremer Hauses wiederentdeckt. Glücklicherweise. Wir fahren zurück an die Weser, vorbei am 3 / Bootshaus am Weserbogen und dem Weserstadion, dann durch die Pauliner Marsch nach Hastedt. Dort wenden wir uns nach Norden. Auf einer Fahrradstraße queren wir zwei Hauptstraßen und kommen in die Vahr.

› rechts oben / Die Kulturmeile Ostertor verbindet die Östliche Vorstadt mit der Altstadt

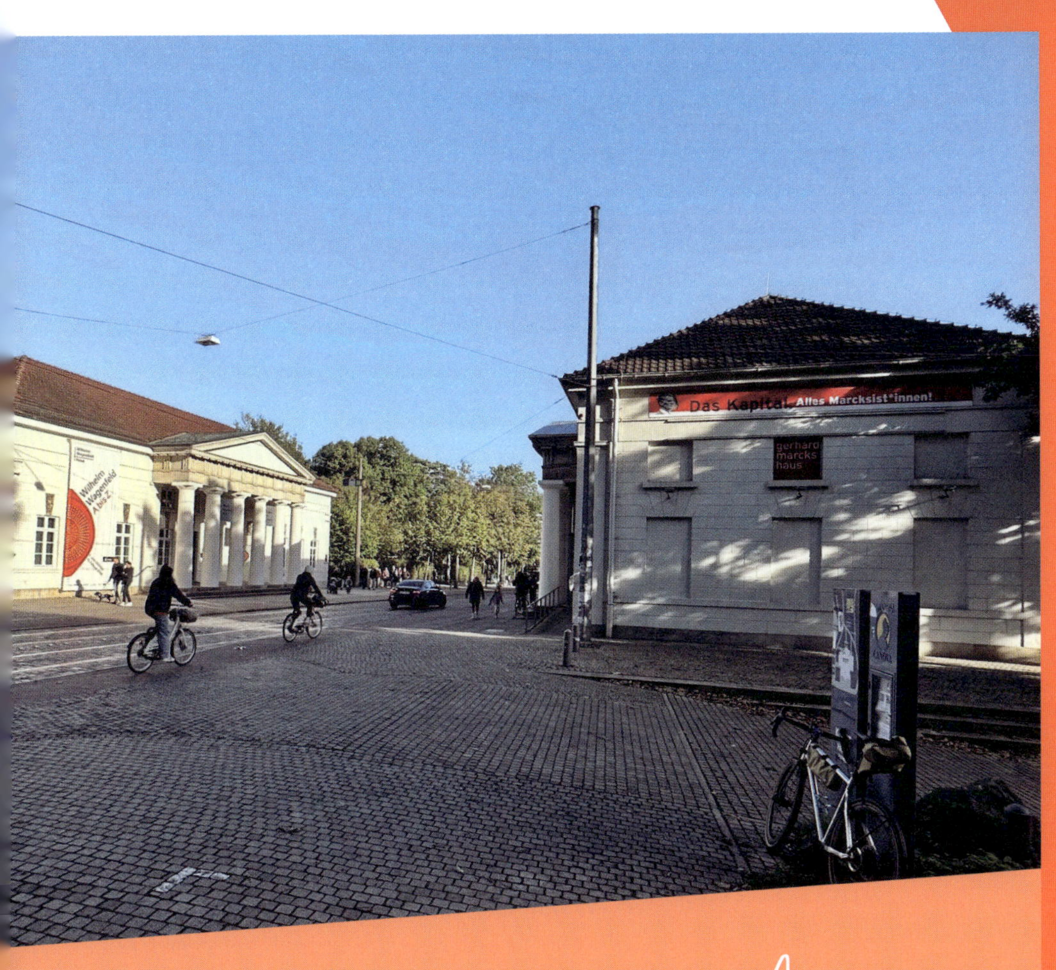

1619

Die Weserrenaissance-Fassade macht das ohnehin prächtige Rathaus zu einem Schmuckstück. Die Figuren, Bilder, Reliefs erzählen davon, was der Senat damals von sich und der Welt hielt. Und welche Erwartungen er an seine Bürgerinnen und Bürger hatte. Eine Fassade wie ein Bilderbuch.

BREMER PUNKT

Der Wohnwürfel in Holzbauweise, der in der Vahr Lücken schließt und es als Beispiel dafür, wie Wohnen in Zukunft geht, auf die Biennale nach Venedig schaffte.

Stadt des Sozialen Wohnungsbaus

Die Gartenstadt Vahr und die Neue Vahr wurden in den 50er Jahren als Reaktion auf die Wohnungsnot gebaut. Etwa die Hälfte des Wohnungsbestandes war im Krieg zerstört, die Einwohnerzahl aber um 150.000 auf knapp 600.000 Menschen gestiegen. Aufgrund der Not verpflichtete sich das Land, den Wohnungsneubau staatlich zu unterstützen. In der Gartenstadt Vahr entstand ein durchgrüntes Wohnviertel nach dem Ideal der gegliederten Stadtlandschaft. Die Wohneinheiten folgten nicht dem Straßenverlauf, sondern verteilten sich in Zeilenbauweise im parkähnlichen Erholungs-Grün. Einige Lücken werden aktuell von der GEWOBA mit dem preisgekrönten Bremer Punkt pfiffig nachverdichtet. Nach der Gartenstadt entstand die Neue Vahr, damals das größte bundesdeutsche Siedlungsbauvorhaben. Übergeordnetes Wahrzeichen der international beachteten Siedlung ist das markante, vom finnischen Architekten Alvar Aalto entworfene 4 / Aalto Hochhaus an der Berliner Freiheit. Insgesamt 40.000 Menschen fanden in der Vahr eine neue Heimat.

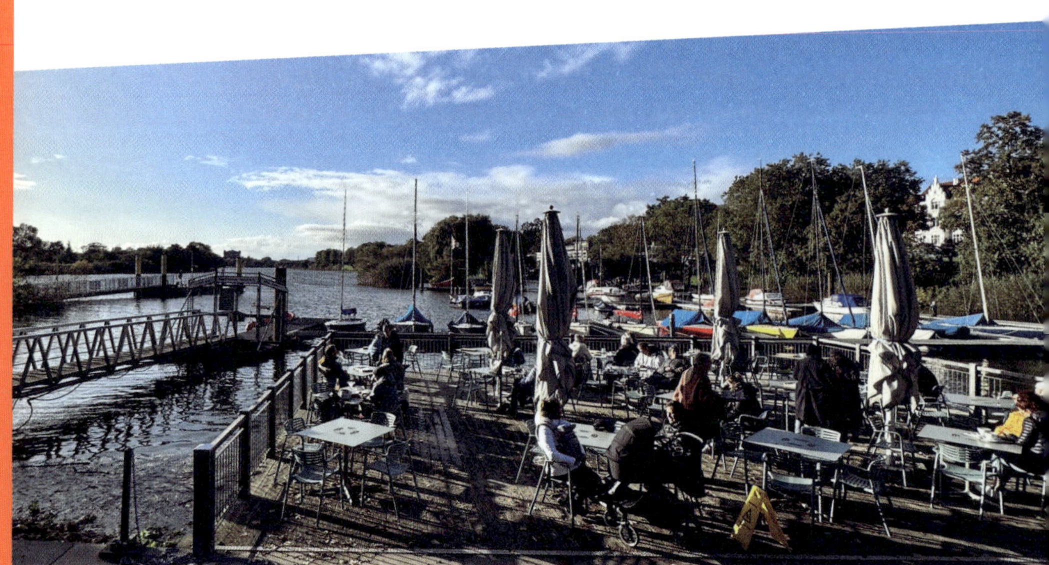

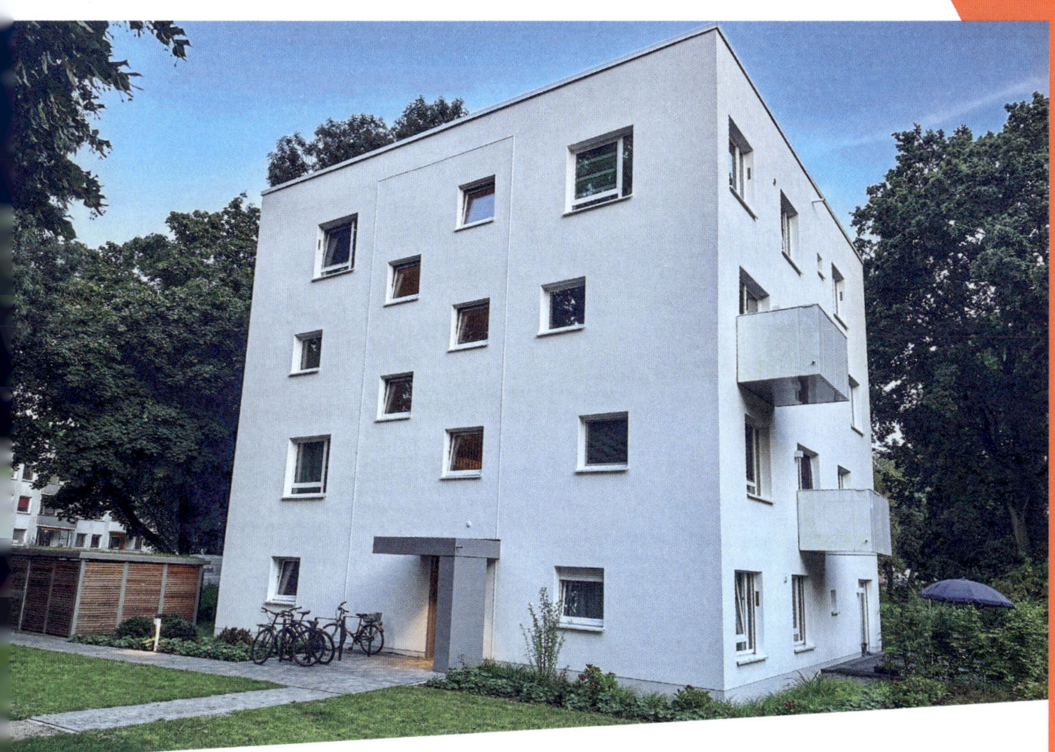

Universum und Technologiepark
Wir radeln durch Schwachhausen zur Uni Bremen. Der Bremer Technologie- und Innovationspark (BITZ) ist Standort von Spitzen-Forschungseinrichtungen. Geforscht und gearbeitet wird in moderner, teils ikonischer Architektur, die wie Fallturm und Universum Chiffren für das Bremen von morgen sind.

Arbeiterwohnen
Am 5 / Stadtwaldsee entlang geht es anschließend durch Schrebergartengebiete in den Westen. Das 6 / Kaisenhaus-Museum erinnert hier an die nach dem legendären ersten Nachkriegsbürgermeister Wilhelm Kaisen benannte Genehmigung, Schreberhäuser zu bewohnen. Wir rollen weiter nach Westen in den ehemaligen Arbeiterstadtteil Gröpelingen. Einst lebten hier vorwiegend Werft- und Hafenarbeiter. Viele davon in Bremer Häusern. Hinzu kamen genossenschaftliche Arbeiterwohnprojekte, wie der 1913 fertiggestellte 7 / Breitenbachhof.

3

Das Meeresforschungsinstitut MARUM beherbergt eines von weltweit drei Bohrkernlagern. Im Rahmen des „International Ocean Drilling Program" werden hier 173 Km Bohrkerne in einem 1.100 m² großen Kühlschrank aufbewahrt und von Wissenschaftlern aus aller Welt untersucht.

< links / Das „Bootshaus Weserbogen" ist der perfekte Platz für den Sundowner ^ oben / Bremer Punkt: Quadratisch, nachhaltig, flexibel

Bremen baut um

Durch das Lindenhofquartier fahren wir auf das Gelände der ehemaligen Großwerft AG Weser, heute Standort eines Einkaufszentrums. Wir halten uns links und fahren zur Getreideverkehrsanlage. Das imposante Gebäude ist Europas größter Backsteinbau.

Unsere nächste Station ist das Kaffee HAG Gelände, Ex-Produktionsort von Kaffee HAG und KABA. Die Fabriksgebäude entstanden zu Beginn des 20. Jahrhunderts im sogenannten Heimatschutzstil und werden aktuell umgenutzt. 8 / Lloyd Caffee röstet hier schon länger Kaffee und schenkt ihn glücklicherweise auch aus. Wir fahren weiter in die Überseestadt, nehmen den Boulevard am Europahafen vorbei am umgebauten Schuppen 1, den neuen Büro-Lofts und der hoch aufragenden Hafenkopfbebauung. Dann erreichen wir die Überseeinsel. Auf dem Gelände produzierte Kelloggs Cornflakes für Europa. Jetzt entsteht hier ein moderner Stadtteil. Das ehemalige Reislager und die 8 Silotürme werden Tagungshotel, direkt nebenan zieht die „Gemüsewerft" Hopfen für den Bierbrauer ein paar Meter weiter. Das ehemalige Verwaltungsgebäude ist zur Schule mutiert und in den alten Umkleideräumen werden Pizzen gebacken. An der nächsten

FAHRRADMODELLQUARTIER

Die vordere Neustadt ist Deutschlands erstes Fahradmodellquartier. Fahrradstraßen wurden angelegt, Furten über Hauptverkehrsachsen gelegt.

300 HA

Der ehemals zollfreie Hafen ist eines der größten Stadtentwicklungsgebiete Europas. Aus dem Überseehafen wird die Überseestadt. Moderne Wohnbauten stehen an den Kajen, die Hochschule für Künste residiert in einem 400 Meter langen Speicher und riesige Schuppen wurden zu Büros und Werkstätten umgerüstet.

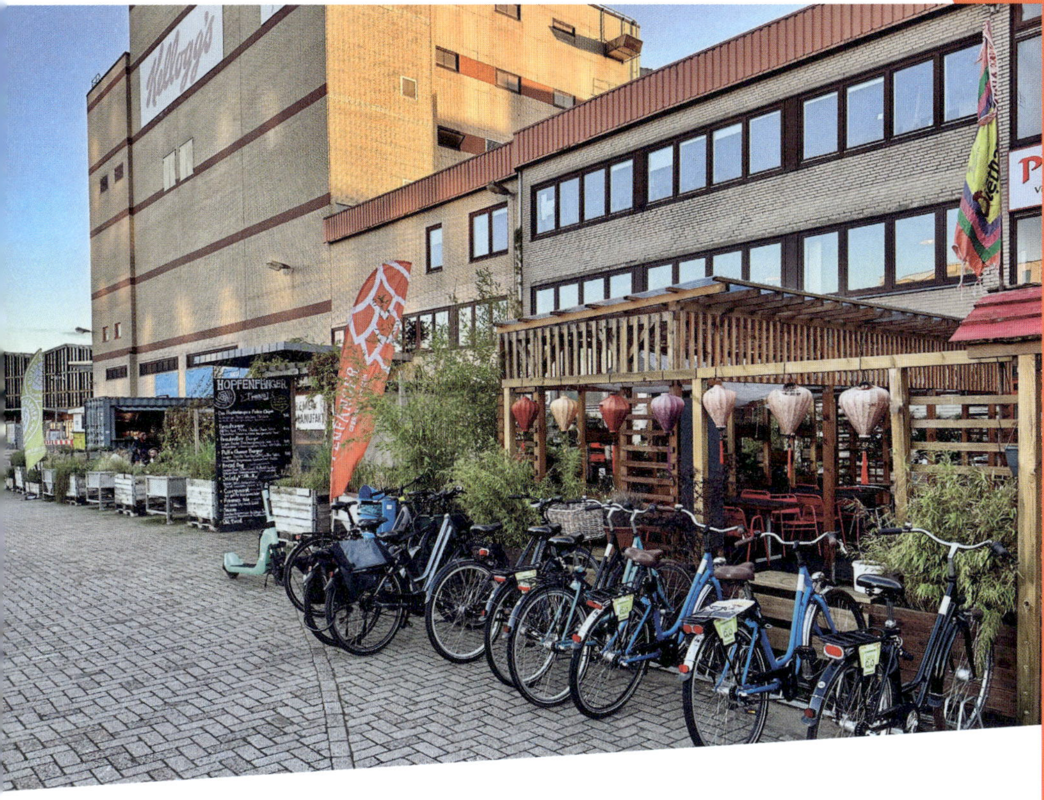

Brücke queren wir den Fluss und kommen am Hohentorshafen vorbei in das Tabakquartier. Das Gelände der einst größten Zigarettenfabrik Europas wird umgebaut zu einem neuen Quartier für schickes Wohnen, Gewerbe, Kultur und Gastronomie. Wir verlassen das Gelände und radeln in die Vordere Neustadt, Deutschlands erstem Fahrrad-Modellquartier mit sicheren Wegen, Furten für die Querung der Hauptstraßen und vor dem Hauptgebäude der Hochschule dem hübschen 9 / neusi´s Bike Repair-Café. Abschließend geht es über die Kleine Weser auf den Teerhof und zurück auf den 1 / Marktplatz.

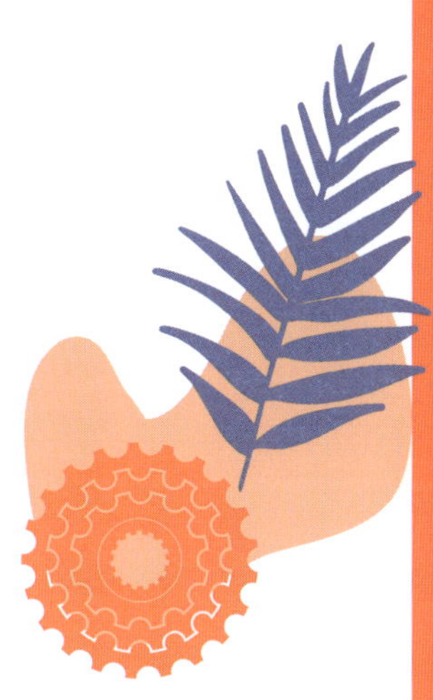

∧ oben / Die Überseeinsel geht neue Stadtentwicklungswege

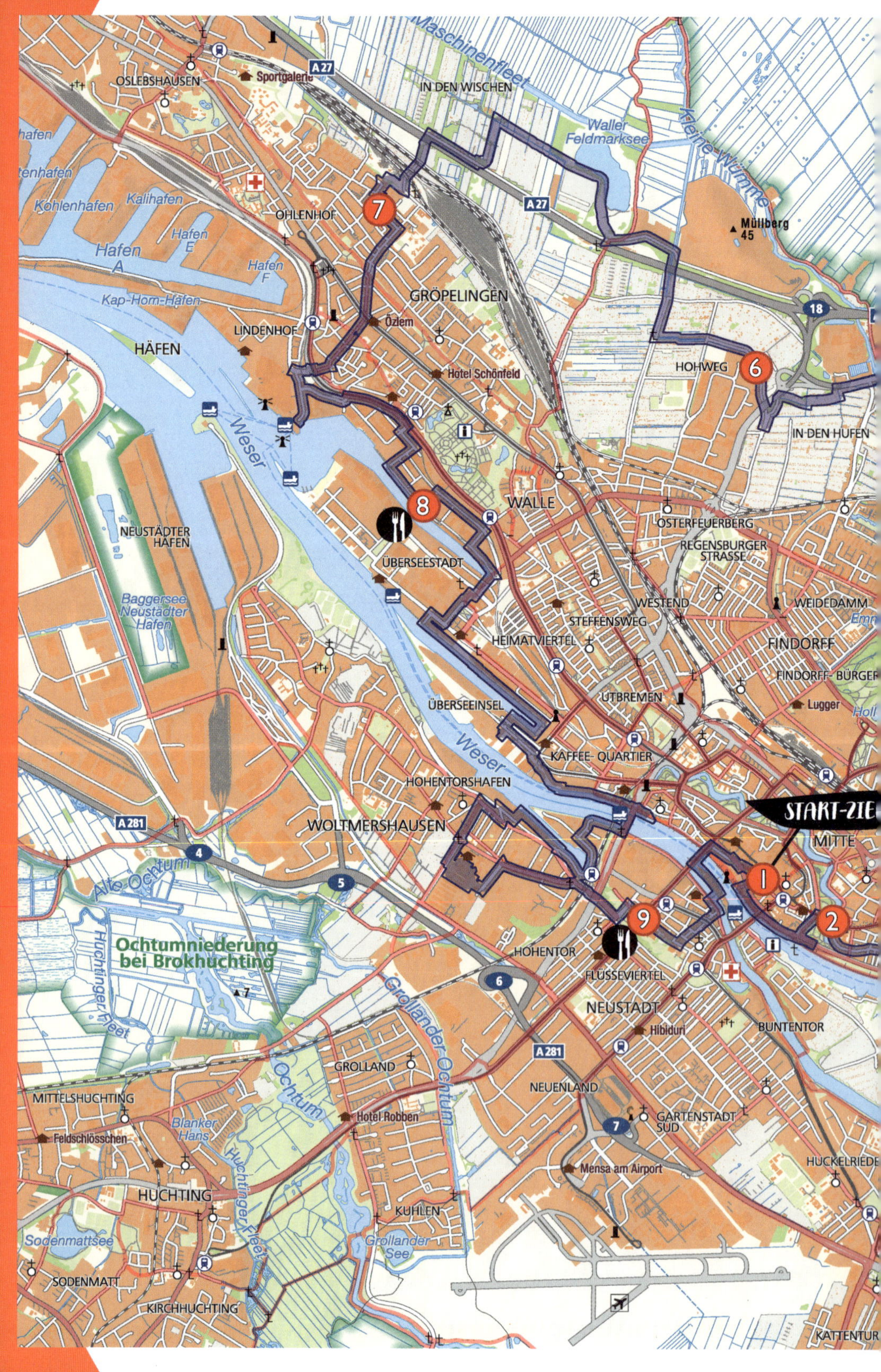

OSLEBSHAUSEN
Sportgalerie
A 27
Maschinenfleet
IN DEN WISCHEN
Waller Feldmarksee
Kleine Wümme
Kohlenhafen
Kalihafen
Hafen E
Hafen A
Hafen F
OHLENHOF
Müllberg 45
GRÖPELINGEN
Kap-Horn-Hafen
Özlem
LINDENHOF
HÄFEN
Hotel Schönfeld
HOHWEG
IN DEN HUFEN
18
Weser
WALLE
NEUSTÄDTER HAFEN
ÜBERSEESTADT
OSTERFEUERBERG
REGENSBURGER STRASSE
Baggersee Neustädter Hafen
WESTEND
WEIDEDAMM
STEFFENSWEG
HEIMATVIERTEL
FINDORFF
FINDORFF- BÜRGER
UTBREMEN
Lugger
ÜBERSEEINSEL
KAFFEE- QUARTIER
HOHENTORSHAFEN
START-ZIE
WOLTMERSHAUSEN
MITTE
A 281
Alte Ochtum
Ochtumniederung bei Brokhuchting
HOHENTOR
FLÜSSEVIERTEL
Huchtinger Fleet
NEUSTADT
Hibiduri
BUNTENTOR
Grolland Ochtum
GROLLAND
NEUENLAND
MITTELSHUCHTING
Ochtum
Hotel Robben
GARTENSTADT SÜD
Feldschlösschen
Blanker Hans
Mensa am Airport
HUCKELRIEDE
HUCHTING
KUHLEN
Sodenmattsee
Grolländer See
Huchtinger Fleet
SODENMATT
KIRCHHUCHTING
KATTENTURM

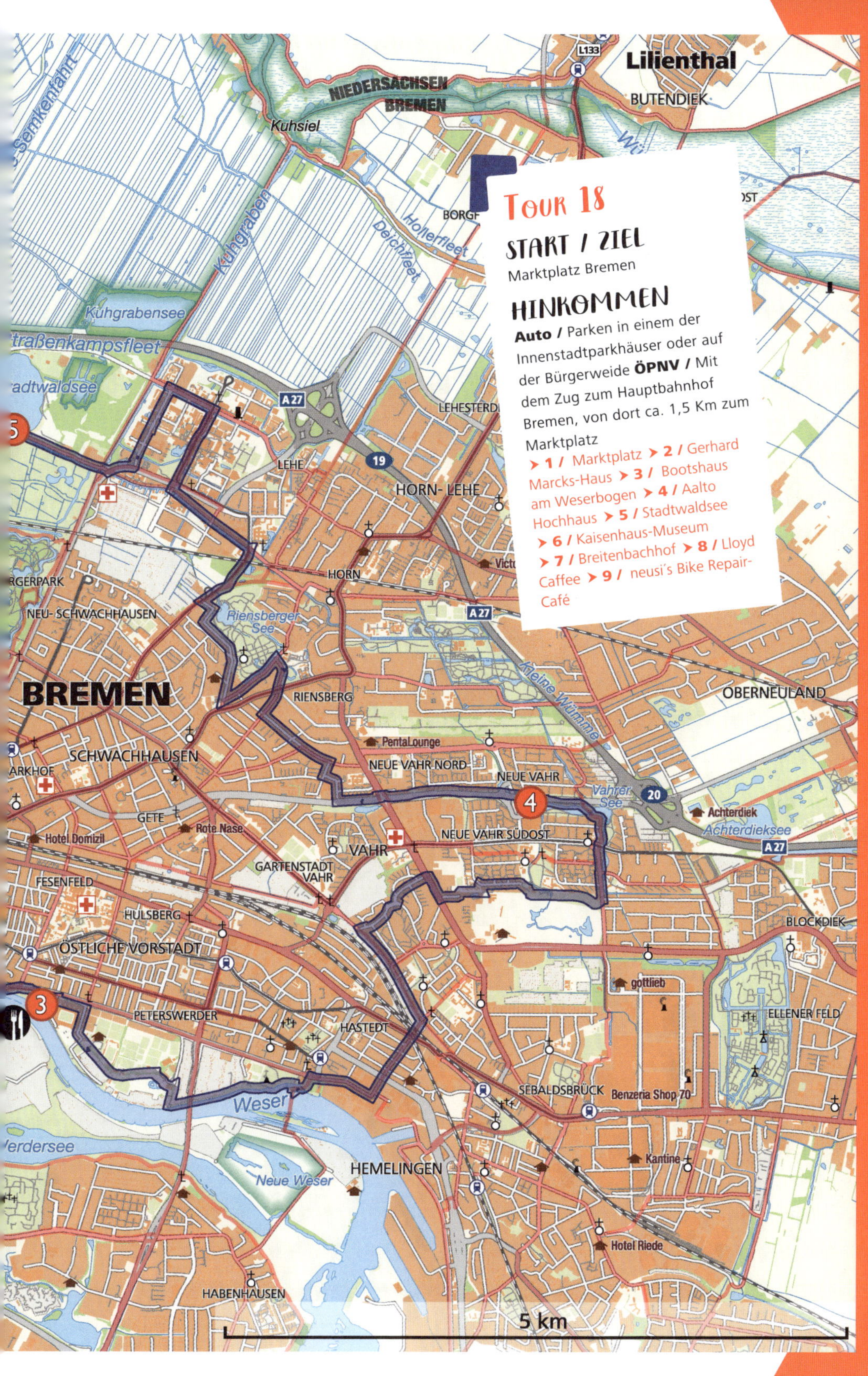
Tour 18
START / ZIEL
Marktplatz Bremen
HINKOMMEN
Auto / Parken in einem der Innenstadtparkhäuser oder auf der Bürgerweide ÖPNV / Mit dem Zug zum Hauptbahnhof Bremen, von dort ca. 1,5 Km zum Marktplatz
➤ 1 / Marktplatz ➤ 2 / Gerhard Marcks-Haus ➤ 3 / Bootshaus am Weserbogen ➤ 4 / Aalto Hochhaus ➤ 5 / Stadtwaldsee ➤ 6 / Kaisenhaus-Museum ➤ 7 / Breitenbachhof ➤ 8 / Lloyd Caffee ➤ 9 / neusi's Bike Repair-Café
Lilienthal
BUTENDIEK
NIEDERSACHSEN
BREMEN
Kuhsiel
Kuhgraben
Kuhgrabensee
Hollerfleet
Deichfleet
LEHE
HORN- LEHE
HORN
Riensberger See
BREMEN
SCHWACHHAUSEN
RIENSBERG
PentaLounge
NEUE VAHR NORD
NEUE VAHR
NEUE VAHR SÜDOST
VAHR
GARTENSTADT VAHR
GETE
Rote Nase
Hotel Domizil
FESENFELD
HULSBERG
ÖSTLICHE VORSTADT
PETERSWERDER
HASTEDT
Weser
Neue Weser
HEMELINGEN
HABENHAUSEN
SEBALDSBRÜCK
Benzeria Shop 70
Kantine
Hotel Riede
gottlieb
ELLENER FELD
BLOCKDIEK
OBERNEULAND
Kleine Wümme
Vahrer See
Achterdiek
Achterdieksee
NEU- SCHWACHHAUSEN
A 27
5 km

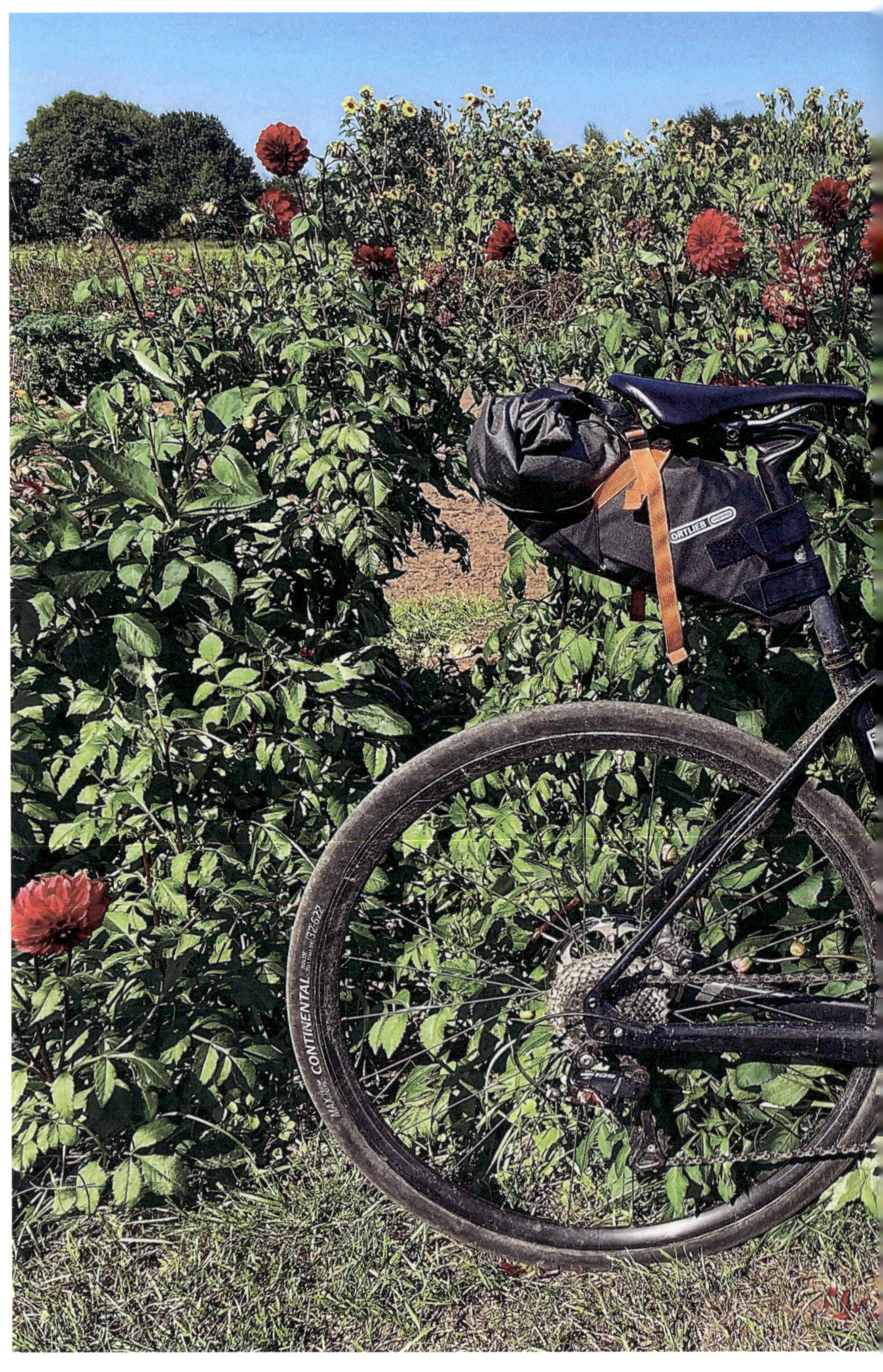
ORTLIEB
CONTINENTAL
32-622

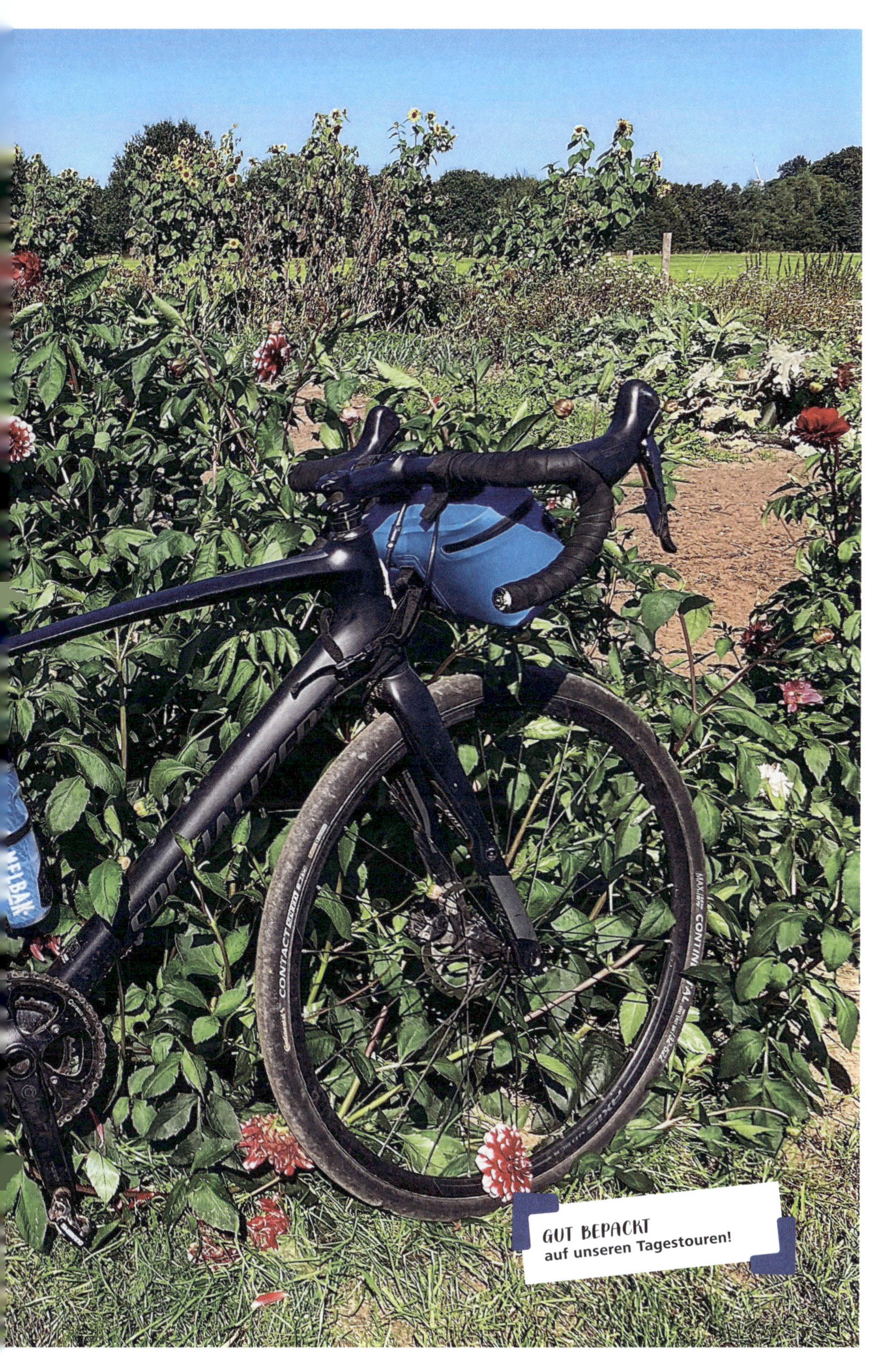

GUT BEPACKT
auf unseren Tagestouren!

WOCHENEND-BIKEAWAYS

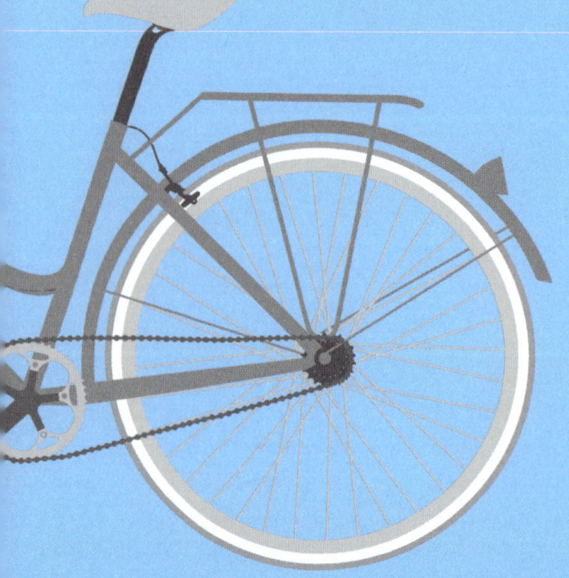

MINI-URLAUBS-TOUREN MIT ÜBERNACHTUNG

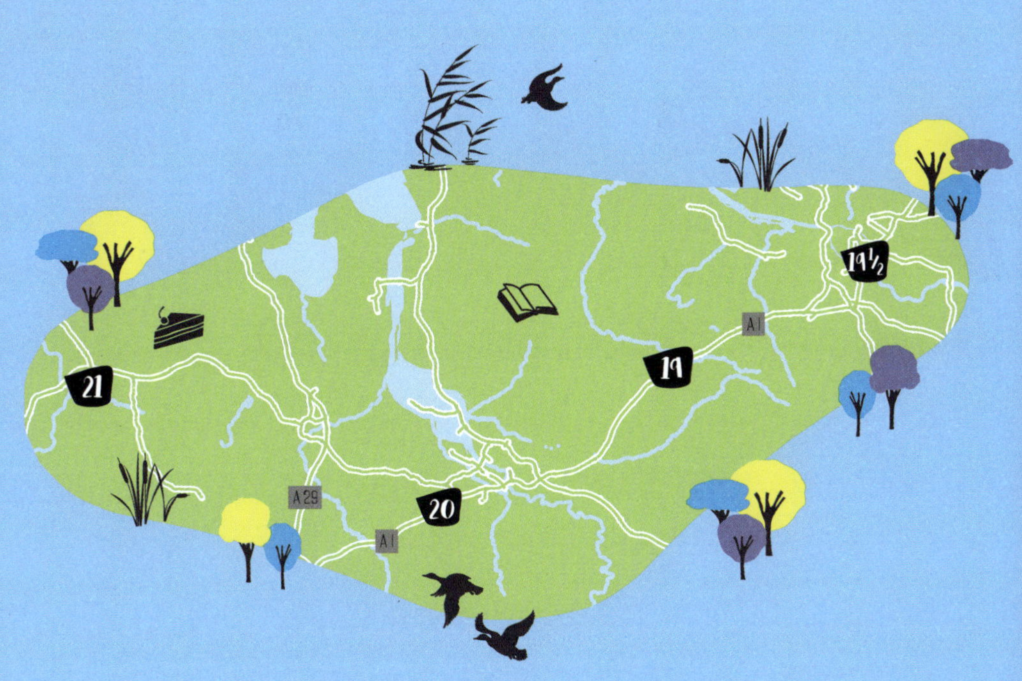

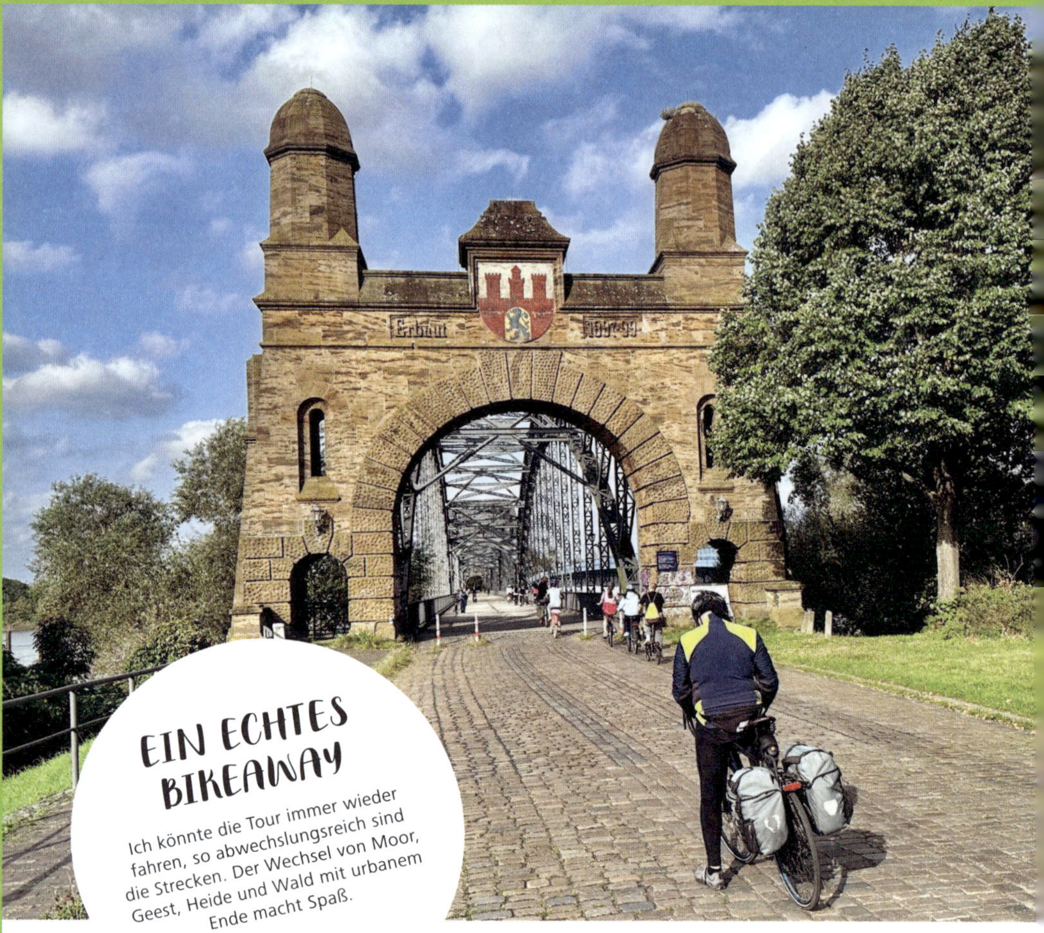

EIN ECHTES BIKEAWAY

Ich könnte die Tour immer wieder fahren, so abwechslungsreich sind die Strecken. Der Wechsel von Moor, Geest, Heide und Wald mit urbanem Ende macht Spaß.

> **1 /** Wir starten am Bahnhof Ottersberg

> **2 /** Das Milchkontor Wilstedt hat ein unwiderstehliches Eisangebot

> **3 /** Das Königin Christinen Haus ist ein Kulturhaus

> **4 /** Eine Übernachtung im Hotel Klostermühle bietet sich an

> **5 /** Vom Moorbahnhof des Tister Bauernmoores starten Moorloren

> **6 /** Äpfelkunde auf der Streuobstwiese des Heidenauer Hochzeitswaldes

> **7 /** Am Appelbecker See zum Wasser oder aufs Wasser

> **8 /** Der Ponton im Ohlenbütteler Dorfteich ist Picknickplatz

> **9 /** Das Freilichtmuseum am Kiekeberg kennt das Landleben.

> **10 /** Kulinarisches Harburg Hafenerlebnis: Schnellrestaurant „von-Bis"

> **11 /** Zurück geht es ab Bahnhof Harburg

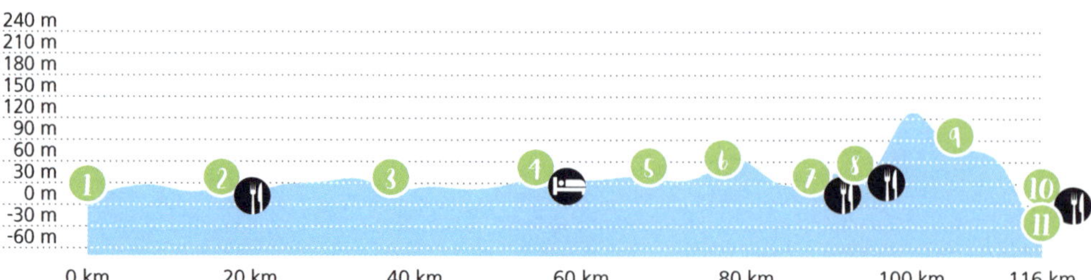

HANSE-TOUR

Von Bremen nach Harburg

Die Tour führt durch eine ruhige, nahezu vergessene, leicht wellige Geest- und Moorlandschaft. Die Dörfer zwischen den Hansestädten sind als Autobahnausfahrten geläufig und klingen nach A1 Staumeldungen. Es gibt sie aber wirklich, mit Eigenheiten und Überraschungen. In den Harburger Bergen wird es hügelig, danach urban, maritim und spektakulär.

Tag 1 + Tag 2
56 + 60 Kilometer
190+170 Höhenmeter ▲
300+330 Höhenmeter ▼
3:45 + 4 Stunden
Streckentour

Tag 1

Wir starten am 1 / Bahnhof Ottersberg und fahren zunächst nach Otterstedt. Dort halten wir uns westlich und fädeln uns in den ausgeschilderten Fernradweg D7 von Bremen nach Hamburg ein. Es geht bergauf. Wir erklimmen den ersten Geesthügel. Die Geest ist eine

CHARAKTER

Sportlich ●●●●●
Abkühlung ●●○○○
Schlemmen ●●●●●
Panorama ●●●●●

TOURENINFO / Die Tour führt weitestgehend auf Radwegen und autofreien Straßen und folgt überwiegend der Beschilderung des Radfernweges D7. Anteile der Strecke führen über nicht asphaltierte Feldwege und Pfade. Insbesondere in den Harburger Bergen ist mit Anstiegen auch auf Schotterstrecken zu rechnen. Auch für Radanhänger ist die Tour machbar. Die empfohlenen Übernachtungsorte sind Bett & Bike zertifiziert.

◂ links / Die erste bleibende Süderelbbrücke war 1899 fertig und lässt heute nur noch Fußgänger und Radfahrer über die Süderelbe

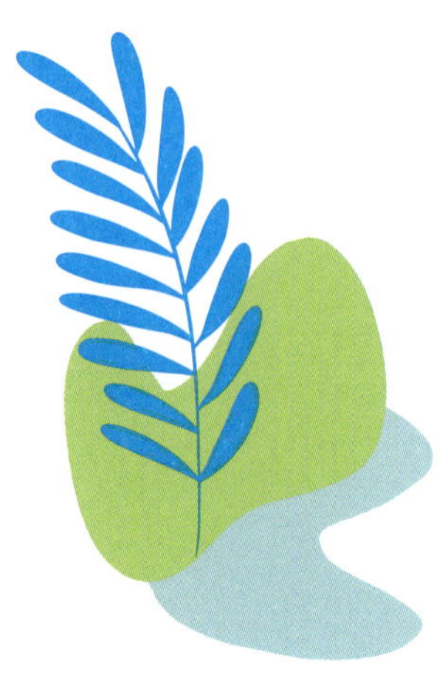

Endmoränenlandschaft, die die Gletscher der letzten Eiszeit aufgeschoben hat. Die leichten, sandigen Böden waren notorisch unfruchtbar: Die Landschaftsbezeichnung kommt von niederdeutsch „gust", was unfruchtbar bedeutet. Dörfern wie Wilstedt sieht man die Armut nicht mehr an, doch die Orte waren lange Zeit Quell von Auswanderung und Arbeitsmigration. Mit der Aufhebung der Leibeigenschaft, der Verkoppelung der Äcker und schlussendlich mit Maschineneinsatz und Kunstdünger wuchsen die Erträge, Straßen und Eisenbahnen schufen Verbindungen zu Absatzmärkten. In Wilstedt lohnt ein Stopp im 2 / Wilstedter Milchkontor. Unter alten Eichen sitzt man nett bei leckerem Bio-Eis. Nebenan hat Artefakt sein Kontor und versendet von hier feinste Bio-Olivenöle. Einmal im Jahr finden Olivenabholtage statt. Anfang Mai ist dann das Dorf voller Probierstände der Olivenbauern, die aus Italien, Griechenland, Spanien und Frankreich anreisen. Anbieter anderer landwirtschaftlicher Produkte und Kunsthandwerker kommen dazu. Die Kundschaft aus den nahen Städten findet das gut und kommt in hellen Scharen.

SCHWANKENDER BODEN

Das wellenähnliche Auf und Ab des schmalen und idyllischen Pfades am Hemelsmoor entlang, ist schwindendem Moorboden geschuldet.

Mooreinsprengsel

Weiter geht es über Neu Bülstedt nach Steinfeld. Nach einem kurzen Stück auf der mäßig befahrenen Landstraße kommen wir zu einem der Großsteingräber der Gegend. Das Steinfelder Steingrab am Spachelsberg ist ein Großsteingrab, das ca. 4.000 Jahre alt ist. Mehrere weitere Großsteingräber in der Nähe sind ein Hinweis auf die vorgeschichtliche Besiedlung der Gegend. Wir biegen rechts ab und fahren in das Stellingsmoor, das noch industriell abgetorft wird. Ein No-Go in Zeiten, da der Stopp von Torfabbau und die Wiedervernässung von Mooren einen unverzichtbaren Beitrag darstellt, Klimaziele einzuhalten. Wildromantisch ist der folgende Pfad, der uns

---

➤ **Eisausgabestelle Milchkontor Wilstedt / Auf dem Weg nach Zeven**

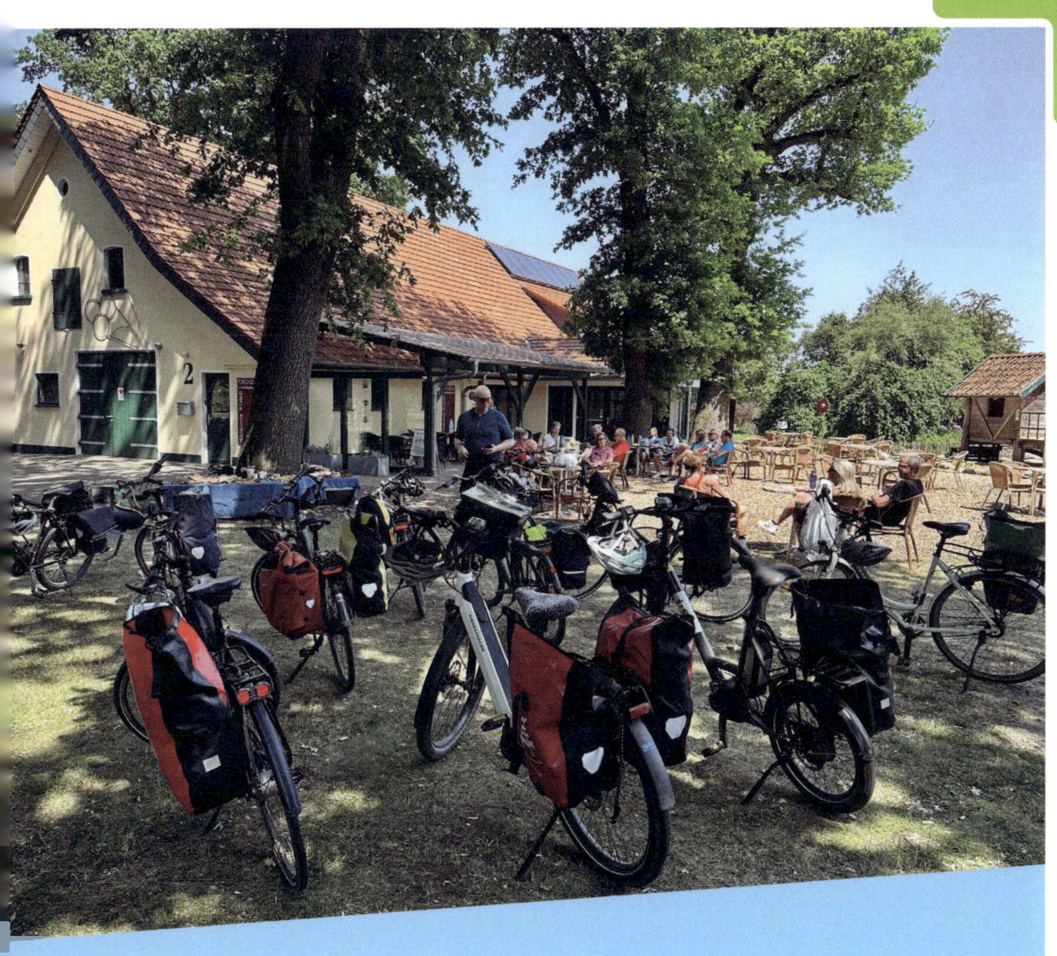

16,5 KM

Die Wilstedter Milchkontor macht bestes Bio-Eis. Gegenüber haben die Artefakt Olivenöl-Importeure ihre Büros. Anfang Mai finden drumrum die „Olivenöl-Abholtage" statt. Dann kommen die Olivenbauern mit Probierständen und Kunsthandwerker mit ihren Arbeiten.

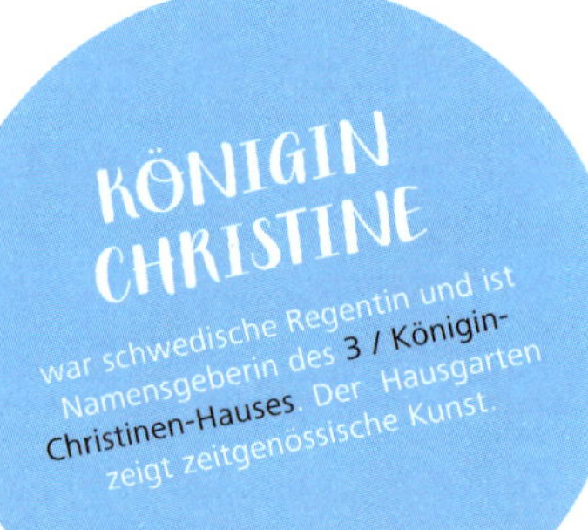

zwischen Birkenbruchwäldern des unter Naturschutz stehenden Bullensee- und Hemelsmoores links und Wiesen auf der rechten Seite in Richtung Zeven bringt.

Kloster hier und da

Über Oldendorf kommen wir auf hübschen Sträßchen nach Zeven und rollen zum 3 / Königin Christinen Haus, dem ältesten Profanbau der Stadt. Gebaut wurde es, als Zeven nach dem 30-jährigen Krieg zu Schweden gehörte. Die schwedische Regentin Königin Christine soll auf einer ihrer Reisen in Zeven Station gemacht haben. So die mündliche Überlieferung. Heute beherbergt das Haus die Städtische Galerie und die Sammlung Kempowski. Der aus der DDR geflohene Autor von Romanen wie „Tagelöhner und Wolf" und „Ein Kapitel für sich" war Lehrer in Zeven und lebte bis zu seinem Tod 2007 im nahen Nartum. Der Weg hinter das Christinen-Haus führt in einen Garten, der im Stil eines barocken Hausgartens gehalten ist und in dem zeitgenössische Skulpturen ausgestellt sind. Wir verlassen Zeven zwischen Klosterkirche und dem einzig erhaltenen

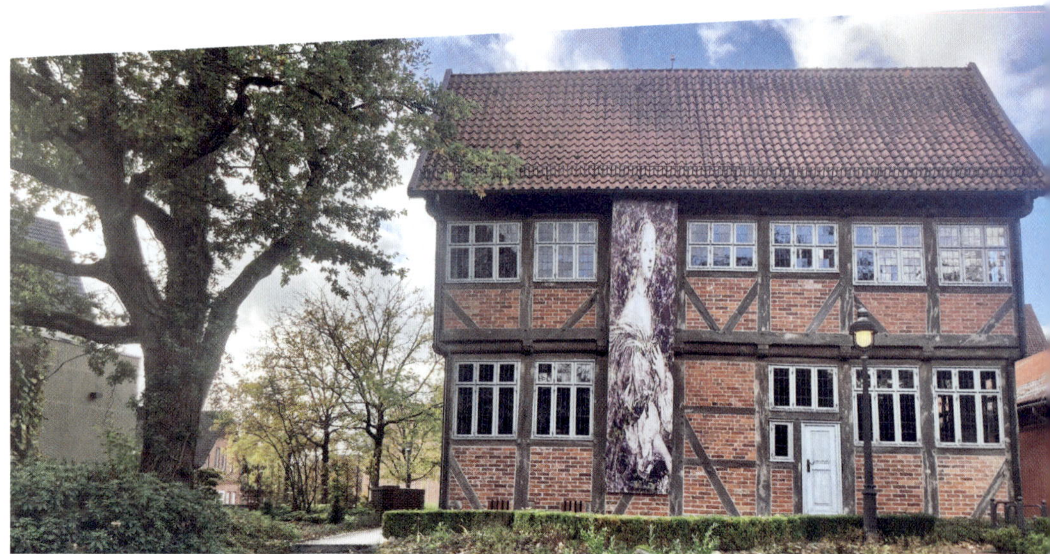

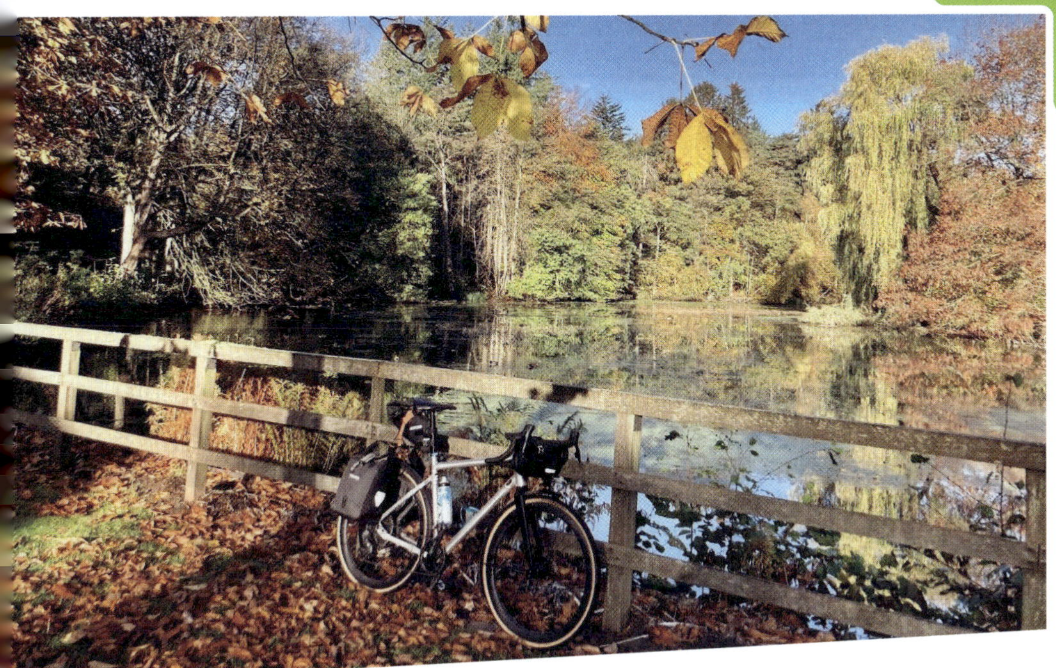

Klostergebäude, einem Feldsteinbau. Das Kloster wurde Anfang des 12. Jahrhunderts aus Heeslingen nach Zeven verlegt. Der Grund waren Beschwerden über Ausschweifungen in Heeslingen und die Hoffnung, die Kirchenmänner würden im ruhigen Zeven zur frommen Besinnung kommen. Wir nehmen den umgekehrten Weg und fahren durch den schattigen Wald der Mehde-Aue an die Oste, der wir nach Heeslingen folgen. Der Ort ist dann gar nicht so, sondern verschlafener als das verkehrsreiche Zeven. Oben am Prallhang über der Oste steht die alte Klosterkirche. Einst war sie eine wichtige Station auf dem Jakobsweg von Skandinavien und Island nach Bremen. Etwas beeinträchtigt in ihrer historischen Würde ist der Bau durch einen seltsamen Backsteinturm, den ein Hamburger Ende des 19. Jahrhunderts stiftete. Eine schlichte Parkbank wäre besser gewesen. Nach einem Mini-Schlenker in das hübsche Ostetal folgen wir der Ausschilderung nach Kuhmühlen.

Mühle – Disco – Restaurant-Hotel

Die idyllisch am Kuhbach-Mühlteich im Mischwald gelegene Klostermühle, eine Wassermühle, wurde im 14. Jahrhundert gebaut. Im 19. Jahrhundert übernahm die Klosterkammer Hannover, daher der Name, und betrieb die Mühle bis in die 1960er Jahre. Ganz andere

---

◀ links / Das Königin-Christinen-Haus in Zeven ▲ oben / Kuhmühlen ist ein idyllischer Ort

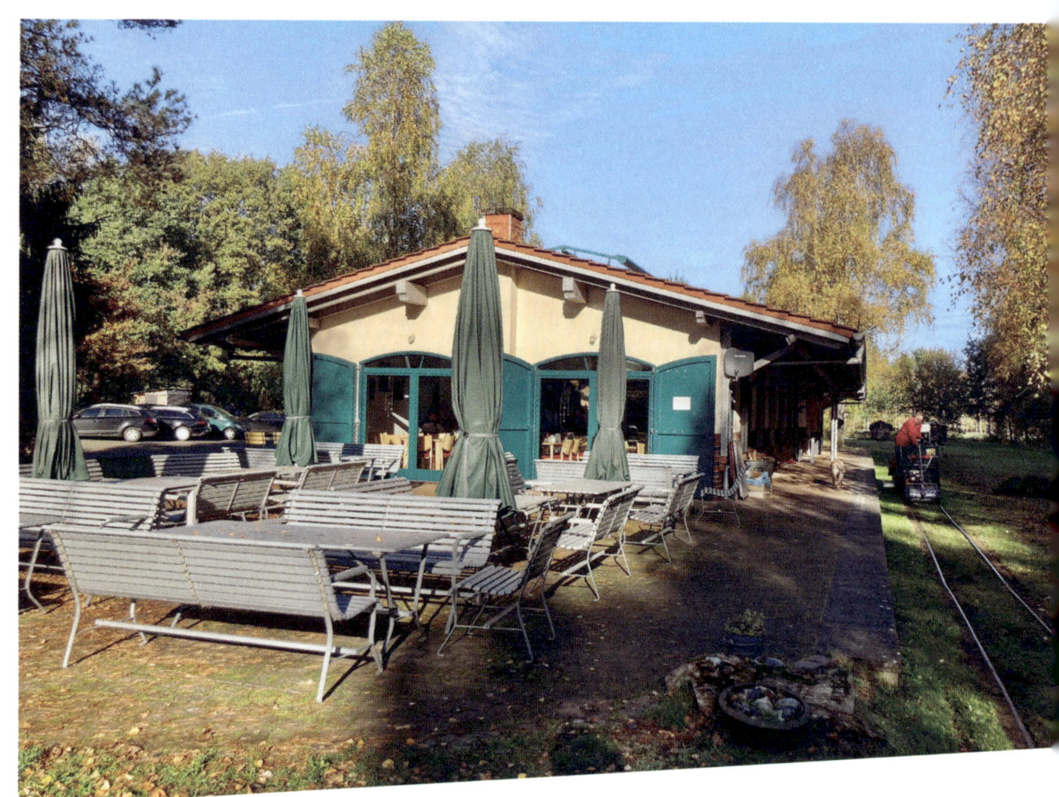

Rhythmen als das Mühlengeklapper brachten in den 70er und 80er Jahren junge Leute, darunter viele Bremer und Hamburger, in die legendäre Disco „Dream Machine", die in den Mühlengebäuden am Wochenende zum Tanz lud. Heute ist das 4 / Hotel Klostermühle eine Empfehlung für das Abendessen und eine voraussichtlich geruhsame und tanzlose Nacht.

Tag 2

In einem Bogen fahren wir morgens über Klein Meckelsen nach Sittensen, nah an der A1 gelegen und vom Durchgangsverkehr gezeichnet und gepeinigt. Aufenthaltsqualität gibt es erst, wenn wir die Hauptstraße nach einer erträglich kurzen Wegstrecke auf dem Radweg zur Wassermühle verlassen. Das Fachwerkgebäude wird als Handwerksmuseum genutzt. Den Mühlenteich umgibt eine hübsche Parkanlage. Nicht weit entfernt liegt der historische Ortskern und macht klar, was die automobile Gesellschaft mit Lebensräumen auch in Kleinstädten anstellt. Wir bleiben auf dem Radfernweg, der

---

^ oben / Ins Tister Bauernmoor kommt man zu Fuß oder mit der Lorenbahn

uns vorbei am Gutshof Burg Sittensen mit Sonntagscafé und 24/7 Hofladen zu einem Abstecher ins 5 / Tister Bauernmoor bringt. Das Moor ist industriell abgetorft, steht unter Naturschutz und ist teilweise wiedervernässt. Seitdem fühlen sich seltene Vogelarten hier zu Hause, selbst See- und Fischadler wurden gesichtet. Vor allem aber ist das Moor ein wichtiger Kranichplatz. Im Herbst sammeln sich hier zehntausende Vögel vor ihrem Abflug nach Süden. Dann hat die Lorenbahn ordentlich zu tun, interessierte Menschen in das Moor zu fahren.

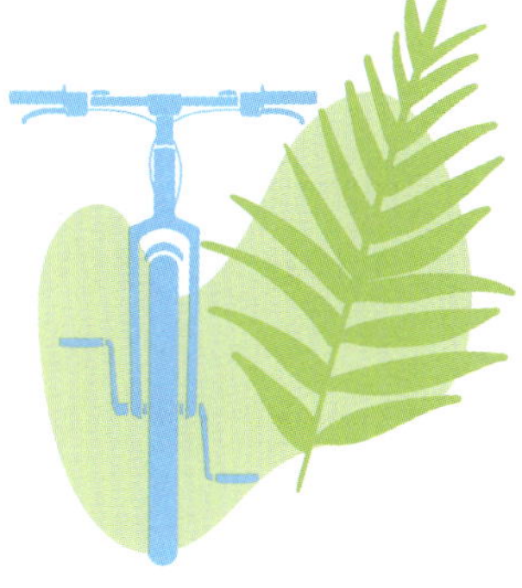

Die Este und der Hamburger Durst

Wir rollen weiter nach Heidenau. Das kleine Dorf samt 6 / Hochzeitswald mit Kunstwerken und Streuobstwiese queren wir, um anschließend zu merken, dass es bewegter wird: 61 Meter hoch ist der nächste Hügel. Büntberg heißt er selbstbewusst. Nach einer Überquerung der A 1, die noch aus Zeiten des Autobahnbaus Anfang der 1930er Jahre stammen könnte, kommen wir nach Hollenstedt. Das Dorf mit einer schönen Passage zwischen Kirche und Pfarrhaus liegt an einer Esteschleife. Der idyllische Fluss kommt aus der Lüneburger Heide und mündet bei Buxtehude in die Elbe. 18,4 Millionen Kubikmeter Wasser entnimmt Hamburg jährlich aus dem Este-Quellgebiet. Soviel, dass DIE ZEIT 1998 feststellte, dass die Este-Quelle verschwunden sei. Die Klagen der Bauern und des

20.000 t

Das 5 / Tister Bauernmoor ist ein bis vor ein paar Jahren industriell abgetorftes Hochmoor, das wiedervernässt eine Premiumadresse für seltene Vogelarten wurde. Im Herbst sammeln sich auf den Wasserflächen abertausende von Kranichen vor ihrem Abflug nach Süden.

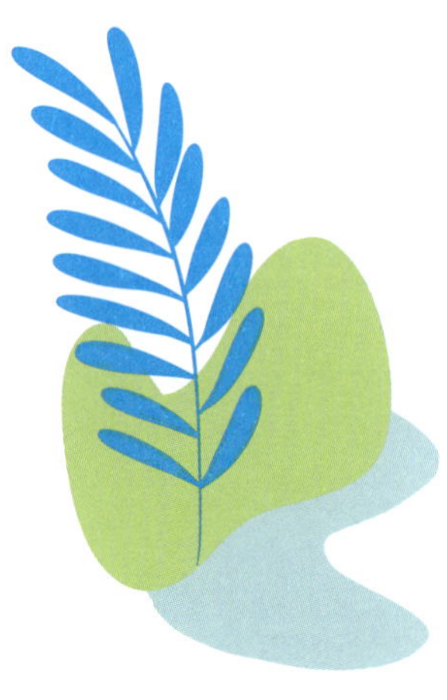

zuständigen Landkreises Harburg über Trockenheit und Hamburgs Wasserdurst sind seitdem nicht leiser geworden. Hamburgs Ansprüche aber auch nicht.

Harburger Berge

Über Appeln und das beschauliche Ohlenbüttel nähern wir uns den Harburger Bergen. 7 / Appelbeck am See oder der 8 / Ohlenbütteler Dorfteich bieten sich zum Verschnaufen an. Die Rosengarten Straße ist weniger romantisch als sie heißt, aber alternativlos. Nach knapp drei Radweg-Kilometern geht es dann auf einem Forstweg in den Wald, den Staatsforst Rosengarten. Bis auf etwas über 100 Meter steigt der Weg an, um dann wieder bergab nach Sottorf zu sausen. Über Vahrendorf erreichen wir das interessante 9 / Freilichtmuseum am Kiekeberg. Sehr breit angelegt zeigt das Museum viele Facetten der Geschichte und Gegenwart des Lebens auf dem Lande und verzichtet auf Tümelei.

DAS QUAKEN DER FRÖSCHE
begleitet ein Picknick oder eine Pause auf dem Ponton, der in den hübschen 8 / Ohlenbütteler Dorfteich ragt.

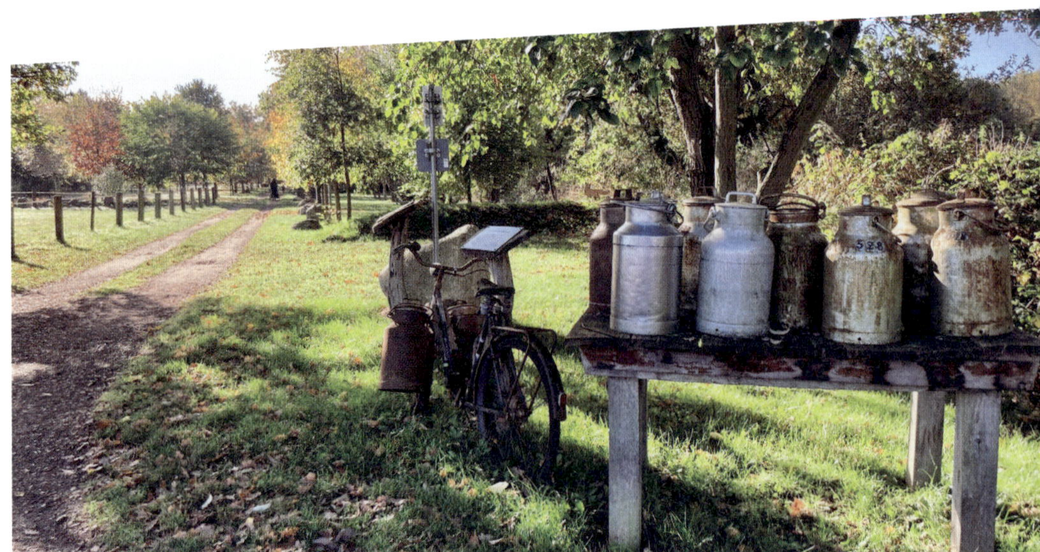

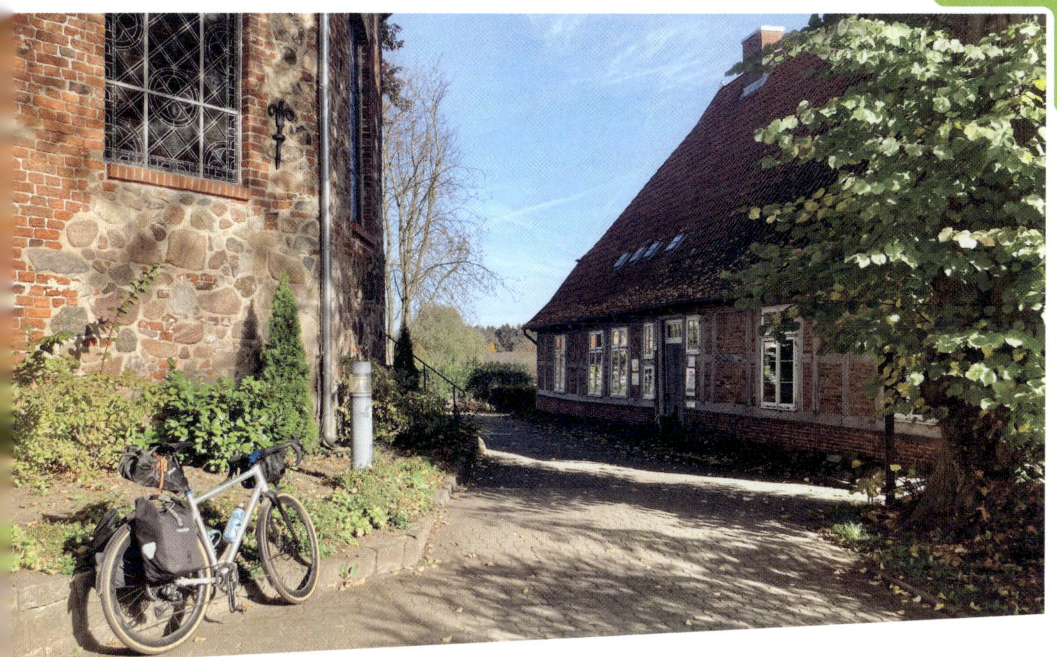

Es wird urban

Weiter geht das Auf und Ab der Berge. In Ehestorf schießen wir auf gut asphaltiertem Weg in ein tiefes Tal und erklimmen gleich darauf den Anstieg nach Harburg. Hier bleiben wir konzentriert und folgen der Radbeschilderung Richtung Hamburg. Auf Wanderwegen geht es durch den Wald und dann durch Wohnstraßen und auf Radwegen durch die Stadt. Unter anderem vorbei an der Technischen Universität Harburg. Erst seit 1937 gehört Harburg zu Hamburg. Mitte des 19. Jahrhunderts entwickelte sich die Stadt zu einem bedeutenden Hafen- und Industriestandort, in den insbesondere Hamburger Kaufleute investierten. Harburg lag im Königreich Hannover, später Preußen und damit im Zollinland, während Hamburg bis 1888 Freihafen und damit Zollausland war. Vor allem die Kautschuk- und Gummiindustrie sowie die industrielle Ölsaatenverarbeitung wuchsen zu Weltgeltung und hatten schnell tausende Mitarbeiter. Wir fahren durch die Neue Straße, von der die Lämmertwiete abzweigt, eine kaum hundert Meter lange Kneipengasse mit teils windschiefen Fachwerkhäusern. Nach der kurvenreichen aber gut gemachten Unterquerung der B73 geht es auf der Harburger Schlossstraße ins Hafengebiet. Nach der Hafencity ist das „channel Hamburg" genannte Areal Hamburgs größtes Stadtentwicklungs-

3,6 KM

lang ist die Appel, jener Fluss, der die 7 / Appelbecker See durchfließt und speist. Auf dem See fahren Tretboot-Schwäne und im Restaurant am See lässt sich gutbürgerlich speisen.

< links / Milchkannen im Hochzeitswald ^ oben / Angeblich traf sich Karl der Große in Hollenstdt mit einem dänischen Gesandten

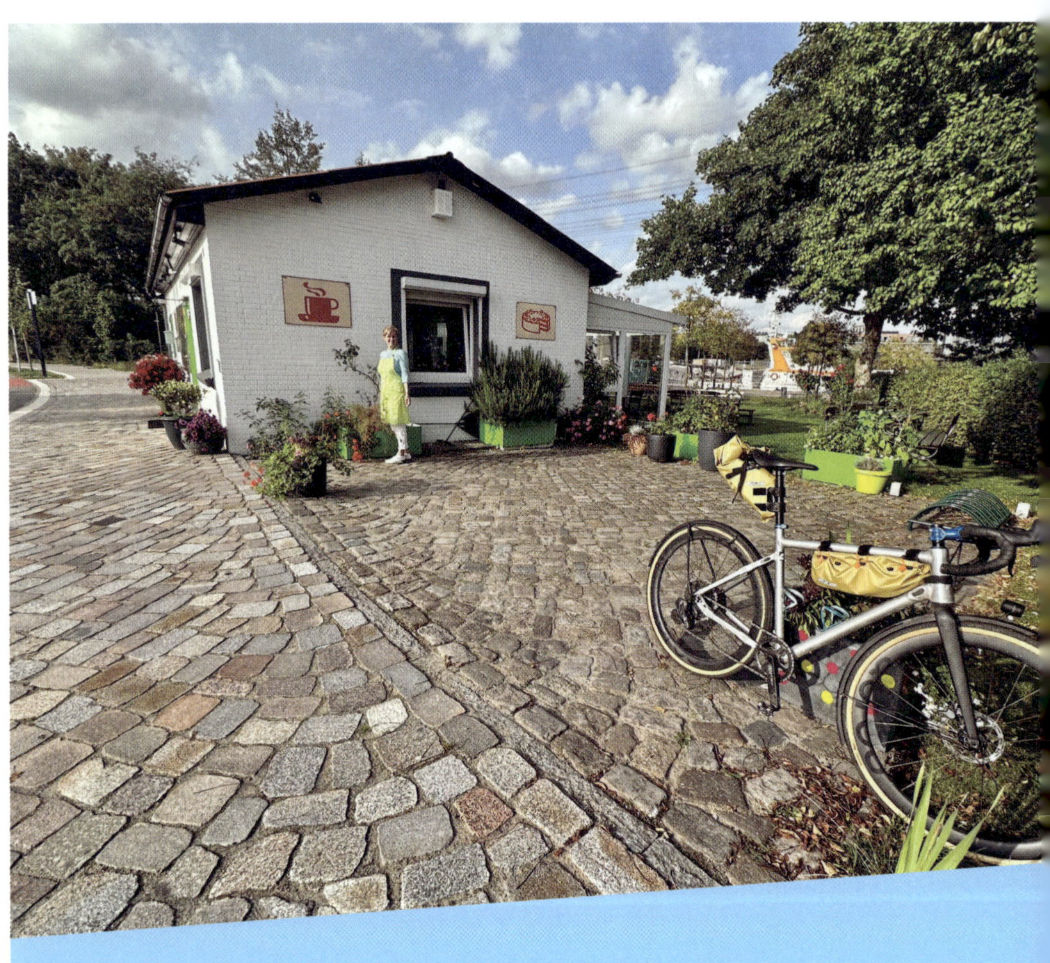

SÜDERELB-BRÜCKE

Napoleon ließ bereits eine Elbbrücke bauen, die aber wieder verfiel. Erst 1899 war die erste bleibende Elbbrückenverbindung hergestellt.

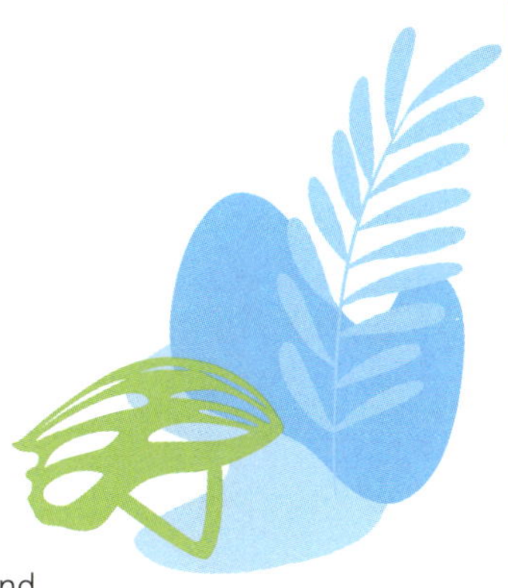

gebiet. In den architektonisch spannenden Mix aus Neubauten und mutigen Umnutzungen alter Hafen- und Industriebauten hat sich eine rege Gründer- und Wissenschaftszene eingefunden. Großen Spaß bringt die fertiggestellte Radpremiumroute am Veritaskai. Von hier geht der Blick über ein Hafenbecken mit einem Backsteinfabrikbau, einem kleinen vierstöckigen Kontorhaus zu einem Silogebäude, das mit einer Glasfassade und sieben zusätzlichen Stockwerken ausgebaut wurde. Wir folgen der Radroute in Richtung Süderelbbrücke. 1899 war die Brücke fertig, heute ist das Bauwerk autofrei. Sagenhaft, aber nicht wirklich die erste Brücke über die Elbe. Die nämlich ließ Napoleon bauen. Aber weder Harburg noch Hamburg waren nach Ende der französischen Besatzung an dem Erhalt der Verbindung interessiert.

Schluss oder auch nicht

Für die, die Tour nun beenden möchten, bietet sich noch ein Stopp an: Das kleine Bistro 10 / von-Bis liegt mittendrin und ist schön ruhig für einen Abschluss. Für alle, die weiterwollen, beginnt am Veritaskai – an der Kreuzung Richtung Harburg Bahnhof – die halbe Tour und der Weg aus dem Hamburger Süden zum Alten Elbtunnel. Wer noch bleiben und übernachten will, kann übrigens an Bord gehen: KANAL 77 – Schlafen im Hafen bietet Kojen und eine Suite auf einem niederländisch-belgischen Binnenschiff an. Für alle anderen endet die Tour am 11 / Bahnhof Harburg, den wir über den Schellerdamm erreichen.

< links / Mit Blick auf den Binnenhafen liegt das freundliche Restaurant und Cafè „von-Bis"

DER SPRUNG ÜBER DIE ELBE

Durch den Hamburger Süden und den Alten Elbtunnel nach St. Pauli Landungsbrücken

14 Kilometer
40 Höhenmeter ▲
30 Höhenmeter ▼
1:00 Stunde
Streckentour

Die halbe Tour startet an der 12 / Süderelbbrücke zwischen Harburg und der ehemaligen Elbinsel Wilhelmsburg. Von hier aus geht die Tour weitgehend über neu angelegte Premiumradstrecken durch Wilhelmsburg über Reiherstieg zum Alten Elbtunnel. Der „Sprung über die Elbe" ist eines der Leitprojekte der hamburgischen Stadtentwicklungsstrategie und meint eigentlich von Nord nach Süd über die Elbe. Wir rollen in die andere Richtung.

Wilhelmsburg

Wilhelmsburg ist eine der vielen Marschenelbinseln, die Hamburg vor allem mit Milch und anderen schnell verderblichen Agrarprodukten versorgten. Auf flachgehenden Elbewern brachten die Bauern ihre Erzeugnisse auf die hamburgischen Märkte. Heute sind die Inseln, längst Hafenwirtschaftsflächen, Industriestandorte und Wohnquartiere und als Inseln kaum mehr kenntlich. Wilhelmsburg sowieso nicht. Aber im Rahmen der 2013 gleichzeitig abgehaltenen Internationalen Bau- und Internationalen Gartenausstellung wurden unter dem Motto „Sprung über die Elbe" neue Akzente gesetzt. Eines der Kernstücke ist die Verlegung der Wilhelmsburger Reichsstraße um etwa 400 Meter nach Osten an die Bahntrasse Bremen-Hamburg. Das brachte Platz für die „Neue Wilhelmsburger Mitte" mit 5.000 Wohnungen und für den Wilhelmsburger Inselpark. Großes Radfahrer-Glück, weil eine durchgängig herausragende Radinfrastruktur geschaffen wurde. Mit wechselnden Ausblicken geht es durch Parks und Schrebergärten. Überhaupt entwickeln sich im Hamburger Süden Szenequartiere, die längst nicht mehr Geheimtipp sind. So zum Beispiel im Reiherstiegviertel. Im 13 / Am Anleger am Ernst-August-Kanal lässt sich das ausprobieren. Weiter geht es am Spreehafen entlang und über den Veddelkanal auf einem Radstreifen, der einfach an einer Straßenbrücke hängt.

19 1/2

Elbe submarin

Wir machen die letzte Strecke bis zum Steinwerder. Hier muss unbedingt ein Blick über die Elbe auf die Landungsbrücken samt Elbphilharmonie gewagt werden. Das Getränk und das Fischbrötchen dazu gibt es im Imbiss 14 / Brücke 10. Rund 24 Meter bringt uns ein Aufzug dann in die Tiefe, wo zwei 448,5 Meter lange Röhren die Norderelbe zwischen Steinwerder und St.Pauli Landungsbrücken unterqueren. Gebaut wurde der Tunnel, als sich Ende des 19. Jahrhunderts Hafen- und Werftbetriebe auf die südlich gelegenen Elbinseln ausweiteten. Zu den Schichtwechseln mussten Zehntausende mit Fähren über den Fluss, was Störungen des Hafenbetriebs verursachte und witterungsanfällig war. Brückenbauten hätten wegen der Seeschiffe mehr als 50 Meter lichte Durchfahrtshöhe bieten müssen. Ging also nicht. Als der Tunnel nach vier Jahren Bauzeit 1911 eröffnet wurde, galt er als technische Sensation. Heute sind vor allem Radfahrer und Fußgänger im alten Tunnel unterwegs. Knapp 500.000 Radler und 1,5 Millionen Fußgänger wurden 2019 gezählt. Aus der submarinen Tiefe geht es ans Licht der Landungsbrücken in St. Pauli. Etwa drei Kilometer sind es von hier noch bis zum 15 / Hauptbahnhof.

TOURENINFO / Die Tour geht südlich der Elbe über Rad-Prämiumroute und Parkwege, die zum überwiegenden Teil asphaltiert sind, zum Elbtunnel. Die Strecke ist für Radanhänger geeignet.

⋀ oben / Kein Sprung, aber der Blick über die Elbe

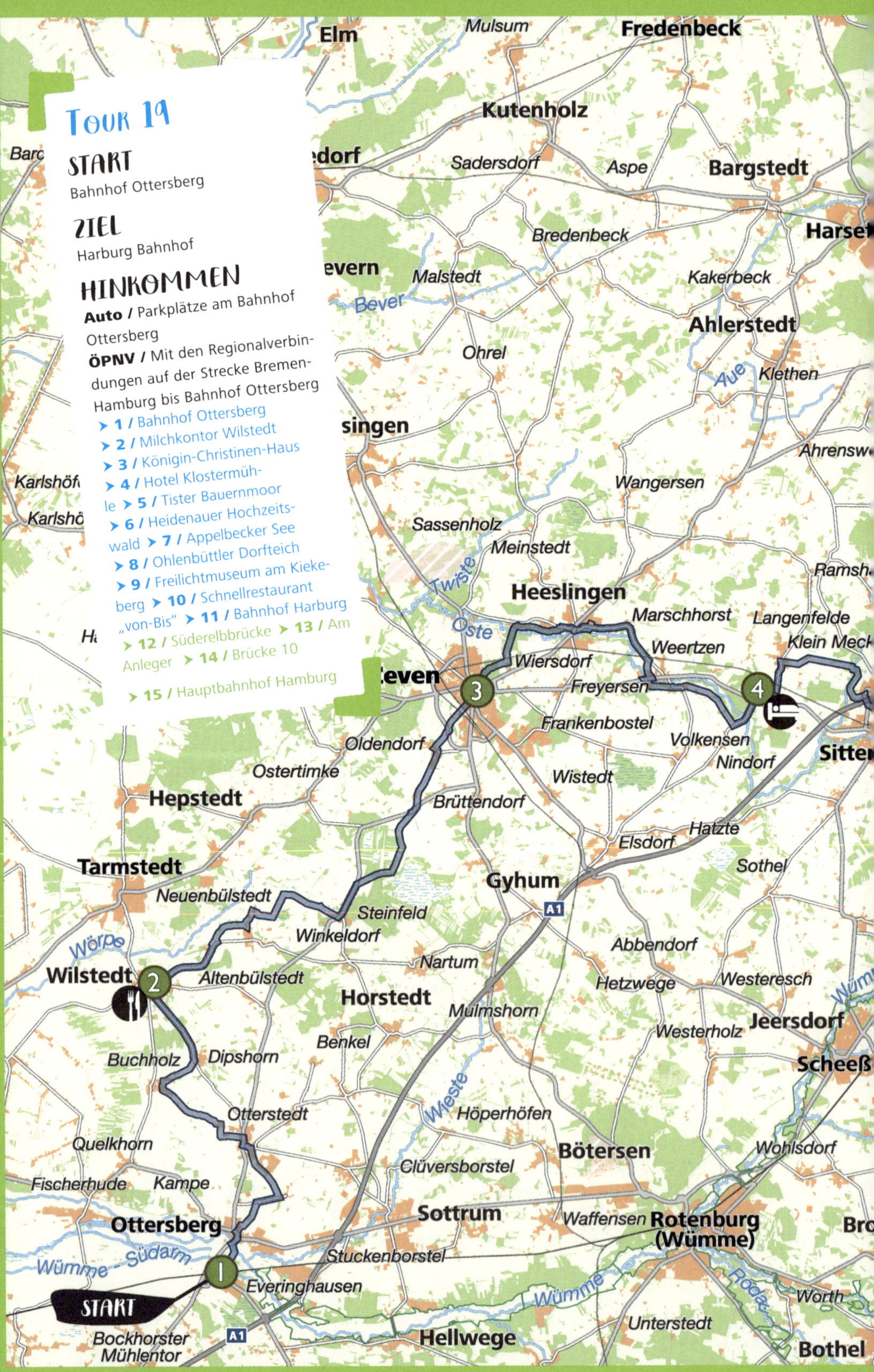
Tour 19
START
Bahnhof Ottersberg
ZIEL
Harburg Bahnhof
HINKOMMEN
Auto / Parkplätze am Bahnhof Ottersberg
ÖPNV / Mit den Regionalverbindungen auf der Strecke Bremen-Hamburg bis Bahnhof Ottersberg
1 / Bahnhof Ottersberg
2 / Milchkontor Wilstedt
3 / Königin-Christinen-Haus
4 / Hotel Klostermühle
5 / Tister Bauernmoor
6 / Heidenauer Hochzeitswald
7 / Appelbecker See
8 / Ohlenbüttler Dorfteich
9 / Freilichtmuseum am Kiekeberg
10 / Schnellrestaurant „von-Bis"
11 / Bahnhof Harburg
12 / Süderelbbrücke
13 / Am Anleger
14 / Brücke 10
15 / Hauptbahnhof Hamburg
START
Elm
Mulsum
Fredenbeck
Kutenholz
Sadersdorf
Aspe
Bargstedt
Bredenbeck
Malstedt
Kakerbeck
Bever
Ahlerstedt
Ohrel
Aue
Klethen
Wangersen
Sassenholz
Meinstedt
Twiste
Heeslingen
Oste
Marschhorst
Langenfelde
Weertzen
Klein Meck
Wiersdorf
Freyersen
Frankenbostel
Volkensen
Nindorf
Oldendorf
Ostertimke
Wistedt
Hepstedt
Brüttendorf
Hatzte
Elsdorf
Sothel
Tarmstedt
Gyhum
A1
Neuenbülstedt
Steinfeld
Winkeldorf
Abbendorf
Wörpe
Wilstedt
Altenbülstedt
Nartum
Hetzwege
Westeresch
Horstedt
Mulmshorn
Westerholz
Jeersdorf
Benkel
Buchholz
Dipshorn
Scheeß
Wieste
Otterstedt
Höperhöfen
Quelkhorn
Bötersen
Wohlsdorf
Clüversborstel
Fischerhude
Kampe
Ottersberg
Sottrum
Waffensen
Rotenburg (Wümme)
Wümme - Südarm
Stuckenborstel
Everinghausen
Wümme
Rodau
Worth
Unterstedt
Bockhorster Mühlentor
Hellwege
Bothel

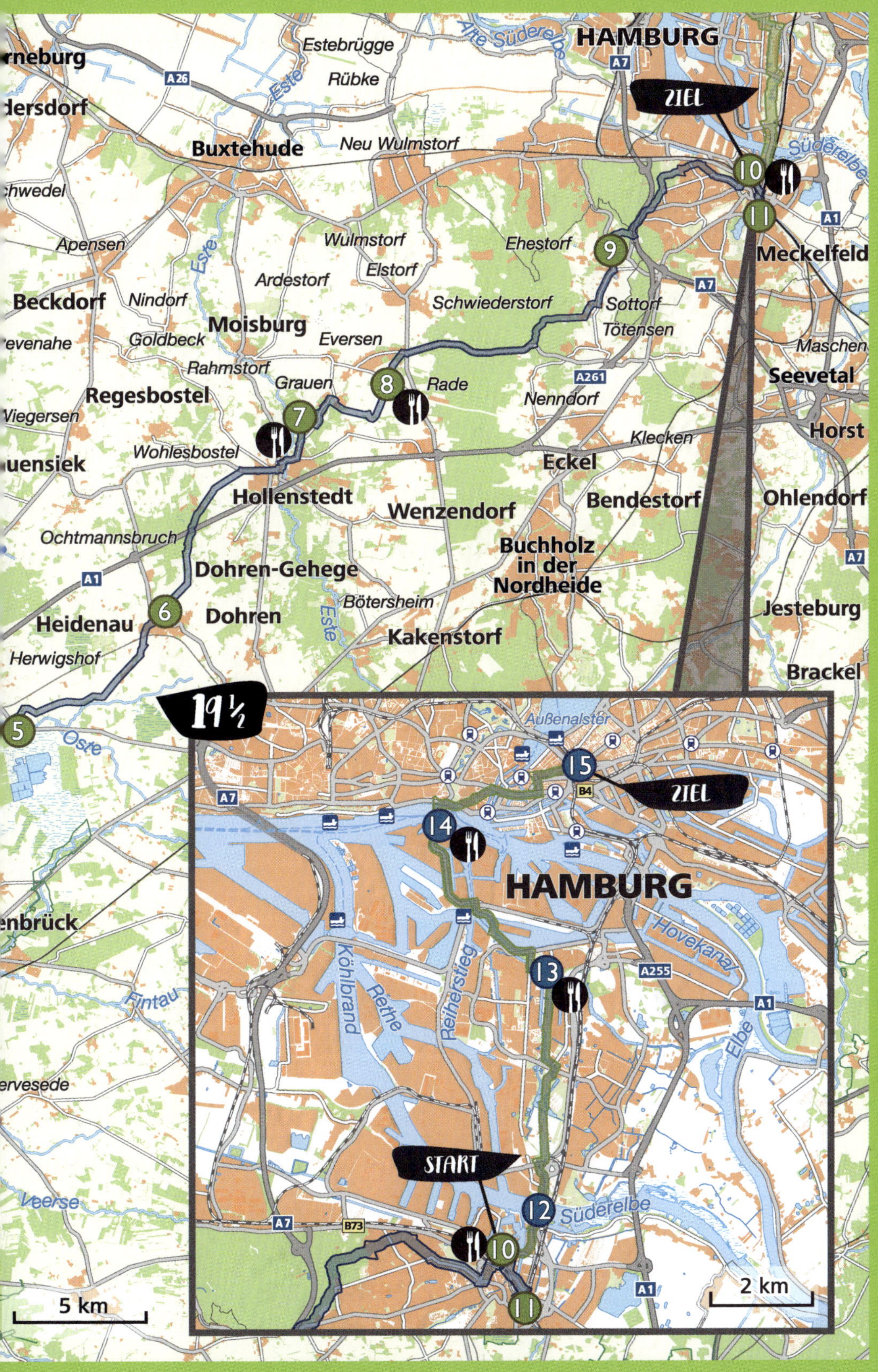

HAMBURG
ZIEL
Estebrügge
Rübke
Buxtehude
Neu Wulmstorf
Apensen
Wulmstorf
Elstorf
Ehestorf
Meckelfeld
Ardestorf
Beckdorf
Nindorf
Moisburg
Schwiederstorf
Sottorf
Tötensen
Goldbeck
Eversen
Rahmstorf
Grauen
Rade
Nenndorf
Seevetal
Regesbostel
Klecken
Horst
Wohlesbostel
Eckel
Hollenstedt
Wenzendorf
Bendestorf
Ohlendorf
Ochtmannsbruch
Buchholz in der Nordheide
Dohren-Gehege
Bötersheim
Heidenau
Dohren
Jesteburg
Herwigshof
Kakenstorf
Brackel
19½
Außenalster
ZIEL
HAMBURG
Hovekanal
Köhlbrand
Rethe
Reiherstieg
Elbe
START
Süderelbe
Este
Oste
Fintau
Veerse
5 km
2 km

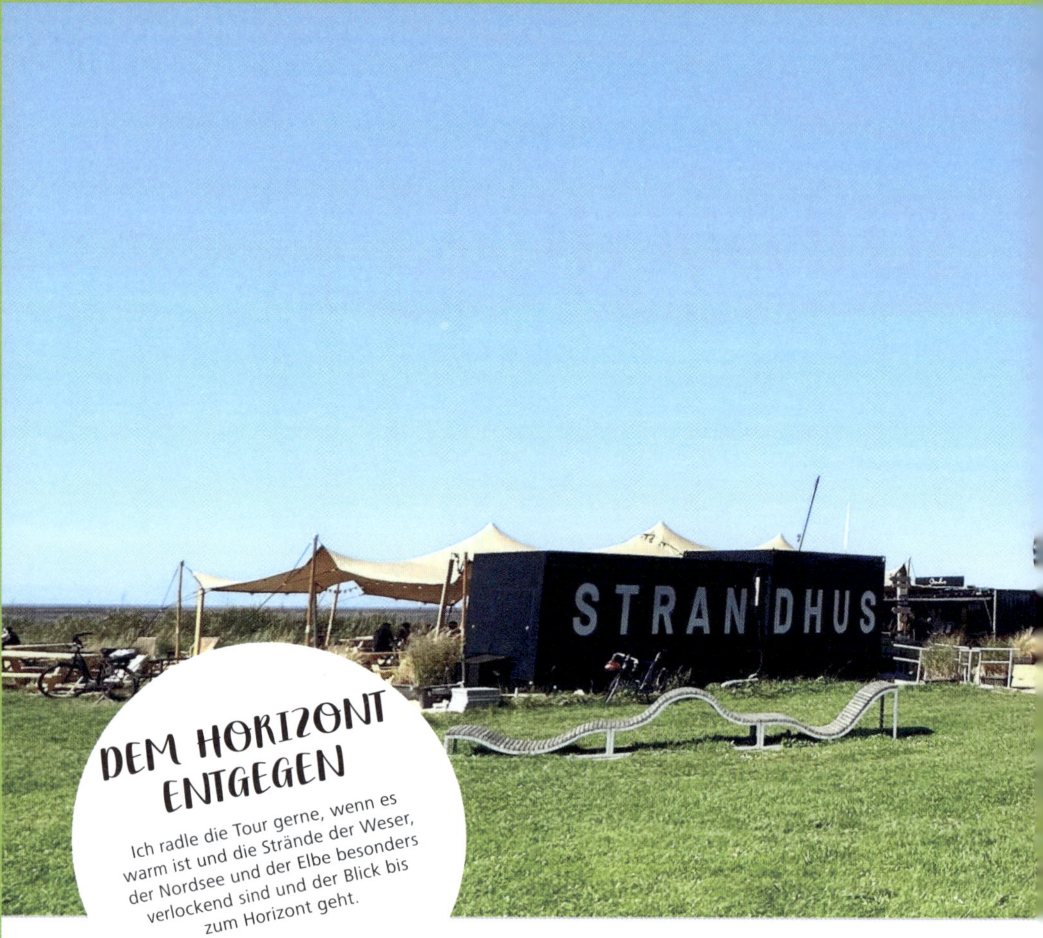

DEM HORIZONT ENTGEGEN

Ich radle die Tour gerne, wenn es warm ist und die Strände der Weser, der Nordsee und der Elbe besonders verlockend sind und der Blick bis zum Horizont geht.

➤ **1 /** Wir starten am Bahnhof Vegesack

➤ **2 /** Füße ins Wasser halten am Elsflether Sand

➤ **3 /** Windjammer: Schifffahrtsmuseum Brake

➤ **4 /** Strandleben deluxe: Sands Beach Bar Sandstedt

➤ **5 /** Hermann-Allmers-Haus: Marschensaal besichtigen

➤ **6 /** Von der Weserperle auf die Weser blinzeln

➤ **7 /** Fischessen im Schaufenster Fischereihafen

➤ **8 /** Auf dem „Schulschiff Deutschland" übernachten

➤ **9 /** Die Letzte Kneipe vor New York ist ein ernstgemeinter Spaß

➤ **10 /** Kommt ganz ohne Barock aus: Strandhus Wremen

➤ **11 /** 34,4 Meter hoch: besteigbarer Leuchtturm Obereversand

➤ **12 /** Zum Baden oder Wattwandern: Cuxhaven-Sahlenburg

➤ **13 /** An der Alten Liebe gibt's dicke Pötte und Lotsenboote

➤ **14 /** Fischessen im Fischereihafen Cuxhaven

➤ **15 /** Heim gehts: Bahnhof Cuxhaven

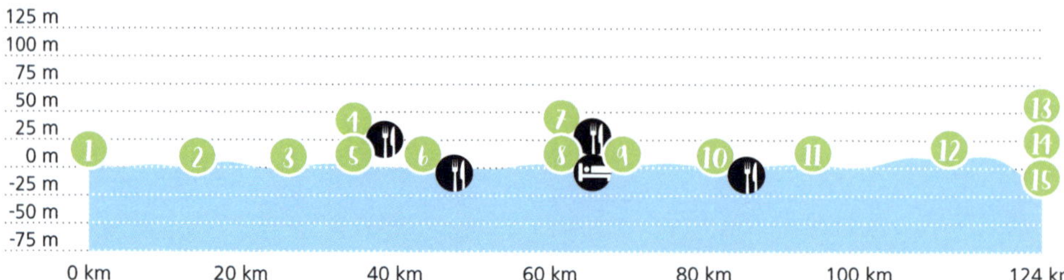

SEHNSUCHT

*Von der Weser an die Elbe.
Und dann kommt Amerika*

Die Tour folgt meist dem Weser Radweg nach Cuxhaven. Wer die Tour verlängern will, startet vom Hauptbahnhof Bremen und folgt der Tagestour Bremen – Vegesack. In Vegesack beginnen wir mit einer Fährfahrt auf die linke Weserseite und fahren über Elsfleth nach Brake. Dort wechseln wir die Weserseite und erreichen am Deich entlang und über die Luneplate Bremerhaven. Am 2. Tag geht es am Containerterminal vorbei raus ins Land Wursten. In Deichnähe rollen wir von Sielhafen zu Sielhafen und am Strand nach Cuxhaven. Viel Deich, Wasser, Fisch und sonstig Maritimes.

Tag 1 + Tag 2
62+62 Kilometer
90+90 Höhenmeter ▲
120+120 Höhenmeter ▼
4:30+4:30 Stunden
Streckentour

CHARAKTER

Sportlich ●●●●○
Abkühlung ●●●●●
Schlemmen ●●●●●
Panorama ●●●●●

Tag 1

Wir starten am 1 / Bahnhof Vegesack, fahren zum Fähranleger und nehmen die Fähre nach Lemwerder. Dort fahren wir an der Lürßen Werft vorbei Richtung Elsfleth. Ein schöner Deichweg führt alsbald an Altarmen und Flussinseln, die hier Pla-

---

TOURENINFO / Die Tour führt weitgehend über autofreie Wege, meist auf Deichen, und hat kurze Abschnitte auf Radwegen entlang von Autostraßen. Wenige Kilometer gehen über gut zu befahrende Schotterwege. Gut geeignet für Familien mit Anhängern.

< links / Strandhus am Wremer Tief

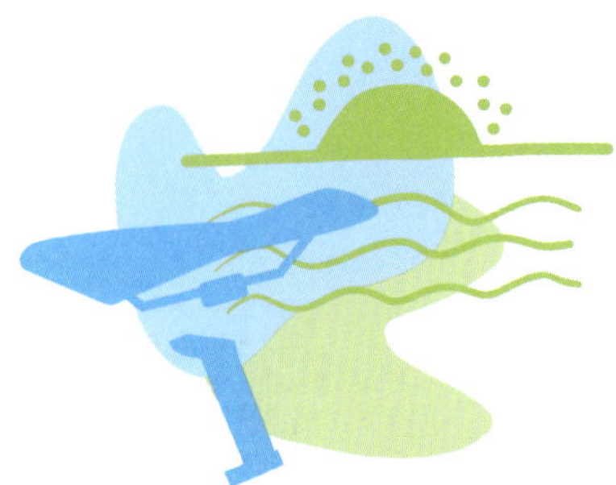

ten oder Sände heißen, entlang. Das Gebiet der Unterweser war bis zum Beginn des 20. Jahrhunderts ein Mündungsdelta mit zahlreichen Flussspaltungen, Nebenarmen und Inseln. In dem nassen Wirrwarr veränderte die Weser häufig ihren Verlauf und versandete zum Leidwesen der Bremer Kaufleute zusehends. Erst die Weserkorrektion änderte die Situation. Der Wasserbauingenieur Ludwig Franzius baggerte Begradigungen und Vertiefungen in die Weser, bis der Fluss ein definiertes Bett hatte. Franzius' Idee ging auf: Die Flutwelle von der Nordsee schwappt seitdem ungehindert hoch bis Bremen und läuft ebenfalls ungebremst wieder ab. Die höheren Strömungsgeschwindigkeiten des Wassers sorgen dafür, dass der Fluss sein Bett selbst räumt und tief genug hält. Wir fahren auf den 2 / Elsflether Sand, ehemals eine Flussinsel an der Huntemündung, heute eine knapp vier Kilometer lange und maximal einen Kilometer breite Halbinsel. Bereits mit der Weserkorrektion kam der 15 Meter hohe Leuchtturm Hohenzollern an den Strand und dient der Schifffahrt als Unterfeuer. Teilbereiche links und rechts unseres Weges gehören der JadeWeserPort GmbH, die hier eine Ausgleichsmaßnahme für die Erweiterung des Tiefwasserhafens in Wilhelmshaven plant. Zum Wohle von Rohrdommel, Tüpfelsumpfhuhn, Blaukehlchen, Wasserralle, Rohrschwirl und Schilfrohrsänger.

SIGNALTURM BRAKE

Die optische Telegrafenlinie bestand aus Türmen, die jeweils 10 Kilometer Abstand hatten. Der Turm in Brake ist heute 3 / Schifffahrtsmuseum.

Unterweserhäfen und Wasserstände

Wir verlassen den Sand über das Huntesperrwerk. Das geht sieben Tage die Woche zwischen 07.00 Uhr und 20.00 Uhr immer zur vollen Stunde für 5 Minuten. Ansonsten stehen die klappbaren Brückenfahrbahnen senkrecht in die Luft, und Schiffe können ein- und ausfahren. Wie alle anderen Nebenflüsse der Unterweser auch, ist die Hunte seit den 70er Jahren durch ein Sperrwerk vor Hochwasser geschützt. Mehr als 1.000 Mal mussten die Stahlsperren geschlos-

---

➤ rechts oben / Der Elsflether Sand ist nur noch eine Halbinsel, fühlt sich aber an wie eine Insel

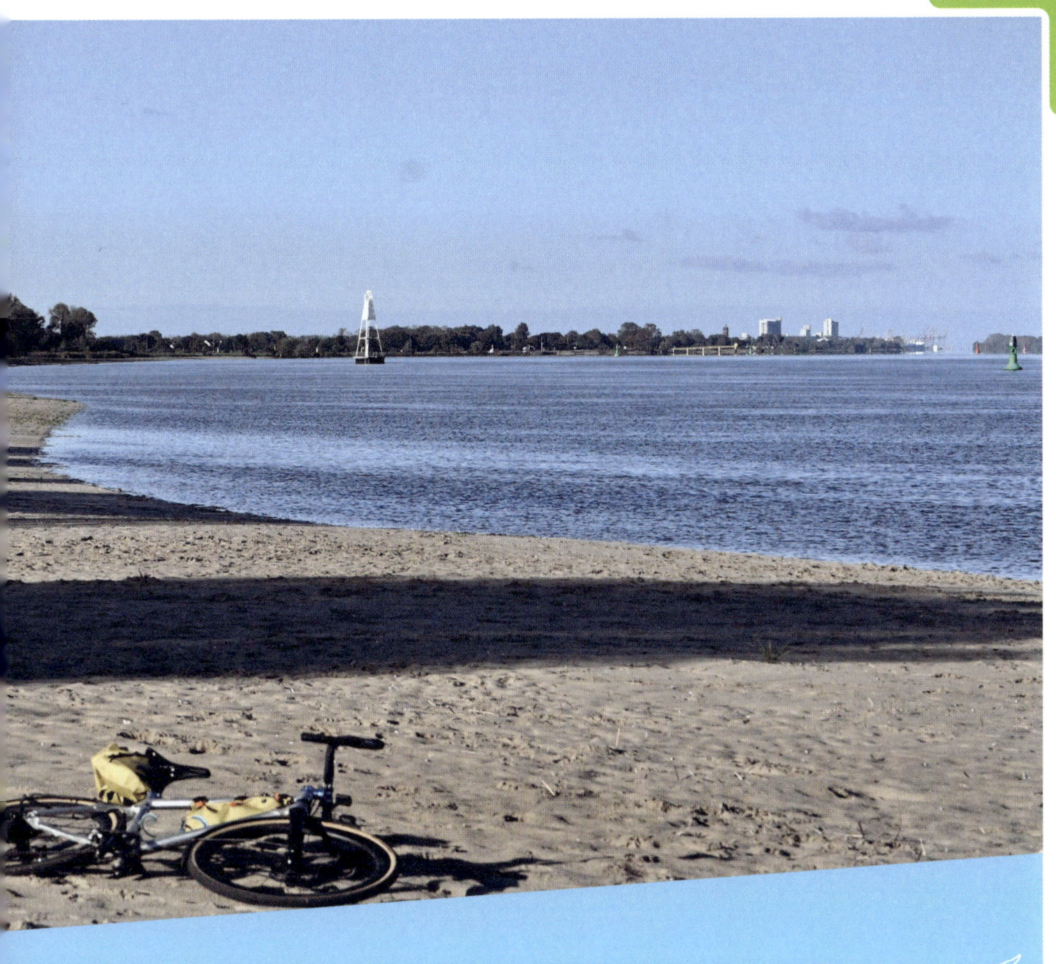

4.000 METER

Unter anderen Rohrdommel, Tüpfelsumpfhuhn, Blaukehlchen, Wasserralle, Rohrschwirl und Schilfrohrsänger bewohnen die ehemaligen Weserinsel 2 / Elsflether Sand seit 2019 unter dem Schutz der JadeWeserPorts GmbH, die hier Ausgleich für den Tiefseehafen in Wilhelmshaven zu schaffen hat.

ITALIEN UND DIE MARSCHEN

Das 5 / **Hermann-Allmers-Haus** in Rechtenfleth ist ein Kleinod. Es verbindet die Unterweserlandschaften mit Literatur, bildender Kunst und Italien.

sen werden. Ein bedrohlicher Nebeneffekt der Weserkorrektionen ist, dass die Flutwelle bei Hochwasserereignissen viel schneller und höher aufläuft, da ihr das weiträumige Flussdelta fehlt. Durch den Bau der Sperrwerke sind zwar die Nebenflüsse geschützt, doch der Druck auf die Weserdeiche hat dadurch und durch den steigenden Meeresspiegel weiter zugenommen. Erst kürzlich mussten die Deiche erhöht werden.

Brake

Immer am Deich und an Stränden entlang erreichen wir Brake. Die Hafenstadt hatte ihre große Zeit vor der Weserkorrektion. Damals war in Brake Schluss für Seeschiffe. Die Waren, die für die Speicher an der Bremer Schlachte bestimmt waren, wurden hier auf flachgehende Weserkähne umgeladen. Aus diesen Zeiten, Mitte des 19. Jahrhunderts, stammt auch der Telegrafenturm, der zur optischen Telegrafenlinie Bremerhaven – Bremen gehörte. Seit 1960 gehört der Turm zum 3 / Schifffahrtsmuseum Unterweser. Am Anleger unterhalb des Telegrafens legt die „Guntsiet" ab: die Fährverbindung

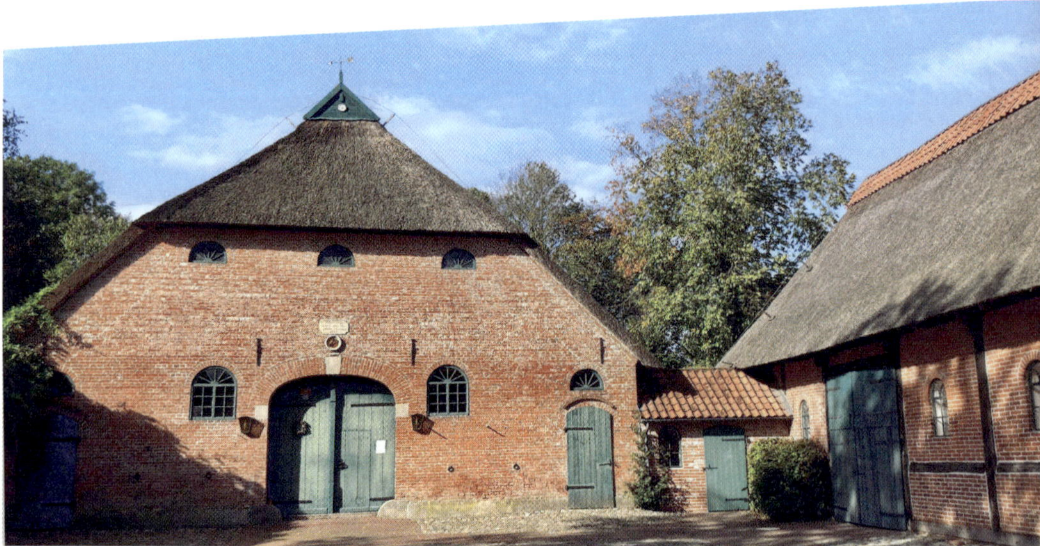

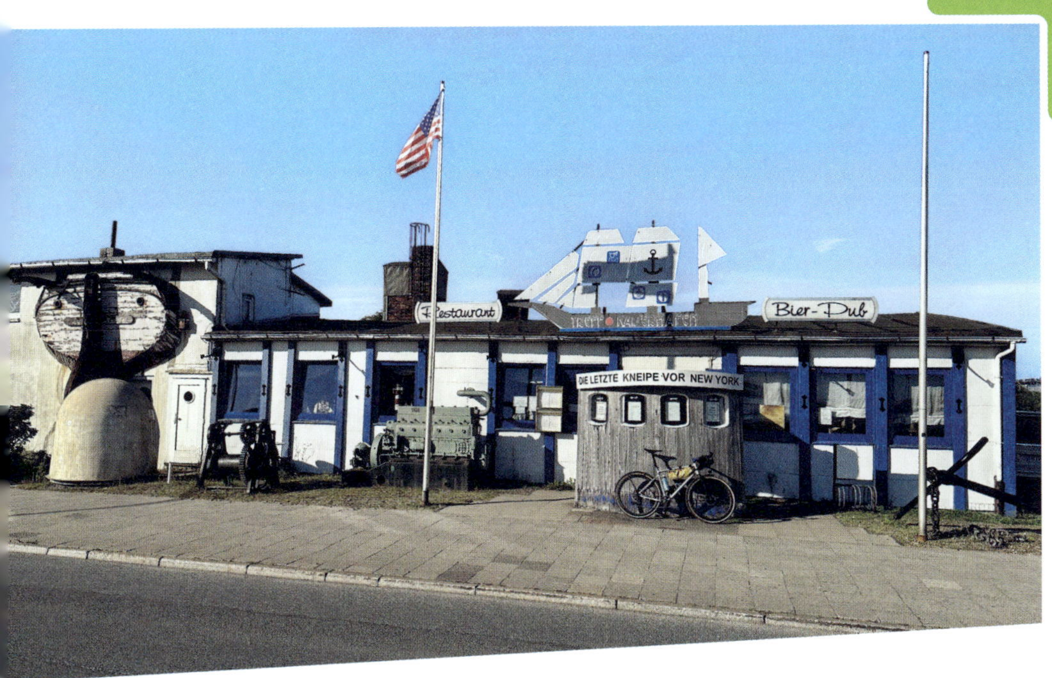

über die Weser nach Harriersand, eine der längsten Flussinseln Europas und bis in die 60er Jahre ein Hauptziel für strandfreudige Bremer. Wir fahren an den Silos und Umschlaganlagen des Braker Seehafens vorbei und nehmen die Schnellfähre nach Sandstedt am Weserufer gegenüber. Nach einem kurzen Schlenker in den Sandstedter Sielhafen zur 4 / Sands Beach Bar rollen wir nach Rechtenfleth, jetzt durch das Land Hadeln.

Stelzenhäuser und Marschendichter

Kurz vor Rechtenfleth stehen Ferienhäuser auf Stelen und Wohnwagen auf Plattformen. Im Sommer selten, aber im Winterhalbjahr regelmäßig ist hier „Land unter". Deshalb wird alles, was nicht hoch und fest verbaut ist, im Herbst hinter den Deich gebracht. Die Stelzenhäuser vor Rechtenfleth haben es sogar unter dem Titel „Wohnen auf Stelzen" bis in die Süddeutsche Zeitung gebracht. Weit berühmter sind Hermann Allmers (1821 – 1902) und das 5 / Hermann-Allmers-Haus. Allmers war Pastorensohn, liberaler Heimatfreund, Verfechter eines Verfassungsstaates, Dichter und Sammler, der in ganz Deutschland für seine Veröffentlichungen über das Land an der Weser berühmt wurde. Nach der Rückkehr von einer Italienreise gestaltete Allmers Haus und Garten komplett

WESER-PERLE

Seitdem die Weser in Debstedt untertunnelt ist, hat die Weserfähre ihre Dienste eingestellt. Am alten Fähranleger ist dafür Platz für Strandleben entstanden, das hier stilsicher von der 6 / „Weserperle" ausgestattet und kulinarisch belebt wird.

< links / Das Hermann-Allmers-Haus in Rechtenfleth ist ein echtes Juwel
^ oben / Letzte Kneipe vor New York

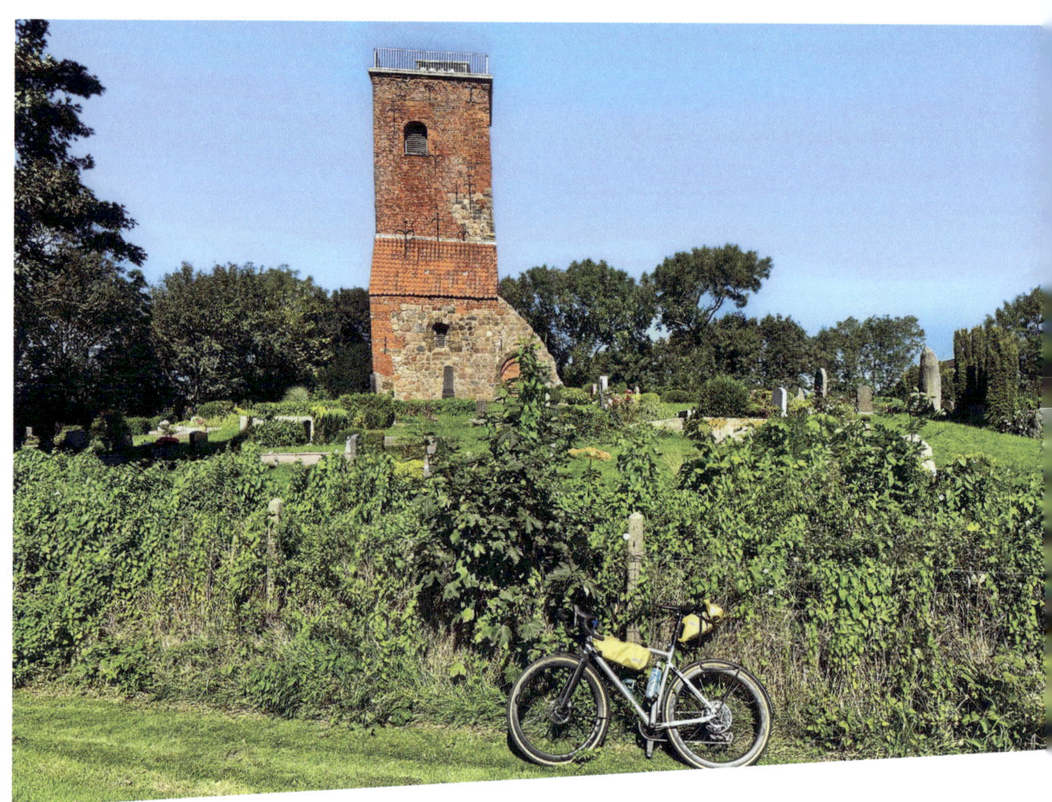

um. Im Innern gibt es seitdem ein römisches Zimmer für Skulpturen und einen Marschensaal mit sechs Bildern zur Marschengeschichte. Sehenswert.

9 / LETZTE KNEIPE VOR NEW YORK

Vollgestopft mit maritimen Exponaten samt Seewasser-aquarium bietet die Kneipe eine sehr lange Theke und norddeutsche Hausmannskost.

Fischereihafen

Auf das Marschenhaus folgt ein paar Deichkilometer weiter am ehemaligen Fähranleger in Sandstedt die 6 / „Weserperle“. Allmers hätte sicher gern hier in der Strandbar gesessen, die Füße im Sand, den Blick auf Weser und Himmel. Über die Luneplate, die nach abenteuerlichen Industrialisierungsplänen unter Naturschutz steht und einen tideabhängigen Koog mit Wasserbüffeln hat, rollen wir durch den Fischereihafen und das 7 / Schaufenster Fischereihafen in Bremerhaven ein. In Bremerhaven lässt sich zünftig übernachten auf dem 8 / „Schulschiff Deutschland“ und das Abendprogramm könnte länger werden als es für den nächsten Tag auf dem Rad gut ist.

▲ oben / Der Ochsenturm Insum war Kirche und Leuchtfeuer

Tag 2 – Letzte Kneipe vor New York

Nach Cuxhaven fahren wir durch die beeindruckenden Havenwelten am Alten und Neuen Hafen Richtung Kaiserhafen. Schräg gegenüber der Lloyd Werft liegt die 9 / „Letzte Kneipe vor New York", Werftarbeiter-Kneipe, Touristenattraktion und Reminiszenz an die 7 Millionen Auswanderer, die Europa über Bremerhaven verließen. Die schmalen Radwege, auf denen wir parallel zu tosenden LKW-Trassen und Schienensträngen durch Europas drittgrößten Seehafen fahren, nehmen verschlungene Wege. Es geht an Riesenparkplätzen entlang, auf denen zehntausende Autos darauf warten, in die schwimmenden Parkhäuser chauffiert zu werden, die im Ost- und Nordhafen festmachen. Das Areal für die High&Heavy Abteilung ist mit Baggern, Kränen, Mähdreschern und anderem Großgerät nicht zu übersehen. Wenn die Einfahrt in den Containerhafen passiert und das Zolltor durchfahren ist, sind wir flugs in Weddewarden und am Deich.

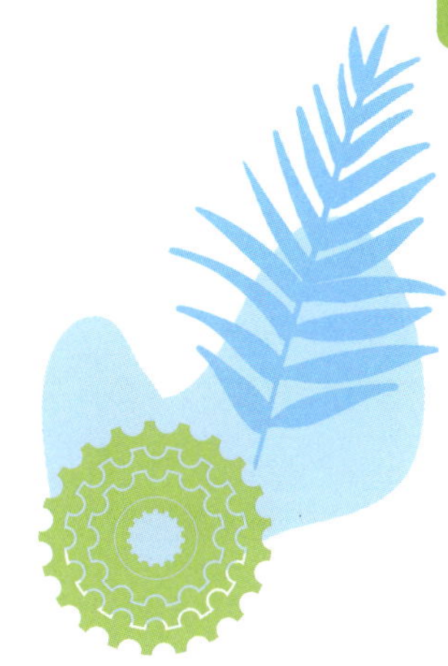

Entspannung am und vor dem Seedeich

Der Weg am Deich führt uns zum Ochsenturm von Insum. Der seltsam gestutzt und mitgenommen aussehende Backsteinturm auf einem Feldsteinsockel steht auf einer Warft umgeben von einem Friedhof. Die Dörfer Weddewarden, Dingen (das heutige Insum)

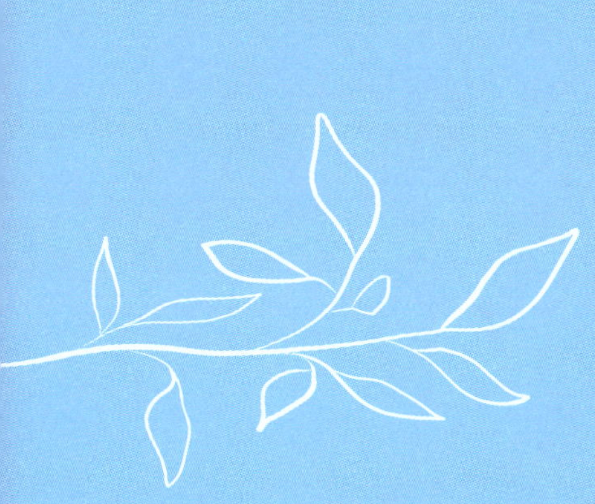

547,40 METER

ist die Fischauktionshalle X lang, an deren Kaje wir vorbeifahren. Noch heute finden in einem Teil der 1982 wiederhergestellten Halle Fischauktionen statt. Im 7 / Schaufenster Fischereihafen mit der alten Packhalle IV und dem Fischbahnhof kommt der Fisch in allen Varationen frisch auf die Teller.

Strandhus mit Blick

Die Füße im Sand, auf dem Tisch leckeres Essen und einen sehr guten Kaffee aus der Siebträgermaschine: Das 10 / **Strandhus** bietet Küstenzubehör stilsicher.

und Lebstedt, das 1717 in der Weihnachtsflut unterging, errichteten hier im 13. Jahrhundert eine Kirche. Nach Blitzeinschlag und Sturmflutschäden wurde das Kirchenschiff Ende des 19. Jahrhunderts abgerissen. Der Turm blieb als Seezeichen erhalten. Heute wird er als Aussichtsplattform genutzt. Im nahen Wremen empfiehlt sich ein Abstecher über den Deich: an den Sielhafen, an den Strand, ins Watt, auf die Wiese zum Beispiel in das 10 / Strandhus Wremen. Danach geht unser Weg weiter am Deich nordwärts und bringt uns nach Dorum-Neufeld. Hier lohnt der Abstecher über den Deich für die Besichtigung des 11 / Leuchtturms Obereversand. Der 37,4 Meter hohe und über eine Steganlage erreichbare Leuchtturm stand von 1887 bis 2003 draußen im Eversandwatt.

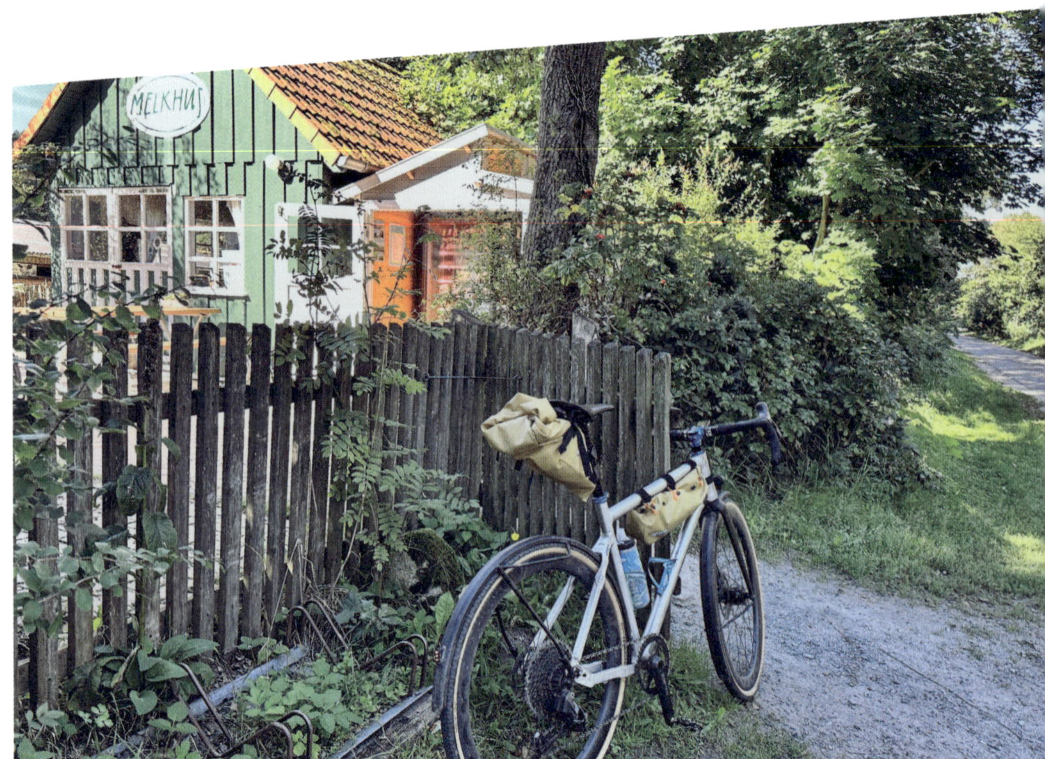

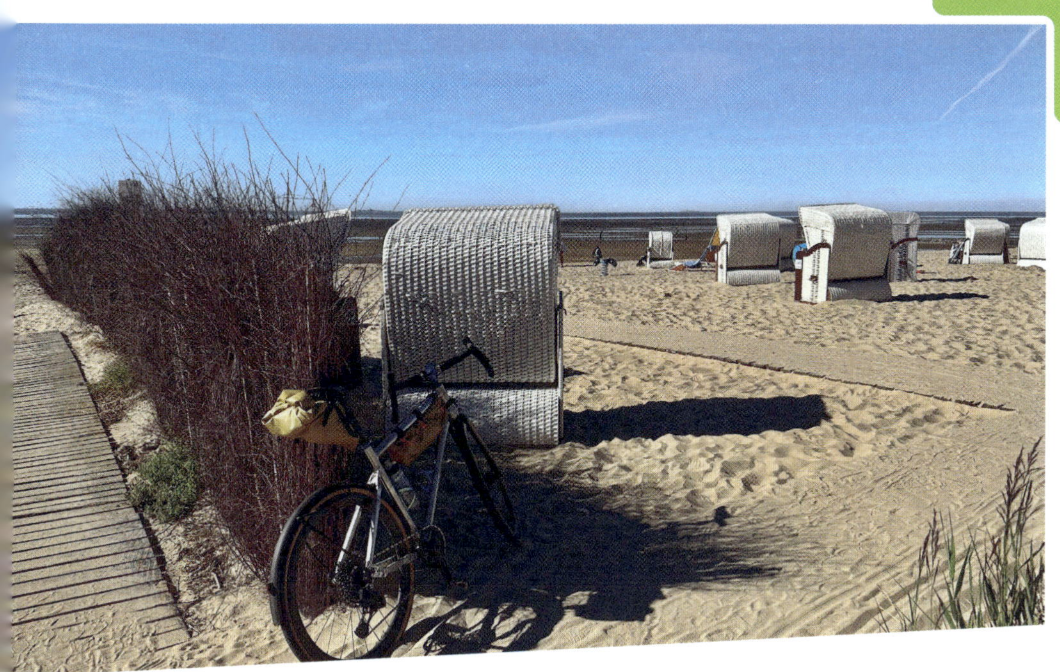

Küstenheide

Wir folgen dem Seedeich weiter, passieren die Kutterhäfen Cappel-Neufeld und Spieka-Neufeld, bis der Weg leicht bergauf in ein neues Landschaftskapitel führt. Kurz vor Behrensch erreichen wir den Geestrücken der Hohen Lieth, die sich hier mit ihren sandigen Böden bis an die Küste schiebt und direkt ins Wattenmeer übergeht. Durch den Wernerwald, einer mühsamen küstennahen Aufforstung der ausgelaugten Heidelandschaft, die Ende des 19. Jahrhunderts begann, kommen wir über Ahrensch nach 12 / Cuxhaven-Sahlenburg. Dort erreichen wir die Küste. Richtung Meer geht es durch einen Dünengürtel an den Strand und dann ins Watt, bei Ebbe bis nach Neuwerk. Die Insel in der Elbmündung gehört zu Hamburg. Auch Cuxhaven war 1937 Hamburgisch. Aus Sorge vor Piraten, vor Konkurrenz und Zöllen an der Elbmündung hatten die Hamburger schon früh den Daumen auf Cuxhaven und seine Nachbarorte. Richtung Cuxhaven-Duhnen fahren wir weiter durch einen Teil der herausragend schönen und unter Schutz stehenden Cuxhavener Heiden.

10 KM

Mit Pricken ausgesteckt ist der zehn Kilometer lange Wattwanderweg, der Neuwerk mit 12 / Sahlenburg bei Ebbe verbindet. Hier trifft der Naturpark Wattenmeer auf die Cuxhavener Küstenheide und den Wernerwald . Nur die 70er-Jahre-Bebauung muss man ausblenden.

Cuxhaven

Mit Blick auf die Küste und die Außenelbe rollen wir durch die ebenso großartige wie seltene Küsten-Heidelandschaft nach Duh-

< links / Melkhus in Berensch ^ oben / In Sahlenburg am Strand beginnt der Wattwanderweg nach Neuwerk

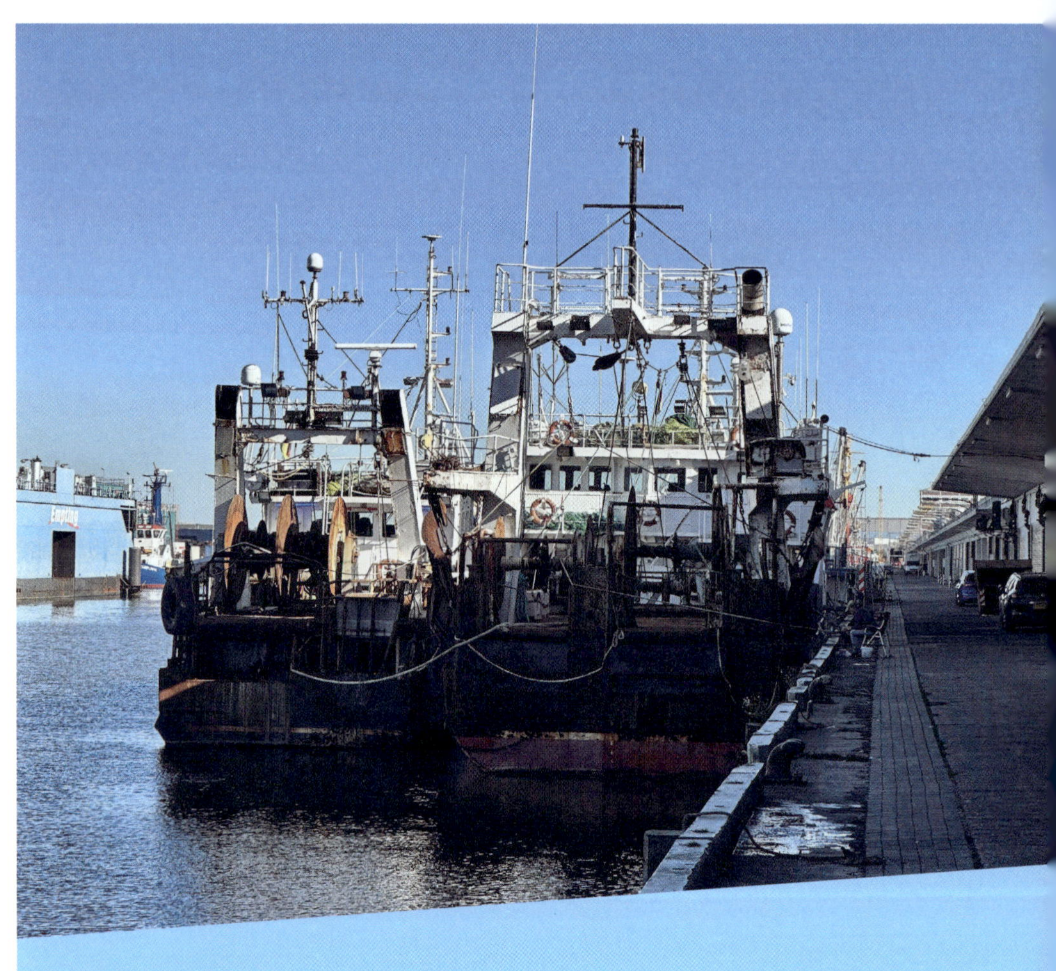

3

Schiffe wurden 1733 versenkt und mit Pfählen und Buschwerk fixiert, um die Hafeneinfahrt zu sichern. Später wurde daraus eine Pier und heute ist die 13 /„Alte Liebe" eine Aussichtplattform. Eines der versenkten Schiffe soll „Alte Liebe" oder „oliv", plattphonetisch für alte Liebe, geheißen haben. Daher der Name.

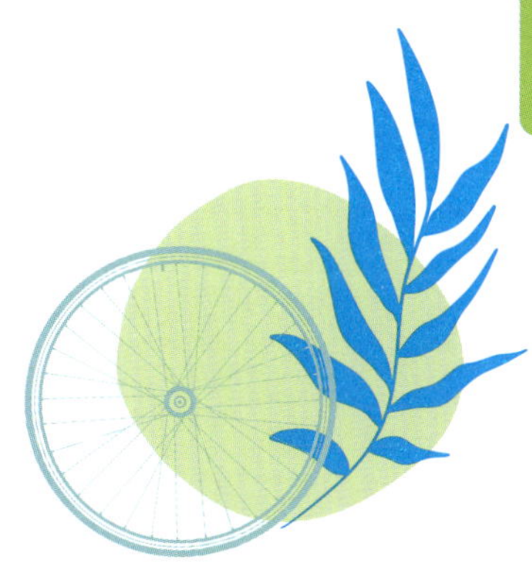

nen, dem quirligen touristischen Zentrum des Seeheilbades Cuxhaven und des Cuxlandes mit Cafés, Restaurant, Hotels, Kiosken und Strandbedarfsgeschäften. Danach geht es durch Dünen und am Seedeich entlang bis zur Kugelbake, dem berühmten hölzernen Seezeichen, das den Übergang von der Außenelbe in die Unterelbe markiert. Der folgende Streckenabschnitt führt an der Grimmershörnbucht mit Hafen-, „Dicke Pötte-" und Elbblick zwischen Wasserkante und Liegewiese in einer schönen Kurve bis zum Seebäderhafen. Dort am Elbstrom wartet die 13 / „Alte Liebe". Das zweistöckige Holzbauwerk war früher eine Pier, an der Schiffe anlegten. Heute dient das Bauwerk als Aussichtplattform. In unmittelbarer Nähe steht ein Semarphor: Der griechische Begriff heißt so viel wie Zeichenträger. Dieser hier zeigt seit 1884 den vorbeifahrenden Schiffen Windstärke und Windrichtung bei Borkum (B) und Helgoland (H) an.

WER DIE WAHL HAT, HAT DIE QUAL

Im Alten und Neuen 14 / Fischereihafen reihen sich die Fischläden und -restaurants Tür an Tür. Ein großer Spaß für Fischfreunde.

Abschied

Auf dem Weg zum Bahnhof machen wir einen Umweg über die Zollkaje und die Schleuse in den Fischereihafen, bis zum Amerikahafen mit den HAPAG Hallen und dem Steubenhöft. Ab Anfang des 20. Jahrhunderts, als die Transatlantikdampfer zu groß für die Revierfahrt bis nach Hamburg wurden, legten hier die Linienschiffe nach Boston und New York ab. Heute warten die Lotsen in der Station und dann und wann starten Kreuzfahrten an dem Terminal, der auch nachdem die Stadt Cuxhaven eigenständig wurde, bis 1993 zu Hamburg gehörte. Auf der Rückfahrt als Zwischenstationen zum 15 / Bahnhof Cuxhaven sind der 14 / Fischereihafen zum Fischessen und das Joachim Ringelnatz-Museum zum Schmunzeln dringende Empfehlungen.

< links oben / Fischtrawler im Fischereihafen

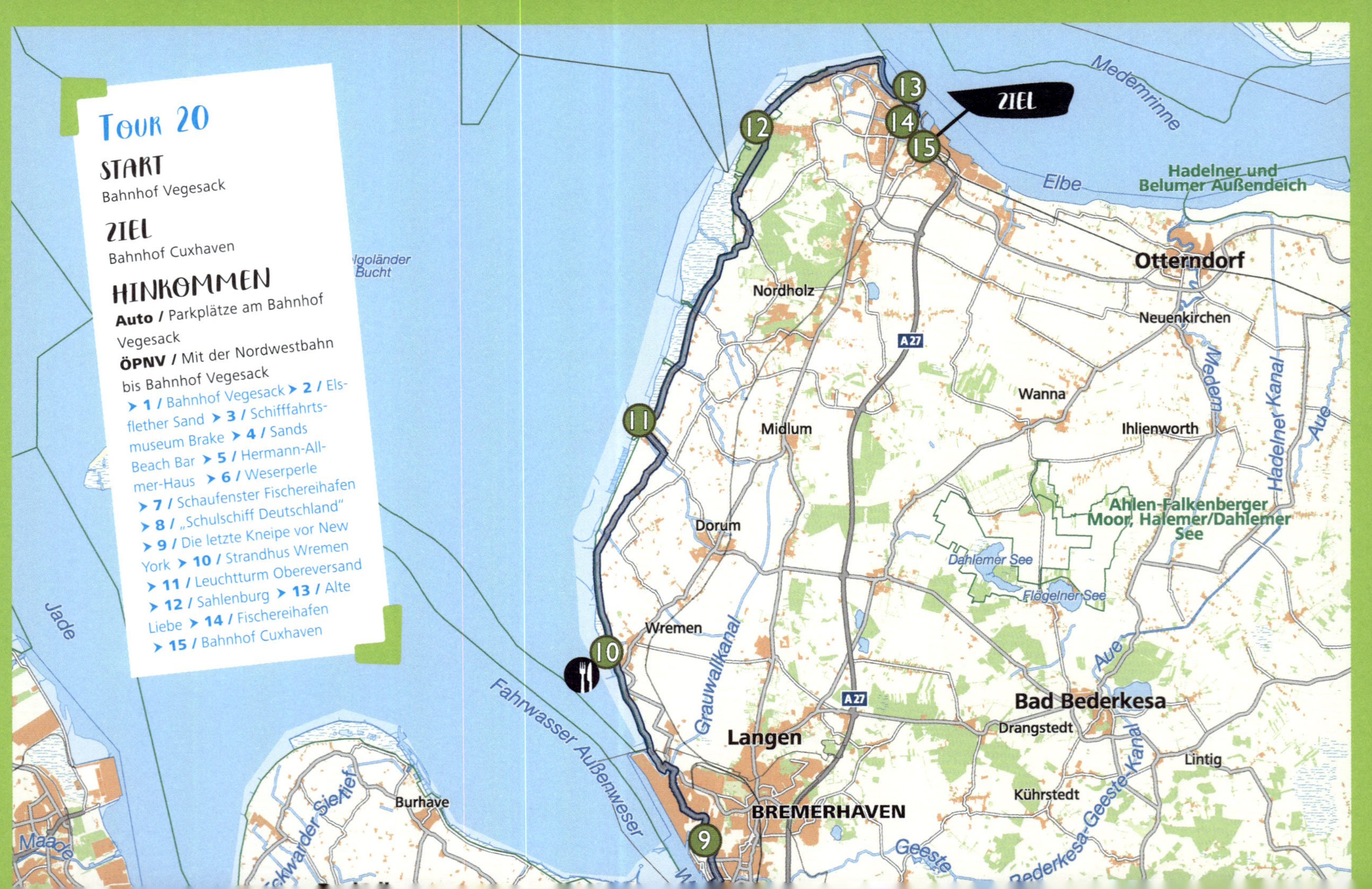

Tour 20
START
Bahnhof Vegesack
ZIEL
Bahnhof Cuxhaven
HINKOMMEN
Auto / Parkplätze am Bahnhof Vegesack
ÖPNV / Mit der Nordwestbahn bis Bahnhof Vegesack
➤ 1 / Bahnhof Vegesack ➤ 2 / Elsflether Sand ➤ 3 / Schifffahrtsmuseum Brake ➤ 4 / Sands Beach Bar ➤ 5 / Hermann-Allmer-Haus ➤ 6 / Weserperle ➤ 7 / Schaufenster Fischereihafen ➤ 8 / „Schulschiff Deutschland" ➤ 9 / Die letzte Kneipe vor New York ➤ 10 / Strandhus Wremen ➤ 11 / Leuchtturm Obereversand ➤ 12 / Sahlenburg ➤ 13 / Alte Liebe ➤ 14 / Fischereihafen ➤ 15 / Bahnhof Cuxhaven
ZIEL
Medemrinne
Elbe
Hadelner und Belumer Außendeich
Otterndorf
Neuenkirchen
Medem
Hadelner Kanal
Aue
Nordholz
A27
Wanna
Ihlienworth
Midlum
Ahlen-Falkenberger Moor, Halemer/Dahlemer See
Dahlemer See
Flögelner See
Dorum
Wremen
Grauwallkanal
Langen
Bad Bederkesa
Drangstedt
Lintig
Kührstedt
Bederkesa-Geeste-Kanal
BREMERHAVEN
Geeste
Fahrwasser Außenweser
Burhave
Jade

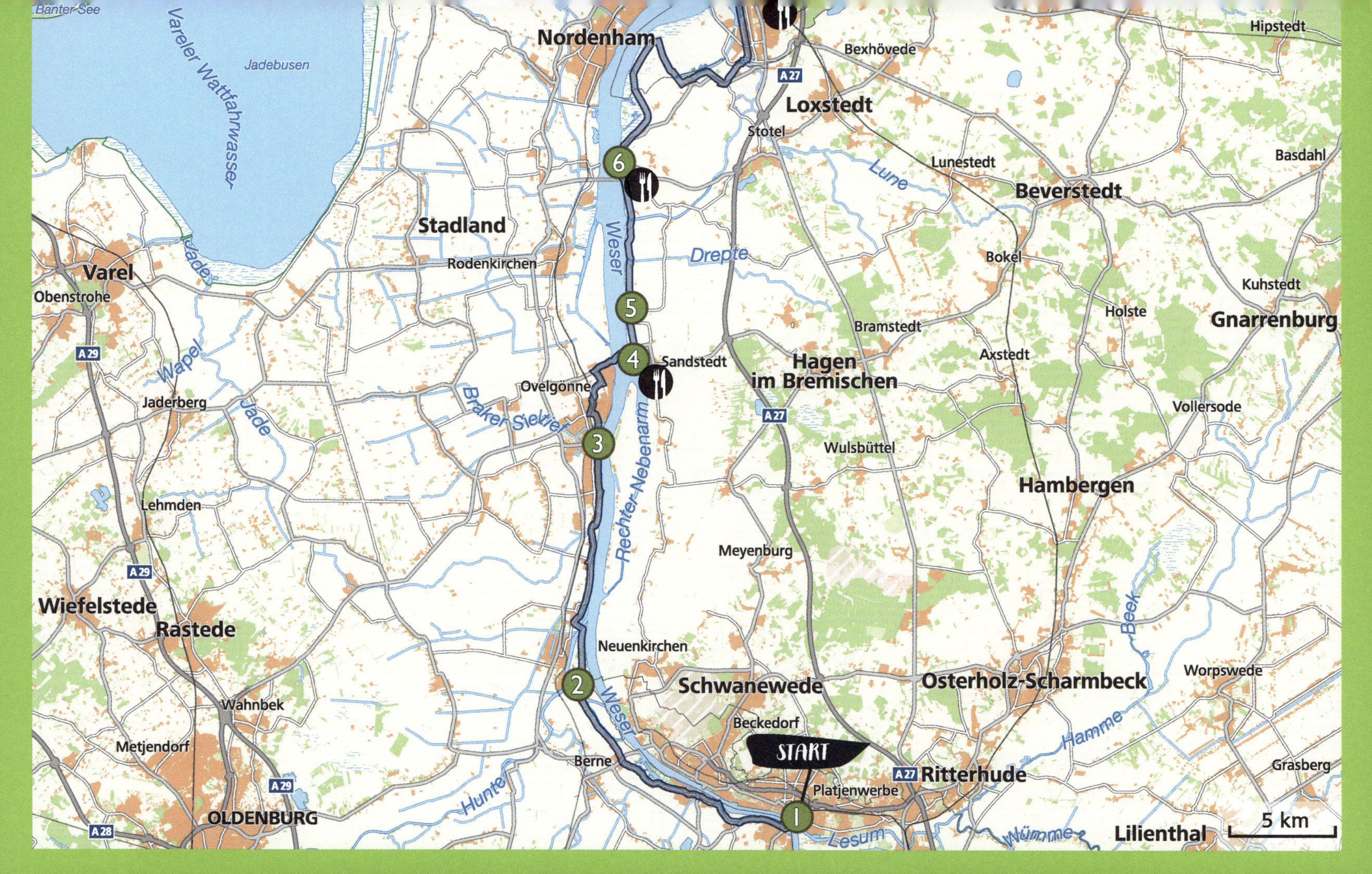

Banter See
Vareler Wattfahrwasser
Jadebusen
Nordenham
Hipstedt
Bexhövede
A27
Loxstedt
Stotel
Lunestedt
Lune
Beverstedt
Basdahl
6
Stadland
Weser
Rodenkirchen
Drepte
Bokel
Kuhstedt
Varel
Jade
Obenstrohe
5
Holste
Gnarrenburg
Bramstedt
A29
Wapel
Sandstedt
4
Hagen
im Bremischen
Axstedt
Ovelgönne
Jaderberg
Braker Sieltief
Vollersode
3
Wulsbüttel
Rechter-Nebenarm
Hambergen
Lehmden
Meyenburg
Wiefelstede
Rastede
Beek
Neuenkirchen
Worpswede
2
Schwanewede
Osterholz-Scharmbeck
Wahnbek
Beckedorf
START
Metjendorf
Hamme
Berne
Ritterhude
Grasberg
Platjenwerbe
Hunte
1
OLDENBURG
A28
Lesum
Wümme
Lilienthal
5 km

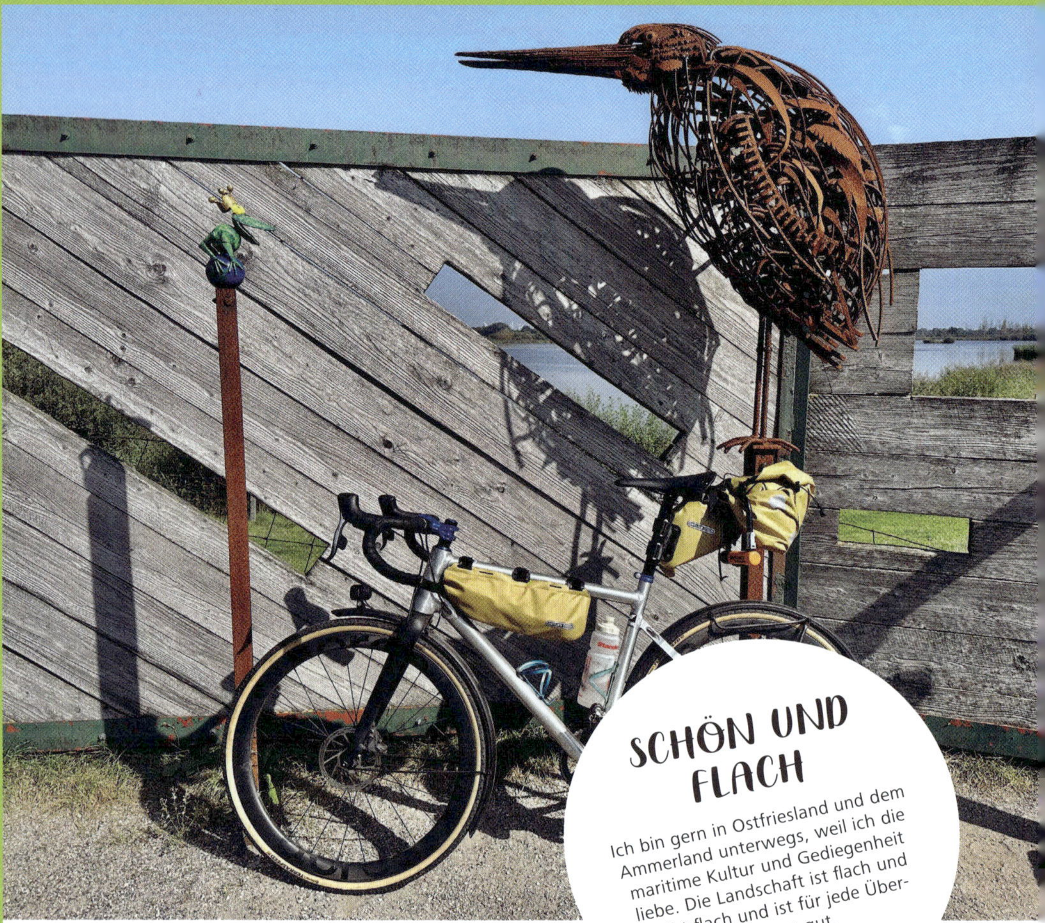

SCHÖN UND FLACH

Ich bin gern in Ostfriesland und dem Ammerland unterwegs, weil ich die maritime Kultur und Gediegenheit liebe. Die Landschaft ist flach und bleibt flach und ist für jede Überraschung gut.

- **1 /** Wir starten am Bahnhof Leer
- **2 /** Welt des Ostfriesentees: Bünting Teemuseum
- **3 /** Im Haus „Samson" ein Mitbringsel suchen
- **4 /** Ein Spaziergang im Park des Schloss Evenburg
- **5 /** Mit der „Pünte" über die Jümme
- **6 /** Zur Erfrischung in den Jümme See springen
- **7 /** Kuchenpause: Gasthof Hengstforder Mühle
- **8 /** Wassermühle Howiek. Die Mühle mit Trick.
- **9 /** Leckeres Eis: Oldenburger Eismanufaktur
- **10 /** Zum Planschen in den Woldsee
- **11 /** Zum Drögen Hasen - beliebtes Ausflugslokal
- **12 /** Übernachten in Oldenburg: im HIIVE Hotel Oldenburg
- **13 /** Hinterm Deich und familiär: Café Huntewasser
- **14 /** Verträumtes Dreisielen
- **15 /** In Altenesch steht ein Denkmal für den Kampf Stedinger Bauern
- **16 /** Am Hauptbahnhof Bremen Nordausgang endet die Reise

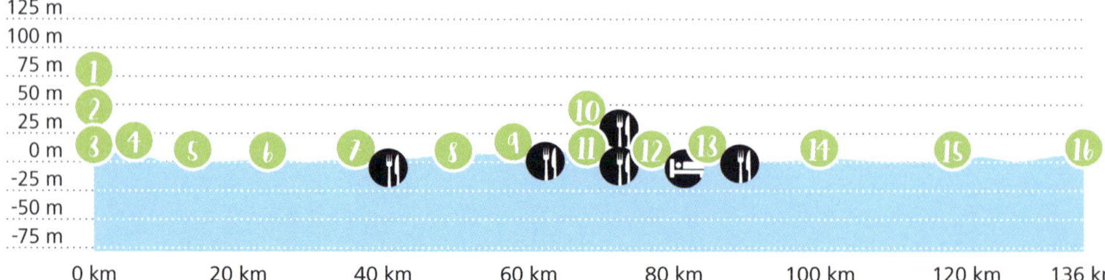

MOIN!

Von Leer nach Bremen

Aufgrund der in Nordwestdeutschland vorherrschenden Westwindlage empfehle ich, die zweitägige Reise in Leer zu starten. Dann darf auf Windunterstützung für die Fahrt auf einsamen Sträßchen an Deichen und Kanälen entlang über Bad Zwischenahn nach Oldenburg gerechnet werden. Der abschließende Törn geht am Huntedeich und durch alte Marschendörfer nach Bremen.

Tag 1 + Tag 2
75 + 61 Kilometer
150+120 Höhenmeter ▲
120+110 Höhenmeter ▼
5 +4:30 Stunden
Streckentour

Tee und Lebensart

Wir starten am 1 / Bahnhof Leer und verlassen die hübsche Stadt an der Mündung der Leda in die Ems nicht ohne eine kleine Stadterkundung. Leer hat eine gut erhaltene maritime Altstadt, die zu den schönsten Norddeutschlands zählt. Über die Mühlenstraße und die Brunnenstraße gelangen wir in die Rathausstraße und rollen – teilweise geht es durch eine temporäre

CHARAKTER
Sportlich ●●●●○
Abkühlung ●●●●●
Schlemmen ●●●●●
Panorama ●●●●●

TOUR, DIE DU SO NIE GEMACHT HÄTTEST

TOURENINFO / Die Tour geht überwiegend auf Radwegen getrennt vom Verkehr oder über ruhige, sehr verkehrsarme Straßen und landwirtschaftliche Nutzwege. Einige Wege und Pfade sind nicht asphaltiert, aber immer sehr gut zu befahren. Es gibt keine Steigungen, die Strecke ist auch für Radanhänger geeignet. Badesachen nicht vergessen.

◄ links / Aper Tief Kunstinstallation und Vogelbeobachtung

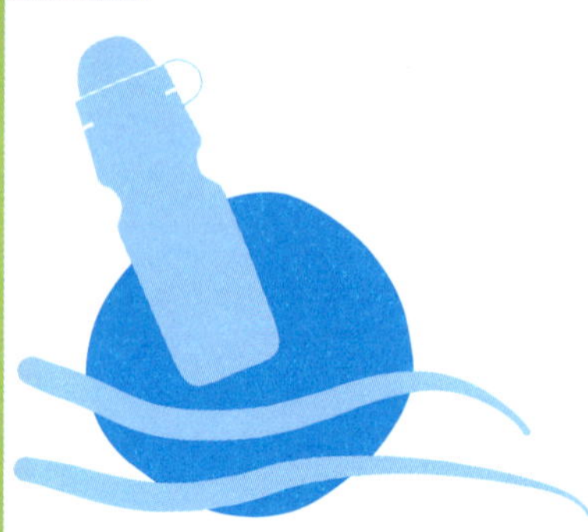

Fußgängerzone und die Räder müssen geschoben werden – an holländisch anmutenden Kontor- und Kaufmannshäusern vorbei. Ein Stopp im 2 / Bünting Teemuseum weiht in die Geheimnisse ostfriesischer Teezeremonien ein. Teetrinken ist Teil ostfriesischer Lebensart. Seit 2016 gehört ihre Teezeremonie als immaterielles Kulturgut zum UNESCO Welterbe. Und Tee hat natürlich als Importgut mit den Handelstraditionen der Kaufmannschaft und Reeder zu tun. Links und rechts des Weges ragen die Türme der Leeraner Kirchen auf: Leer und das benachbarte Emden waren nach der Reformation Zentren theologischer Dispute, aus denen calvinistisch strenge Auslegungen und Kirchengemeinschaften hervorgingen. Das 3 / Haus „Samson" mit der bestens ausgestatteten Weinhandlung Wolff stammt aus dem 16. Jahrhundert und erhielt 1643 eine neue Fassade. Nicht weit davon entfernt bilden das Rathaus und die Alte Waage, erbaut im Stil des niederländischen Hochbarocks das historische Zentrum des Ortes. Wir machen noch einen kleinen Schlenker an den ehemaligen Hafen, einem Altarm der Leda, heute Museumshafen. An der Hafenkante entlang rollen wir zurück. Gegenüber auf der Nessehalbinsel ist ein neuer Stadtteil entstanden. Schicke Neubauten, denen man den Reichtum der Bauherren ansieht, säumen die Hafenkante. Nach Hamburg hat das kleine Leer die meisten Schiffsreedereien. Wir nehmen den Weg um das Hafenbecken herum und fahren in den Stadtteil Loga. Durch eine Lindenallee erreichen wir das in einem Landschaftspark gelegene 4 / Wasserschloss „Evenburg".

LEDA ODER JÜMME

Mit der handbetriebenen 5 / „Pünte" über die Jümme oder über die schmalste Autobrücke Deutschlands in Amdorf über die Leda: nach Fahrplan oder Lust.

„Pünte" oder schmalste Brücke Deutschlands?

Die Weiterfahrt in die Fehn-kolonisierte Marsch- und Niedermoorweite des Landes zwischen Jümme und Leda kennt zwei Routen. Die Entscheidung fällt nach Lust und Laune. Und nach den Fährzeiten

---

➤ rechts oben / Maritime Tradition: Leer Museumshafen

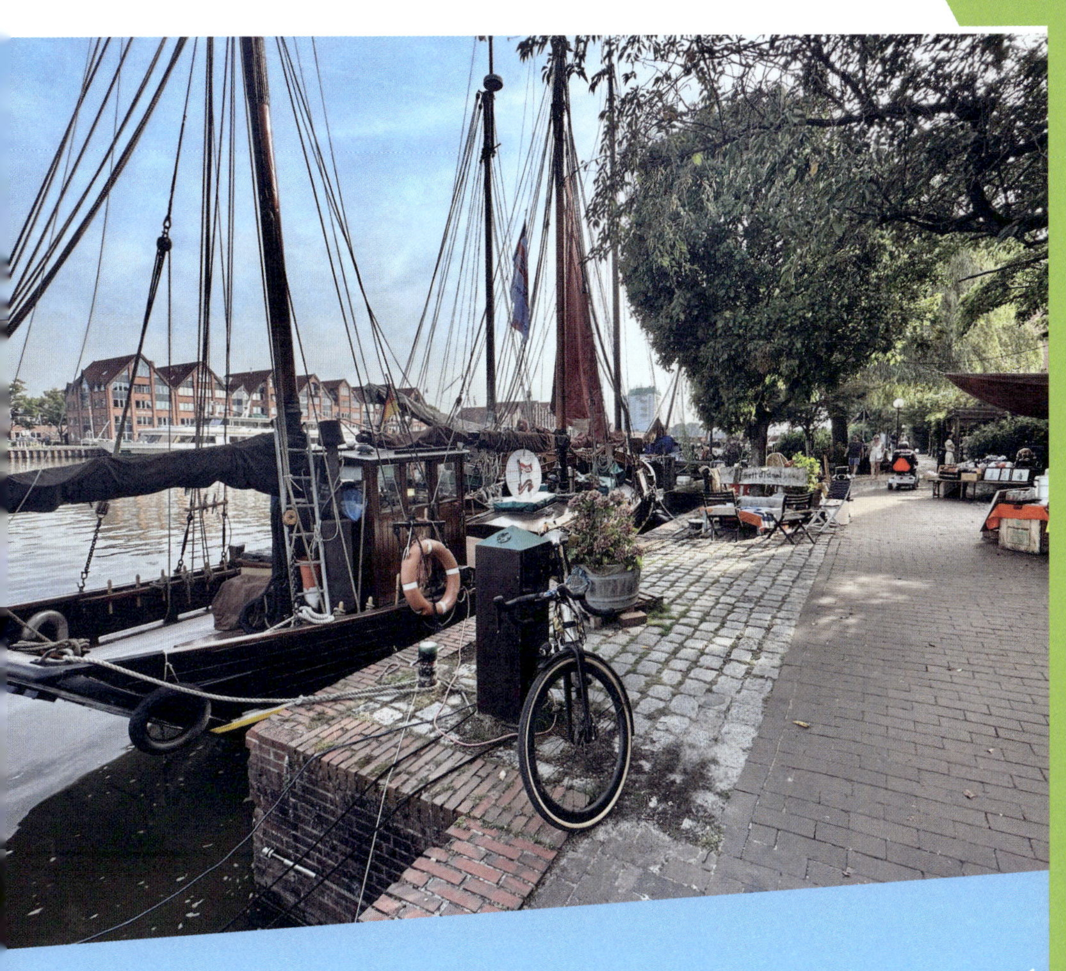

1714

wurde die Alte Waage an den Leeraner Hafen gebaut. Zusammen mit dem Rathaus gegenüber bildet sie das Herz der holländisch anmutenden fast komplett erhaltenen Altstadt von Leer. An der Alten Waage wird nichts mehr gewogen, aber gut sitzen und essen lässt sich dort mit Blick auf Traditionsschiffe im Museumshafen.

TIEF

Am Apener Tief sorgt eine Deichverlagerung für einen Überschwemmungsraum, in dem sich ein Süßwasserwatt bildet. Von der Hengstfordermühle aus bei Kaffee und Kuchen zu genießen.

der 5 / „Pünte". Die älteste noch aktive handbetriebene Fähre Europas setzt von Wiltshausen über die Jümmemündung über. Jedenfalls in der Saison und wenn die Wasserstände des tideabhängigen Flusses es erlauben. Montag und Dienstag ruht der Betrieb sowieso. Wenn die „Pünte" nicht fährt, nehmen wir ab Loga die Autobrücke über die Leda und fahren nach Amdorf. Fast so eigen wie die Fährfahrt ist die Querung der dortigen schmalsten Autobrücke Deutschlands. Kurz darauf finden die nahezu gleich spannenden Wegealternativen wieder zusammen, und es geht in Deichnähe durch das kaum über dem Meeresspiegel liegende grüne Paradies zwischen Jümme und Leda.

Marsch- und Fehnkolonie-Land

Die fruchtbare Kleimarsch des Zweistromlandes ist nur dünn mit alten Höfen besiedelt, oft schützen für Ostfriesland typische Wallhecken die Flächen gegen den Wind. Jenseits der Flüsse beginnen die Moorgebiete, die im Rahmen der früh beginnenden Fehnkolonisierung entwässert und urbar gemacht wurden. Wir mäandrieren mit der Jümme nach Detern, wo der 6 / Jümme See mit Strand,

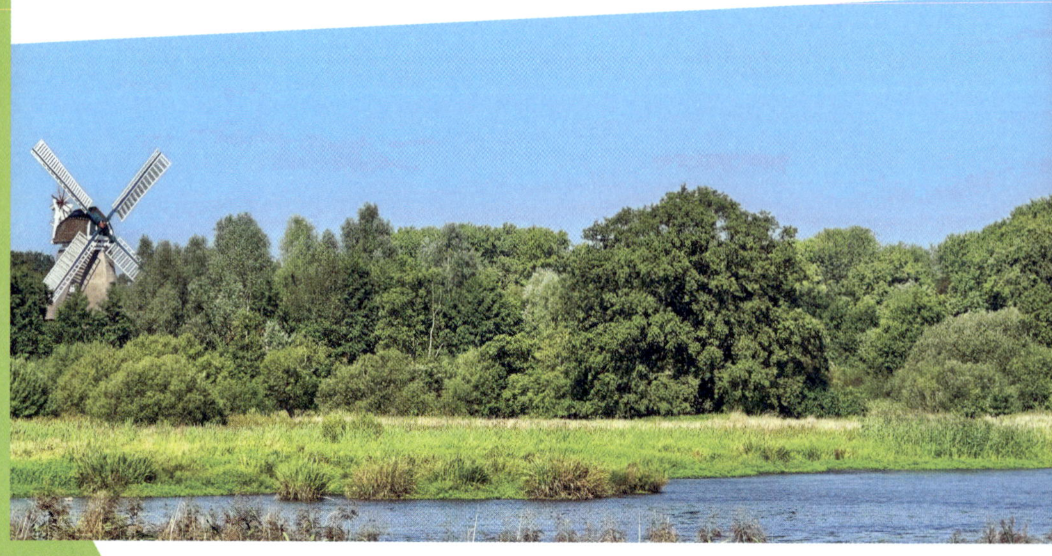

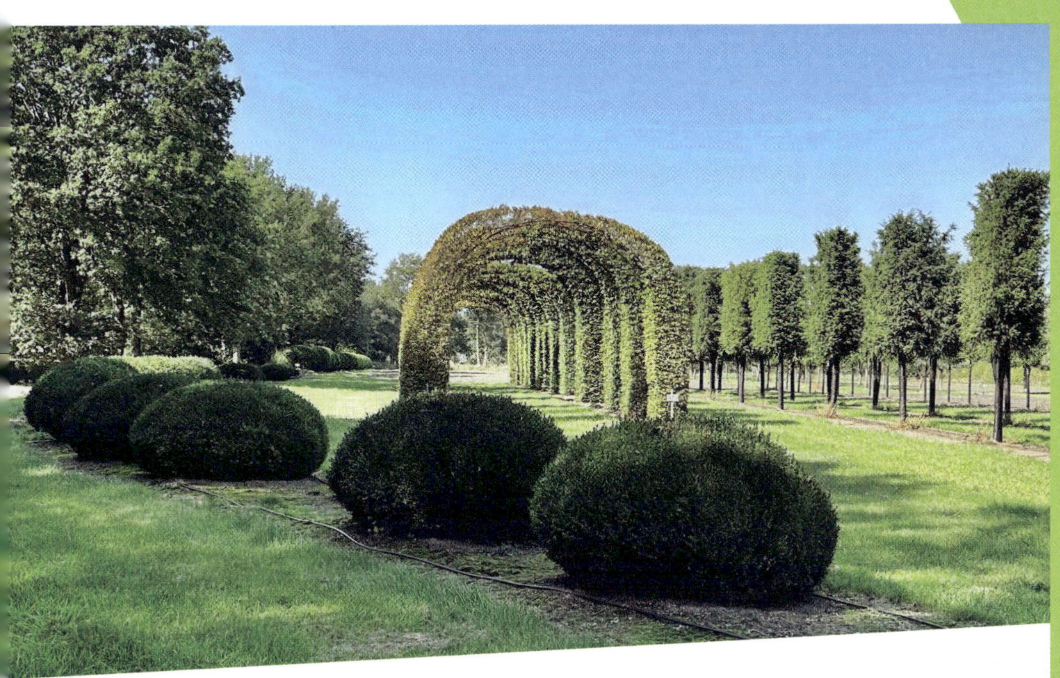

Café und Campingplatz eine Pausenoption ist. Danach kehren wir um und queren die Jümme. Am westlichen Rand von Detern steht die Burg Stickhausen. Außer dem Wall ist nur noch ein Rundturm der ursprünglich nicht von ostfriesischen Häuptlingen, sondern von Hamburger Kaufleuten zum Schutz der als Ost-West Handelsweg wichtigen Jümme errichteten Burganlage erhalten.

130 QKM

reichen anderswo nicht, um Meer zu sein. Dem Zwischenahner Meer kommt zu Hilfe, dass im ostfriesischen Platt Binnengewässer als Meere bezeichnet wurden. Das ist dann mal so geblieben. Und Strände, Tretboote und Ausflugsschiffe gibt es auch.

Süßwasserwatt und Raseneisenerz

Wir fahren weiter und kommen vor Augustfehn an das Apener Tief. Durch eine Deichrückverlegung ist seit 2005 ein naturnahes Überschwemmungsbecken entstanden, in dem sich ein Süßwasserwatt mit seltener Flora und Fauna bildet. Kurz vor Apen wechseln wir auf das nördliche Ufer des Naturschutzgebietes und fahren über den Augustfehn-Kanal. Unmengen von Torf wurden über den Kanal nach Augustfehn gebracht. Denn dort wurde Mitte des 19. Jahrhunderts eine Eisenhütte gegründet. Das ist mindestens unerwartet fernab des Ruhrgebietes. Aber der Zugriff aus Raseneisenerzvorkommen sowie Torf als Brennstoff ermöglichten den Hüttenbetrieb An der 7 / Hengstforder Mühle mit Landgasthof vorbei kommen wir nach Apen, passieren dort das „Ammerländer Schinkenmuseum" und fahren nach Ocholt.

< Liegt direkt am Deich: die Mühle Hengsforde ^ oben / Ob die Kugelbüsche wohl durch die Bögen rollen?

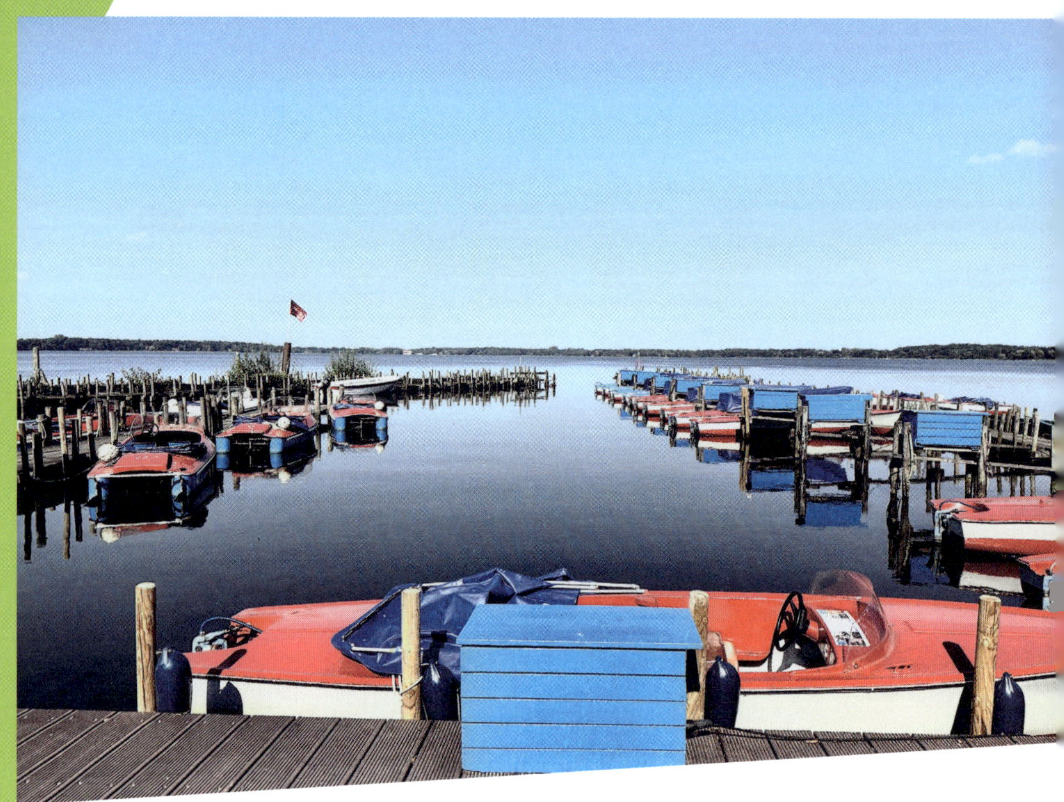

Von der Marsch in die Parklandschaft

Ab dort ändert sich das landschaftliche und kulturelle Gepräge. Die Marsch lassen wir hinter uns und fahren über die versteckt und idyllisch gelegene 8 / Wassermühle Howiek in die Parklandschaft des Ammerlandes, die geografisch zur Oldenburger Geest gehört Der Baumbestand nimmt zu. und häufig geht es vorbei an Gartenbaubetrieben, die heimische und exotische Büsche und Bäume sowie Rhododendren Spalier stehen lassen. Das Ammerland ist Baumschulland. Auf idyllischen Radwegen rollen wir durch Wäldchen und Wiesen und erreichen Bad Zwischenahn. Prompt stellt sich die 9 / Oldenburger Eismanufaktur in den Weg.

ZUM DRÖGEN HASEN

Der trockene Hase gab einem Teich, einem Ausflugslokal und einer Straße den Namen. Über die Gründe wird spekuliert. Wahrscheinlich geht es um Socken.

Meer, Aale und Kurschatten

Wir nehmen den Uferweg des Zwischenahner Meeres, das für ein Meer bescheidene Maße hat, aber ernsthaft von Ausflugsschiffen im Linienverkehr, Segelschiffen und Tretbooten befahren wird.

⌃ oben / Kann auch ein bisschen italienisch, das kleine Meer

Strand gibt es auch. Meer heißt das Meer, weil auch die Seen im benachbarten Ostfriesland Meer genannt werden. Bad Zwischenahn ist schon lange Kurort mit allem drum und dran: Kurbetrieb, Kurpark, Kurschatten, Casino, Radfahrverbote in Parkanlagen. Das Freilichtmuseum am Kurpark versammelt eine Mühle und dörfliche Bauten. Im Spieker ist ein ebenso zünftiges wie legendäres Aalrestaurant untergebracht, in dem zum Aal Korn aus dem Zinnlöffel getrunken wird und plattdeutsche Trinksprüche gute Stimmung machen.

Residenzstadt

Wir verlassen den Kurort Richtung Kayhausen und fahren auf einem Pfad parallel zur Bahnstrecke nach Oldenburg. Nach wenigen Kilometern liegt der 10 / Woldsee direkt an der Strecke und fordert mit Badestrand und Kiosk ein Päuschen ein. Mit oder ohne Pause sind wir bald in der Nähe der Uni Oldenburg und biegen in die Haaren-Niederung ab. Drögen-Hasen heißt der Weg, das Ausflugslokal heißt 11 / „Zum Drögen Hasen" und der Teich in der Niederung heißt „Drögen-Hasen-Teich". Sicher ist man sich nicht, was das mit dem trockenen Hasen auf sich hat. Wahrscheinlich war hier eine Furt über die Haaren zu queren und die Menschen haben sich nach der Flussquerung in dem nahen Heuerhaus mit Schanklizenz – heute das Ausflugslokal – mitgebrachte trockene Socken angezo-

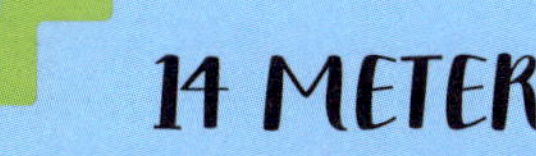

Der 10 / Woldsee liegt unmittelbar an unserer Fahrtstrecke mit Strandbereich am Waldrand. Bis zu 14 Meter tief ist der Baggersee, der bei Bau der Autobahn A28 entstand. Ein Kiosk mit Süßigkeiten, Pommes und Getränken komplettiert das Ausflugs-Feeling.

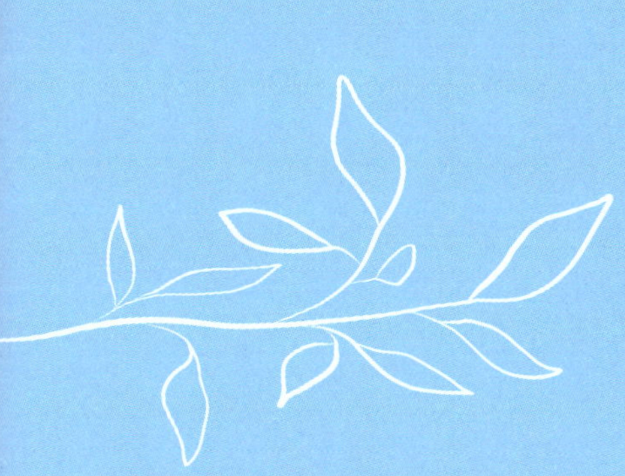

MOIN

Mehr braucht es in Oldenburg und Ostfriesland nicht zur Begrüßung, egal wann und wo. Oldenburg ist zudem lebendige Kulturstadt. Eine Freude.

gen. Socken nämlich wurden plattdütsch Hasen genannt. „Mak di up die Hasen" ist plattdütsch für „Mach dich auf die Socken". Wir queren die Haaren auf einer Brücke und erreichen die Residenzstadt Oldenburg auf gut ausgebauten Fahrradstraßen, die uns bis ins Zentrum bringen. Oldenburg war gräfliche, herzögliche und großherzögliche Residenzstadt. Und das sieht und fühlt man. Das Schloss, das Staatstheater und die klassizistischen Bauten am Wall sind baulicher Ausdruck der landeshoheitlichen Bedeutung und des Geltungsanspruchs der Stadt. Heute ist Oldenburg lebendige und junge Universitätsstadt mit einem reichen kulturellen Angebot. Das Landesmuseum für Kunst und Kulturgeschichte im Schloss, das Host-Janssen Museum und das Edith-Ruß-Haus für Medienkunst sind herausragende Ausstellungsorte. Die freie Kulturszene hat in der Kulturetage ihr Zentrum. Das Oldenburgische Staatstheater ist ein modernes Viersparten Haus. Das Theaterlaboratorium bietet faszinierendes Puppentheater in der wunderbar hergerichteten ersten Turnhalle des Oldenburger Turnerbundes von 1869. Die autofreie kleinteilige Innenstadt mit vielen kleinen Läden, Cafés, Kneipen

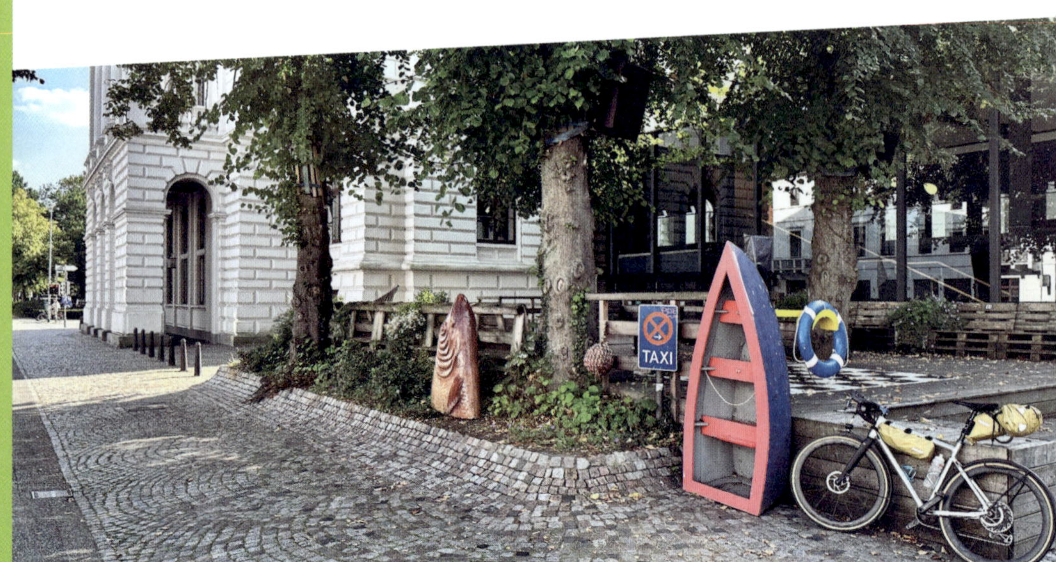

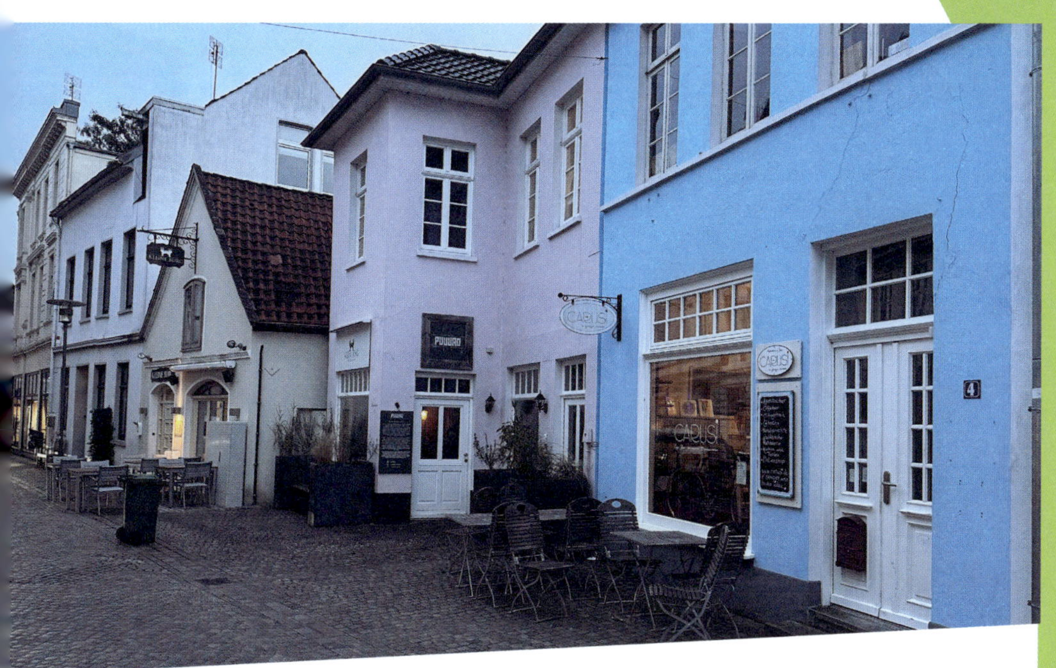

und Restaurants hat Anziehungskraft für ganz Nordwestdeutschland. Für den Übernachtungsstopp droht also keine Langeweile. Für eine Übernachtung bietet sich das zentral gelegene 12 / HIIVE Hotel Oldenburg an, das mit einem tollen Frühstück samt veganer und glutenfreier Optionen auffährt.

250.000 FAHRRÄDER

Oldenburg ist eine fahrradfreundliche Stadt. Im Fahrradklimatest des ADFC landete die Stadt auf dem 4. Platz in der Kategorie der Städte von 100.000 - 200.000 Menschen. 175.000 Einwohnende leben in der Unistadt, davon knapp 16.000 Studierende.

2. Tag: Hunte

Die letzte Etappe des Ostfrieslandtrips startet am Oldenburger Hafen, geht am Kran vorbei die Kaje entlang und führt dann auf dem angehängten Radweg auf der Rollklapp-Eisenbahnbrücke über die Hunte. Wir bleiben ein paar Kilometer an der Landstraße, bevor wir in den parkähnlichen Wald des ehemaligen Klosters Blankenburg abbiegen. Das im 13. Jahrhundert gegründete Dominikanerinnenkloster wurde nach seiner Säkularisation Lager für Pestkranke, Waisenhaus und „Irrenbewahranstalt". Im Nationalsozialismus wurden in Blankenburg unter anderem im Rahmen der Aktion „Brandt" Insassen ermordet. Ab 1957 betrieb das damalige Zentralkrankenhaus Bremen-Ost hier die langzeitpsychiatrische „Klinik Blankenburg" als Männerabteilung. Die Auflösung der Klinik und die Integration der Bewohner in Wohngemeinschaften auf Beschluss des Bremer

---

∧ oben / Die Oldenburger Innenstadt ist schön kleinteilig und wuselig eigen
< links / Auch dem Staatstheater steht der Sinn nach Klimarettung

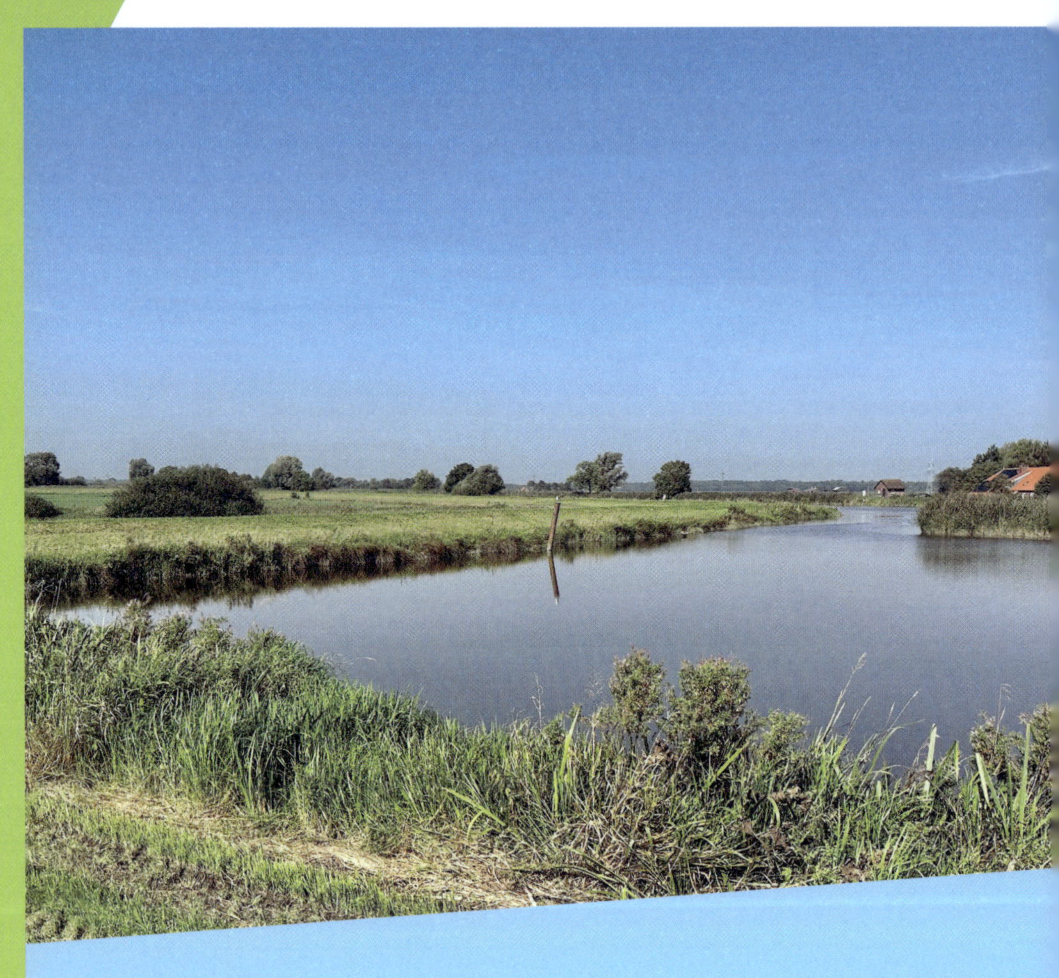

13 HA

der Oldenburger Innenstadt sind seit 1967 gegen anfänglichen Widerstand autofrei. Seit langem aber ist die Altstadt mit ihren Gassen und vielen Geschäften, Cafés, Restaurants und Kneipen eine der abwechslungsreichsten und beliebtesten Innenstädte Nordwestdeutschland mit viel Platz zum Flanieren und Bummeln .

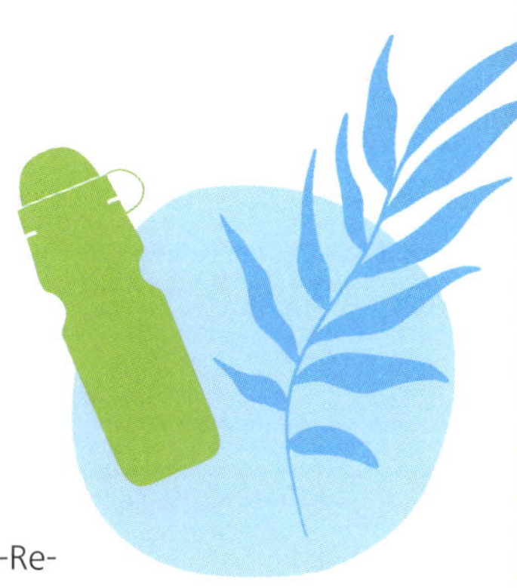

Senats Anfang der 80er-Jahre stand am Beginn der Psychiatrie-Reform und war Auftakt der Aufarbeitung der nationalsozialistischen Euthanasie-Programme. Heute sind auf dem Gelände Geflüchtete untergebracht. Ein Stück flussabwärts liegt direkt am Deich familiär und nett das 13 / Café Huntewasser. Danach wird es einsam und bleibt schön.

Die Stedinger

Wir folgen dem Huntedeich, und erreichen nahe der Weser Huntebrück und das idyllische 14 / Dreisielen. Nach der Überquerung der Ollen, einem Nebenfluss der Hunte, die das Stedinger Land und Teile der Delmenhorster und Ganderkeseer Geest entwässert, fahren wir weseraufwärts nach Berne. Berne ist Teil des ehemaligen Stedinger Landes, dessen Besiedlung und Urbarmachung im 12. Jahrhundert durch freie holländische Siedler begann. Als die Stedinger sich im beginnenden 13. Jahrhundert weigerten, Abgaben an den Landesherren, den Bremer Erzbischof Gerhard II., zu zahlen, gab es Krieg. Nach ersten Niederlagen erwirkte der Kirchenmann beim Papst die Genehmigung, einen Kreuzzug gegen die Stedinger zu führen. Das 8.000 Mann Kirchen-Heer, der einzige Kreuzzug auf deutschem Boden, schlug 1234 die militärisch kaum gerüsteten Bauern vernichtend bei Altenesch. Damit endete die freie Siedelei in den erzbischöflichen Sumpfgebieten der Weser. Bei Altenesch fahren wir an dem 15 / Denkmal für die Stedinger Bauern vorbei und queren die Alte Ochtum. Bald darauf rollen wir an der Weser, den Hafenbecken des Neustädter Hafens durch Ausläufer des Güterverteilzentrums nach Woltmershausen. Sommerdeichwege bringen uns zum Tabakquartier. Durch den Hohentorshafen und über die Stefaniebrücke radeln wir ins Stadtzentrum. Beendet wird der Wochenend-Trip am Nordausgang des 16 / Hauptbahnhofs Bremen.

DREISIELEN

14 / Dreisielen ist ein Ort, an dem die Zeit stehengeblieben scheint. Siele dienen dazu, das flache Land zu entwässern und das Eindringen der Flut zu verhindern.

< links oben / Die Samtgemeinde Jümme zeigt so manches Kleinod

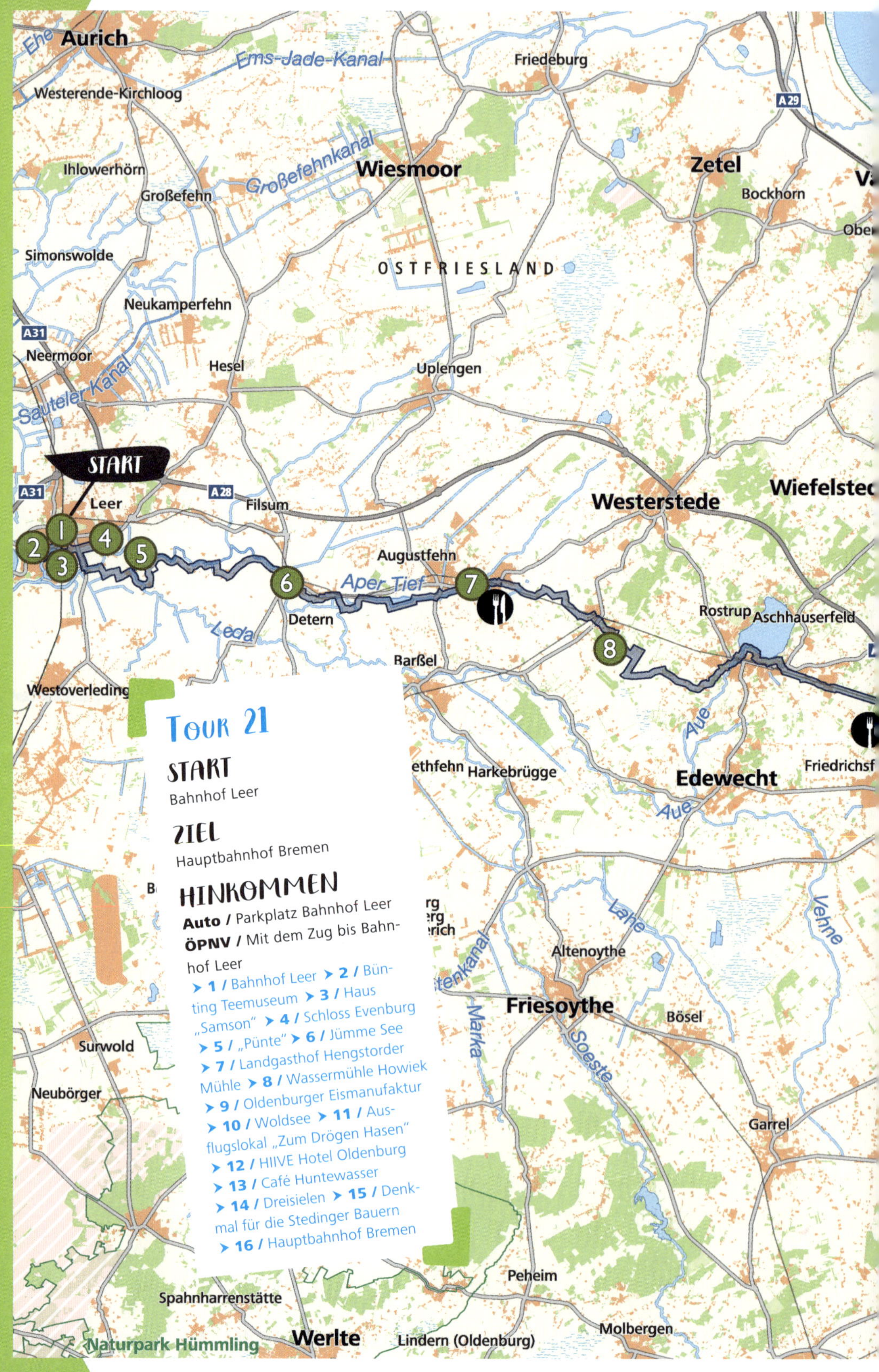

Tour 21

START
Bahnhof Leer

ZIEL
Hauptbahnhof Bremen

HINKOMMEN
Auto / Parkplatz Bahnhof Leer
ÖPNV / Mit dem Zug bis Bahnhof Leer

➤ **1 /** Bahnhof Leer ➤ **2 /** Bünting Teemuseum ➤ **3 /** Haus „Samson" ➤ **4 /** Schloss Evenburg ➤ **5 /** „Pünte" ➤ **6 /** Jümme See ➤ **7 /** Landgasthof Hengstorder Mühle ➤ **8 /** Wassermühle Howiek ➤ **9 /** Oldenburger Eismanufaktur ➤ **10 /** Woldsee ➤ **11 /** Ausflugslokal „Zum Drögen Hasen" ➤ **12 /** HIIVE Hotel Oldenburg ➤ **13 /** Café Huntewasser ➤ **14 /** Dreisielen ➤ **15 /** Denkmal für die Stedinger Bauern ➤ **16 /** Hauptbahnhof Bremen

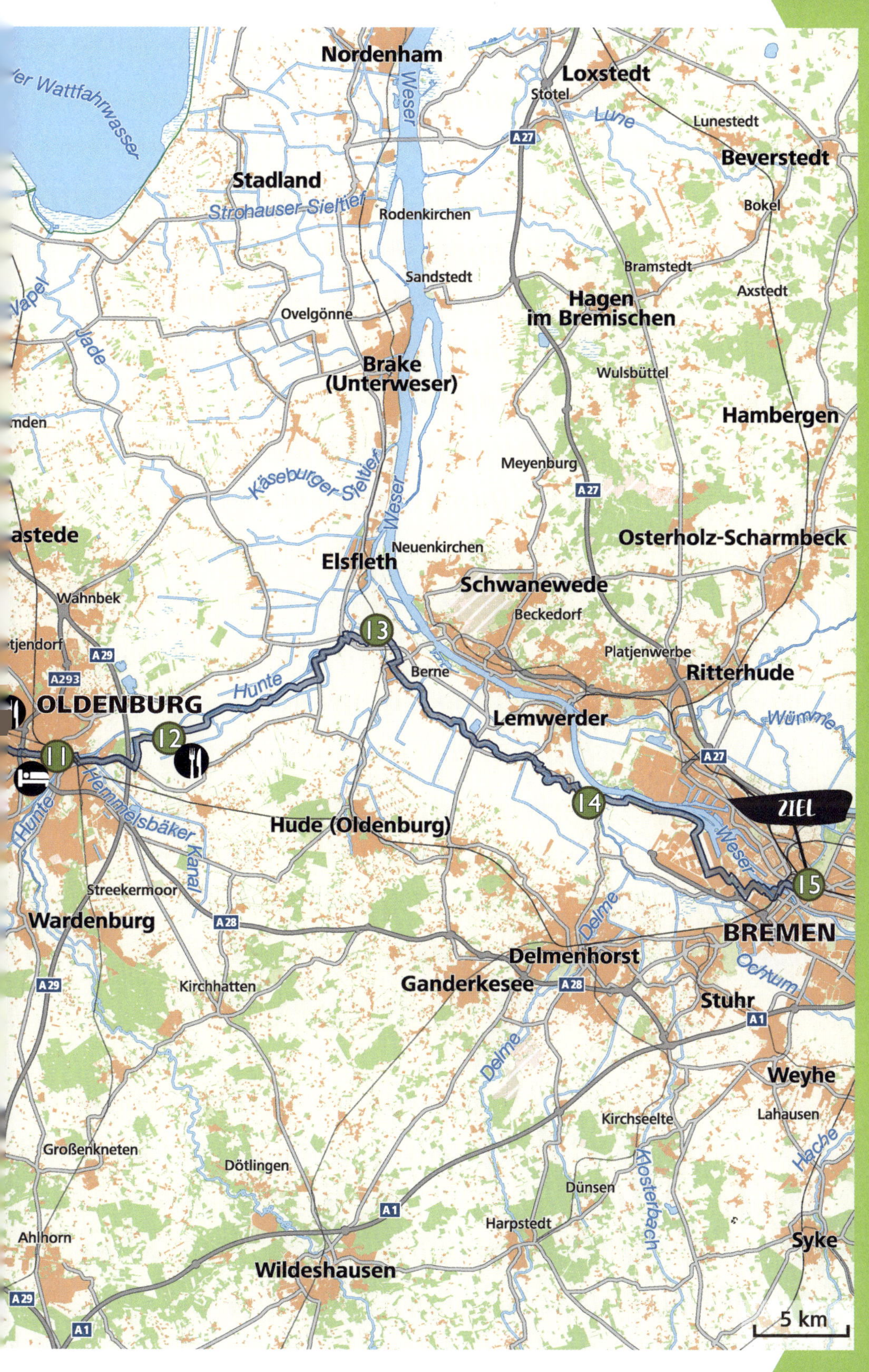
Nordenham
Weser
Loxstedt
Stotel
Lune
Lunestedt
Beverstedt
Stadland
Strohauser Sieltief
Rodenkirchen
Bokel
Sandstedt
Bramstedt
Axstedt
Hagen im Bremischen
Ovelgönne
Jade
Vapel
Brake (Unterweser)
Wulsbüttel
Hambergen
Meyenburg
Käseburger Sieltief
Weser
Osterholz-Scharmbeck
Neuenkirchen
Elsfleth
Schwanewede
Wahnbek
Beckedorf
13
Platjenwerbe
Ritterhude
Berne
OLDENBURG
Hunte
Lemwerder
Wümme
12
11
14
ZIEL
Hunte
Hemmelsbäker Kanal
Hude (Oldenburg)
Weser
15
Streekermoor
Delme
Wardenburg
BREMEN
Delmenhorst
Ochtum
Ganderkesee
Kirchhatten
Stuhr
Delme
Weyhe
Kirchseelte
Lahausen
Großenkneten
Dötlingen
Hache
Dünsen
Klosterbach
Harpstedt
Ahlhorn
Syke
Wildeshausen
5 km

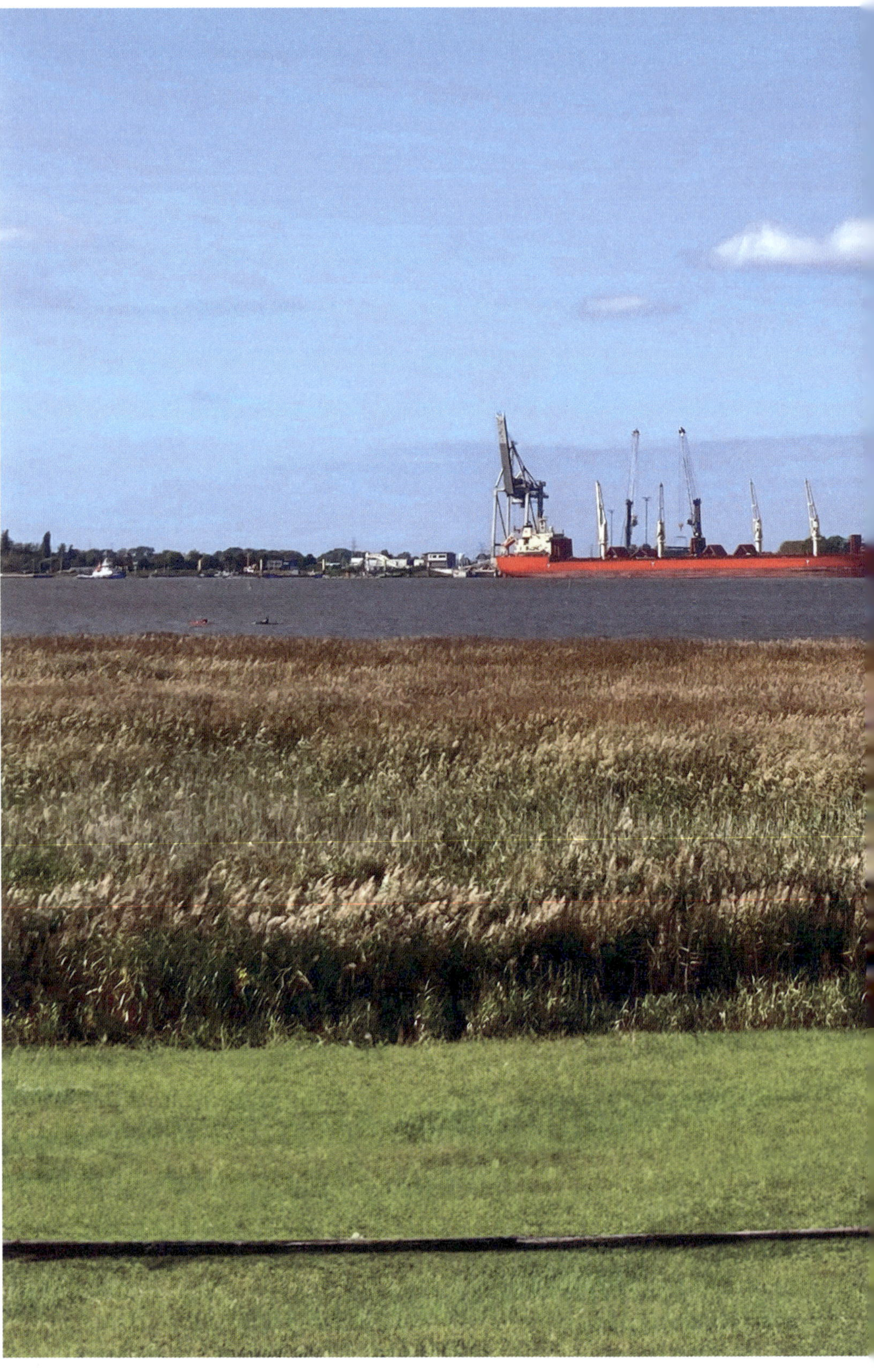

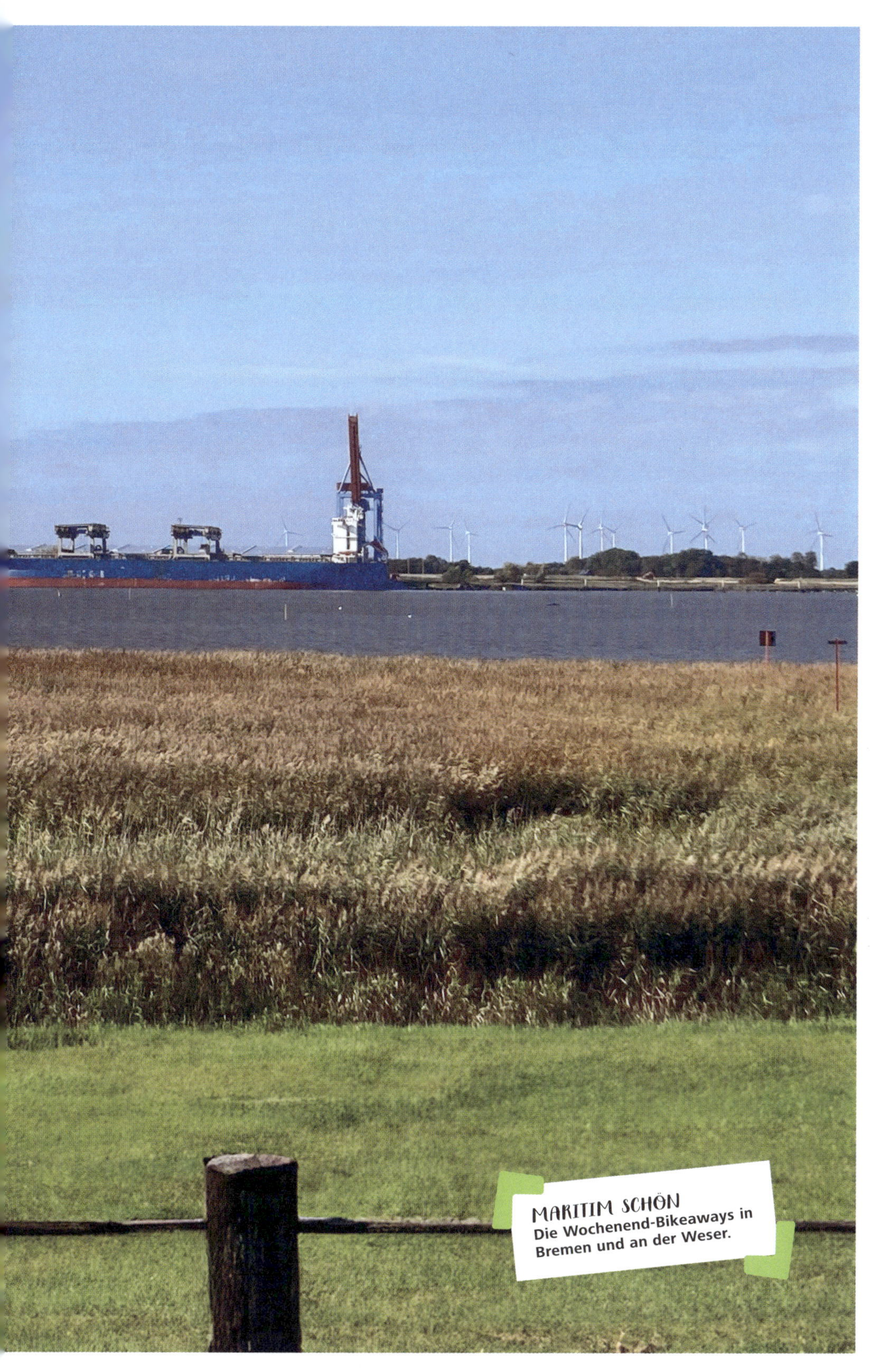
MARITIM SCHÖN
Die Wochenend-Bikeaways in
Bremen und an der Weser.

AUFGESATTELT!

BREMEN & WESER
UND RADBASICS

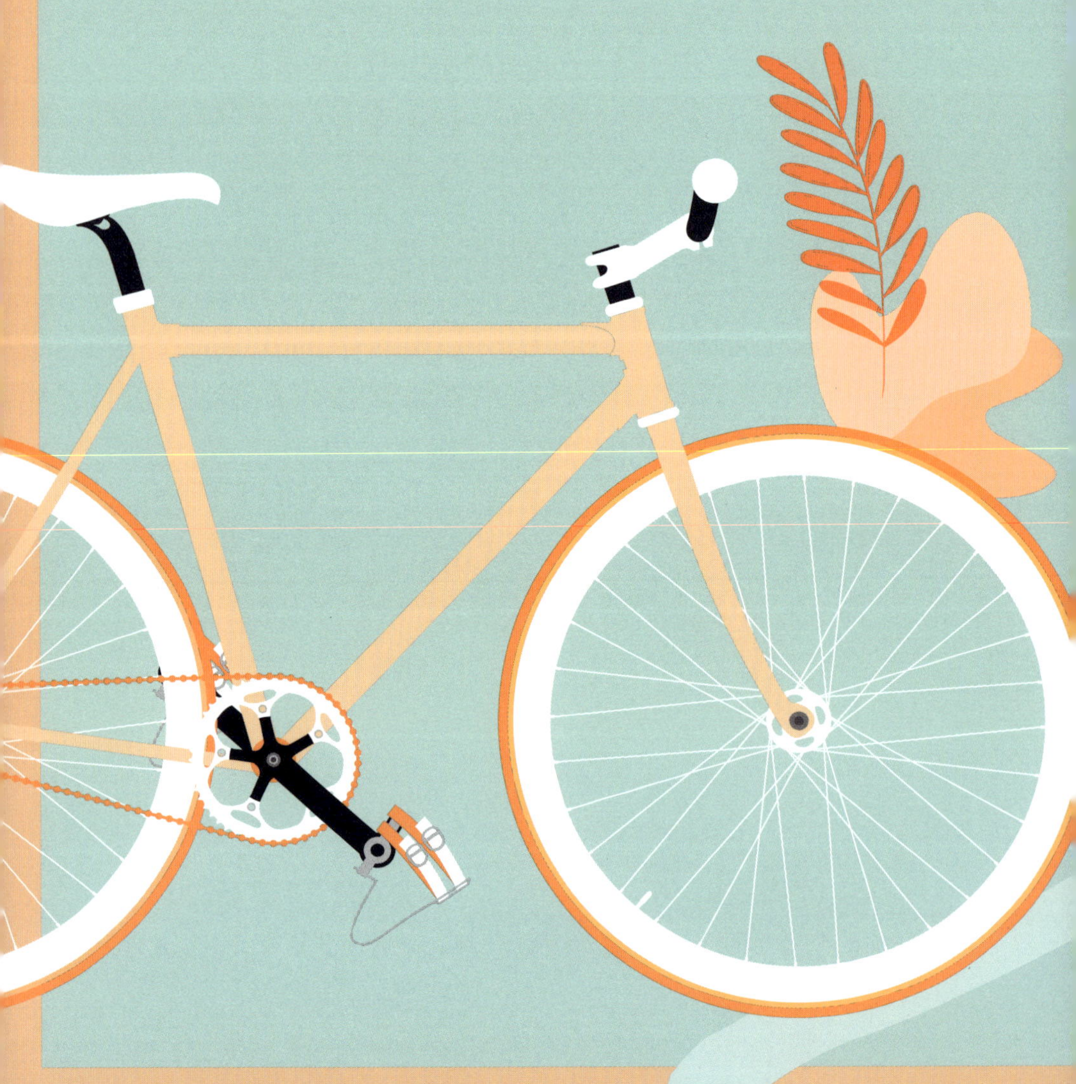

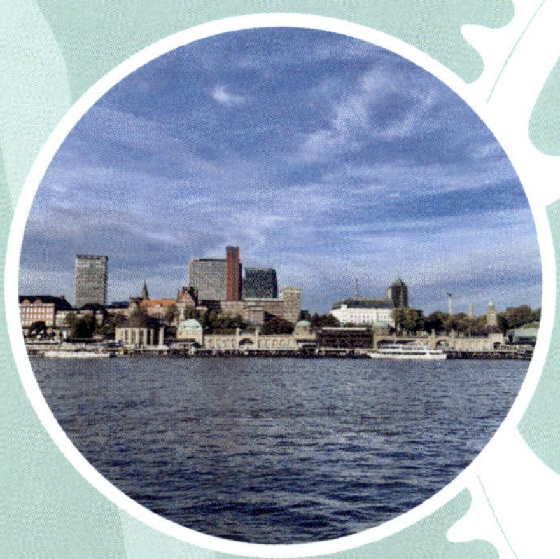

RADVERGNÜGEN

in Bremen
und an der Weser

Unter den deutschen Großstädten gilt Bremen als am radfreundlichsten: Platz 1 beim ADFC – Fahrradklimatest 2022 in der Kategorie der Städte über 500.000 Einwohnenden. Knapp 26 % aller Wege werden in Bremen per Rad zurückgelegt. So viel wie in keiner anderen Großstadt Deutschlands. Beste Voraussetzungen für Radvergnügen.

BREMEN IST RADKULTURSTADT

Seit langem ist das Fahrrad ein wichtiger und selbstverständlicher Bestandteil der Alltags- und Freizeitmobilität. Die Stadt, in der der erste Radweg angelegt, die Fahrradstraße erfunden und der ADFC gegründet wurde, verfügt über ein beschildertes Radwegenetz, das oft baulich getrennt und weitläufig straßenfern geführt wird. Mehr als 1.000 Km Radnetz soll es geben, wobei das so genau niemand weiß. Das ist dennoch ein ordentliches Netz für eine Stadt, die zwar an der Weser entlang in Ost-West-Ausdehnung 50 Km lang ist, aber von Süd nach Nord kaum mal auf mehr als 15 Km kommt.

Allerdings ist die Radinfrastruktur vielerorts in die Jahre gekommen und genügt den Anforderungen von mehr Verkehr auf schnelleren und unterschiedlichen Rädern, E-Bikes und Lastenrädern nicht mehr. In den letzten Jahren kam mit der Forderung nach mehr Geschwindigkeit bei der Verkehrswende Bewegung in die Anpassung der Radinfrastruktur. Neue Radpremiumrouten, weitere Fahrradstraßen, ein Fahrradmodellquartier - das erste Deutschlands - und Geschwindigkeitsbegrenzungen für den Autoverkehr sind spürbare Verbesserungen, die dringend nötig waren und ausgebaut

ALLES RUND UMS FAHRRADFAHREN IN BREMEN & AN DER WESER

werden. Allein drei zusätzliche Weserquerungen für den Rad- und Fußverkehr sind in der Pipeline. Die Anzahl von Lastenrädern in den Straßen wächst kontinuierlich. Auch, weil zwei Unternehmen in der Stadt Cargo-Bikes produzieren und die Kommune 2022 den Ankauf privater Lastenräder förderte.

Mit dem Landes-Radverkehrsprojekt BIKE IT! wuchs der Spaß am Radfahren in Bremen und Bremerhaven. Eine kostenfreie spezialisierte Radnavigationsapp, die auch Kultur kann, pfiffige Werbung fürs Rad und Radkulturveranstaltungen wie Film Night Rides, ein Cargo Bike it! Festival und ein mobiler Pumptrack stärken das Image des Rads als Verkehrsmittel und die Bedeutung für Lebensqualität und Anziehungskraft der Stadt. Das ist zwar noch nicht so wie in Kopenhagen oder Amsterdam, aber die Richtung stimmt. Gut auch für Gäste, die Bremen und die Region kennenlernen wollen. „Ride like a local" ist besser und einfacher, als wenn die Einheimischen lieber Auto fahren.

Wer ohne eigenes Rad kommt, kann das WK-Bike nutzen. Das Radmietsystem „to go" auf Basis von Nextbike hält etwa 400 Räder bereit. Abgerechnet wird über die App aus der Nextbike-Welt. Die Innenstadt und die östliche Vorstadt sowie die Vahr sind free floating Zonen, in denen die Räder frei abgestellt werden können. Daneben gibt es einen guten Radmietanbieter am Hauptbahnhof, der auch Lastenräder, Kindersitze und

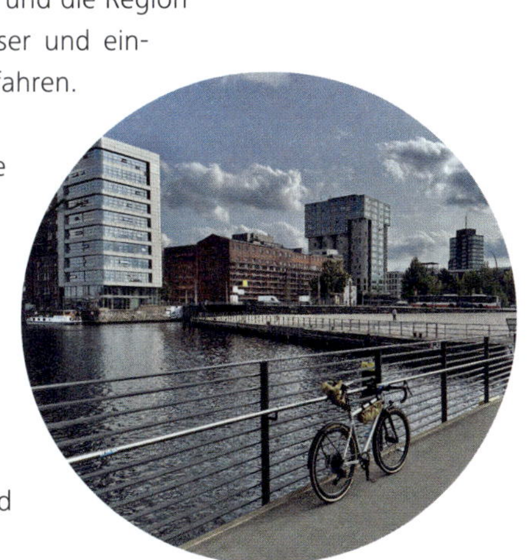

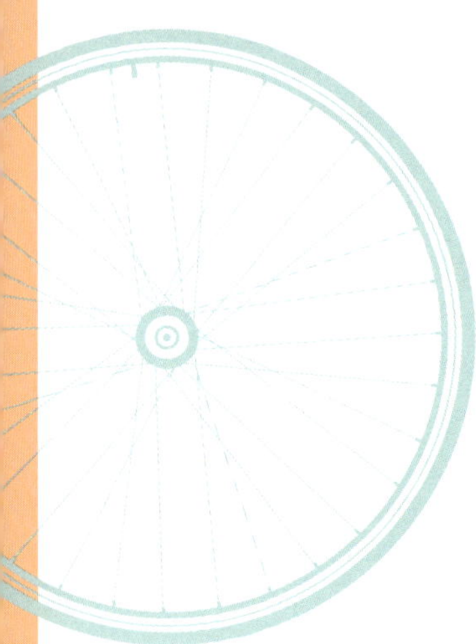

Helme ausleiht. Einige Radläden und Hotels bieten zum Teil auch Pedelecs und E-Bikes an. Die Preise sind moderat, für gute Pedelecs muss man mit den üblichen Tagesmietsätzen rechnen. Obwohl die Stadt, das Land und die Nachbarschaft, abgesehen von ein paar Geesthügeln, flach sind, wächst auch im Nordwesten der Anteil der Pedelecs und E-Bikes schnell. Das kann auch am Wind liegen, der gern aus westlichen Richtungen und manchmal auch kräftiger weht. Die Feierabend- und Tagestouren dürften für E-Bikes und Pedelecs problemlos mit einer Batterieladung machbar sein.

Exzellent für Radvergnügen sind die Verbindungen in die landschaftlich reizvollen und spannenden Nachbargemeinden. Bremens Lage im Wesermündungstrichter umgeben von weiträumigen Moor- und Feuchtwiesenlandschaften an Ochtum, Hunte, Lesum, Wümme, Hamme und Wörpe bietet eine Vielzahl an autofreien, asphaltierten Deichwegen und entlang von Kanälen und Entwässerungsgräben geführten Sträßchen. Nicht zuletzt die flache und im Norden dünn besiedelte, wasserreiche Landschaft mit ihren gut ausgebauten verkehrsarmen Wegen macht die Touren kinder- und familiengerecht. Bademöglichkeiten und eine große Zahl an Sommergärten und leckersten Eisausgabetresen bringen Kinder ohne große Nöhlerei aufs Rad. Für den Rückweg kann keine Garantie übernommen werden.

Die angegebenen Fahrzeiten für die Touren berechnen sich auf einer durchschnittlichen Geschwindigkeit von 15 Km/h. Nicht eingerechnet sind Stopps, Pausen und sonstige Unterbrechungen.

FACTS
BREMEN & WESER

569.000

Einwohner hat die Stadt Bremen und ist damit die elftgrößte Stadt Deutschlands.

716.940

Fahrräder gibt es in der Stadt Bremen. Nicht umsonst trägt sie den Titel „Radkulturstadt".

419,38 KM²

Die Fläche des Bundeslands Bremen beträgt knapp 419,38 km². Damit ist es das flächenmäßig kleinste Bundesland der BRD.

SEIT 2004

ist das Bremer Rathaus UNESCO-Welterbe. Seit dem Spätmittelalter besteht es bis heute in seiner ursprünglichen Form.

5000 M²

groß ist der Bremer Ratskeller und ist damit der größte in Deutschland.

1873

wurde die Kaiserbrauerei Beck & May OHG gegründet. Zuletzt sorgte die Brauerei mit einem KI-generierten Bier für Aufsehen.

1969

wurde das Cinema Ostertor als erstes Programmkino Deutschlands gegründet.

2.362 HEKTAR

Grünfläche hat die Stadt Bremen. Sie zählt zu einer der grünsten Städte Deutschlands.

VIER

Bremer Stadtmusikanten brachten es Dank der Gebrüder Grimm zu Weltenruhm – 2017 wurden sogar Ampeln im Innenstadtbereich Bremens mit ihnen gestaltet.

RAUSZEIT-HIGHLIGHTS

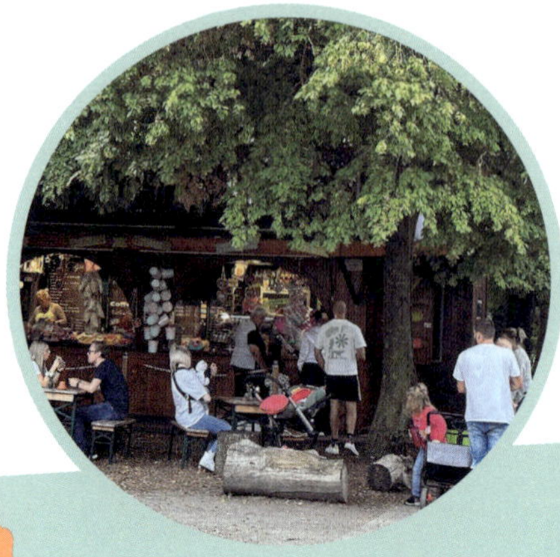

FÜR KINDER

An den Strand und in die Wildnis
Der Weserstrand bei Café Sand und die benachbarte BUND-Kinderwildnis lassen Kinderherzen hüpfen.
Tour 4 // Seite 33

Eene, meene, Eis
„Snuten lekker" heißt das Eis vom Biohof Kaemena. Und als wenn das nicht schon reichte, gibt es dazu Kurzferien auf dem Bauernhof.
Tour 1 // Seite 09

Spaß haben und klug werden
Das Mitmach-Museum Universum Bremen macht mit über 300 Exponaten drinnen und draußen Spaß und klug.
Tour 9 // Seite 73

Strandleben mit Moorwasser
Der kleine Strand am Hammehafen mit Liegewiese, Bootsverleih und Pommes in der Nähe ist ein Sommerparadies .
Tour 11 // Seite 95

FÜR E-BIKER

Fietscafé22
Das Café am Torfschiffswerftmuseum ist noch Geheimtipp für beste Aussichten und ebensolchen Kuchen während der Akku geladen werden kann.
Tour 10 // Seite 85

Zur Idylle ins Sommer-Café
Im Hachetal stehen Fachwerkhäuser, Scheunen und altes Gerät zum Kreismuseum Syke zusammen. Sommercafé und kostenfreies Akkuladen runden den Besuch ab.
Tour 14 // Seite 125

Mit Blick auf die Dorfwiese
Kulturveranstaltungen gibt es immer mal wieder im wiederhergestellten Heuerhaus Dötlingen, der Weg dorthin ist mit E-Unterstützung noch mehr Spaß.
Tour 15 // Seite 135

Kreuzfahrt mit dem Rad
Mit E-Unterstützung nach Bremerhaven und maritim in einer Koje im "Schulschiff Deutschland" im Neuen Hafen übernachten, während draußen im Container der Akku für die nächste Etappe lädt.
Tour 20 // Seite 200

Top für jede Lust und Laune: Kleine und große Abenteuer, die besten Einkehrtipps und entspanntesten Pausenplätze

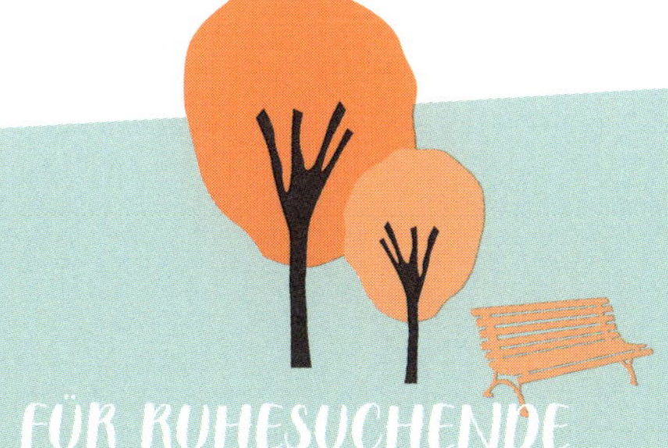

Für Schlemmer

Traditionell essen

Es hat sich wenig geändert im Garten, in der Gaststube und auf der Speisekarte seit den Zeiten, als die Gäste noch mit Kähnen in Körbers Gasthof anreisten.

Tour 12 // Seite 105

Lecker und gut fürs Gewissen

Im hübschen Fachwerk-Bioland Hofrestaurant Barrien stammen die Zutaten zu den feinen Gerichten aus Bioland-Anbau.

Tour 14 // Seite 125

Leckerste Bratkartoffeln

Am besten ist es, wenn die Bratkartoffeln, mit was auch immer, draußen im Sommergarten von Gartelmann´s Gasthof auf den Tisch kommen.

Tour 1 // Seite 09

Pizza statt Kelloggs

Zio Manu di Napoli backt neapolitanische Pizzen, die sich höchster Wertschätzung erfreuen. Leckerste Vorspeisen gibt es auch in dem sehr italienisch anmutenden Ex-Umkleideraum des Kelloggs Werkes.

Tour 6 // Seite 49

Für Ruhesuchende

Picknicken am Altarm

Am Altarm der Hunte in Dreisielen bleibt die Zeit stehen, sobald man auf den Ufertreppen der Kanu– Einstiegsstelle sein Picknick auspackt.

Tour 21 // Seite 209

Entspannen am See

Der Ellisee leuchtet freundlich blau inmitten einer hellen Sandtrockenrasenlandschaft mit Restdünen.

Tour 3 // Seite 25

Übernachten am Teich

Ein romantischer Ort für eine geruhsame Nacht mit Ausblick auf alte Bäume und den Mühlenteich ist die Klostermühle Kuhmühlen.

Tour 19 // Seite 179

Schwingrasen suchen

Still und sich selbst überlassen liegt das Niedersandhauser Moor abseits des Weges und bietet versteckte Überraschungen.

Tour 10 // Seite 85

DAS KRIEGST DU NICHT ALLE TAGE

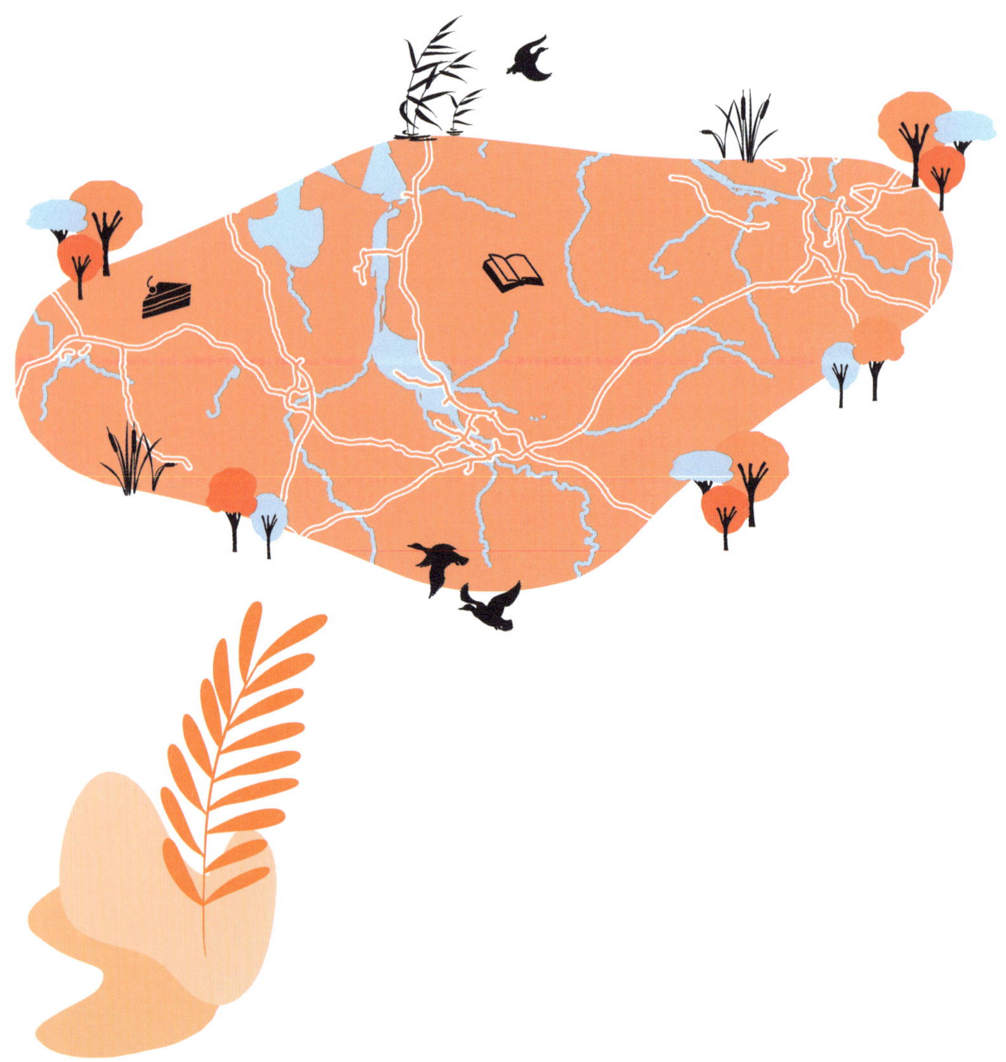

Wo ist was los?
Die Events zu den Touren findest du hier

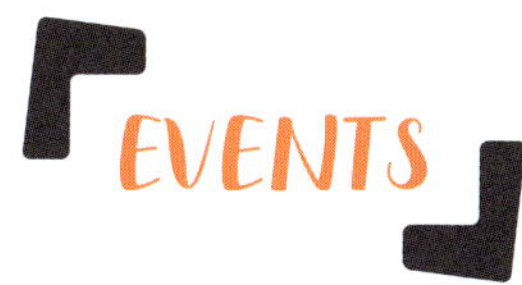

EVENTS

BREMINALE

Kultfestival umsonst, draußen und in Zirkuszelten auf den Osterdeichwiesen mit üppigem Musikprogramm, Kleinkunst und Food; jährlich, fünftägig

INTERNATIONALES FESTIVAL MARITIM VEGESACK

Eine Flut von Songs über das Meer auf 10 Open Air Bühnen an der Weser und am Hafen, dazu maritim essen und trinken; dreitägig jährlich am ersten Augustwochenende

LANGE NACHT DER BREMER MUSEEN

Etwa 30 Museen und Ausstellungshäuser bleiben bis nach Mitternacht geöffnet und zeigen Kunst und Kultur aller Sparten; jährlich eine Nacht im Juni.

LANGE NACHT DER KULTUR BREMERHAVEN

Auf 40 Bühnen präsentiert die Seestadt ein buntes Kulturprogramm aus Musik, Comedy, Theater, Malerei und Tanz; jährlich eine Nacht Anfang Juni

OFFENE ATELIERS WORPSWEDE

Worpsweder Künstlerinnen und Künstler öffnen ihre Ateliers und lassen sich über die Schulter schauen; jährlich 2. Juliwochenende, dreitägig.

KULTURSOMMER OLDENBURG

Eine Stadt wird zur Bühne; Mitte Juli, zehntägig

CARGO BIKE IT FESTIVAL

Radkulturfest mit Musik, Informationen, Lastenradrennen; Anfang September, dreitägig

SUMMERSOUNDS

Musik und Kleinkunstfestival in den Neustadtswallanlagen; Anfang Juni, dreitägig.

DOCKVILLE FESTIVAL HAMBURG

Musik- und Kunstfestival in Wilhelmsburg. Legendär; Mitte August, dreitägig

OLIVENÖL – ABHOLTAGE WILSTEDT

Bio-Olivenöl-Verkostung, Markt, Food und Kunsthandwerker im autobefreiten Dorfkern; Anfang Mai

FILM NIGHT RIDES BREMEN

Mit Lastenrad, Beamer und internationalen Kurzfilmen durch die Stadt; Termine während des Sommers

RAW FOTOTRIENNALE WORPSWEDE

Internationale Fotoausstellung in den Worpsweder Ausstellungshäusern und Open Air, Veranstaltungsprogramm; März-Juni

PACKLISTE

GRUNDAUSSTATTUNG

- Fahrradhelm
- Radkleidung
- Radhandschuhe
- Radbrille
- Trinkflasche
- Fahrradschloss
- Handy
- Karte/Navigationsgerät
- Fahrradlicht, Ersatzakku/-batterie
- Erste-Hilfe-Set

+ TAGESTOUR

- Regenkleidung
- Wechselkleidung
- Reparaturset: Ersatzschlauch, Werkzeug
- Luftpumpe
- Packtaschen klein
- Verpflegung: Snacks, genügend Wasser
- evtl. wasserdichte Handyhülle

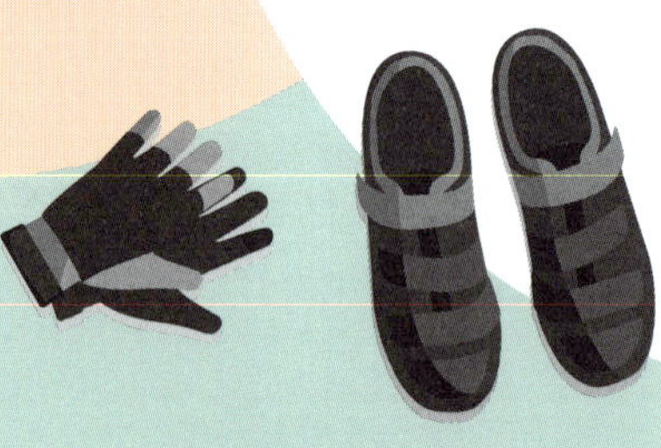

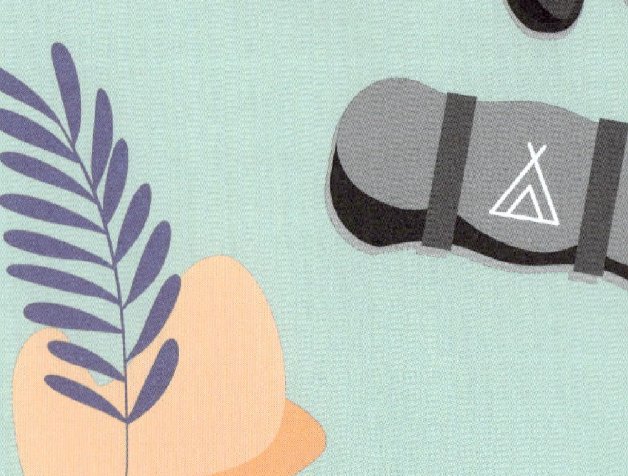

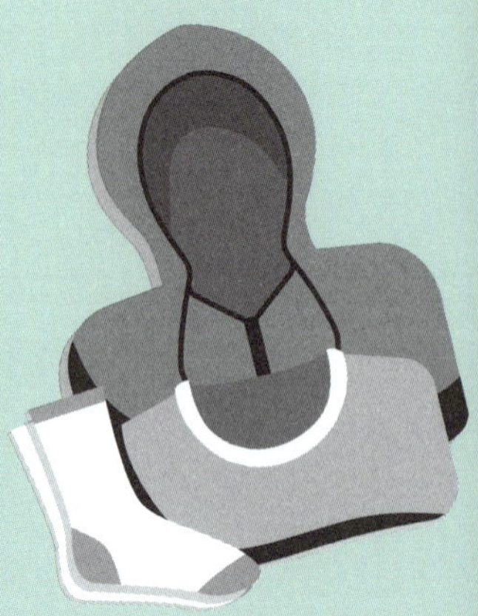

BIKEAWAYTOUR

- Zahnbürste
- Waschbeutel
- Packtaschen groß
- evtl. Zelt
- evtl. Schlafsack
- evtl. Kompass
- Handyladegerät

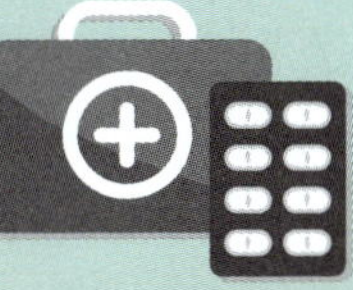

REISE-APOTHEKE

Pflaster & Blasenpflaster, Mückenschutz, Sonnenschutz, Zeckenkarte

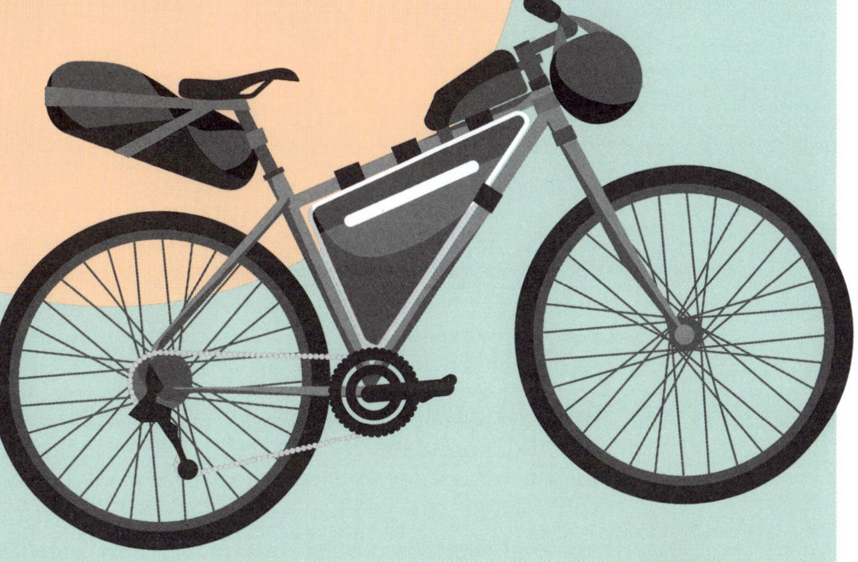

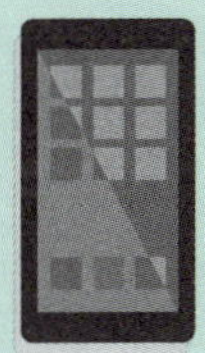

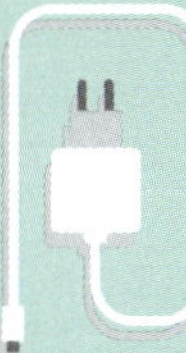

RADCHECK

findest du auf der nächsten Seite

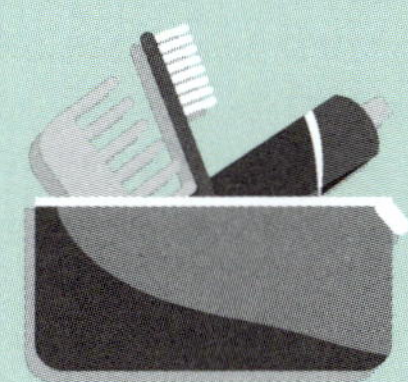

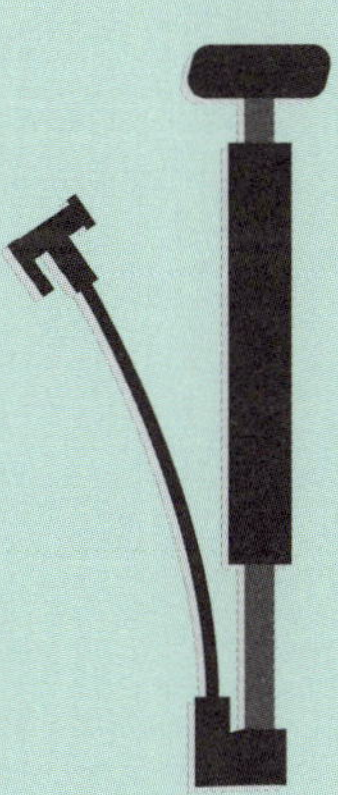

RADCHECK

AM BESTEN

nimmst du dein Fahrrad vor jeder Tour unter die Lupe, zumindest aber beim Frühjahrsputz. Darüber hinaus ist ein regelmäßiger Service bei Profis zu empfehlen.

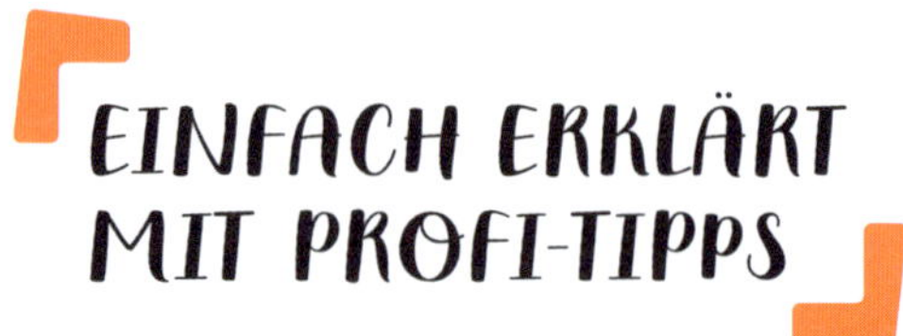

Picobello: Reinigung des Fahrrads

Ein sauberes Fahrrad lebt länger und dir fallen beim Putzen Defekte auf. Daher ran an den Schwamm und die milde Seife oder den Fahrradreiniger und losgelegt! Wenn das Fahrrad getrocknet ist, mit einem sauberen Lappen Wasserränder wegpolieren. Handarbeit ist angesagt – ein Hochdruckreiniger ist tabu, da er auch Fett und Öl entfernt und Wasser in empfindliche Teile eindringen kann.

Tipp: Für verwinkelte Teile ist eine alte Zahnbürste praktisch.

Pralle Geschichte: die Reifen

Um grob den Reifendruck zu überprüfen, mach die Daumenprobe: Lässt sich der Reifen mehr als 1 cm eindrücken, musst du pumpen. Angaben zu Mindest- und Maximaldruck findest du auf der Reifenflanke. Für wenig Rollwiderstand auf befestigten Straßen orientiere dich an der oberen Grenze, wenn du auf unbefestigten Wegen unterwegs bist, an der unteren. Je schmaler der Reifen und je höher das Gesamtgewicht, desto mehr Luftdruck ist nötig. Am einfachsten lassen sich die Reifen mit einer Standpumpe mit Druckmesser aufpumpen.

Tipp: Fahrradgeschäfte bieten manchmal vor Ort gratis Pumpen zum Selbermessen und -aufpumpen an.

Nimm auch das Reifenprofil unter die Lupe: Entferne eventuelle Steinchen oder Scherben und halte nach Rissen oder Schnitten Ausschau. Wenn das Profil zu brüchig oder stark abgefahren ist, brauchst du einen neuen Mantel.

Läuft wie geschmiert: Kette reinigen und ölen

Fürs Reinigen zuerst mit einem trockenen Tuch Kette von altem Fett und Schmutz befreien, indem du am Pedal drehst und so die Kette durch das Tuch ziehst. Den feinen Zwischenräumen kannst du wieder mit der Zahnbürste zu Leibe rücken. Danach Kettenöl, am besten biologisch abbaubares, auftragen, indem du es hinten auf die Kette träufelst, während du sie mit dem Pedal durchdrehst. Kurz einwirken lassen, dann mit einem Lappen das überschüssige Öl von der Kette abziehen.

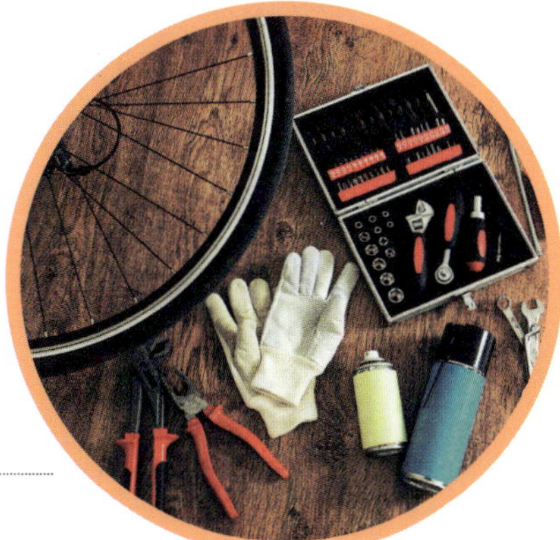

Tipp: Hast du eine Kettenschaltung, schalte einmal alle Gänge durch, damit sich das Öl auf allen Zahnrädern verteilt.

Eine gut geölte Kette und der richtige Reifendruck machen außerdem ein E-Bike leichtgängiger, was die Akku-Reichweite erhöht.

Schraube locker?

Prüfe regelmäßig die Schraubverbindungen der Steuerung (Lenker, Vorbau und Steuersatz), Laufräder, Pedale, Sattelklemmen und Anbauteile wie Schutzbleche und Gepäckträger.

Tipp: Legst du selbst Hand an, ist ein Drehmomentschlüssel am besten, damit du die Schrauben entsprechend den Drehmomentangaben für dein Fahrrad nachziehen kannst.

Nichts kann dich stoppen, außer: die Bremsen

Prüfe, ob vordere und hintere Bremse einen gleichmäßig starken Druckpunkt haben. Öffne und schließe die Bremsen auch im Stand. Wenn bei hydraulischen Bremsen mehrmaliges Pumpen für einen soliden Druckpunkt erforderlich ist oder sich der Hebel bis zum Lenker durchziehen lässt, muss das System entlüftet werden. Wenn bei mechanischen Felgenbremsen die Bremsarme nicht gleichmäßig arbeiten, einstellen (lassen). Sind die Verschleißindikatoren auf den Bremsbelägen, kleine Rillen im Gummi, verschwunden, müssen die Beläge getauscht werden. Den Verschleiß von Scheibenbremsen kannst du bei relativ neuen Belägen mit einer Taschenlampe von oben durch den Schlitz im Sattel prüfen. Bei älteren und dünneren Belägen müssen die Räder zur Sichtprüfung ausgebaut werden.

Tipp: Gegen Verschmutzung und Korrosion der Bremszüge bei mechanischen Bremsen hilft ein Spritzer Teflonspray in die Enden der Außenhüllen. So gleiten die Kabel besser in ihrer Hülle.

Damit dir ein Licht aufgeht: die Beleuchtung

Weil's am Abend auch schon mal später werden kann und du auch am Rückweg sichtbar sein möchtest: Sind Lichter und Reflektoren vorhanden und funktionieren sie?

Für alle mit extra Antriebskraft: Akku & Motor

Bei längerer Nichtnutzung, zum Beispiel in der Winterpause, achte darauf, dass sich der Akku nie tiefentlädt. Korrosionsspuren bei den Steckverbindungen kannst du mit einem speziellen Kontaktspray entfernen. Fallen dir Schäden am Motorgehäuse auf, am besten schnell in eine Fachwerkstatt.

Los geht's!

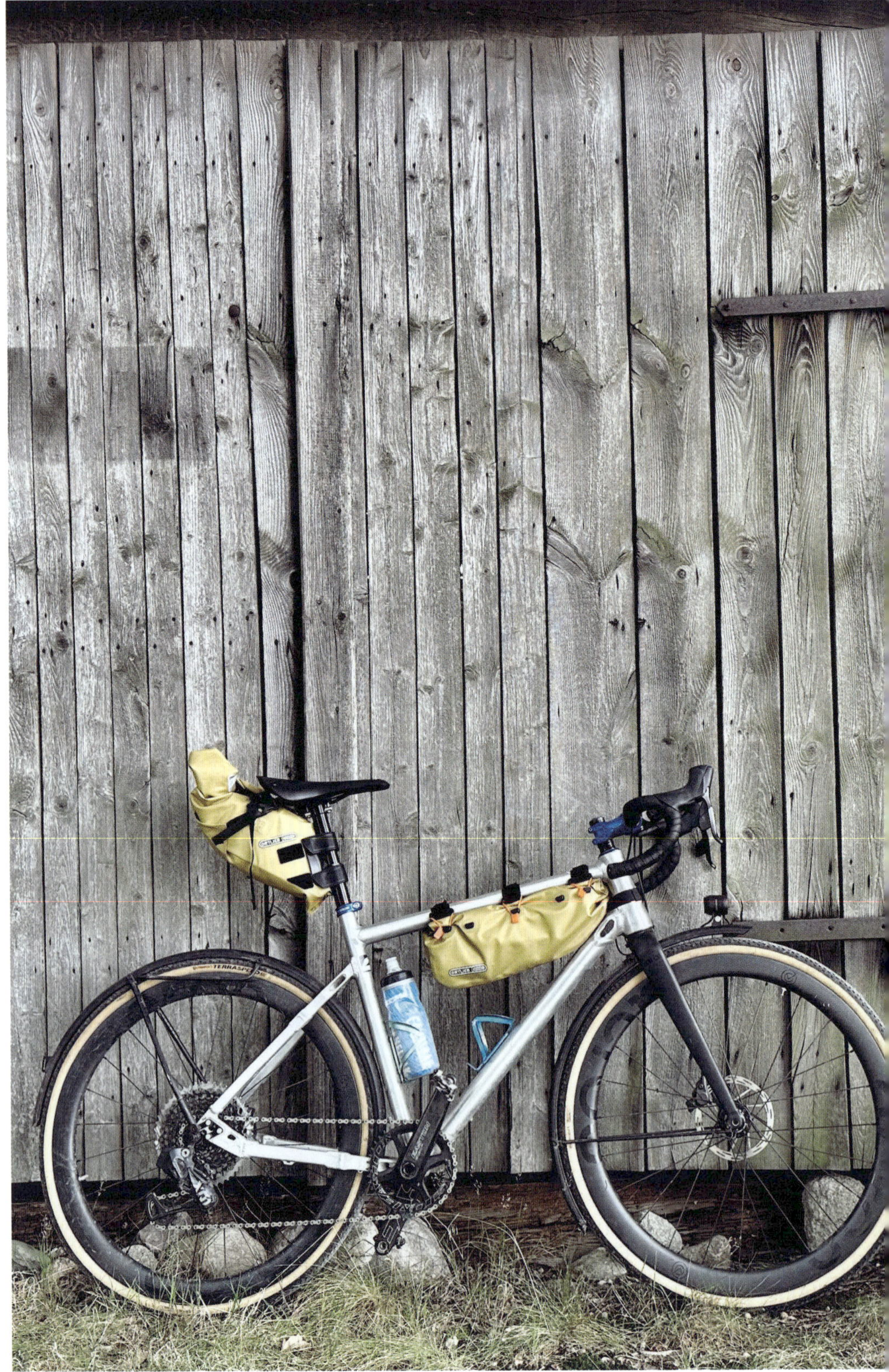

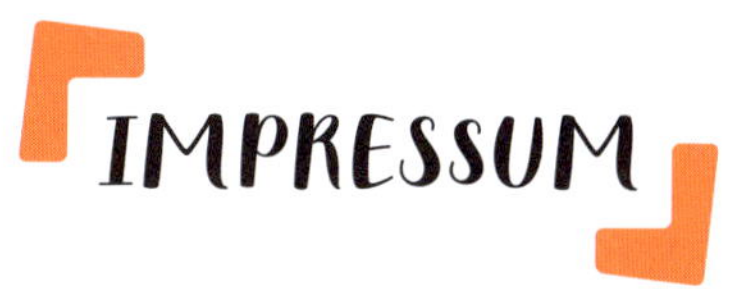

© KOMPASS-Karten GmbH
Karl-Kapferer-Straße 5
A-6020 Innsbruck
www.kompass.de

1. Auflage 2024 (24.01)
Verlagsnummer 3824
ISBN 978-3-99154-044-1

Text und Fotos (soweit nicht anders angegeben): Jens Joost-Krüger

Titelbild: Blick auf Weserpromenade © pixelschoen– stock.adobe.com
Bildnachweis: S. 164: Jonas Ginter

Gestaltung / Illustration – Composing / Agenten und Freunde Iris Streck München
Illustrationen: AdobeStock: © Azar– stock.adobe.com, © askaja– stock.adobe.com, © mtmmarek– stock.adobe.com, © svetazi– stock.adobe.com, © val_iva– stock.adobe.com; creativmarket: © amber&ink, © NassyArt, WFB Wirtschaftsförderung Bremen / BIKE IT!

Miniaturen auf Karten: @ val_iva – stock.adobe.com (Schilfgras, Vögel, Schilf), © LiaRey – stock.adobe.com (Torte)
Grafische Herstellung: KOMPASS-Karten
Karten: © KOMPASS-Karten GmbH unter Verwendung OpenStreetMap Contributors (www.openstreetmap.org)

Für Berichtigungen und Verbesserungsvorschläge ist die Redaktion stets dankbar:
www.kompass.de/service/kontakt

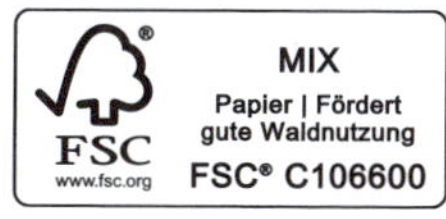

BIKE-BUCKETLIST

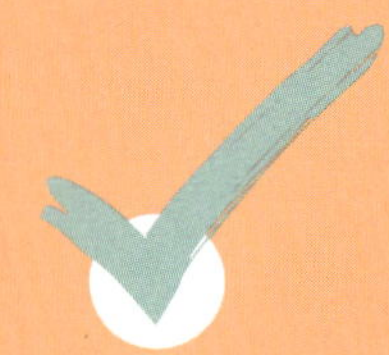

AKTUELLE KUNST ENTDECKEN

Bei „Mimis Erbe" in Worpswede gibt es zeitgenössische Kunst im historischen Kaufhaus Stolte. Eine Schatzkiste, die Gegenwart und Vergangenheit kennt!

Tour 11 // Seite 95

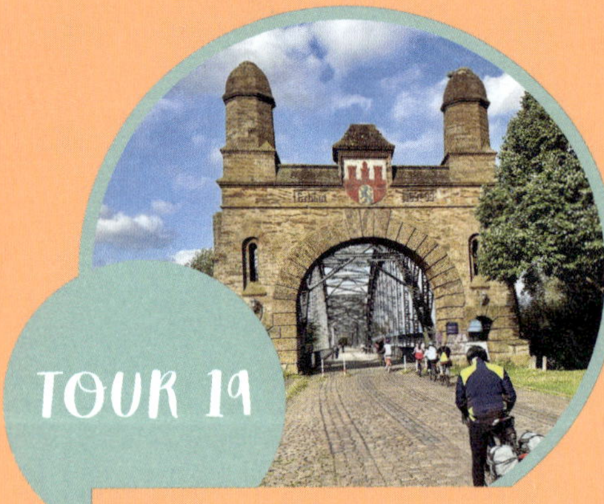

ZUM EIS UNTER ALTE EICHEN

Wilstedt ist ein hübsches Geestdorf und hat mit dem Wilstedter Milchkontor eine der besten Eisausgabestellen weit und breit. Und einen schönen Sommergarten.

Tour 19 // Seite 179

MIT DEM RAD ZUM FISCH

Fisch ist das Thema im Schaufenster Fischereihafen Bremerhaven. Egal, ob auf dem Teller, im Brötchen oder im Netz.

Tour 20 // Seite 195

ZUM STAUNEN ANS BREITE WASSER

Nirgendwo ist der Himmel so hoch und das Licht so durchsichtig wie am „Breiten Wasser". Ein Ort zwischen Wasser und Himmel von seltenster Schönheit.

Tour 10 // Seite 85

KAFFEE MIT HAFENFLAIR

In dem „Lloyd Caffee" wird exzellenter Kaffee der eigenen Rösterei im historischen HAG-Gebäude ausgeschenkt. Vor der Terrasse lebt der Hafen.

Tour 18 // Seite 165

PICKNICK IM URWALD HASBRUCH

Uralte Eichen und Urwald im Hasbruch, der zu den acht ältesten Waldgebieten Europas zählt, wecken romantische Gefühle, die am besten von einem Picknick unterstützt werden.

Tour 15 // Seite 135